Marxistische Wirtschaftstheorie

mit einem Anhang zu
Leben und Werk von
Karl Marx

Von
Professor
Dr. Michael Burchardt

R. Oldenbourg Verlag München Wien

Die Deutsche Bibliothek - CIP-Einheitsaufnahme

Burchardt, Michael:
Marxistische Wirtschaftstheorie : mit einem Anhang zu Leben und Werk von Karl Marx / von Michael Burchardt. - München ; Wien : Oldenbourg, 1997
ISBN 3-486-24296-2

Rosenheimer Straße 145, D-81671 München
Telefon: (089) 45051-0, Internet: http://www.oldenbourg.de

Gedruckt auf säure- und chlorfreiem Papier
Gesamtherstellung: Hofmann Druck Augsburg GmbH, Augsburg

ISBN 3-486-24296-2

Inhalt

Anstelle eines Vorworts: Selbstinterview mit dem Autor

Frage: Marx ist lange tot und sein Lebens- bzw. Arbeitsziel, die Überwindung des Kapitalismus durch den Sozialismus, hat sich nur vorübergehend in einem Teil der Welt realisieren und halten können. Inzwischen muß das sozialistische Experiment als (nahezu) weltweit gescheitert angesehen werden. Interessiert vor diesem Hintergrund die Marxsche Wirtschaftstheorie überhaupt noch? Ist nach dem Zusammenbruch der kommunistischen Staaten die Auseinandersetzung mit der marxistischen Theorie noch sinnvoll oder fruchtbar? Kann man mit dem Niedergang des Unterbaus nicht auch die Beschäftigung mit seinem ideologischen Überbau ad acta legen?

MB: Ich meine nicht! Der Marxismus hat in der politischen Realität jahrzehntelang eine derart zentrale Rolle gespielt und einem großen Teil der Menschheit als Grundlage und Rechtfertigung ihrer gesellschaftspolitischen Konzeptionen gedient, daß man über ihn auch jetzt, nach dem Zusammenbruch der sog. Ostblockstaaten, die sich auf ihn gestützt haben, nicht einfach hinweggehen kann.

Frage: Besteht denn nicht nur noch ein historisches Interesse an Marx?

MB: Auch wenn der Nachvollzug der Marxschen Kapitalismusanalyse aus dogmenhistorischen Gründen - nach wie vor - geboten erscheint, reduziert sich das Interesse an ihm doch keineswegs allein auf diesen Aspekt. Wir können aus der Marxschen Analyse manches lernen, und zwar auch dort, wo seine Lehre als gescheitert angesehen werden muß. Das versuche ich im Buch deutlich zu machen.

Frage: Ist die Marxsche Theorie im Laufe der Jahre nicht bereits hinreichend oft dargestellt worden?

MB: Sicherlich gibt es zahlreiche Einführungen in sein Werk. Im (einstigen) 'Westen' waren bzw. bleiben sie allerdings relativ dünn gesät und die meisten von ihnen kann man auch kaum als kritisch bezeichnen[1]. Was 'östliche' Einführungsbücher in die *Politische Ökonomie*, wie man dort zu sagen pflegte, betraf, herrschte zwar weiß Gott kein Mangel, aber Quantität bedeutet, wie man weiß, nicht unbedingt Qualität. Die Werke waren von einer partei-offiziösen Lesart des Marxismus geprägt und derart 'gleichgeschaltet', daß man von alternativen Darstellungen höchstens in bezug auf das didaktische Niveau sprechen konnte. Ein kritisches Herangehen an den Gegenstand war von vornherein nicht zu erwarten. Das von Dialektikern gern zitierte 'Gesetz des Umschlagens der Quantität in Qualität' führte sich hier

[1] Die bekanntesten waren wohl die von *P.M. Sweezy* [1942] und *E. Mandel* [1962] (s. Literaturhinweise).

selbst ad absurdum. Es lohnte sich schlicht nicht, solche von Borniertheit und gepachtetem Wahrheitsanspruch strotzenden Werke in die Hand zu nehmen, es sei denn, man wollte die Möglichkeiten der Sprache zur verbalen Vergewaltigung von Inhalten studieren.

Frage: Bitte keine Polemik! Was setzen Sie dem entgegen?

MB: Das vorliegende Buch will eine sachliche Einführung in die Marxsche Lehre liefern und spart dabei kritische Frage nicht aus. 'Das Kapital' von *Marx* ist, das ist ein offenes Geheimnis, ein schlecht geschriebenes Buch. Das hat es im übrigen mit seinem Pendant im 'bürgerlichen' Lager, der 'Allgemeinen Theorie' von *Keynes*, gemein. Marx selbst wußte um die Schwächen, wie man sich anhand der Vorworte zum 1. Bd. des 'Kapital' leicht überzeugen kann. Schlecht geschriebene Bücher bedürfen der Erläuterung, um ihre Botschaft, deren Wert dadurch ja keinesfalls geschmälert wird, zu verstehen.

Frage: Welches war denn Marxens Botschaft?

MB: Die wissenschaftliche Hauptleistung von Marx bestand nicht etwa darin, ein Modell für ein funktionsfähiges sozialistisches System entwickelt zu haben. Sein Hauptwerk nennt sich bekanntermaßen 'Das Kapital' und stellt einen ernst zu nehmenden Versuch dar, die kapitalistischen Funktionsmechanismen seiner Zeit aufzuspüren und offenzulegen.

Frage: Seiner Zeit vielleicht schon! Weist aber der heutige Kapitalismus mit dem damaligen noch genügend Ähnlichkeit auf, daß man ihn mit den Werkzeugen der Marxschen Lehre konstruktiv analysieren kann?

MB: Darauf komme ich gleich zu sprechen! Was ich zunächst betonen möchte, ist, daß zwischen der Marxschen Kapitalismusanalyse und jedweder fiktiven oder realsozialistischen Gesellschaftsformation, auch wenn sie sich explizit auf Marx beruft, kein unmittelbarer Zusammenhang besteht. Es handelt sich um zwei prinzipiell selbständige und voneinander unabhängige Problemstellungen. Das Scheitern der realsozialistischen Experimente auf die (vermeintliche) Fehlerhaftigkeit der Marxschen Kapitalismustheorie zurückführen zu wollen, bleibt ein untauglicher Versuch.

Frage: Aber der Sozialismus hat doch immer auf Marx rekurriert - oder?

MB: Sicherlich! Aber auf dessen Kapitalismus*kritik* und nicht etwa auf ein originäres Marxsches Modell des Sozialismus! Das ist das Entscheidende. Daß die marxistische Kritik am Kapitalismus diesem keineswegs den Todesstoß hat versetzen können, sondern ihm im Gegenteil eher noch zum Überleben verholfen hat, stellt dabei ein Kuriosum der Geschichte dar.

Frage: Wie meinen Sie das?

MB: Der Sozialismus hat das Ende des Kapitalismus immer an die Wand gemalt und diesen dadurch - aus Angst vor einem gewaltsamen Niedergang - sozialer werden lassen, und zwar in einem Maße, das ihn letztlich als das offenbar effektivere Gesellschaftsmodell hat überleben lassen. Die eigentlichen Nutznießer der sozialistischen Revolutionen waren nicht die Arbeiter der betroffenen Länder, sondern die der kapitalistischen Staaten. Solche Wechselbeziehungen zwischen den Systemen sind m.E. allein schon von solchem Interesse, daß sie die Beschäftigung mit dem marxistischen Ansatz rechtfertigen.

Frage: Soll das ein Plädoyer *für* Marx sein?

MB: In gewisser Weise schon! Allerdings bedeutet der Trennstrich zwischen Marxens Kapitalismusanalyse und der konkreten Ausgestaltung einer sozialistischen Gesellschaft nicht, der Marxschen Theorie im vorhinein Überlegenheit hinsichtlich ihres kognitiven Gehalts oder größere logische Konsistenz attestieren zu wollen. Selbst wer Marxens Kapitalismuskritik teilt, hat damit noch nicht die Frage beantwortet, ob bzw. auf welche Weise ein wie auch immer gestaltetes sozialistisches System ökonomisch effizienter oder gerechter funktionieren könnte. Gefragt ist lediglich nach alternativen Gesellschaftsmodellen.

Frage: Braucht man bei der Suche nach Alternativen aber unbedingt die Kenntnis der Marxschen Theorie?

MB: Ich teile die Meinung der großen alten Dame der Nationalökonomie *Joan Robinson*, "daß die orthodoxe akademische Ökonomie durch ihre Weigerung, Marx ernst zu nehmen, verarmt ist". Sie weist zu Recht darauf hin, daß der überwiegende Teil der neoklassischen Theorie zur Abwehr des Marxismus entwickelt wurde, eine Theorie, die sich heute in wenig glanzvollem Zustand präsentiert und die auf große Probleme der Zeit, wie etwa die weltweite Massenarbeitslosigkeit, keine befriedigenden Antworten, geschweige denn brauchbare wirtschaftspolitische Instrumente zu liefern in der Lage wäre[2].

Frage: Hält denn der Marxismus darauf Antworten bereit oder führt uns weiter?

MB: Handlungsanweisungen zur Bewältigung der wirtschaftlichen Probleme des Kapitalismus dürfen Sie von ihm natürlich nicht erwarten. Aber sein analytisch-begrifflicher Apparat, seine Methodik sowie die Erklärungen mancher Zusammenhänge können für uns durchaus von Interesse oder gar nützlich sein, es sei denn, sie würden seit Marx' Zeiten auf der Stelle treten!

Frage: Ist genau das aber nicht der Fall?

MB: In bezug auf die Weiterentwicklung des Marxschen Denkgebäudes scheinen die Arbeiten in der Tat nicht recht vorangekommen zu sein, vor allem was

---

[2] Vgl. *J. Robinson* [1977], Die Arbeitswerttheorie als analytisches System, in: Wirtschaft und Gesellschaft, 3. Jg., Heft 4, S. 346.

die Anpassung an die sich wandelnden Verhältnisse der Realität betrifft, also den Übergang vom einstigen Konkurrenzkapitalismus zum heutigen, weitgehend vermachteten Kapitalismus[3] bzw. zu einer *dualen* Ökonomie, wie man - postkeynesianisch - moderner sagt, mitsamt seinen sozialen Abfederungsmechanismen. Allerdings haben eine solche Weiterentwicklung offenbar auch andere Paradigmata der Ökonomie verschlafen, wenn ich mir etwa die neoklassische Alternative betrachte.

Frage: Worin sehen Sie den Hauptgrund für diese fehlende Aktualisierung bzw. Adjustierung der Marxschen Theorie?

MB: Es bestand augenscheinlich keine Veranlassung dazu. Den Ostmarxisten reichten die stereotypen Wiederholungen einer von oben abgesegneten marxistisch-leninistischen Bastard-Version, mit der man alle Wandlungen des Kapitalismus, soweit man überhaupt bereit war, sie zur Kenntnis zu nehmen, erklären zu können meinte. Kritik aus dem eigenen Lager oder die Aufforderung zur Weiterentwicklung oder gar Modifikation der Lehre gab es nicht, jedenfalls nicht offiziell. Man fürchtete unerwünschte Konsequenzen, wenn am Putz der Lehren der 'glorreichen Drei' zu kratzen begonnen würde. Den - meist links gesinnten - Marxforschern im Westen lag gleichfalls wenig daran, weil sie damit hätten konstatieren müssen, daß ihr Feindbild vom 'bösen Kapitalismus' und seinem 'brutalen Ausbeutungsmechanismen' Blessuren erhalten hätte. Also wendete man sich bestimmten, nicht am Fundament rüttelnden Detailfragen zu und betätigte sich als Spezialist für theoretische Sonderpuzzles. Auch der Marxismus ist, wie *Joan Robinson* mit ausgleichender Gerechtigkeit feststellt, "durch seine Weigerung, den von Marx entwickelten analytischen Apparat zu verfeinern und weiterzuentwickeln, verarmt."[4]

Frage: Es gab also, kuhnianisch[5] gefragt, viele 'puzzle-solver' und keine Paradigmenprüfer?

MB: Richtig! Marx war, wie *Schumpeter* einmal betont hat, zum einen Prophet und zum anderen Wissenschaftler, wobei der Unterschied zwischen beiden weniger darin bestünde, *was* gesagt wird, sondern vielmehr *wie* seine Lehren rezipiert werden. Zu den vornehmlichen Pflichten des Jüngers eines Propheten gehört es, dem Meister zu glauben und seine Lehre unkritisch zu perpetuieren. Das kann zum Herunterbeten einer stereotypen Litanei führen, wie wir das aus den einst sozialistischen Staaten her kennen[6]. Zur Pflicht

---

[3] Manche sprechen - etwas irreführend - auch vom Monopolkapitalismus.

[4] Vgl. ebd.

[5] *Th. S. Kuhn* hat in seinem 1962 erschienenen Essay 'Zur Struktur wissenschaftlicher Revolutionen' den Begriff des Paradigmas für eine bestimmte Theorie (genauer eigentlich: für eine Musterlösung) geprägt, die eine Gemeinschaft von Wissenschaftlern vertritt (vgl. dt. Ausgabe, Frankfurt/M. 1976, S. 28 ff.)

[6] Kurioserweise mußten die meisten von ihnen diese Plakativformeln, obwohl schon tausendmal gehört oder gar selbst verkündet, in ihren Reden immer wieder erneut vom Blatt ablesen! Kann

der Schüler von Wissenschaftlern gehört es dagegen, deren Ergebnisse kritisch zu hinterfragen bzw. zu überprüfen und die zugrunde liegenden Hypothesen dem jeweiligen Erkenntnisfortschritt anzupassen bzw. neue zu formulieren.

Frage: Erkannten die Marxisten die Notwendigkeit einer Aktualisierung ihrer Theorie nicht selbst?

MB: Doch! Natürlich gab - und gibt - es auch kritische Wissenschaftler unter ihnen, aber sie konnten die anstehende Aufräumarbeit innerhalb des Paradigmas entweder nicht allein leisten oder sie versuchten dies auf unbefriedigende, manchmal auch reichlich naive Weise. Kein anderer als der namhafte Marxist *Georg Lukàcs* beklagte (in einem Interview im Jahre 1970),

> "daß wir die großen Strukturveränderungen im Kapitalismus nicht genug verfolgt haben. Wir müssen alle Kriterien, die Marx für den Kapitalismus der achtziger Jahre aufgestellt hat, einer ökonomischen Neuuntersuchung unterwerfen. Das ist nicht geschehen. Und darum stehen wir Kommunisten dem neuen Kapitalismus wie der Ochs vorm Berge gegenüber und unterstellen ihm ununterbrochen alte Kategorien, mit denen wir gar nichts mehr erklären können."[7]

Während die einen an ihrer dogmatischen Uraltversion des Marxismus weiter festhielten, die politisch nur gewaltsam weitere Jahre überdauern konnte, leisteten die anderen zwar manch' (selbst-)kritischen Beitrag, flüchteten sich dabei aber nicht selten in zum Teil naiv anmutende, zum Teil grundlegende ökonomische Zusammenhänge und Notwendigkeiten ausblendende Sozialismus-Utopien[8]. Das bedeutet nicht, daß man Marx heute nicht mehr zu lesen bräuchte. Nur: ihn *so* zu lesen *wie bisher*, das wäre vertane Zeit.

Frage: Stehen die Zeichen für eine zweite Marx-Renaissance heute aber nicht ziemlich schlecht?

MB: Da mögen Sie recht haben! Nachdem die Länder des Ostblocks ihre politische Freiheit wiedergewonnen haben, scheinen die Zeichen (zumindest dort) eher auf eine Abkehr vom Marxismus gerichtet zu sein. Mit dem politischen Ende dieser Ideologie wird das wissenschaftliche Interesse daran zunächst nachlassen. Von der Tradition des westlichen, kritischen Marxismus, der sich ja häufig von den Formen des 'real existierenden' Sozialismus in den Ostblockstaaten und anderswo distanziert hat, wird in absehbarer Zeit ebenfalls kaum ein Aufschwung zu erwarten sein. Zwar war ihm an der Überwindung des dogmatischen Marxismus immer gelegen und er hat die 'Wende', wenngleich bemerkenswert still, wohl auch begrüßt. Auf der an-

man das anders deuten als ein Zeichen dafür, daß sie sie im Grunde selbst nicht glaubten bzw. verstanden?

[7] Zitiert nach: Spiegel Spezial IV/1991, S. 35.

[8] Als Beispiel dafür sei *Ernest Mandel* angeführt. Die Lektüre des abschließenden 17. Kapitels seiner 'Marxistischen Wirtschaftstheorie' (s. Litverz.) erinnert eher an eine heile Kinderweltgeschichte.

deren Seite hat er aber seine Kritik am herrschenden System nicht zuletzt aus Marxens Lehre geschöpft und muß sich nun zwischen Abwendung oder Renaissance bzw. Desavouierung oder Rechtfertigung des ideologischen Unterbaus entscheiden. Derart verunsichert scheidet er für einige Zeit als Wegbereiter für eine fruchtbare Weiterentwicklung aus.

Frage: Kommen wir wieder auf Ihr Buch zu sprechen. Da Sie offenbar selbst kein Marxist sind, stellt sich der Leser sicherlich die Frage, ob man Marx aus der gegnerischen Ecke überhaupt unvoreingenommen, sozusagen ideologieneutral, wiedergeben und diskutieren kann.

MB: Ich versuche, eine kritische und weitgehend objektive Darstellung des Marxschen Ansatzes zu präsentieren. Bisher, vor dem Hintergrund der Spannungen zwischen den beiden politischen Systemen, waren solche Versuche viel schwerer möglich oder umsetzbar, da keine Seite sich die Position der anderen wirklich zu eigen gemacht bzw. sich mit ihr ernsthaft auseinandergesetzt hat, geschweige denn eine wechselseitige Diskussion auf der Basis einer einigermaßen abgestimmten gemeinsamen Terminologie stattfand. Man redete mehr oder weniger bewußt aneinander vorbei. Nach dem Zusammenbruch des Sozialismus besteht endlich die Möglichkeit bzw. Chance, die Diskussion unvoreingenommen und politisch unbelastet zu führen! Die 'Wende' in Osteuropa hat nicht nur die Menschen, sondern auch Marx von einem pervertierten Marxismus befreit, wie *K.P. Liessmann* das einmal treffend hervorgehoben hat[9].

Frage: Schwerpunkt des Buches bildet das werttheoretische Gerüst des Marxismus. Warum haben sie sich gerade diesen Eckpfeiler des Gebäudes ausgewählt?

MB: Die Wert- und Mehrwertlehre bildet die Plattform, auf der Marx sein gesamtes Theoriegebäude entfaltet. Sie ist im wesentlichen im ersten Band des 'Kapital' niedergelegt und bildet das Fundament, an dem er am meisten gefeilt und gearbeitet hat. Andere Theoriebausteine, vor allem diejenigen, die im dritten Bande des 'Kapital' thematisiert werden, wie etwa die Geld-, Zins- und Kredittheorie, finden sich nur im Ansatz ausgearbeitet oder bleiben wie z.B. die Konjunktur- und Krisentheorie gar vollends kursorisch. Diese fragmentarische Seite des 'Kapital' haben viele Marxisten gern übersehen. Sie haben sozusagen die Ouvertüre mit Variationen schon für die Symphonie gehalten. Dabei waren z.B. große Teile des 3. Bandes - trotz ihres Umfangs - nicht mehr als ein paar hingeworfene Notenblätter. Das erscheint in Anbetracht der Tatsache, daß Marx in den letzten siebzehn Jahren seines Lebens keine Hand mehr an die Bände zwei und drei des 'Kapital' gelegt hat (sic!), sicherlich bemerkenswert!

Frage: Haben Sie eine Erklärung dafür?

---

[9] *Liessmann, K.P.* [1992], Man stirbt nur zweimal, Wien, S. 8 f.

MB: Ich bin sicher, daß dies vor allem damit zu tun gehabt hat, daß *Marx*, als er sich an die Ausarbeitung des ersten Teils des dritten Bandes machte, in dem es um den Übergang von der Wert- bzw. Mehrwertebene zur Preis- bzw. Profittheorie ging, also beim Auftauchen aus der abstrakten Tiefe an die konkrete Oberfläche, zumindest spürte, daß sich sein Ansatz nicht zu einer konsistenten Preistheorie hin entwickeln bzw. transformieren läßt.

Frage: Sie meinen das berühmte Transformationsproblem?

MB: Genau! Auch wenn dies nur eines von vielen inhaltlichen Brocken darstellen dürfte, an denen sich Marx die Zähne ausgebissen hat. Die 'plötzlichen Krankheitsanfälle' jedenfalls, wie sie von den Marxexegeten immer wieder als Grund für diese Untätigkeit vorgeschoben wurden (man lese hierzu z.B. die zeitweilig geradezu rührigen Vorworte der Herausgeber der Marx-Engels-Werke), wirken eher lächerlich, zumal man dabei vor psychosomatischen Zusammenhängen offenbar bewußt die Augen verschloß. Aber schießen wir damit nicht über den Zweck dieses einleitenden Gesprächs hinaus?

Frage: Sie haben Recht! Lassen Sie mich abschließend fragen, wie Sie die Marxsche Wertlehre insgesamt beurteilen?

MB: Die kritische Auseinandersetzung mit der Marxschen Wert- und Mehrwerttheorie hat m.E. bislang noch zu keinem befriedigenden Ergebnis geführt. Im Gegenteil: viele Fragen sind unbeantwortet geblieben, und zwar bereits solche, die *vor* der schwierigen Frage der Transformation von Werten in Preise angesiedelt sind.

Frage: Braucht man dazu ein ganzes Buch?

MB: Sicherlich eine berechtigte Frage! Es ist eines der Hauptanliegen dieses Buches, die schon im Ansatz implementierten und damit systemimmanenten Inkonsistenzen der Marxschen Werttheorie aufzuzeigen. Da dies ohne genaue Kenntnis bzw. Verständnis der einzelnen Bausteine und Theoreme des Systems nicht möglich ist, muß zunächst eine systematische Einführung in den Marxschen Ansatz erfolgen. Im Laufe der kritischen Darstellung mehren sich allerdings die Geschütze, aus denen das Lehrgebäude unter Beschuß genommen wird. Sie hinterlassen, wie man sehen wird, immer deutlichere Schäden, bis am Ende nur noch Trümmer übrig bleiben. Mithin kann man sagen, daß es sich zwar um eine - kritische - *Ein*führung in die Marxsche Wertlehre, zugleich aber auch um eine '*Aus*führung' insofern handelt, als sie dem Gebäude am Ende die Tragfähigkeit abspricht bzw. den Ansatz als bestenfalls obsolet ausweist. Das Unterfangen des Buches läßt sich zusammenfassend vielleicht am besten mit dem hübschen Bonmot von *Heinrich von Kleist* charakterisieren: *"Es gibt gewisse Irrtümer, die mehr Aufwand an Geist kosten, als die Wahrheit selbst!"*

Frage: Herr B, wir danken für Ihr Gespräch!

A. Preistheorie als Grundlage der allgemeinen Wirtschaftstheorie

I. Ausgangsfragestellungen der Volkswirtschaftslehre

Die Volkswirtschaftslehre beschäftigt sich, allgemein gesprochen, mit den Problemen menschlicher Wohlfahrt. Ihr Hauptanliegen läßt sich in drei klassische Grundfragen unterteilen: Wovon hängt es in einer Volkswirtschaft ab,

- *welche Produkte* und Dienstleistungen *in welcher Menge* erstellt werden,
- *welche* Herstellungs*verfahren* jeweils zum Zuge kommen und
- *wer* die produzierten Güter *erhält* bzw. konsumiert.

P.A. Samuelson hat diese drei Fragen auf den einfachen und anschaulichen Nenner gebracht: "*Was*, *wie* und *für wen* wird produziert?"[10]

Was produziert wird, hängt in erster Linie von den Bedürfnissen und Präferenzen der Gesellschaft und ihren Mitgliedern ab. Die Wünsche werden den (potentiellen) Produzenten über die individuellen Nachfrageaktivitäten der Gesellschaftsmitglieder angezeigt, die sich in Form zahlungsfähiger oder kaufkräftiger Nachfrage[11], sozusagen in Geldstimmen äußern. Der Verständigungsmechanismus zwischen Anbietern und Nachfragern ist der Preis der Güter.

Wie viele Güter bestimmte Mitgliedsgruppen der Gesellschaft nachfragen bzw. kaufen können, also die *Verteilungsfrage*, wird durch ihre jeweilige Einkommenshöhe sowie - wiederum - durch die Preise der Güter determiniert. Einkommen sind nichts anderes als periodizierte Preise für verausgabte Leistungen, sei es in unmittelbarer Form (Arbeitsleistungen), sei es in mittelbarer (Überlassung von Kapital, Geld oder Boden zu Produktionszwecken o.ä.). Der *Lohn* ist der Preis für geleistete Arbeit, der *Gewinn* derjenige für Unternehmertätigkeit und -risiko, der *Zins* der Preis für überlassenes Kapital oder Geld und die *Miete* bzw. *Pacht* schließlich der Preis für überlassene Gebäude bzw. Grund und Boden. Die Leistungsarten: Arbeit, Überlassung von Kapital einerseits und Boden andererseits werden als die drei traditionellen *Produktionsfaktoren* angesehen und ihre Preise - im Unterschied zu den Güterpreisen - als *Faktorpreise* bezeichnet. Da diese wiederum als Kostenbestandteile in die Güterpreisbildung einfließen bzw. letztere sich vollständig in Faktorpreisbestandteile auflösen lassen, kann die Bestimmung der einen wie der anderen Preise nur in einem simultanen Prozeß erfolgen. *Eine allgemeine Theorie der Preise hat also nicht nur die Güter-, sondern auch die Faktorentgelte zu bestimmen.*

Die Höhe der Preise entscheidet demnach sowohl über Art und Menge des Güterangebots als auch über deren Verteilung innerhalb der Volkswirtschaft. Damit

---

[10] Vgl. *Samuelson, Paul A./Nordhaus, William D.* [1987], Volkswirtschaftslehre, Bd. 1, 8. dt. Auflage, Köln, S. 59 f.

[11] Also nicht etwa auch durch solche, die nur in Form von unverbindlichen Wunschvorstellungen existiert und (z.B. mangels Finanzierbarkeit) am Markt nicht in Erscheinung tritt.

wird implizit auch die Frage nach dem *'wie'* der Produktion gelöst. Die in Betracht kommenden Herstellungsverfahren unterscheiden sich in bezug auf die quantitative wie qualitative Zusammensetzung der involvierten Produktionsfaktoren und hängen insofern ihrerseits von den Faktorpreisen ab. Das kostengünstigste Verfahren kommt zur Anwendung. Die Faktorpreise wirken von dieser Seite unmittelbar auf die Angebotspreise der Güter ein. Aufgrund dieser wechselseitigen Abhängigkeit von Güter- und Faktorpreisen bzw. Herstellverfahren zeigt sich erneut, daß eine allgemeine Preistheorie die simultane Lösung aller Preise erfordert. Sie bildet zugleich Grundlage wie Ausgangspunkt jedweder wirtschaftstheoretischen Konzeption. Auch bzw. gerade im Marxschen Lehrgebäude kommt ihr ein derart zentraler Stellenwert zu, daß wir uns in diesem Buch auf die Herleitung seiner preis- und werttheoretischen Basis konzentrieren wollen. Nur für den Fall, daß sich dieses Gerüst als hinreichend konsistent und tragfähig erweist, würde eine nähere Beschäftigung auch mit den übrigen Teilen des Lehrgebäudes lohnen.

II. Das Wert- und Preisproblem: zwei kontroverse Erklärungsansätze

Die Frage nach den Bestimmungsfaktoren der Preisbildung wird von den Ökonomen grundsätzlich auf zweierlei Weise beantwortet, wobei sich der Hauptunterschied daran festmachen läßt, ob eine (arbeits-)werttheoretische Fundierung für notwendig erachtet wird oder nicht. Der eine Ansatz, er liegt u.a. dem neoklassischen Lehrgebäude zugrunde, sieht den Wert der Güter durch deren Nutzen stiftenden Beitrag gegeben, d.h. durch ihre Fähigkeit, menschliche Bedürfnisse zu befriedigen. Im Preis spiegeln sich die subjektiven Nutzenschätzungen der Individuen wider, welche ihrerseits von deren Güter- (bzw. Faktor)ausstattung abhängen. Ein und demselben Gut kann in den Augen verschiedener Individuen - je nach Präferenz- und Ausstattungsunterschieden - verschiedener Wert beigemessen werden.

Die andere Richtung, sie wird v.a. von der marxistischen Theorie favorisiert, rekurriert auf die gemeinsame Eigenschaft von Waren, Produkte menschlicher Arbeit zu sein. Nach ihr bestimmt sich die Wertgröße einer Wrae nach der zu ihrer Herstellung benötigten Arbeitszeit. Da sich diese in Zeiteinheiten - einem objektiven Maßstab - ausdrücken läßt, spricht man auch von 'objektiver' Wertlehre - im Gegensatz zur 'subjektiven' der neoklassischen Theorie, die auf - kaum quantifizierbare - Nutzenschätzungen der Individuen abstellt.

Vor dem Hintergrund solch' kontroverser Wertbestimmungen überrascht es kaum, wenn die jeweiligen Preiserklärungen diametral verschieden ausfallen. Zwar sehen beide Ansätze den Preis der Güter durch das Zusammenspiel von Angebot und Nachfrage sich am Markt herausbilden, aus arbeitswerttheoretischer Perspektive stellt allerdings der - über die aufgewendeten Arbeitsquanta bestimmte - Warenwert das Gravitationszentrum für die täglichen Marktpreisschwankungen dar. Nach neoklassischer Auffassung tangiert die (individuelle) Wertschätzung der Individuen dagegen die Preisbildung lediglich über die Nachfrageklinge der Marktschere, während das Angebot von den (Grenz-)Kosten[12] der Herstellung bestimmt wird. Ist der Wertbegriff in der ersteren Sichtweise tendenziell angebotsbezogen, kann man ihn in der zweiten Variante eher als nachfrageorientiert bezeichnen.

Das folgende Überblickschema veranschaulicht die Zusammenhänge:

a) Arbeitswerttheoretischer Ansatz (sog. objektive Wertlehre):

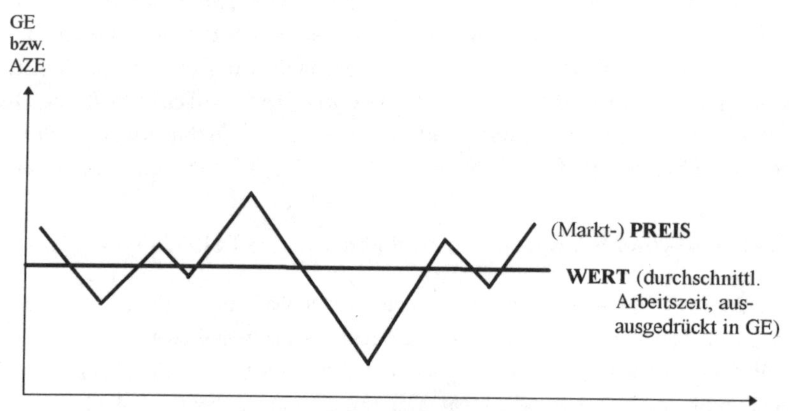

GE = Geldeinheiten, AZE = Arbeitszeiteinheiten (diese sind unmittelbar in GE umrechenbar)
t = Zeit (time)

b) Neoklassischer Ansatz (sog. subjektive Wertlehre):

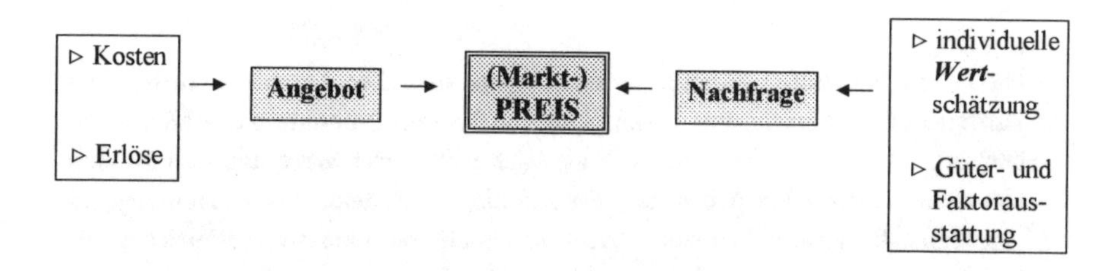

Die Arbeitswertlehre verknüpft Werte und Preise fest miteinander. Ihr sog. Wertgesetz postuliert, daß der Preis um den Wert oszilliert. Im neoklassischen Ansatz fließt letzterer dagegen nur nachfrageseitig als *individueller* Präferenz- und Nutzenfaktor in die Preisbestimmung ein. Die Wertschätzungen der Individuen sind in der aggregierten Marktnachfragekurve enthalten bzw. in ihr aufgegangen und es

[12] *Grenzkosten* sind die Zusatzkosten, die bei Herstellung einer weiteren, theoretisch unendlichen kleinen Produkteinheit anfallen. Mathematisch ausgedrückt handelt es sich um die erste Ableitung bzw. Steigung der Kostenfunktion.

gibt keinen der Aussage der Arbeitswerttheorie vergleichbaren gesetzmäßigen Zusammenhang zwischen Wert und Preis. Der Wertbegriff bleibt im Fortgang derjenigen Theorien, die auf dem subjektiven Ansatz basieren, als eigenständige Kategorie - durchaus folgerichtig - mehr oder weniger auf der Strecke. Oft entfällt er ganz bzw. wird einfach mit dem Preisbegriff identifiziert.

Die kontroversen Sichtweisen sind, das sei noch erwähnt, nicht etwa auf bloße Abgrenzungs- oder Definitionsunterschiede zurückzuführen, sondern entspringen abweichenden gesellschaftlich-philosophischen Theoriekonzeptionen. Der Arbeitswertansatz wird vom sozialistischen Lager adoptiert bzw. seiner Kapitalismus-Ideologie zugrunde gelegt, während die subjektive Wertlehre Grundlage der orthodox-liberalistischen, neoklassischen Lehre bildet. Terminologie wie charakteristischer Sprachduktus beider Seiten lassen sich anhand von Auszügen aus Wörterbüchern zu den Stichworten 'Wert' bzw. 'Preis' studieren. Welche Passagen der einen und welche der anderen Richtung zuzurechnen sind, ergibt sich dabei von selbst:

Auszüge aus Wörterbüchern zu den Stichworten 'Wert' und 'Preis'

- "Wert" heißt es in einem Buch, "ist eine objektive ökonomische Kategorie der Warenproduktion, der den in einer Ware enthaltenen Gesamtarbeitsaufwand als abstrakte Arbeit umfaßt und als gesellschaftliches Verhältnis die arbeitsteilig produzierten Waren austauschfähig macht ... Der Wert ist ein gesellschaftliches Verhältnis und zugleich eine historische Kategorie."

- "Preis" heißt es weiter, sei ebenfalls "objektive ökonomische Kategorie, Geldausdruck des Werts einer Ware ... Der Preis entspricht nicht automatisch der Wertgröße, weil der durchschnittliche gesellschaftlich notwendige Aufwand zum Zeitpunkt der Preisfestsetzung und -realisierung oft nicht bekannt ist. Der Preis weicht auch infolge konkreter Produktions- und Realisierungsbedingungen (Angebot und Nachfrage) und vom Staat beabsichtigter Verteilungs- und Umverteilungseffekte vom Wert ab. Die Summe der Preise ist gleich der Summe der Werte."

- "Wert", heißt es im anderen Band, "ist die Bedeutung, die wir Gütern beimessen, die für uns nützlich sind ... Die Arbeitswerttheorie betrachtet einseitig die auf die Güter verwendeten Arbeitskosten als Maßstab ... oder als Quelle des Werts[13]. Die moderne Nutzentheorie geht nicht von einer abstrakten Nützlichkeit, sondern vom jeweils konkreten Nutzen der Güter

[13] Daß dieser Satz den wirklichen Gehalt der Arbeitswerttheorie unzureichend darstellt, weil darin Preis- und Wertebene in unzulässiger Weise miteinander vermischt werden, sei hier nur angemerkt. Dies wird sich im Laufe der Darstellung des Marxschen Ansatzes in diesem Buch noch genauer zeigen.

aus. Sie hat in der Grenznutzentheorie ihre wichtigste Ausprägung erfahren ...
Die subjektiven Werte werden im Marktpreis objektiviert, so daß die Rückführung des Wertes auf eine absolute Größe, etwa die Arbeit ... , überflüssig wird."

- "Der·Preis", heißt es weiter, "ist das in Geld ausgedrückte Austauschverhältnis der Waren und Dienste auf dem Markt. Es stehen sich die Preisvorstellungen der Anbieter ... und der Nachfrager ... gegenüber. Ordnet man die Mengen, die zu jedem Preis angeboten und nachgefragt werden, so erhält man eine Angebots- und Nachfragekurve, in deren Schnittpunkt sich der Marktpreis bildet. Alle, die zu diesem Preis anbieten können und wollen, und alle, die diesen Preis zu zahlen bereit sind, kommen jeweils zum Zuge, so daß der Marktpreis eine Auswahlfunktion ausübt."

Quellen: *Ehlert, W.* et.al. (Hrsg.) [1973], Wörterbuch der Ökonomie, Sozialismus, 3. Aufl., Berlin (Ost), S. 708 u. 994 f.; *Recktenwald, H.C.* (Hrsg.) [1975], Wörterbuch der Wirtschaft, 7. Aufl., Stuttgart, S. 380 u. 527 (Hervorh. MB).

III. Anforderungen an die marxistische Werttheorie

Die Arbeitswertlehre beansprucht, auf Basis der Arbeit als alleiniger Wertquelle nicht nur die Güter-, sondern auch die Faktorpreise, also vor allem den Lohn und den Kapitalprofit, auf (Faktor-)Werte zurückführen zu können. Dies muß, wenn die Werttheorie einheitlich sein soll, in strenger Analogie zu den Warenwerten bzw. -preisen geschehen. Die Werttheorie ist, wie erwähnt, Ausgangspunkt und Plattform, auf der das preis- und verteilungstheoretische Gebäude errichtet wird. Werte wie Preise müssen dabei simultan bestimmbar und ineinander umrechenbar, 'transformierbar' sein - kein leichtes Unterfangen, wie wir am Ende des Buches sehen werden.

Die Beiträge der Klassiker *Smith* und *Ricardo* stellen in dieser Hinsicht wertvolle Pionierarbeiten dar, die Anerkennung verdienen. Dennoch ist es ihnen nicht gelungen, auch den zweiten Teil des oben erwähnten Anspruches an die Arbeitswertlehre einzulösen und einen logisch konsistenten Weg aufzuzeigen, wie sich 'arbeitsloses' Einkommen wie etwa Kapitalprofit, Zins oder Bodenrente, aber auch der Arbeitslohn selbst auf Basis des Arbeitswertansatzes erklären ließen. Erst *Marx* hat hierfür eine Lösung vorgelegt, die sich, so jedenfalls eine der Hauptthesen dieses Buches, zwar als durchaus 'pfiffig', letztlich jedoch als wenig befriedigend erweist (s. hierzu unten Kap. B.III). Bevor wir uns seinem Ansatz zuwenden, sei zunächst ein Blick auf die Anstrengungen der beiden klassischen Ökonomen geworfen, eine Wert- und Preistheorie auf Arbeitswertbasis zu begründen. Die kurze Nachzeichnung ihres Ringens um eine Lösung dieses sicherlich nicht einfachen Problems verdeutlicht die Grundfragen, um die es in diesem Zusammenhang geht, und erscheint insofern als Einführung in die Problematik geeignet. Da es sich nur um einen Exkurs handelt, sind die Ausführungen zwangsläufig komprimiert gehalten und werden dem Anfänger zeitweilig schwer verständlich bleiben. Für diesen Fall wird empfohlen, das folgende Kapitel zunächst zu überspringen und sich erst später vorzunehmen, wenn man mit der Thematik der Arbeitswertlehre etwas näher vertraut ist.

Exkurs: Wert- und preistheoretische Erklärungsansätze der Klassiker[14]

Adam Smith

Das ökonomische Hauptwerk von *Adam Smith*[15] fragt nach den Quellen und Bestimmungsgründen des volkswirtschaftlichen Wohlstandes der Nationen. In ihm wird - zum ersten Mal in der Geschichte der theoretischen Volkswirtschaftslehre - die Arbeit in ihrer allgemeinen Form als Hauptquelle des stofflichen Reichtums angesehen. Auch wenn *Smith* die Arbeitswertidee schon bei anderen vorfand bzw. von diesen übernommen hat[16], gebührt ihm doch das Verdienst, sie also erster in ein ökonomisches Gesamtmodell integriert und versucht zu haben, die Wert- mit der Einkommens- und Verteilungstheorie zu verbinden.

Betrachtet man seine Ausführungen näher, so offenbaren sich bei der Bestimmung des Arbeitswertes einige Ungereimtheiten. Zeitweilig ist davon die Rede, daß sich die Werte der Waren mittels der von den Produzenten verausgabten oder in ihren Produkten vergegenständlichten Arbeitsmengen vergleichen lassen bzw. anhand der Mühen und Beschwerden, die zur Erlangung der Güter erforderlich sind (*erste* Wertbestimmung). Zugleich kann man aber auch lesen, daß sich der Wert der Waren mittels derjenigen Arbeitsmengen bestimme, die man im Austausch dafür erhalten bzw. "kaufen oder sich dienstbar machen" kann (*'to purchase or command'*). Mit anderen Worten: Entscheidend für die Bestimmung des Wertes einer Ware sei also doch nicht die Menge der eingeflossenen Arbeitsquanta, sondern diejenige, in deren Verfügung man über die jeweils eingetauschten Dinge gelangen kann (*zweite* Wertbestimmung). Im Falle einer wenig entwickelten Tauschwirtschaft sind das unmittelbar 'Gebrauchswerte', in einer Geldwirtschaft ist es in erster Linie Geld, das seinerseits Ware darstellt, dessen Wert sich ebenso arbeitswerttheoretisch herleitet[17]. In einer kapitalistischen Wirtschaft kann man damit aber auch unmittelbar lebendige Arbeit erwerben bzw. eintauschen, 'sich dienstbar machen', wie *Smith* sagt.

Smith hält im Verlauf seiner Analyse diese beiden Wertbestimmungen nicht exakt auseinander und argumentiert einmal auf Basis der ersten, das andere Mal auf Basis der zweiten Bestimmung. Als Hauptschwierigkeit erweist sich ihm dabei offensichtlich die Übertragung des arbeitswerttheoretischen Ansatzes von den frühen Gesellschaftsformationen auf die kapitalistische Produktionsweise. Die erste Wertbestimmung gilt ihm uneingeschränkt für vorkapitalistische Gesellschaftszustände, in denen einfache Warenproduktion herrscht und die Produzenten sich als Besitzer ihrer - selbst erstellten - Produkte unmittelbar gegenübertreten. In entwickelten kapitalistischen Gesellschaften, in denen sich Eigentümer an Produktionsmitteln und Lohnarbeiter gegenüberstehen und die Produzierenden von

---

[14] Wie am Ende des vorigen Kapitels erwähnt, sollten Anfänger diesen Exkurs zunächst übergehen und ihn sich erst später, nach Einarbeitung in die Problematik vornehmen.

[15] [1776], An Inquiry into the Nature and Causes of Wealth of Nations.

[16] So v.a. von seinem Lehrer *Hutchison* sowie von *W. Petty*.

[17] S. dazu im einzelnen unten Kap. B.I.2 d und B.I.5.

ihren Produkten getrennt sind, scheint sie *Smith* nur noch modifiziert zu gelten. Auf dieser Ebene zeigt sich, daß man mit Waren auch unmittelbar lebendige Arbeit "kaufen" bzw. "sich dienstbar machen" kann. Dabei fällt ihm auf, daß die 'Inputmenge' der seitens der Kapitaleigner gekauften bzw. kommandierten Arbeit regelmäßig kleiner ist als der 'Output', den sie mittels der hergestellten und angeeigneten Produkte im Austausch dafür zu erhalten vermögen. Daraus schließt er, daß der Wert der Waren in der kapitalistischen Gesellschaft nicht (mehr) durch die in den Produkten unmittelbar enthaltene Arbeitsmenge, sondern durch die im Austausch dafür erzielbare Arbeit bestimmt ist, sei es in vergegenständlichter, sei es in lebendiger Form.

Auf den ersten Blick scheint damit das Problem der arbeitswerttheoretischen Ableitung des Kapitalprofits (einschließlich des Anteils für die Bodeneigner bzw. Pächter) gelöst, denn dieser macht genau die Differenz zwischen der ersten und der zweiten Wertbestimmung aus. Bei näherem Zusehen erweist sich die Argumentation jedoch als zirkulär bzw. inkonsistent, da sie entweder zwei unterschiedliche Wertmaßstäbe bedingt oder den einen Maßstab aus dem anderen herzuleiten versucht. Es verwundert insofern nicht, wenn *Smith* sich über diese falsch gestellte Weiche der zweiten Wertbestimmung im Fortgang der Analyse zunehmend in Widersprüche verwickelt und schließlich sogar zu einem Ergebnis gelangt, das auf das genaue Gegenteil einer arbeitswerttheoretischen Hypothese hinausläuft: Sein Versuch, neben dem Kapitalprofit auch die anderen Hauptkategorien des arbeitslosen Einkommens wie Zins, Bodenrente oder Pacht arbeitswerttheoretisch zu begründen, mündet in der Auffassung, daß Arbeitslohn, Profit und Rente die drei "ursprünglichen Quellen" des Tauschwerts seien (*dritte* Wertbestimmung).

Auf Basis solch widersprüchlicher Wertbestimmungen muß auch die Preiserklärung inkonsistent ausfallen - wie überhaupt der Bezug zwischen Preis- und Wertebene bei *Smith* ziemlich im Dunklen bleibt. Von dem kurzfristigen, je nach Angebot und Nachfrage schwankenden "Marktpreis" einer Ware wird ihr "natürlicher Preis" unterschieden, dessen Basis der langfristige Durchschnitt bilde. Dieser würde genau dem entsprechen, was die Ware tatsächlich "wert" sei bzw. dem, was ihre Produktionskosten ausmache. Offenbar wird dabei aus der Perspektive der dritten Wertbestimmung argumentiert, denn die Produktionskosten werden ihrerseits aus den durchschnittlichen oder "natürlichen" Sätzen von Arbeitslohn, Profit und Bodenrente gebildet und nicht etwa auf Basis irgendwelcher Arbeitsquanta. Damit gerät *Smiths* Argumentation in einen circulus vitiosus: Wenn man den Durchschnitt der Marktpreisschwankungen als den natürlichen Preis der Waren ansieht und diesen zum Wert bzw. Gravitationszentrum der Marktpreisentwicklung erklärt, dann ist letzterer selbst aus Preisen hergeleitet und kann somit nicht seinerseits als Basis der Preiserklärung herhalten. Herstell- oder Produktionskosten sind ebenso wie ihre drei Bestandteile Löhne, Profit und Renten selbst Preisausdrücke[18].

Smiths Abgleiten vom arbeitswerttheoretischen Ansatz, seine Verstrickung in Widersprüche bzw. Zirkulargumente ist die Folge davon, daß es ihm nicht gelingt, eine mit der ersten oder zweiten Wertbestimmung kompatible Erklärung derjenigen Einkommensformen zu finden, deren Größe, wie er selbst konstatiert, in keiner Relation zu ihrem Arbeitsaufwand steht, nämlich von Kapitalprofit und Bodenrente.

Zum besseren Verständnis der Probleme, mit denen sich *A. Smith* konfrontiert sah, sind im folgenden einige Passagen aus den entscheidenden Kapiteln 5-7 seines Hauptwerkes zusammengestellt.

Passagen aus 'Wealth of Nations' von *A. Smith* zum Wert- und Preisproblem

"The value of any commodity ... to the person who possesses it, and who means not to use or consume it himself, but to exchange it for other commodities, is equal to the quantity of labour which it enables him to purchase or command. Labour, therefore, is the real measure of the exchangeable value of all commodities.

The real price of everything, what everything really costs to the man who wants to acquire it, is the toil and trouble of acquiring it ... What is bought with money or with goods is purchased by labour as much as what we acquire by the toil of our own body. That money or those goods indeed save us this toil. They contain the value of a certain quantity of labour which we exchange for what is supposed at the time to contain the value of an equal quantity" (S. 133).

"In their early and rude state of society which precedes both the accumulation of stock and the appropriation of land, the proportion between the quantities of labour necessary for acquiring different objects seems to be the only circumstance which can afford any rule for exchanging them for one another. If among a nation of hunters, for example, it usually costs twice the labour to kill a beaver which it does to kill a deer, one beaver should naturally exchange for or be worth two deer. It is natural that what is usually the produce of two days' or two hours' labour, should be worth double of what is usually the produce of one day's or one hour's labour" (S. 150).

"As soon as stock has accumulated in the hands of particular persons, some of them will naturally employ it in setting to work industrious people, whom they will supply with materials and subsistence, in order to make a profit by the sale

[18] Man lasse sich da von der gängigen betriebswirtschaftlichen Definition der Kosten als "bewerteter Güterverzehr" nicht verwirren. Die herrschende Betriebswirtschaftslehre interessiert sich überhaupt nicht für das Wertphänomen im hier diskutierten Sinne und setzt daher den Begriff "Bewertung" immer mit der Zuordnung von Preisen gleich.

of their work, or by what their labour adds to the value of the materials ... The value which the workmen add to the materials, therefore, resolves itself in this case into two parts, of which the one pays their wages, the other the profits of their employer upon the whole stock of materials and wages which he advanced" (S. 151).

"As soon as the land of any country has all become private property, the landlords, like all other men, love to reap where they never sowed, and demand a rent even for its natural produce ... This portion, or, what comes to the same thing, the price of this portion, constitutes the rent of land, and in the price of the greater part of commodities makes a third component part" (S. 152 f.).

"Wages, profit, and rent, are the three original sources of all revenue as well as of all exchangeable value" (S. 155).

"There is in every society or neighbourhood an ordinary or average rate both of wages and profit ... There is likewise ... an ordinary or average rate of rent ... (S. 157).

These ordinary or average rates may be called the natural rates of wages, profit, and rent, at the time and place in which they commonly prevail.

When the price of any commodity is neither more nor less than what is sufficient to pay the rent of the land, the wages of the labour, and the profits of the stock employed in raising, preparing, and bringing it to market, according to *their natural rates, the commodity is then sold for what may be called its natural price.*

The commodity is then sold precisely for what it is worth, or for what it really costs the person who brings it to market" (S. 158).

"The actual price at which any commodity is commonly sold is called its *market price*. It may either be above, or below, or exactly the same with its natural price. The market price of every particular commodity is regulated by the proportion between the quantity which is actually brought to the market, and the demand of those who are willing to pay the natural price of the commodity ..." (S. 158).

Die Seitenangaben beziehen sich auf die "Penguin books"-Ausgabe (vgl. Literaturhinweise).

David Ricardo

Die rd. 40 Jahre später erschienenen 'Principles of Political Economy' von *Ricardo* knüpfen an *Smiths* Werk an und entwickeln den arbeitswerttheoretischen Ansatz fort. *Ricardos* Fortschritt ist vor allem darin zu sehen, daß er sowohl die Bodenrente als auch die Mitwirkung von Kapital im Produktionsprozeß auf Basis verausgabter Arbeitsquanta adäquater zu erklären vermag. So stellt er z.B. in bezug auf die Bodenrente fest, daß sie selbst - weil von den Preisen der Bodenprodukte abhängig - preisbestimmt sei und damit als selbständiger Erklärungsbestandteil für die Werte als Basis der Preisableitung ausscheide. Eine Rente, so *Ricardo*, wird bezahlt, wenn der Preis des Getreides - als exemplarisches Bodenprodukt - hoch ist. Der Preis ist aber umgekehrt nicht hoch, weil eine Rente gezahlt wird. Mit anderen Worten: Will man die Rente bestimmen, ist zunächst der Getreidepreis abzuleiten bzw. eine allgemeine Preistheorie zu formulieren. Grundlage dafür könne wiederum nur eine Werttheorie auf dem Sockel des Arbeitswertansatzes sein.

Das Problem, die Beteiligung von Kapital am Produktionsprozeß arbeitswerttheoretisch zu fassen, geht *Ricardo* in der Weise an, daß er das Kapital, also die Produktionsmittel als vergegenständlichte, "vorgetane" Arbeit interpretiert. Der Wert der Produkte setzt sich aus der Summe der neu verausgabten und einem Anteil vorgetaner Arbeit zusammen. Dabei finden Fragen der unterschiedlichen Kapitalausstattung je Arbeitseinheit (der Kapitalintensität, wie man heute sagt) sowie der unterschiedlichen Zeitdauer der Kapitalbindung je Produkteinheit, also des Kapitalumschlags, bereits Berücksichtigung.

Wie *Ricardo* weiter erkennt, ist es zur werttheoretischen Fundierung der Preise nicht nur erforderlich, die einzelnen Wertbestandteile in qualitativ gleichartigen Einheiten auszudrücken und auf einen gemeinsamen quantitativen Nenner zu bringen, sondern auch die Verteilungsrelationen zwischen den verschiedenen Einkommenskategorien wertmäßig zu begründen. Mit anderen Worten: Man muß zeigen, wie sich die Entgelte für die *aktuell verausgabte* Arbeit sowie für das Kapital, also für die eingesetzte Menge *vorgetaner* Arbeit, auf Basis des Äquivalententauschs arbeitswertmäßig erklären lassen. Ziel der Wertanalyse ist es, die Determinanten des Tauschwerts abzuleiten und den über ihn bestimmten 'natürlichen Preis' der Waren als Oszillationszentrum der Marktpreisschwankungen zu bestimmen. Daher läuft die Frage nach der werttheoretischen Fundierung der Einkommensverteilung auf das Problem der Bestimmung des 'natürlichen Preises' von Arbeit und Kapital hinaus. Es geht darum, den Wert der Arbeit selbst sowie die Wertbasis des Kapitalprofits zu finden.

Auch wenn *Ricardo* diese Frage arbeitswerttheoretisch systematischer als *Smith* angeht, verfällt er am Ende in den gleichen Zirkel wie sein Vorgänger, indem er schließlich doch wieder Preiskategorien zur Erklärung der Wertbasis heranzieht. So versucht er z.B., den Wert der Arbeit nach der Summe der Arbeitsquanta zu bemessen, die zur Produktion derjenigen Menge an Geld erforderlich sind, die dem Arbeiter als Lohn gezahlt wird. Die Höhe des Lohnes selbst ist damit allerdings willkürlich eingeführt. Ein 'natürlicher Satz' des Lohnes oder des Kapitalprofits kann nicht begründet werden. Sie werden lt. *Ricardo* vielmehr durch die (langfristigen) Tauschraten am Markt, also durch die Preise bestimmt, die sich als Ergebnis von Angebot und Nachfrage herausbilden. Damit werden Preise allerdings wiederum aus Preisen hergeleitet und nicht aus Arbeitswerten, wie es der Ansatz eigentlich postuliert[19].

Zusammenfassend kann man sagen, daß *Ricardo* den arbeitswerttheoretischen Ansatz zwar entscheidend voranbringt, indem er u.a. zeigt, daß die Arbeitswertlehre auch für entwickelte kapitalistische Gesellschaften Gültigkeit beanspruchen kann. Zugleich fließen bei ihm aber - wie bei *Smith* - in die Erklärungen der Wertgröße des Arbeits- und Kapitalentgelts Preiskategorien ein, die ihn in einen circulus vitiosus geraten lassen. Daß er die Unzulänglichkeiten seines Ansatzes selbst spürt, macht sein Vermächtnis deutlich, das er in einem Brief von 1819 formuliert:

> "Mit meiner Erklärung der Grundsätze, die den Wert beherrschen, bin ich nicht zufrieden. Ich möchte, daß ein Erfahrener als ich sich damit befasse."[20]

Aufgabe dieses Lehrbuchs soll es u.a. sein, zu prüfen bzw., soviel sei vorweg verraten, zu zeigen, daß Marxens Weiterentwicklung des klassischen Ansatzes und sein Anspruch, die Arbeitswerttheorie konsistent vollendet zu haben, nicht als Erfüllung dieser - insofern also vergeblichen - Hoffnung *Ricardos* angesehen werden kann.

---

[19] Dieser Widerspruch in *Ricardos* Ausführungen veranlaßte die Vertreter des 'subjektiven' Wertansatzes übrigens, Passagen der 'Principles' für die Stützung ihres Standpunktes heranzuziehen bzw. zu mißbrauchen. Insbesondere wird auf die Tatsache verwiesen, daß *Ricardo* die Werttheorie explizit auf beliebig vermehrbare Güter beschränkt wissen will, womit er zugestanden habe, daß zumindest ein Teil der Güter ihren Wert aus der Knappheit und nicht aus der zu ihrer Erzeugung erforderlichen Arbeitsmenge ableiten würden. *Ricardo* nennt hierfür als Beispiele "auserlesene Bildsäulen und Gemälde, seltene Bücher und Münzen, einzigartige Weine" usw. (Siehe dazu auch weiter unten S. 59.)

[20] Brief an McCulloch vom 18.12.1819; zitiert nach *Gide, Ch./Rist, Ch.* [1913], Geschichte der volkswirtschaftlichen Lehrmeinungen, 3. Auflage, Jena, S. 152. Der Brief wurde nach der 2. und vor der teilweise veränderten, in bezug auf die Werterklärung jedoch grundsätzlich gleichen 3. Auflage geschrieben.

B. Die Werttheorie von Marx

I. Arbeitswertlehre als Fundament

1. Warenanalyse als Ausgangspunkt

a) Das Problem des Anfangs

> "Der Reichtum der Gesellschaften, in welchen kapitalistische Produktionsweise herrscht, erscheint als 'ungeheure Warensammlung', die einzelne Ware als seine Elementarform. Unsere Untersuchung beginnt daher mit der Analyse der Ware" (MEW 23, S. 49)[21].

Mit diesen Sätzen beginnt eines der berühmtesten und umstrittensten Werke der gesellschaftswissenschaftlichen Literatur: 'Das Kapital' von *Karl Marx.* So selbstevident diese Anfangssätze - unabhängig von der etwas gewöhnungsbedürftigen Ausdrucksweise - auch klingen mögen, ist zu fragen, weshalb gerade dieser Einstieg in die Thematik gewählt wurde und inwieweit man ihn als sinnvoll bzw. angemessen bezeichnen kann.

Hätte *Marx,* da es in der Ökonomie doch immer um Beziehungen von Menschen geht, nicht bei diesen bzw. dem Individuum und seinen Bedürfnissen ansetzen müssen? Oder muß eine Analyse des Kapitalismus nicht vielmehr mit ihrer begriffsprägenden zentralen Kategorie, dem Kapital selbst, beginnen? Läßt sich das Ganze unter Umständen nicht auch von der Produktionsseite her aufrollen? Und wäre es nicht ebenso sinnvoll gewesen, die Einkommensverteilung zwischen den Gesellschaftsgruppen oder -klassen als Ausgangspunkt der Betrachtung zu wählen?

Für *Marx* scheint die Frage des Anfangs, zumindest auf den ersten Blick, unproblematisch zu sein. Jedenfalls geht er im Verlauf des 'Kapital' mit keinem Wort näher darauf ein. Bei einem Wissenschaftler seines Ranges kann man jedoch davon ausgehen, daß der Anfang keineswegs willkürlich gewählt worden ist, zumal, wenn es sich um ein Werk handelt, das explizit den Anspruch erhebt, nicht nur die gesamte Fachdisziplin der Zeit einer grundlegenden Kritik zu unterziehen, sondern auch auf einen neuen Sockel zu stellen[22]. Bei näherem Zusehen zeigt sich dann auch, daß er Resultat seiner methodologischen Position ist, die *Marx* an früherer Stelle, und zwar im 'Rohentwurf' zum Kapital, eingehender erläutert hat. Dort heißt es u.a.:

---

[21] Legende: MEW 23 = Marx Engels Werke, Bd. 23 = *Karl Marx* [1867], Das Kapital, Erster Band, Berlin (Ost) 1969; Die Quellenangaben bei Originalzitaten werden im folgenden i.d.R. unmittelbar hinter das Zitat im Text eingefügt. Fußnoten erfolgen lediglich bei näheren Ergänzungen oder sonstigen Anmerkungen.

[22] In diesem Zusammenhang sei auf den doppelten Genetiv im Untertitel des 'Kapital' *Kritik der Politischen Ökonomie* hingewiesen: einerseits *genetivus subjectivus,* also Kritik *an* der Ökonomie, und andererseits *genetivus objectivus,* d.h. Kritik *durch* die Ökonomie.

"Es scheint das Richtige zu sein, mit dem Realen und Konkreten, der wirklichen Voraussetzung zu beginnen, also z.B. in der Ökonomie mit der Bevölkerung, die die Grundlage und das Subjekt des ganzen gesellschaftlichen Produktionsaktes ist. Indes zeigt sich dies bei näherer Betrachtung (als) falsch. Die Bevölkerung ist eine Abstraktion, wenn ich z.B. die Klassen, aus denen sie besteht, weglasse. Diese Klassen sind wieder ein leeres Wort, wenn ich die Elemente nicht kenne, auf denen sie beruhn, z.B. Lohnarbeit, Kapital etc. Diese unterstellen Austausch, Teilung der Arbeit, Preise etc. Finge ich also mit der Bevölkerung an, so wäre das eine chaotische Vorstellung des Ganzen und durch nähere Bestimmung würde ich analytisch immer mehr auf einfachere Begriffe kommen; von dem vorgestellten Konkreten auf immer dünnere Abstrakta, bis ich bei den einfachsten Bestimmungen angelangt wäre. Von da wäre nun die Reise wieder rückwärts anzutreten, bis ich endlich wieder bei der Bevölkerung anlangte, diesmal aber nicht als bei einer chaotischen Vorstellung eines Ganzen, sondern als einer reichen Totalität von vielen Bestimmungen und Beziehungen ... Das letztre ist offenbar die wissenschaftlich richtige Methode. Das Konkrete ist konkret, weil es die Zusammenfassung vieler Bestimmungen ist, also Einheit des Mannigfaltigen. Im Denken erscheint es daher als Prozeß der Zusammenfassung, als Resultat, nicht als Ausgangspunkt, obgleich es der wirkliche Ausgangspunkt und daher auch der Ausgangspunkt der Anschauung und Vorstellung ist."[23]

Diese Passage stellen viele Marxexegeten ihrer Auffassung vom (vermeintlich) einzigen und notwendigen Anfang des Marxschen Werkes regelmäßig voraus. Aus Marxens Sicht, nach der der Forschungsprozeß in zwei voneinander nicht unabhängige, jedoch gedanklich nacheinander ablaufende Teiletappen zerlegt wird, erscheint der Anfang folgerichtig. Nachdem ihn der erste Teil der Reise fort von den konkreten Einzelerscheinungen über zunächst relativ komplexe zu immer einfacheren Begriffen geführt hat, läßt ihn der zweite Teil zur Oberfläche zurückkehren. Der Darstellungsprozeß, und das ist der springende Punkt, setzt erst mit dieser zweiten Etappe ein. Obgleich bereits wesentliches Resultat des Denk- und Abstraktionsprozesses des ersten Teils, bilden die *Ware* und ihr *Wert* die logischen Ausgangspunkte der Entfaltung seines begriffsgenetischen Denksystems. Mit dem ersten Satz seines Anfangs verweist *Marx* auf die konkret wahrnehmbare Ebene der 'ungeheuren Warensammlung', auf die einzelne Ware als deren 'Elementarform', und leitet dann zur Ebene der abstrakten Begriffswelt über, von der aus schließlich das Konkrete als 'Einheit des Mannigfaltigen' systematisch erst zu entwickeln ist.

Ohne die grundsätzliche Berechtigung des von *Marx* gewählten Beginns bestreiten zu wollen, bleibt zu fragen, inwieweit nicht gleichwohl auch andere Einstiegsmöglichkeiten in die Thematik in Betracht gekommen wären bzw. kommen. Konkreter: welche Form bzw. welchen Verlauf hat der Abstraktionsprozeß im einzelnen anzunehmen? An welcher Stelle hat der Darstellungsprozeß einzusetzen? Warum sollte oder darf der Leser nicht auch schon am ersten Teil der Reise teilhaben und die Maßstäbe und Richtlinien erfahren, nach denen die Reiseroute

[23] *Marx, Karl* [1939/41], Grundrisse der Kritik der Politischen Ökonomie, nach der Moskauer Ausgabe, MEW-Ausgabe Bd. 42, Berlin (Ost), S. 34 f.

festgelegt wird? Auf Basis anderer Abstraktionsverfahren bzw. -kriterien würde bzw. könnte man nämlich durchaus zu anderen 'dünnsten' Abstrakta gelangen. *Marx* hat *eine* Richtung gewählt, um sein Ziel einer umfassenden Kapitalismusanalyse zu erreichen; weshalb sollten oder könnten nicht auch andere Wege zum gleichen Ziel führen? Die Plädoyers für die Ausschließlichkeit des Marxschen Anfangs erscheinen allesamt sophistisch oder bestenfalls dogmatisch. Es zeichnet weder die innere Logik und Konsistenz noch die kognitive Leistungsfähigkeit eines Denkgebäudes aus, von welcher Ecke aus seine Pfeiler und Konstruktionselemente entwickelt werden. Wichtig allein ist, daß insgesamt ein tragfähiges Fundament für die Analyse und die Erklärung der Zusammenhänge vorgelegt wird. Ob dies der Fall ist, kann nur konventionalistisch entschieden werden. Um es mit *Poppers* bildhaften Worten zu sagen:

> "Die Wissenschaft baut nicht auf Felsengrund. Es ist eher ein Sumpfland, über dem sich die kühne Konstruktion ihrer Theorien erhebt; sie ist ein Pfeilerbau, dessen Pfeiler sich von oben her in den Sumpf senken - aber nicht bis zu einem natürlichen, 'gegebenen' Grund. Denn nicht deshalb hört man auf, die Pfeiler tiefer hineinzutreiben, weil man auf eine feste Schicht gestoßen ist: Wenn man hofft, daß sie das Gebäude tragen werden, beschließt man, sich vorläufig mit der Festigkeit der Pfeiler zu begnügen."[24]

Dem ist nichts hinzuzufügen. Um zum vorgegebenen Ziel zu gelangen, *kann* man den Marxschen Weg beschreiten, *muß* ihm aber nicht unbedingt folgen. Das Bestehen der Bewährungsprobe einer theoretischen Konzeption hängt nicht vom Einstieg in die Problematik, sondern von ihrem in sich konsistenten und systematischen Aufbau sowie ihrem kognitiven Gehalt und ihren Ergebnissen ab[25].

b) Gebrauchswert und Tauschwert

Begleiten wir Marx also auf seinem Weg der 'Analyse der Ware'. Was ist damit gemeint? Was gibt es an einer Ware Besonderes zu analysieren? Es ist nichts als ein Ding, das hergestellt und gehandelt wird, mag mancher abfällig zu antworten geneigt sein und hätte damit gleichwohl den entscheidenden Punkt getroffen. Die Analyse der Ware soll offenlegen, *warum* und *wie* Waren produziert und vor allem: *nach welchen Kriterien* bzw. Prinzipien sie gegeneinander *ausgetauscht* werden.

Eine Ware kann, wie jeder weiß, grundsätzlich auf doppelte Art Verwendung finden: man kann sie entweder ge- bzw. verbrauchen oder aber gegen andere Waren aus(zu)tauschen (versuchen). *Marx* spricht, wie übrigens schon namhafte Ökonomen vor ihm, vom *Gebrauchswert* der Ware einerseits und ihrem *Tauschwert*

---

[24] *Popper, Karl* [1969], Logik der Forschung, 3. Aufl., Tübingen, S. 75 f.

[25] So beginnt z.B. *Adam Smith* sein grundlegendes Werk zur Ökonomie mit dem Problem bzw. Phänomen der Arbeitsteilung, also mit einem aus Sicht dogmatischer Marx-Exegeten 'falschen' Anfang. Dennoch gelingt es ihm, ein umfassendes Theoriegebäude zu präsentieren, und es wäre absurd zu behaupten, daß *Smith* eine konsistente Lösung z.B. des arbeitswerttheoretischen Ansatzes deswegen nicht gelungen sei, weil er einen falschen Anfang gewählt habe.

andererseits[26]. Der Gebrauchswert ergibt sich aus der Eigenschaft der Waren, bestimmte menschliche Bedürfnisse befriedigen, also Nutzen stiften zu können. Während der Gebrauchswert die Beziehung zwischen dem Menschen und den Gütern ausdrückt, also eine Mensch-Ding- bzw. Subjekt-Objekt-Relation darstellt, setzt der Tauschwert die Waren untereinander in Beziehung, spiegelt also eine Ding-Ding- oder Objekt-Objekt-Relation wider. Austausch findet nur statt, wenn die Tauschobjekte für die Kontrahenten jeweils einen Gebrauchswert besitzen. Die Nützlichkeit einer Sache ist demnach *conditio sine qua non* für den Tauschwert.

Die politische Ökonomie ist vor allem an der Analyse des Tauschwerts interessiert. Die nähere Untersuchung der Mensch-Ding-Beziehung, des Gebrauchswerts also, weist Marx der Warenkunde zu, die jenseits des Betrachtungskreises der politischen Ökonomie anzusiedeln sei[27]. Damit steht sein Ansatz im diametralen Gegensatz zu der sich etwa zur gleichen Zeit formierenden neoklassischen Konzeption, die ihr preistheoretisches Gebäude gerade auf dieser Subjekt-Objekt-Beziehung errichtet und auf den (Grenz-)Nutzen als wesentliche Determinante der Preisbildung verweist. *Marx* sieht den Wert bzw. Preis einer Ware nicht entscheidend von subjektiv-individuellen Präferenzen beeinflußt. Seine Analyse zeigt bzw. betont vielmehr, daß es sich beim Wert um eine gesellschaftliche Kategorie handelt: Hinter der Ding-Ding-Beziehung verbirgt sich letztlich, vermittelt über die Gesellschaftlichkeit aller produktiven Tätigkeiten, eine Mensch-Mensch-Beziehung. Es scheint nur so, als ob es sich beim Austausch um Verhältnisse von Waren handelt. In Wirklichkeit sind es gesellschaftliche Verhältnisse von Personen[28].

Betrachten wir den Tauschwert und seine Determinanten näher. Ausgegangen wird zunächst von einer einfachen warenproduzierenden Gesellschaft, in der Realtausch vorherrscht und ein allgemeines Tauschmittel (Geld) sich noch nicht etabliert hat. Die Gebrauchswerte werden unmittelbar gegeneinander ausgetauscht. Die Produzenten (im wirklichen Sinne des Wortes) verfügen über ihre Produktionsmittel selbst, stellen mit ihrer Hilfe Waren her und tauschen sie am Markt gegen (andere) Waren ihres Bedarfs ein. Treten zwei solche Produzenten zwecks Austauschs ihrer Produkte in Beziehung, werden sie einen Vergleichsmaßstab finden müssen, auf dessen Basis sie die Tauschrate aushandeln. Worin besteht dieser Maßstab? Was macht das gemeinsame Dritte aus, wenn sie sich z.B. darauf einigen, fünf Meter Stoff gegen drei Tonkrüge (jeweils von bestimm-

---

[26] Daß diese Unterscheidung in sprachlicher Hinsicht nicht besonders 'glücklich' gewählt ist, wird an späterer Stelle noch deutlich werden (vgl. unten S. 26).

[27] Vgl. MEW 23, S. 50 sowie *ders.* [1859], Zur Kritik der Politischen Ökonomie, MEW 13, Berlin (Ost) 1972, S. 16. Diese Eliminierung der Gebrauchswerteigenschaften einer Ware wird manchmal dahingehend mißverstanden, daß der Gebrauchswert bei Marx überhaupt keine Rolle spiele. Wie betont, bildet er jedoch unabdingbare Voraussetzung für die Existenz von Tauschwert bzw. Ware überhaupt. Darüber hinaus spielt er, wie an späterer Stelle noch zu zeigen sein wird, bei der Ableitung der zentralen Kategorie der Marxschen Theorie, dem Mehrwert, eine wichtige Rolle.

[28] Vgl. dazu den Abschnitt zum 'Fetischcharakter der Ware'; unten S. 64 ff.

ter Qualität) zu tauschen? Im Gleichgewichtsfall[29] wird die Situation dadurch gekennzeichnet sein, daß sich keiner der beiden Kontrahenten durch den anderen übervorteilt fühlt. Beide sind der Meinung, daß die Menge der hergegebenen, selbst erstellten Ware der Menge der dafür eingetauschten, fremdhergestellten Ware(n) 'wertmäßig' entspricht. Die Frage ist nur: was vergleichen sie dabei eigentlich? Was macht den Wert der Waren aus? Wie läßt er sich messen oder bestimmen? Unabhängig von der Tatsache, daß die Tauschrate von Ort zu Ort und von Zeit zu Zeit wechseln kann, kommt sie zwischen den Kontrahenten sicherlich nicht zufällig oder gar willkürlich zustande. Worin liegt also der geheime Schlüssel ihrer Übereinkunft?

Die verschiedenen Gebrauchswerte der Waren können es schlechterdings nicht sein - so jedenfalls die Auffassung der Arbeitswerttheoretiker. Wie kann man den Gebrauchswert oder die Nützlichkeit von fünf Meter Stoff mit demjenigen von drei Tonkrügen vergleichen? Wie lassen sich der Genuß von 10 Pfd. Kartoffeln gegenüber demjenigen einer Tabakspfeife gewichten? Wie der Nutzen einer Gabel gegenüber dem eines Buches? Laut *Marx* gibt es hierfür keinen sinnvollen gemeinsamen Nenner. Die Kontrahenten müssen etwas anderes als die natürliche, körperliche Beschaffenheit und Verwendbarkeit der Waren im Auge haben, wenn sie diese in Beziehung setzen. Abstrahiert man einmal von den Gebrauchseigenschaften und den stofflichen Merkmalen der Güter und überlegt, was als gedankliches Destillat eines solchen Abstraktionsprozesses am Ende übrig bleibt, so kann dieses laut *Marx* nur ihre Eigenschaft sein, Produkte menschlicher Arbeit darzustellen; und zwar der Arbeit in ihrer allgemeinsten Form als "produktive Verausgabung von Hirn, Muskel, Nerv, Hand usw." (MEW 23, S. 58), kurz: von Energie und Mühe. Er nennt sie 'abstrakt-menschliche Arbeit'. Der Prozeß der Abstraktion entkleidet die Arbeit ihrer verschiedenen konkreten Formen. Nicht die besondere Schneider- oder Töpferarbeit, nicht die spezifische Tätigkeit des Landwirts oder Herstellers einer Tabakspfeife, einer Gabel oder eines Buches sind es, die die Vergleichbarkeit ihrer Produkte ermöglichen, sondern der Aufwand von Arbeit schlechthin, die *allen* konkreten Formen der Verausgabung gemeinsam ist. Es handelt sich also um eine Abstraktion, eine theoretisch entwickelte Kategorie zu dem Zweck, die unterschiedlichen Warenquantitäten beim Tausch auf ein einheitliches Qualitätsmaß zurückführen[30] und damit der Vergleichbarkeit zugänglich machen zu können. Fünf Stück Ware x gegen zwei Gramm Ware y

[29] Als *Gleichgewicht* bezeichnet man in der Wirtschaftstheorie einen ausgeglichenen Zustand, der durch allseitige Zufriedenheit gekennzeichnet ist. Alle Erwartungen werden bzw. konnten erfüllt werden. Niemand sieht sich veranlaßt, seine Planungen für die nächste Periode zu revidieren, z.B. wenn die Vorstellungen der Anbieterseite mit denen der Nachfragseite nicht kompatibel sind. Es herrscht demnach eine gewisse Ruhelage.

[30] An dieser Stelle erscheint ein Hinweis auf die bei *Marx* recht uneinheitliche, den Anfänger oft verwirrende Verwendung der Begriffe *Quantität* und *Qualität* angebracht. Gerade auf den ersten Seiten des 'Kapital' finden sich zahlreiche Verwendungen dieses Begriffspaares, das sich zur Bildung dialektischer Pole offenbar besonders anbot. Dennoch wird der Rückgriff auf diesen doppelten Aspekt im Zuge der Marxschen 'Koketterie mit der Hegelschen Ausdrucksweise' (MEW 23, S. 27) auf Kosten eines klaren bzw. einheitlichen Verwendungs- und Bezugsrahmens zeitweilig überstrapaziert.

oder drei Meter Ware z usw. werden getauscht, weil sie gleiche Mengen abstrakt-menschlicher Arbeit enthalten bzw. in ihren konkreten Warenkörpern vergegenständlicht sind.

c) Wertsubstanz und Wertgrösse

Die Warenbesitzer vergleichen beim Tausch ihrer Produkte die jeweils enthaltene Menge an abstrakter Arbeit. Sie macht in ihren Augen den Wert der Ware aus. Im Tausch wechseln gleichwertige Warenquanta ihren Besitzer. Insofern findet 'Äquivalententausch' statt. Dies ist die zentrale Hypothese der Marxschen Werttheorie. Sie liegt dem gesamten Begriffs- und Denkgebäude als Fundament zugrunde. Die konkreten Tauschraten, die sich am Markte in Form von Preisen bilden, entpuppen sich als Erscheinungsformen der - sinnlich nicht wahrnehmbaren - Warenwerte. Wertbildende Substanz stellt dabei, wie gesagt, die unterschiedslose abstrakte menschliche Arbeit dar, die Verausgabung von Körperkraft, Anstrengung und Mühe im allgemeinen[31].

Auf Basis dieser näheren Bestimmung des Wertes können wir nun den Marxschen Warenbegriff genauer fassen. Es sind im wesentlichen drei Merkmale, die ein Ding zur Ware werden lassen: Es muß zunächst nützlich sein, also einen Gebrauchswert haben. Ohne Gebrauchs- kein Tauschwert und damit keine Ware. Darüber hinaus muß es sich um einen "Gebrauchswert für andere" handeln, wie *Marx* sagt. Dinge, die lediglich für den Eigenbedarf hergestellt werden und damit nicht für den Markt bestimmt sind, stellen keine Waren dar. Schließlich - und das ist die konstitutive These des arbeitswerttheoretischen Ansatzes - muß menschliche Arbeit eingeflossen sein. Luft, unbearbeiteter Boden, wildwachsendes Holz usw. sind zwar nützlich, aber weder Ware noch von Wert, solange sie nicht durch menschliche Arbeit erzeugt oder bearbeitet werden (vgl. MEW 23, S. 55).

An dieser Stelle wird die verschiedene Bedeutung des Wertbegriffs bei *Marx* und der von der orthodoxen ökonomischen Lehre geprägten umgangssprachlichen Redeweise deutlich. Während wir geneigt sind, allem, was nützlich ist, einen Wert beizumessen, es für wertvoll zu halten, ist dieser Begriff für *Marx* und seine Anhänger ausschließlich an die Verausgabung menschlicher Arbeit geknüpft. Allein sie vermag Werte zu schaffen. Deshalb gibt es in der marxistischen Terminologie, wie eben gesehen, durchaus einen Sinn zu sagen: '*Ein Ding mag nützlich, gleichwohl wertlos sein!*' Wert ist den Dingen nach dieser Auffassung also nicht von vornherein immanent. Sie kommen nicht mit Wert versehen auf die Welt. Ihre Werteigenschaft resultiert vielmehr aus der gesellschaftlichen Beziehung der Produzenten, die diese zwecks gegenseitigen Warenaustausches miteinander eingehen. Der Wert einer Ware erscheint bzw. bestätigt sich erst im Zuge des Aus-

[31] Inwieweit dieses Abstraktionsdestillat notwendiges Resultat der Suche nach dem gemeinsamen Dritten ist, das die quantitative Austauschbarkeit der Waren ermöglicht, mag hier zunächst dahingestellt bleiben. Wir werden auf diese Frage an späterer Stelle noch genauer eingehen (s. unten, S. 57 ff.).

tauschprozesses. Hier erweist sich, ob bzw. inwieweit die individuell aufgewendete Arbeitszeit eines Herstellers (gesellschaftliche) Anerkennung findet. Die wertbildende Substanz, die abstrakt-menschliche Arbeit, ist immer Teil des gesellschaftlichen Gesamtarbeitspotentials, gleichgültig in welcher konkreten Form sie sich aktiviert bzw. niederschlägt. Dies ist u.a. gemeint, wenn man sagt, daß Marxens Wertbegriff eine *gesellschaftliche Kategorie* ist. Ohne Beachtung dieses Aspektes bleibt sein Begriff leer und inhaltslos.

Aus diesem Blickwinkel wird deutlich, daß der Terminus 'Gebrauchs*wert*' im Grunde nicht besonders treffend gewählt ist. Wenn man - wie die Arbeitswerttheoretiker - allein die Verausgabung menschlicher Arbeitskraft als Quelle von Wert betrachtet, dann erscheint es unangebracht, wenn nicht gar irreführend, diesen Begriff auch auf der Gebrauchsseite zu verwenden. Bei der Frage der Nützlichkeit von Dingen geht es allein um die Art und Weise, wie sie Bedürfnisse befriedigen (können). Die Tatsache, daß sie durch menschliche Arbeit erzeugt sind, spielt in diesem Zusammenhang keine Rolle. Die auf den ersten Blick paradoxe Aussage von Marx, Luft und Wasser hätten ebenso wie selbsthergestellte und -konsumierte Dinge zwar Gebrauchswert, aber keinen Wert, macht nur dann Sinn, wenn man beachtet, daß hier zwei unterschiedliche Inhalte des Wertbegriffs nebeneinander verwendet werden. Insofern wäre es konsequenter, den Wertbegriff mit Bezug auf die Nützlichkeit von Gütern ganz zu vermeiden. Die Tradition des Begriffspaares 'Gebrauchswert - Tauschwert' in der Politischen Ökonomie bzw. seine Prädestiniertheit für die dialektische Polbildung haben *Marx* vermutlich dazu verführt, über derartige sprachliche Unstimmigkeiten nicht weiter nachzudenken bzw. sie in Kauf zu nehmen[32]. Um solche Ungenauigkeiten nicht einfach zu übergehen, den Leser auf der anderen Seite aber auch nicht mit alternativen Wortschöpfungen zu verwirren, werden wir die Marxschen Termini grundsätzlich übernehmen, sie allerdings dort, wo es angebracht erscheint, auf ihre problematische Abgrenzung hinzuweisen, in Parenthese setzen.

Soweit zur Frage der Wertsubstanz. Gehen wir nun zum *Problem der Wertgröße* über. Natürlich hängen beide Aspekte eng zusammen und bilden eine Einheit. Aus didaktisch-analytischen Gründen erscheint es gleichwohl nützlich, sie gesondert zu betrachten. *Marx* spricht wiederum vom qualitativen und quantitativen Wertaspekt. Handelt(e) es sich beim ersteren darum herauszufinden, was den Wert substanziell, also überhaupt ausmacht, geht es bei der zweiten Frage um die quantitative Bestimmtheit der Wertgröße in Einheiten eben dieser Wertsubstanz.

Die Antwort auf diese Frage scheint zunächst recht einfach: Wenn der Wert durch die physiologisch-abstrakte Arbeit gebildet wird, dann muß sich die Wertgröße einer Ware entsprechend der Zeitdauer der Arbeitsverausgabung bestimmen. Der Wert einer Ware stellt sich demnach um so höher, je größer der zu ihrer Herstellung erforderliche zeitliche Arbeitsaufwand bemessen ist.

---

[32] Eine vergleichbare Unkorrektheit begeht *Marx* im übrigen, wenn er, wie wir gleich sehen werden (s. unten S. 28), vom 'individuellen Wert' spricht.

So einleuchtend die Aussage auf den ersten Blick erscheinen mag, tauchen bei näherer Betrachtung doch einige Probleme auf:

1. Impliziert dies nicht, daß Waren, die von ungeschickten, langsamer arbeitenden oder gar faulen Produzenten hergestellt werden, einen höheren Wert verkörpern als vergleichbare Waren von geschickter, schneller oder fleißiger operierenden Herstellern? Schließlich haben die ersteren doch mehr Arbeitszeit aufgewendet.

2. Die einzelnen Produzenten arbeiten selbst auf der hier (vorerst) unterstellten Ebene der *einfachen* Warenproduktion auf Basis unterschiedlicher Ausstattungen mit Werkzeugen bzw. sonstigem technischen Gerät. Es ist evident, daß sich solche Unterschiede in den jeweils erforderlichen Produktionszeiten für die einzelne Ware niederschlagen. Fallen derartige Ausstattungsmerkmale bei der quantitativen Wertbestimmung etwa unter den Tisch?

3. Ist das Zeitmaß der aufgewendeten Arbeit nicht auch deswegen ein unzureichendes Kriterium für die Wertgröße, weil es doch jede Arbeitsstunde grundsätzlich gleich bewertet, d.h. Homogenität der Tätigkeitsarten unterstellt? Muß nicht vielmehr zwischen körperlicher und geistiger bzw. zwischen einfacher und schwierig zu verrichtender Arbeit unterschieden werden? Bilden acht Stunden tägliche Schneiderarbeit den gleichen Wert wie die achtstündige Tätigkeit eines Ingenieurs? Sind zehn Stunden schwerer körperlicher Feldarbeit wertmäßig mit zehn Stunden Schreibtischarbeit gleichzusetzen?

d) 'Denn sie wissen nicht, was sie tun'

Die Vertreter der Arbeitswerttheorie sahen sich von Anbeginn an mit solchen (naheliegenden) Fragen bzw. Einwänden konfrontiert und haben darauf eine Antwort finden müssen. *Marx* kann hier bereits befriedigendere und in sich schlüssigere Lösungen präsentieren als noch seine Vorgänger, auf deren Lehre er bekanntlich aufbaut. Gehen wir die Fragen der Reihe nach durch.

In bezug auf den ersten Punkt, wäre es in der Tat absurd, wenn sich der Wert einer Ware einfach dadurch vergrößern ließe, daß man die Herstellzeit durch - womöglich absichtliche - Verlangsamung des Arbeitstempos streckt. Fachliches Unvermögen oder Ungeschicklichkeit des Produzenten können nicht einen werterhöhenden Faktor bilden. Das Problem besteht also darin zu bestimmen, *welche* Arbeitsintensität und *welcher* Grad an Geschicklichkeit die Basis für die Wertgröße abgeben soll.

Wie wir bereits wissen, ist der Wert bei *Marx* keine individuelle, sondern gesellschaftliche Kategorie. Er kommt den einzelnen Waren nicht von Natur aus zu, sondern bildet sich im Rahmen der gesellschaftlichen Austauschbeziehungen heraus. Individuelle Unterschiede in der Fertigkeit und/oder der Arbeitsgeschwindigkeit werden auf ein sich im Zuge des laufenden Austauschprozesses allmählich verfestigendes Maß reduziert bzw. nivelliert. Es entspricht dem gesellschaftlichen Durchschnitt. Gleichgültig, wieviel Zeit der einzelne Produzent zur Herstellung der Ware benötigt (hat), entscheidend für die Größe des Werts seiner - ebenso wie aller gleichartigen - Waren ist immer nur die am Durchschnitt gemessene *'gesellschaftlich notwendige Arbeitszeit'*. Nur sie stellt das Wertmaß dar. *Marx* definiert sie als diejenige Zeit, die erforderlich ist, um eine Ware "mit den vorhandenen gesellschaftlich-normalen Produktionsbedingungen und dem gesellschaftlichen Durchschnittsgrad von Geschick und Intensität der Arbeit" zu erstellen (MEW 23, S. 53).

Das bedeutet aus individueller Sicht der Produzenten: Wer schneller/langsamer arbeitet als der Durchschnitt der Gesellschaft, erhält für seine Waren, sofern sie auf Wertbasis getauscht werden (was hier immer unterstellt ist), mehr/weniger Arbeitsquanta in Form von Waren zurück, als er selbst dafür aufgewendet hat. Seine Ware wird wertmäßig am gesellschaftlichen Durchschnitt taxiert. *Marx* spricht zeitweilig vom 'individuellen Wert'[33], der unter bzw. über dem wirklichen Wert der Waren liege. Diese Bezeichnung ist aber - analog zur oben erwähnten Ungenauigkeit beim 'Gebrauchs*wert*' - etwas irreführend bzw. unpräzise. Da es nur *einen* Wert, und zwar denjenigen, der durch die gesellschaftlich notwendige Arbeitszeit bestimmt ist, gibt und geben kann, wäre es konsequenter, den Wertbegriff in solchem Zusammenhang zu vermeiden und lediglich von individuell aufgewendeten Arbeitsquanta o.ä. zu sprechen[34].

In bezug auf die Frage der Berücksichtigung unterschiedlicher Produktionsmittelausstattung ist zunächst im Auge zu behalten, daß wir uns - mit *Marx* - vorerst auf dem Boden der einfachen Warenproduktion bewegen, in der von entwickelten kapitalistischen Produktionsmethoden und entsprechender technischer Ausstattung abgesehen und auf Basis relativ einfacher technischer oder organisatorischer Bedingungen produziert wird. Aber auch hier gilt, daß die zur Herstellung einer Ware erforderliche Zeit entscheidend von der Qualität bzw. Produktivität der benutzten Werkzeuge oder gar maschinellen Vorrichtungen abhängt. Die Lösung des Problems ergibt sich - analog zum ersteren - wiederum aus dem Durchschnittsmaß. Marxens Definition der *gesellschaftlich notwendigen Arbeitszeit* schließt explizit auch das 'gesellschaftlich-normale' Niveau der Produktionsbedingungen ein. Derjenige, der - gemessen am Durchschnitt - produktivere/unproduktivere Verfahren der Herstellung anwendet, der zur Erzeugung eines Exem-

---

[33] Vgl. z.B. MEW 25, S. 187 und passim.

[34] Gleichermaßen unangemessen wäre es, bei über- bzw. unterdurchschnittlicher Arbeitsproduktivität von einem individuellen 'Gewinn' oder 'Verlust' der Produzenten zu sprechen. Diese Begriffe sind auf die einfache warenproduzierende Tauschgesellschaft nicht anwendbar. Richtig ist, daß dem - gemessen am Durchschnitt - geschickteren oder fleißigeren Hersteller ein Vorteil in Form von Zeitersparnis zufällt, den er entweder unmittelbar in Freizeit oder in die Erzeugung weiterer Produkte für den Tausch umsetzen kann. Umgekehrt erleidet der langsamere Hersteller gegenüber dem Durchschnitt einen Nachteil, der ihn entweder Freizeit oder eine entsprechend verringerte Austauschwarenmenge 'kostet'.

plars der homogenen Warengattung demnach weniger/mehr Arbeitszeit als gesellschaftlich notwendig aufwendet, erhält im Austausch mehr/weniger Arbeitsquanta zurück, als er selbst benötigt hat. Insofern können sich für einzelne Produzenten Vor- oder Nachteile[35] ergeben.

Eine andere Frage, die sich in diesem Zusammenhang stellt, zielt auf die Beziehung zwischen Produktionsmitteln und wertbildender Substanz: Wie kann man behaupten, daß nur die menschliche Arbeit wertbildend sei, wenn sich der Warenausstoß doch durch den Einsatz von Produktionsmitteln mengen- bzw. wertmäßig erhöhen läßt. Sind Produktionsmittel nicht selbst produktiv am Wertschöpfungsprozeß beteiligt? Muß man Arbeit und Produktionsmittel nicht als wertbildende Einheit begreifen?

Produktionsmittel sind, in welcher Form sie im einzelnen auftreten mögen, Waren und haben damit Gebrauchswert und Tauschwert. Ihre Besonderheit gegenüber der großen Warenmasse, die dem Konsum dient, besteht darin, daß sie nicht wie diese mit dem Tauschakt aus dem ökonomischen Warenkreislauf verschwinden, sondern je nach Lebensdauer eine Zeitlang darin verbleiben. Sie repräsentieren eine Wertsumme, die in der Gestalt des jeweiligen Produktionsmittels vergegenständlicht ist, seien es Werkzeuge, Maschinen oder sonstige mittelbar produktive Dinge. Ihr Wert überträgt sich im Laufe des Produktionsprozesses sukzessiv auf die mit ihrer Hilfe erzeugten Fertigprodukte. Handelt es sich bei letzteren ebenfalls um Produktionsmittel, so verlängert oder verzögert sich der Wertübertragungsprozeß um eine weitere Stufe.

Produktionsmittel stellen nichts anderes als geronnene bzw. vergegenständlichte Arbeitszeiten dar. Ihr Wert läßt sich vollständig in vorgetane Arbeitszeiten auflösen, sei es in lebendiger, also unmittelbar wertschöpfender, sei es in geronnener, lediglich werterhaltender bzw. wertübertragender Form. Wenn man die einzelnen Fertigungsstufen Schritt für Schritt zurückverfolgt, hat man am Ende alle in den Produktionsmitteln und Materialien akkumulierten Arbeitszeiten in einst lebendig zugefügte Arbeitsquanta zerlegt. Auf diese Weise lassen sich - zumindest theoretisch - sämtliche in den Gebäuden, Maschinen, Werkzeugen sowie den Roh- und Hilfsstoffen enthaltenen Arbeitszeiten berechnen. Mit anderen Worten: auch der Wert der mit unterschiedlicher Produktionsmittelausstattung erstellten Waren läßt sich ganz auf die allein wertbildende Substanz, die abstrakte menschliche Arbeit, zurückführen und damit auch quantitativ bestimmen. Die Wertgröße berechnet sich nach der durchschnittlichen Dauer der Summe aller zur Herstellung der Ware gesellschaftlich notwendigen Arbeitszeiten, einschließlich derjenigen, die in den Produktionsmitteln aufgehäuft sind. Letztere kommen natürlich nur anteilig zum Ansatz, je nach kalkulierter Einsatzdauer der Produktionsmittel und der Menge der damit erstellten Produkte.

[35] Aber keine Gewinne oder Verluste (s. dazu die voranstehende Anm.).

Anfängern bereitet es oft Schwierigkeiten, diesen - theoretisch unendlichen - Regreß auf immer weiter zurückliegende Fertigungsstufen der Produktionsmittel als Wertbestimmungsprozeß zu akzeptieren. Die einzelnen Fertigungsstufen ließen sich doch weder konkret zurückverfolgen noch genau in lebendige und geronnene Arbeitszeiten zerlegen, wird häufig eingewendet. Zudem würde auch die letzte, am weitesten zurückliegende Stufe nicht ganz ohne - zumindest primitive - Hilfs- oder Produktionsmittel auskommen. Auch das Schürfen der zu bearbeitenden Rohmaterialien gehe nicht ohne Werkzeuge vonstatten. Da bliebe doch immer ein unauflösbarer Rest an Arbeitsmitteln beteiligt.

Solchen Bedenken sind zweierlei Überlegungen entgegenzustellen, eine pragmatische und eine methodologische. Zum einen muß man sich klar machen, daß es im Prinzip der Zurückverfolgung nur weniger Stufen bedarf, um bereits den größten Teil des Wertes der Produktionsmittel auf früher verausgabte Arbeitszeiten zurückführen zu können. Nehmen wir z.B. an, daß im gesellschaftlichen Durchschnitt die Waren jeweils zu 50 vH mit Hilfe von Produktionsmitteln, d.h. aus vorgetaner Arbeit, und zu 50 vH aus lebendig zugesetzter Arbeit erstellt werden. Bei Einbeziehung der letzten drei vorgelagerten Produktionsstufen würden bereits 87,5 vH (50 + 25 + 12,5) und bei Rückschritt um zwei weitere Stufen sogar fast 97 vH (87,5 + 6,25 + 3,125) des Wertes aus sukzessiv neu hinzugefügter Arbeit erklärt sein (die unendliche Reihe strebt gegen 100). Weiter zurückliegenden geronnenen Arbeitszeiten kommt rasch abnehmende Gewichtung zu.

Zum anderen, und das ist der wichtigere Hinweis, handelt es sich vorrangig um ein theoretisches und weniger um ein empirisches Problem. Es geht um die Frage, wie die in den Produktionsmitteln steckenden Arbeitszeiteinheiten logisch zurechenbar sind. Eine konkrete Wertbestimmung der einzelnen Ware ist in praxi ohnehin kaum möglich und von *Marx* auch nicht intendiert. Er ist - als Theoretiker - weder an einer Einzelwert- noch -preisermittlung interessiert. In der quantitativen Wertproblematik geht es allein darum, eine theoretisch einwandfreie, d.h. vor allem logisch konsistente Möglichkeit für die Bestimmung des Wertes aufzuzeigen. Diesem kommt lediglich als nicht sichtbares Gravitations- bzw. Oszillationszentrum der Preisbewegungen fiktive, idealtypische Funktion zu. Für die Realität spielt er nur indirekt eine Rolle. Die tatsächlichen Preise der Waren am Markt weichen beständig von ihm ab. Allein die Tatsache seiner potentiellen Existenz ist von Bedeutung, nicht seine quantitative Exaktheit. Der Wert setzt sich durch den Konkurrenzprozeß 'hinter dem Rücken der Produzenten' (*Marx*) mittels ständiger Abweichung der Einzelpreise nach oben oder unten durch. Die konkrete Einzelwertbestimmung mag dabei lediglich aus rein akademischer Neugier interessieren. *Marx* geht es in erster Linie darum, die hinter den Tauschraten sich verbergenden Zusammenhänge zu entdecken (MEW 23, S. 88; Hervorh. MB):

"Indem sie ihre verschiedenen Produkte einander im Austausch gleichsetzen, setzen sie ihre verschiedenen Arbeiten einander als menschliche Arbeit gleich. *Sie wissen das nicht, aber sie tun es.*"

Dies ist eine der Marxschen Hauptthesen und ihre Gültigkeit hängt nicht von der exakten Berechnung des einzelnen Wertes ab. Es handelt sich um ein Gesetz in Form einer Tendenzaussage oder, wie er selbst formuliert, um ein 'blind wirkendes Durchschnittsgesetz' und nicht um eine mathematisch exakt zu berechnende Aufgabe.

Marx setzt sich damit bewußt von solchen Erklärungsansätzen ab, die lediglich auf Faktoren wie Angebot und Nachfrage als Determinanten der Preisbildung verweisen und keinen Fixpunkt begründen können, an dem sich die Preisschwankungen orientieren. Vertretern solcher Theorien entginge in der Regel die Gesellschaftlichkeit aller produktiven, wertbildenden Tätigkeit, die sich erst im Austausch, also im Zuge der gesellschaftlichen Interaktion bemerkbar mache. Nach ihnen *scheinen* die Waren mit Wert versehen auf den Markt zu gelangen und die Ermittlung der Tauschraten mit den jeweils anderen Waren bleibe eine von subjektiven Motiven geleitete Verhandlungsangelegenheit. Solchen Vorstellungen setzt Marx den arbeitswerttheoretischen Erklärungsansatz entgegen mit dem Wert als Angelpunkt der Preisbewegungen. Um die empirische Rechenbarkeit der Marxschen Erklärungsschritte braucht man sich dabei keine Gedanken zu machen: Es genügt, wenn sie logisch nachvollziehbar sind[36].

Nun mag im Zusammenhang mit der Berücksichtigung von Produktionsmitteln noch eine weitere Frage auftauchen: Warum setzen Produzenten überhaupt Produktionsmittel ein? Lohnt sich ihr Einsatz für sie denn, wenn diese nur den in ihnen enthaltenen - und annahmegemäß am Markt bezahlten - Wert auf die neu produzierten Güter übertragen, jedoch kein *zusätzliches* Wertprodukt schaffen? Nur für diesen Fall könnte doch ein Interesse daran bestehen, Produktionsmittel anzuwenden. Anders gefragt: Muß die Zeit, die für die Herstellung der Produktionsmittel aufgewendet worden ist, nicht insgesamt kleiner sein als die Zeitersparnis, die ihr Einsatz erbringt?

Versuchen wir uns die Zusammenhänge an einem einfachen Beispiel klar zu machen. Ein Fischer in einer noch wenig entwickelten Gesellschaft fange ohne den Einsatz besonderer Hilfsmittel in einer Stunde fünf Fische von gegebener Qualität und Größe und befinde sich damit genau im gesellschaftlichen Durchschnitt (ohne daß ihm das selbst natürlich bewußt ist). Der Wert eines Fisches beträgt - in Arbeitszeiteinheiten ausgedrückt - 0,2 Std. oder 12 Minuten. Unter der Voraussetzung, daß ihm neben dem Fischfang noch genügend Zeit zur Verfügung steht, entschließt sich unser Fischer, ein Boot zu bauen, dessen Herstellung ihn (ein-

---

[36] Analog dazu ist im übrigen auch das neoklassische Vorgehen zu sehen: auch ihr gelingt die Ableitung des gleichgewichtigen Preis- und Mengensystems nur mit Hilfe 'heroischer' Prämissen, was ihrem heuristisch intendierten Erklärungsprinzip - ebenso wie bei der Marxschen Wert- bzw. Preistheorie - grundsätzlich keinen Abbruch tut.

schließlich der in den benötigten Werkzeugen enthaltenen vorgetanen Zeiten) 100 Arbeitsstunden kosten mag. Die Nutzungsdauer des Bootes wird mit 10 Jahren veranschlagt, so daß pro Jahr 10 Stunden bzw. bei (unterstellten) 250 Arbeitstagen im Jahr genau 0,04 Std. (bzw. 2,4 Min.) pro Tag anteilig zu verrechnen wären. Nehmen wir an, daß sich der Fischertrag mit Hilfe des Bootes verzehnfacht. Statt 5 Fische pro Std. werden jetzt 50 gefangen, bei 10-stündigem Arbeitstag demnach 500 Fische täglich. Die notwendige Arbeitszeit hierfür beträgt einschließlich der für das Boot zu verrechnenden 0,04 Stunden insgesamt 10,04 Std. Die Arbeitszeit pro Fisch hat sich auf 0,02008 Stunden bzw. 1,2048 Minuten reduziert, also auf wenig mehr als ein Zehntel des urspünglichen Wertes. Wie man sieht, ist die anteilige Arbeitszeit, die im Produktionsmittel steckt, vernachlässigbar gering (0,0048 Minuten).

Hat sich der Bootsbau für unseren Fischer nun gelohnt oder nicht? Hierzu wollen wir zwei Varianten betrachten. In der *ersten* wird davon ausgegangen, daß er lediglich zur Deckung seines Eigenbedarfs fische, es sich bei den Fischen also gar nicht um Waren handelt[37]. Eine Tauschwertermittlung entfällt daher. Gleichwohl kann man konstatieren, daß sich aus dieser Perspektive der Bau des Bootes als durchaus sinnvoll herausstellt. Die Ertragsmenge hat sich je Arbeitszeiteinheit rd. verzehnfacht. Die aufgewendete Zeit für den Produktionsumweg, den Bootsbau, verteilt sich auf so viele Produkte, daß man sie faktisch vernachlässigen kann. Braucht der Fischer also z.B. täglich 5 Fische für sich und seine Familie, so verringert sich seine notwendige Arbeitszeit zur Erlangung dieser Warenmenge von zuvor einer Stunde auf nur noch 0,1 Std. bzw. 6 Minuten (= 5 x 1,2 Min.). Er kann sich in den eingesparten 54 Minuten der Muße hingeben oder sich anderen Tätigkeiten zuwenden. Insofern hat er auf jeden Fall einen Vorteil davon.

In der *zweiten* Variante sei davon ausgegangen, daß der Fischer seine Produkte am Markt verkauft. Durch den Einsatz des Bootes hat sich die durchschnittliche Arbeitszeit zum Fangen eines Fisches und damit eben auch der Wert des einzelnen Fisches von einst 12 auf jetzt rd. 1,2 Minuten vermindert. Insofern könnte man der Meinung sein, daß es offenbar gleichgültig sei, ob mit oder ohne Zuhilfenahme eines Bootes gefischt werde: Zwar würden in gleicher Zeit mehr Fische gefangen, ihr Wert, d.h. ihre Tauschrate am Markt, hätte sich allerdings entsprechend verringert. Bei der angenommenen zehnfachen Produktivitätserhöhung ist er auf rd. ein Zehntel gefallen. Tauschten sich zuvor 5 Fische gegen eine andere Ware, die ebenfalls in einer Stunde hergestellt wird, so sind jetzt 50 Fische für die gleiche Ware - unveränderte Produktivität ihrer Herstellung unterstellt - herzugeben.

Die angestellte Rechnung setzt allerdings stillschweigend voraus, daß die individuell angenommene Produktivitätssteigerung allgemein geworden sei und dem gesellschaftlichen Durchschnitt entspreche. Der Wert einer Ware wird, wie wir wissen, ausschließlich durch die gesellschaftlich notwendige Arbeitszeit bestimmt

---

[37] S. dazu noch einmal oben S. 25.

und nicht durch die individuell verausgabte. Ist unser Fischer jedoch der einzige (von vielen), der mit Hilfe eines Bootes zu Werke geht, so würde der gesellschaftliche Durchschnitt nur in Proportion seines Marktanteils an dem gesamten Fischertrag affiziert. Ist dieser, wie in unserem Falle unterstellt, vernachlässigbar gering, so ändert sich am Wert der Fische faktisch nichts, d.h. ein Fisch entspricht nach wie vor - in Arbeitszeiteinheiten ausgedrückt - 12 Minuten - welch ein Glück für unseren Fischer. Hätte er dagegen einen nennenswerten Marktanteil, so würde seine Produktivitätssteigerung den gesellschaftlichen Durchschnitt drücken, so daß sich der Wert der Fische auf weniger als 12 Minuten pro Stück belaufen würde. Um wieviel er darunterliegt, hängt von dem Grad seines Marktanteils ab. Je höher dieser ausfällt, desto mehr nähert sich der Wert der Fische seinem individuellen Zeitaufwand von 1,2 Minuten.

Der Vorteil für den Fischer besteht also - ganz analog zum fleißigeren oder geschickteren Produzenten - darin, daß er seinen Produktivitätsvorsprung entweder in mehr Freizeit oder in eine größere Warenmenge umsetzen kann, da ihm im Austausch ein größeres Arbeitsquantum vergütet wird, als er selbst für seinen Part aufgebracht hat. Die Investition war für ihn also durchaus lohnend. Erst wenn auch die übrigen Fischer Boote fertigen und gleichermaßen erfolgreich einsetzen, schwindet sein Vorteil dahin und der Wert eines Fisches würde allgemein auf 1,2 Minuten absinken[38].

Als Fazit können wir festhalten, daß der Wert der Waren weder eine natürliche Eigenschaft noch ein feststehende Größe ist. Er ergibt sich im gesellschaftlichen Kontext und verändert sich im Zeitablauf ebenso wie von Ort zu Ort. Je nach gesellschaftlich-normalen Produktionsbedingungen (in Abhängigkeit vom technisch-organisatorischen Ausstattungsniveau) und dem jeweiligen Durchschnittsgrad von Geschick und Intensität der Arbeit (abhängig vom Ausbildungsstand und dem gesellschaftlichen Normensystem) werden vergleichbare Waren in verschiedenen Ländern und/oder zu verschiedenen Zeitpunkten von unterschiedlichem Wert sein.

e) Das Reduktionsproblem

Kommen wir zur dritten der oben aufgeworfenen Fragen, der Berücksichtigung qualifizierter und einfacher Arbeit im Wertbildungsprozeß: Wie schlagen sich Unterschiede in den Qualifikationsanforderungen oder im Kompliziertheitsgrad der Arbeit bei der Bemessung der Wertgröße nieder? Produziert ein einfacher Arbeiter in einer Stunde die gleiche Wertsumme wie ein Spezialist, der eine langjährige Ausbildung durchlaufen hat? Muß man das Problem analog zu den beiden

[38] Wir werden auf das Problem an späterer Stelle noch zurückkommen, da genau in diesem Mechanismus der Motor der kapitalistischen Produktionsweise begründet liegt. Die Kapitalisten versuchen laufend, durch Innovationen Produktivitätsvorsprünge bzw. Kostensenkungen gegenüber der Konkurrenz zu erzielen. Dadurch kommen sie in den Genuß von Extraprofiten, allerdings nur solange, als die anderen nicht ebenfalls das kostensparende bzw. produktivere Verfahren anwenden und damit den Extraprofit wegkonkurrieren (s. dazu unten S. 123 ff.).

ersteren sehen und wiederum ein Durchschnittsmaß ansetzen, diesmal in bezug auf die Qualifikation und/oder Kompliziertheit der Arbeit, während individuelle Abweichungen davon als persönliche Vor- bzw. Nachteile zu Buche schlagen?

Offenbar hat Marx eine andere Lösung im Auge. Als Maßeinheit setzt er vielmehr die unterste Stufe der Qualifikation, nämlich die "Verausgabung einfacher Arbeitskraft, die im Durchschnitt jeder gewöhnliche Mensch, ohne besondere Entwicklung, in seinem leiblichen Organismus besitzt" (MEW 23, S. 59). Kompliziertere bzw. qualifiziertere Arbeit zählt als ein entsprechend Vielfaches derselben. In bezug auf die Intensität und Geschicklichkeit der Arbeit setzt der gesellschaftliche Durchschnitt das Maß bzw. die Einheit. Ein individuell intensiver arbeitender Produzent schafft in gleicher Zeit nicht mehr gesellschaftlichen Wert als der durchschnittlich oder weniger intensiv arbeitende[39]. Die qualifizierte Arbeit hingegen produziert in gleicher Zeit mehr Wert als die einfache Arbeit. Die unterschiedlichen Qualifikationsniveaus der produktiven Tätigkeiten werden nicht auf den gesellschaftlichen Durchschnitt nivelliert. Vielmehr bildet die einfache Qualifikation das Rechenmaß. Der Grund hierfür ist darin zu sehen, daß sich die individuellen Unterschiede - im Gegensatz zur Intensität und genuin bedingten Geschicklichkeit der Arbeit - über das wertbildende Maß selbst quantifizieren lassen. Denn (MEW 23, S. 211 f.):

> "Die Arbeit, die als höhere, kompliziertere Arbeit gegenüber der gesellschaftlichen Durchschnittsarbeit gilt, ist die Äußerung einer Arbeitskraft, worin höhere Bildungskosten eingehen, deren Produktion mehr Arbeitszeit kostet und die daher einen höheren Wert hat als die einfache Arbeitskraft."

Zum Erwerb der Qualifikation sind Ausbildungsarbeitszeiten zu absolvieren, die sich - ebenso wie die unmittelbar produktive Arbeit - in quantitativen Einheiten ausdrücken bzw. messen lassen. Das Problem besteht lediglich darin, einen geeigneten Multiplikator bzw. Reduktionsmaß für die Umrechnung von qualifizierter auf einfache Arbeit zu finden.

Marx räumt der Erörterung dieser im Grunde schwierigen Frage nicht einmal eine ganze Seite ein. Für ihn scheint das Problem mit folgendem Hinweis gelöst (MEW 23, S. 59):

> "Daß diese Reduktion beständig vorgeht, zeigt die Erfahrung. Eine Ware mag das Produkt der kompliziertesten Arbeit sein, ihr Wert setzt sie dem Produkt einfacher Arbeit gleich und stellt daher selbst nur ein bestimmtes Quantum einfacher Arbeit dar."

Und das Problem der Herleitung eines geeigneten Reduktionsmaßstabes tut er gleich im Anschluß an dieses Zitat mit den lapidaren Worten ab (ebenda):

---

[39] Der intensivere Arbeiter streicht zwar, wie oben erläutert, einen individuellen, persönlichen Zeitvorteil ein, den er durch mehr Freizeit oder eine größere Tauschmenge nutzen kann. Die individuellen Unterschiede heben sich dagegen im gesellschaftlichen Durchschnitt auf.

"Die verschiedenen Proportionen, worin verschiedene Arbeitsarten auf einfache Arbeit als ihre Maßeinheit reduziert sind, werden durch einen gesellschaftlichen Prozeß hinter dem Rücken der Produzenten festgesetzt und scheinen ihnen daher durch das Herkommen gegeben. Der Vereinfachung halber gilt uns im Folgenden jede Art Arbeitskraft unmittelbar für einfache Arbeitskraft, wodurch nur die Mühe der Reduktion erspart wird."

Es kann nicht überraschen, daß diese allzu knappe und seinem Stellenwert nicht gerecht werdende Behandlung des Problems nicht nur im gegnerischen Lager Kritik auf den Plan rief. Vor allem der Verweis auf die Erfahrung und den geheimnisvollen 'Prozeß hinter dem Rücken der Produzenten' konnte bzw. mußte als Zirkelargumentation bzw. Immunisierungsstrategie ausgelegt werden. Wenn man das Reduktionsmaß anhand der unterschiedlichen Tauschraten 'erfährt', so heißt das doch nichts anderes als das *explanandum* zum *explanans* zu machen. Wenn ich beobachte bzw. erfahre, daß sich am Markt eine Tonschüssel, die das Ergebnis dreistündiger einfacher Töpferarbeit ist, mit einer filigranen Brosche eines Silberschmiedes tauscht, die dieser in einer Stunde technisch und künstlerisch qualifizierter Arbeit hergestellt hat, und daraus schließe, daß eine Stunde Kunstschmiedearbeit den dreifachen Wert einer Stunde Töpferarbeit erzeugt, so habe ich lediglich konstatiert, aber nicht *erklärt*. Der Wertschöpfungsmultiplikator der qualifizierten Arbeit selbst bedarf der Begründung bzw. einer systematischen und konsistenten Ableitung. Die konstatierten Tauschraten selbst sind es, die es mittels der Arbeitswerttheorie als Akte des Äquivalententauschs, d.h. gleicher Quanten der wertbildenden Substanz, zu erklären gilt und nicht umgekehrt.

Mit dem Verweis auf die für die Qualifizierung der Arbeitskraft notwendige Ausbildungszeit, gibt *Marx* gleichwohl den Hinweis auf die Lösungsrichtung[40]. Allerdings beläßt er es bei diesem Hinweis, ohne das Verfahren im einzelnen zu erläutern bzw. zu durchdenken. *Engels*, der Marx in diesem Punkt gegen die Kritik von *E. Dühring* verteidigt, geht über die kursorischen Bemerkungen seines Freundes nicht hinaus, sondern wiederholt sie lediglich teils wörtlich, teils sinngemäß[41]. Auch in nahezu allen marxistischen Lehrbüchern findet das Reduktionsproblem - analog zum Meister - kaum Beachtung. Diskutiert wird es fast ausschließlich in der Fachliteratur[42], wo es für den Studienanfänger rasch esoterische

[40] Dieser Verweis erfolgt jedoch erst rd. 150 Seiten nach der zitierten Passage zu Beginn des 'Kapital', also an einer im Kontext der Entwicklung der Arbeitswertlehre im Grunde recht späten Stelle (s. ebenda, S. 211 f.).

[41] Vgl. *F. Engels* [1878], Herrn Eugen Dührings Umwälzung der Wissenschaft, MEW-Ausgabe, Bd. 20, Berlin (Ost) 1972, S. 183 ff. Dabei begeht er zudem die Ungenauigkeit, nicht von dem zusätzlich erforderlichen Arbeitszeitaufwand zu sprechen, sondern Marxens Verweis auf die 'Bildungskosten' mit dem entsprechenden 'Geldaufwand' zu erläutern. Geld ist aber auf dieser Stufe der Analyse noch gar nicht abgeleitet und die Frage, ob bzw. inwieweit der Geldaufwand für die zusätzliche Ausbildung der gesellschaftlich notwendigen Arbeitszeit für die Qualifikation auch tatsächlich entspricht, muß dem Anfänger unklar und undurchsichtig bleiben.

[42] Im folgenden sind einige ausgewählte Literaturbeiträge in chronologischer Reihenfolge zusammengestellt:
Hilferding, Rudolf [1904], Böhm-Bawerks Marx-Kritik, in: Marx-Studien, hrsg. von M. Adler und R. Hilferding, Erster Band, Wien, (u.a.) wieder abgedruckt in: Fr. Eberle (Hrsg.), Aspekte der Marxschen Theorie 1. Zur methodologischen Bedeutung des 3. Bandes des 'Kapital',

Züge annimmt. Im folgenden seien die verschiedenen Stufen der intendierten Marxschen Lösung skizziert.

Ausgangspunkt der Überlegungen bildet die einfache Verausgabung von Arbeitskraft, die ein Individuum mit dem gesellschaftlich durchschnittlichen Ausbildungsniveau zu verrichten in der Lage ist:

> "Der Charakter dieser Durchschnittsarbeit ist selbst verschieden in verschiedenen Ländern und verschiedenen Kulturepochen, erscheint aber als gegeben in einer vorhandenen Gesellschaft. Die einfache bildet die bei weitem größte Masse aller Arbeit in der bürgerlichen Gesellschaft ..."[43]

Zur Verrichtung komplizierter Arbeit ist eine bestimmte Ausbildung bzw. überdurchschnittliche Qualifizierung der Arbeitskraft vorausgesetzt. Der Einfachheit halber wird für die jeweils erforderliche Ausbildungszeit ebenso wie für den hierbei erworbenen Qualifikationsgrad von einem gesellschaftlichen Durchschnittsniveau ausgegangen. Die Frage ist, in welcher Weise sich die für die Qualifikation erforderliche Ausbildungszeit als vorgetane Arbeit quantitativ fassen läßt. Kann man z.B. sagen, daß die Arbeit einer qualifizierten Arbeitskraft, deren Ausbildung die doppelte Zeit der einfachen Durchschnittsbildung erfordert, auch in die Wertrechnung mit doppeltem 'spezifischen Gewicht' eingeht? Sind nicht auch die Arbeitszeiten von Lehrpersonen zu berücksichtigen sowie solche, die zur Herstellung von Gebäuden, Büchern, Lernmitteln und sonstigen Vorrichtungen, die zur Ausbildung benötigt werden, aufgewendet wurden? Sehen wir näher zu.

Den Hauptteil der akkumulierten Zeiten macht natürlich die *Ausbildungs- bzw. Lernarbeitszeit des Qualifikanden* selbst aus. Sie kann als laufende Verausgabung von einfacher Durchschnittsarbeit betrachtet werden. Daß es sich dabei zum großen Teil um geistige oder sog. Kopfarbeit handelt, spielt in diesem Zusammenhang keine Rolle. Die Aneignung von Kenntnissen und Fähigkeiten unter der

---

Frankfurt/M. 1973, S. 130 ff., dort S. 142-152; *Maier, Harry* [1967], Die Reduktion der komplizierten auf einfache Arbeit im Lichte der Marxschen Werttheorie, in: Probleme der Politischen Ökonomie 10, Berlin (Ost); *Rosdolsky, Roman* [1968], Zur Entstehungsgeschichte des Marxschen 'Kapital', Frankfurt/M., 31. Kapitel ('Das Problem der qualifizierten Arbeit'), S. 597-614; E. Altvater/F. Huisgen (Hrsg.) [1971], Materialien zur Politischen Ökonomie des Ausbildungssektors, Erlangen, mit folgenden Beiträgen zum Reduktionsproblem: *Altvater, Elmar*, Qualifikation der Arbeitskraft und Kompliziertheit der Arbeit - Bemerkungen zum Reduktionsproblem (S. 253-302); *Hinrichsen, D.*, Zum Problem der Reduktion komplizierter auf einfache Arbeit (S. 303-341); *Inhetveen/Maier/Rademacher/Stumpf*, Zum Reduktionsproblem (S. 342-348); *Rowthorn, B.* [1973], Komplizierte Arbeit im Marxschen System, abgedruckt in: H.G. Nutzinger/ E. Wolfstetter, Die Marxsche Theorie und ihre Kritik II, Frankfurt/M. 1974, S. 129-163; *Picard, R.* [1975], Zum quantitativen Wertproblem, in: H.G. Backhaus u.a. (Hrsg.), Gesellschaft. Beiträge zur Marxschen Theorie 3, Frankfurt/M., S. 178 ff., dort insbesondere S. 188-190; *Zech, R.* [1978], Die Reduktion komplizierter auf einfache Arbeit, in: H.G. Backhaus u.a. (Hrsg.), Gesellschaft. Beiträge zur Marxschen Theorie 11, Frankfurt/M., S. 248-310; *Pietsch, Anna-Jutta* [1979], Das Reduktionsproblem und die Kategorien produktive und unproduktive Arbeit, Frankfurt/M. u. New York.

[43] *Marx, K.*, MEW 13, S. 18; vgl. auch MEW 23, S. 59.

Leitung von (durchschnittlich) fähigen Lehrpersonen und mit Hilfe von geeignetem Lehrmaterial stellt eine Tätigkeit wie jede andere dar[44].

Dagegen sind die Arbeitszeiten der am Lernprozeß beteiligten *Lehrpersonen* nur indirekt bzw. anteilig zuzurechnen. Hier ist von der durchschnittlichen Dauer des Arbeitslebens der Lehrer auszugehen und diese Stundenzahl auf die Anzahl der während dieses Arbeitslebens ausgebildeten Studenten zu verrechnen. Pro Qualifikand kommt hierfür je nach Anzahl und Gewicht der beteiligten Lehrpersonen[45] ein bestimmter - sicherlich recht geringer - Stundenfaktor zum Ansatz. Dabei darf nicht außer acht gelassen werden, daß Lehrtätigkeit selbst als qualifizierte Arbeitsverausgabung zu betrachten ist. Sie setzt sich ihrerseits aus einer Summe einfacher Arbeiten zusammen: aus der unmittelbaren Lehrarbeitszeit der Lehrpersonen sowie derjenigen Zeiten, die in ihnen während der Ausbildung akkumuliert worden sind. Letztere gehen ihrerseits auf Lehr- und Lernarbeitszeiten von Lehrpersonen und deren Lehrern zurück usw. Die Analogie zu den selbst unter Beteiligung von Produktionsinstrumenten hergestellten Produktionsmitteln (vgl. oben S. 28 f.) tritt deutlich zutage: Auch hier liegt ein infinitiver Regreß auf immer weiter zurückliegende geronnene Arbeitszeiten vor. Aber ebenso wie dort nimmt der Anteil der indirekt zurechenbaren Arbeitsquanta der Lehrpersonen mit jedem weiteren ‘Rück-Schritt’ rasch ab. In formaler Hinsicht bildet das Berechnungsverfahren keine Schwierigkeiten, weil sich, wie erwähnt, für unendliche Reihen endliche Summen bestimmen lassen.

Schließlich dürfen auch die im Ausbildungsprozeß verwendeten *Lehr- und Lernmittel* nicht unberücksichtigt bleiben. Die Ausbildung findet in der Regel in Räumen, gegebenenfalls mit mehr oder weniger aufwendigem technischen Gerät und unter Verwendung von Büchern, Schreib- oder ähnlichen Utensilien statt. Die Arbeitszeiten, die in diesen Gegenständen akkumuliert sind, sind als Produktionsmittel der Ausbildung zu betrachten und wertmäßig analog zu diesen zu behandeln: Sie stellen eine Summe geronnener, in früheren Perioden geleisteter, gesellschaftlich notwendiger Arbeitszeiten dar, die je nach Verschleißdauer der Lernarbeitszeit der damit ausgebildeten Personen anteilig zugeschlagen werden muß. Dies trifft im Prinzip natürlich auch auf die Arbeitsmittel zu, die für die Ausbilder und deren Lehrer von Bedeutung waren. Allerdings dürften diese in quantitativer Hinsicht einen vernachlässigbar kleinen Umfang ausmachen.

Wenn die qualifizierte Arbeitskraft tätig wird, trägt sie aus theoretischer Sicht in doppelter Weise zur Wertbildung bei: einmal durch die unmittelbare, gegenwärtige Verausgabung ihrer Arbeitskraft, die ohne Berücksichtigung ihrer erworbenen Qualifikation zunächst als einfache Basisarbeitszeit zu werten ist, und zum anderen durch die gleichzeitige Übertragung der während ihrer Qualifikationszeit ak-

[44] Daß sie dennoch häufig als schwieriger im Vergleich zur Verausgabung einfacher körperlicher Arbeit eingestuft wird, hat eher etwas mit ‘bildungsbürgerlichen’ Sozialnormen als mit physisch-psychischen Unterschieden zu tun.

[45] Es sei vereinfachend davon ausgegangen, daß die Inanspruchnahme der einzelnen Lehrer gleichlange Zeitspannen umfaßt.

kumulierten Arbeitsquanta, die den multiplikativen Faktor ihres Wertschöpfungsbeitrags ausmachen. *Hilferding* faßt diesen Punkt anschaulich zusammen:

> Um "komplizierte Arbeitskraft herzustellen, war eine Reihe einfacher Arbeiten notwendig. Diese sind in der Person des qualifizierten Arbeiters aufgespeichert; erst wenn er zu arbeiten anfängt, werden diese Ausbildungsarbeiten für die Gesellschaft flüssig ... In dem einen Akte ihrer Verausgabung wird also eine Summe von einfachen Arbeiten verausgabt und damit eine Summe von Wert ... geschaffen, die der Wertsumme entspricht, die die Verausgabung aller einfachen Arbeiten erzeugt hätte, die notwendig waren, um die komplizierte Arbeitskraft ... zu erzeugen. Komplizierte Arbeit erscheint so vom Standpunkt der Gesellschaft ... als Multiplum einfacher Arbeit, so verschieden einfache und komplizierte einer anderen, physiologischen, technischen oder ästhetischen Anschauung erscheinen mögen."[46]

Das bedeutet nichts anderes, als daß bei gleicher Lebensarbeitszeit jede arbeitende Person insgesamt die gleiche Wertsumme schafft, diese also unabhängig vom Grad ihrer erworbenen bzw. angeeigneten Qualifikation ist. Bilden wir ein einfaches Rechenbeispiel: Wenn die aktive Lebensarbeitszeit im Durchschnitt 40 Jahre beträgt und pro Jahr durchschnittlich 15.000 einfache Arbeitsstunden geleistet werden, so schafft ein Arbeiter ohne besondere Qualifikation während seines Lebens insgesamt eine Wertsumme von 600.000 Stunden. Für die Verrichtung qualifizierter Arbeit sei eine Ausbildungszeit von 10 Jahren angenommen. Es verbleiben dann noch 30 Jahre unmittelbar produktiver Lebensarbeitszeit. Die während der Ausbildung geleistete Lernarbeitszeit - von den Arbeitsquanta, die auf Ausbilder und deren Lehrer sowie auf Hersteller von Lehr- und Lernmitteln zurückgehen, sei der Einfachheit halber abgesehen - kondensiert sich in der qualifizierten Person und wird für die Gesellschaft erst von dem Zeitpunkt an 'flüssig', an dem die betreffende Person zu arbeiten beginnt[47]. Unter der Annahme, daß der durchschnittliche Arbeitstag beim Lernen genau so lang ist wie derjenige in der Produktion, werden in 10 Jahren Ausbildung 150.000 Stunden Arbeit akkumuliert. Ihr Wert wird im Laufe der 30 Restarbeitsjahre sukzessiv auf die hergestellten Produkte übertragen. Die Wertschöpfung des so qualifizierten Arbeiters ist demnach pro Stunde um ein Drittel größer als diejenige eines ungelernten (150.000 bezogen auf 450.000). Anders ausgedrückt: Die Wertschöpfung des qualifizierten Arbeiters beträgt das 1,33-fache einfacher Arbeit. Das Wertprodukt, das er während der 450.000 im Produktionsprozeß verausgabten Lebensarbeitsstunden schafft, ist mit dem Faktor 1,33 zu multiplizieren und beläuft sich somit ebenso wie dasjenige des unqualifizierten einfachen Arbeiters auf 600.000 Stunden. Quod erat demonstrandum.

---

[46] *Hilferding* [1904], S. 148 f.

[47] Genauer müßte man eigentlich sagen: 'in der Warenproduktion zu arbeiten beginnt', denn Lernen ist schließlich auch Arbeit.

Das folgende Schema veranschaulicht die Zusammenhänge:

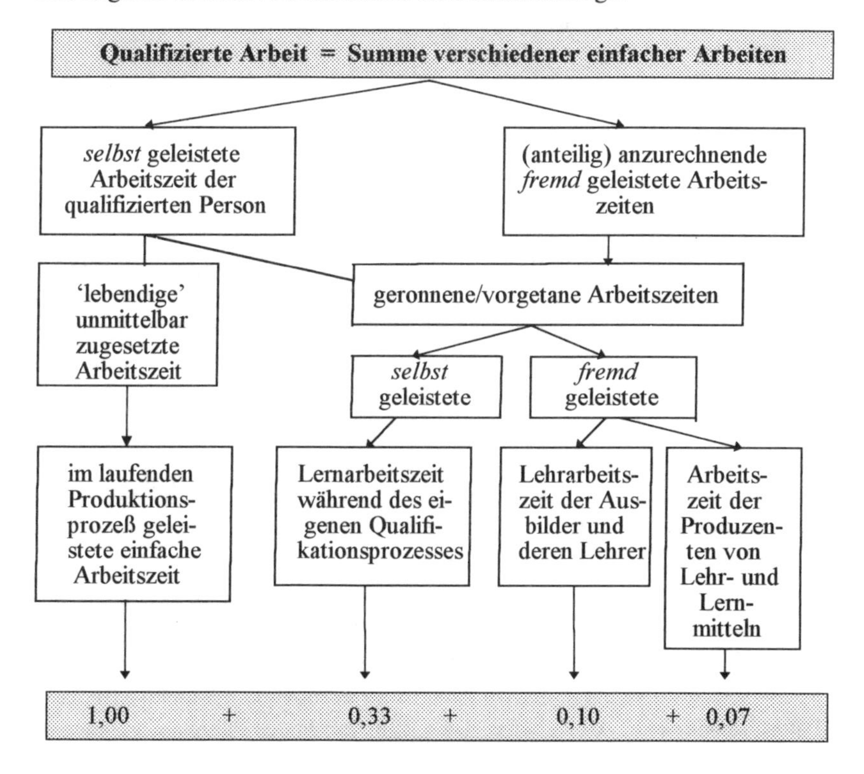

Fassen wir zusammen: Komplizierte bzw. qualifizierte Arbeit läßt sich in eine Reihe einfacher Arbeiten auflösen. Grundlage der wertschaffenden Kraft der Arbeit bildet die im Produktionsprozeß unmittelbar geleistete, wenn man so will: 'lebendige' einfache Arbeit. Sie macht die Einheit aus. Die erworbene Qualifikation geht teils auf selbst, teils auf fremd geleistete (vorgetane) Arbeit zurück. Den weit überwiegenden Anteil macht die eigene Lernarbeitszeit aus. Sie ist auf die restliche Lebensarbeitszeit der qualifizierten Person umzurechnen. Hinzu kommen die Arbeitszeiten der Ausbilder und deren Lehrer sowie diejenigen der Produzenten von Lehr- und Lernmitteln, allerdings nur anteilig. Addiert man alle Komponenten, erhält man den *Qualifikationsmultiplikator*. Wenn sich dieser, wie in der obigen Beispielsrechnung, auf den Wert 1,5 beläuft, so heißt das, daß die qualifizierte Arbeitskraft in einer Stunde den eineinhalbfachen Wert einer einfachen Durchschnittsarbeitskraft schafft. Sie erhält - im Gleichgewichtsfall 'Werte gleich Preise' - am Markt diesen höheren Wert in Form einer größeren Warenmenge entgolten, wodurch ihr faktisch die aufgewendeten Ausbildungszeiten nachträglich rückvergütet werden. Zugleich hat sie aber auch die geronnenen Arbeitszeiten der beteiligten Ausbilder und Produktionsmittelhersteller wertmäßig auf die erstellten Produkte übertragen und holt sozusagen erst jetzt deren Wertbeitrag gesellschaftlich herein. Wie die Gesellschaft dieses Ausbildungs- bzw. intergenerative Verrechnungssystem praktisch organisiert bzw. finanziell regelt, braucht uns in diesem Zusammenhang nicht näher zu interessieren. *Hilferdings* Zusammenfassung des Sachverhalts reicht hier vollkommen aus (ebd., S. 149 f.):

> "Die Gesellschaft zahlt ... in dem, was sie für das Produkt der qualifizierten Arbeit geben muß, ein Äquivalent für den Wert, den die einfachen Arbeiten erzeugt hätten, wenn sie direkt von der Gesellschaft konsumiert worden wären."

Abschließend sei noch auf einen Punkt eingegangen, der Anlaß zu Mißverständnissen gibt. Vielleicht hat die undifferenzierte Identifizierung von komplizierter und qualifizierter Arbeit manche Autoren dazu verleitet, das *Verfahren der sog. analytischen Arbeitsplatzbewertung* als potentielle Lösung des Reduktionsproblems zu sehen. Bei diesem Verfahren werden die verschiedenen Tätigkeiten je nach ihren speziellen Anforderungen und Belastungen bewertet: erforderliches Geschick, Ausmaß der körperlichen oder geistigen Anstrengung, notwendige Fachkenntnisse, Grad der Verantwortung, Belastung durch Umweltfaktoren wie Lärm, Luftverschmutzung, schlechte Lichtverhältnisse oder andere gesundheitsgefährdende Faktoren usw. Die einzelnen Merkmale werden anhand einer Punkteskala quantifiziert, gewichtet und zu einer abschließenden Bewertungsziffer zusammengefaßt. Es sei hier nicht bestritten, daß dieser Ansatz für das Problem einer gerechten Lohnstaffelung nützliche Dienste leisten mag, in bezug auf unsere Fragestellung hilft er jedoch nicht weiter. Die Punktbewertung des Arbeitsplatzes liefert lediglich eine *Beschreibung* der Tätigkeitsanforderungen, bleibt aber arbeitswerttheoretisch irrelevant, da sie *keine Erklärung* der höheren wertbildenden Potenz qualifizierter Arbeit liefert. Diese kann nur in den vorgetanen zusätzlichen Arbeitszeiteinheiten gefunden werden. Unterschiede in den Arbeitsplatzbedingungen lösen sich, arbeitswerttheoretisch gesehen, über die Bestimmung des gesellschaftlichen Durchschnitts von Intensität, Geschick und Produktionsbedingungen auf.

2. Die Form des Werts

a) Der Wertausdruck

Nachdem die Fragen nach der Substanz und der quantitativen Bestimmtheit des Wertes beantwortet sind, bleibt noch die *Form* zu untersuchen, in welcher er konkret erscheint. Im Gegensatz zu den beiden ersten Problemkreisen, die grundsätzlich der abstrakt-theoretischen Ebene zuzurechnen sind, geht es hier um die Frage, wie der Wert auf der konkreten Ebene der Erscheinungen zu erfassen ist.

In entwickelten Gesellschaften werden Waren typischerweise gegen eine bestimmte Geldsumme ausgetauscht und ihr Wert erscheint als Preis, ausgedrückt in Währungseinheiten. So ist z.B. nicht davon die Rede, daß ein Paar Schuhe 15 Pfund Kaffee oder 8 qm Teppichboden wert sind bzw. sich dagegen austauschen, sondern man spricht einfach davon, daß sie soundsoviel (etwa:) Mark kosten. Aufgabe dieses Kapitels wird es sein, zu zeigen, daß diese Erscheinungsform des Werts nichts anderes darstellt, als eine weiter entwickelte Form des einfachsten aller Wertausdrücke, wie wir ihn bereits kennengelernt haben: x Ware a = y Ware b. Bei der Wertformanalyse geht es - mit *Marx* gesprochen - darum, "die Entwicklung des im Wertverhältnis der Waren enthaltenen Wertausdrucks von seiner einfachsten unscheinbarsten Gestalt bis zur blendenden Geldform zu verfolgen" (MEW 23, S. 62). Die Darstellung folgt dabei sowohl der logischen als auch historischen Entwicklungskette der verschiedenen Formen.

b) Einfache Wertform

Die einfachste Form, den Wert einer Ware darzustellen, besteht darin, sie zu einer beliebigen anderen Ware in Beziehung zu setzen. Ihr Wert drückt sich dann in Mengeneinheiten dieser anderen Ware aus, und zwar im Verhältnis gleicher gesellschaftlich notwendiger Arbeitszeiten zur Erstellung der jeweiligen Ware. Nehmen wir eine Ware, deren Wert ausgedrückt werden soll, z.B. ein Paar Schuhe (von mittlerer bzw. durchschnittlicher Qualität) und geben ihren Wert wieder, indem wir sie zu einer anderen Ware, sage: Kaffee (von bestimmter Qualität), in entsprechende Relation setzen. Beträgt das Tauschverhältnis z.B. 15 Pfund Kaffee, so lautet der *einfache* oder *zufällige Wertausdruck* für die Schuhe:

1 Paar Schuhe = 15 Pfund Kaffee

Die Schuhe drücken ihren Wert über den Kaffee aus, der als Äquivalent fungiert. Sie selbst stehen in *relativer* Wertform, wie *Marx* sagt. Der Kaffee bildet dagegen die *Äquivalenz*ware für den Wertausdruck der Schuhe. Beide Bestandteile des Ausdrucks werden aus marxistischer Sicht als dialektische Pole[48], d.h. als "zuein-

[48] Auf die dialektische Methode, auf der Marxens Analyse aufbaut, wird in einem methodologischen Exkurs weiter unten noch näher eingegangen (s. S. 77 ff.).

ander gehörige, sich wechselseitig bedingende, unzertrennliche Momente, aber zugleich einander ausschließende oder entgegengesetzte Extreme" interpretiert (MEW 23, S. 63). Eine bestimmte Ware kann sich jeweils immer nur in der einen *oder* der anderen Form befinden. Sie ist innerhalb des Wertausdrucks einerseits als ausschließendes, d.h. der anderen Ware entgegengesetztes Moment, als 'entweder-oder-Relation' zu betrachten, zugleich aber auch als notwendiger Teil eines einheitlichen Ausdrucks zu interpretieren, der ohne eines der beiden sich wechselseitig bedingenden Momente nicht gedacht werden kann. Diese *Einheit der Gegensätze*, wie Dialektiker zu sagen pflegen, entwickelt sich als 'Widerspruch' oder dialektischer Pol fort und mündet in einen neuen synthetischen Begriff, welcher die Elemente der antithetischen Pole aufnimmt, sie - zumindest teilweise - bewahrt und zugleich auf eine höhere, weiter entwickelte Stufe hebt[49]. Die Fortsetzung solcher antithetisch-synthetischen Begriffsgenesen läßt ein zusammenhängendes Denkgebäude entstehen, dessen logisch-kognitiver Gehalt von den Anhängern dieser Methode gerühmt, von ihren Gegnern mit großer Skepsis beargwöhnt bzw. als bloße Phraseologie apostrophiert wird[50]. Die Wertformanalyse von *Marx* ist ein anschauliches Beispiel für einen solchen dialektisch-begrifflichen Entwicklungsprozeß. Sie ist sozusagen konkret ausgefüllte Dialektik.

Der einfache Wertausdruck birgt, wie *Marx* betont, bereits "das Geheimnis aller Wertform" (MEW 23, S. 63); er bildet den "Keim der Geldform" (ebd., S. 85). Wir wollen ihn genauer betrachten und verfolgen, wie die jeweiligen Pole zu immer entwickelteren Formen streben und schließlich in der 'blendenden' Geldform enden.

Der Wert einer Ware findet seinen Ausdruck immer relativ, d.h. nur in bezug auf eine andere Ware. Zwar läßt sich die Wertgröße theoretisch durch die in ihr verkörperte Menge abstrakter Arbeit absolut messen, die Erscheinungsform des Wertes aber wird nur vermittelt über den gesellschaftlichen Austauschprozeß und bedingt immer eine andere Ware als Vergleichsmaß.

Fragen wir, welche Auswirkungen Wertänderungen der einen oder der anderen Ware im einfachen Wertausdruck auf diese Relation haben.

Fall 1: Die Produktivität bei der Erzeugung der in Relativform stehenden Ware variiere - angenommen sie verdopple sich - und diejenige der Äquivalentware bleibe gleich. Was bedeutet das für den Wertausdruck? Die Relation würde jetzt lauten: 2 Paar Schuhe = 15 Pfd. bzw. 1 Paar = 7,5 Pfd. Kaffee. Der relative Wert der Schuhe hat sich (wie sein 'absoluter'[51]) halbiert. Für

[49] Vgl. hierzu die Ausführungen von *K. Popper* [1940] in seinem Aufsatz 'Was ist Dialektik', abgedruckt in: Logik der Sozialwissenschaften, hrsg. von E. Topitsch, 8. Aufl., Köln 1972, S. 262-290, dort S. 263 f. und 289.

[50] Vgl. dazu *Poppers* Ausführungen in der Diskussionskollage unten S. 77 ff.

[51] Wenn im folgenden vom 'absoluten' Wert die Rede ist, so ist damit das nur theoretisch bestimmbare Quantum an gesellschaftlich notwendigen Arbeitszeiteinheiten gemeint, unabhängig

den Fall des Absinkens der Produktivität in der Schuhherstellung gilt das Umgekehrte.

Allgemein: Der relative Wert einer Ware ändert sich proportional mit der Änderung ihres absoluten Wertes bzw. umgekehrt proportional zu ihrer Produktivitätsentwicklung - gleichbleibende Verhältnisse bei der Äquivalentware vorausgesetzt.

Fall 2: Der relative Wert einer Ware kann aber auch wechseln, ohne daß ihr (absoluter) Wert sich verändert hat. Erhöht sich z.B. die Produktivität *der* Kaffeeherstellung, sinkt der Wert des Kaffees. Da Kaffee in unserem Beispiel als Äquivalentware für die Schuhe fungiert, berührt diese Änderung auch den relativen Wert der Schuhe, wenngleich sich in der Schuhproduktion kein Produktivitätswechsel vollzogen hat. Der relative Wert der Schuhe ist gestiegen, weil die Äquivalentware wertloser geworden ist. Die im Austausch gegen ein Paar Schuhe herzugebende Kaffeemenge beträgt z.B. nach einer Verdopplung der Kaffeeproduktivität 30 Pfund Kaffee. Diese werden jetzt in der gleichen Zeit wie zuvor 15 Pfund produziert. Ändert sich die Produktivität in umgekehrter Richtung, würden also z.B. nur noch 7,5 Pfd. Kaffe in gegebener Zeit erstellt, hätte sich der relative Wert der Schuhe halbiert.

Allgemein formuliert: Der relative Wert einer Ware steigt bzw. fällt proportional zur Entwicklung der Produktivität der in Äquivalentform stehenden Ware bzw. umgekehrt proportional zu ihrer (absoluten) Wertänderung - unveränderter (absoluter) Wert der Relativware vorausgesetzt. Bei dieser Betrachtung wird - weiterhin - vereinfachend die Gleichgewichtskonstellation unterstellt, also von der Annahme ausgegangen, daß sich die Waren exakt zu ihren Werten tauschen, d.h. die Preise den Werten entsprechen[52].

Fall 3: Wechselt schließlich die Produktivität sowohl in der Schuh- als auch in der Kaffeebranche, so kommt es für die Entwicklung des relativen Wertes der Schuhe auf das Ausmaß und die Richtung der jeweiligen Produktivitätswechsel an.

a) Für den Sonderfall, daß die Produktivität bei beiden Warengattungen in gleicher Richtung und Proportion steigt oder fällt, bleibt der relative Wert der Schuhe unverändert. Bei dem in Äquivalentform stehenden Kaffee hat sich der gleiche Produktivitätswechsel vollzogen, so daß die Austauschrelation weiterhin lautet: 1 Paar Schuhe = 15 Pfd. Kaffee oder 2 Paar Schuhe = 30 Pfd. Kaffee.

---

von seiner Erscheinungsform, die, wie erwähnt, notwendigerweise als relativer Ausdruck gefaßt sein muß.

52 Auf potentielle Unterschiede von Wert und Preis wird an späterer Stelle noch einzugehen sein (s. unten S. 47).

b) Verlaufen die Produktivitätsänderungen dagegen nicht parallel, sei es die Richtung, sei es das Ausmaß betreffend, kommt es je nach Einzelfall zu den unterschiedlichsten Änderungen ihrer (absoluten) Werte und damit auch des relativen Wertausdrucks. Er kann steigen oder fallen, je nachdem in welchem Maße die Produktivitätsänderung in der einen Branche diejenige in der anderen Branche (über-)kompensiert.

Das *Ergebnis* hält *Marx* in folgenden Worten fest (MEW 23, S. 69):

> "Wirkliche Wechsel der Wertgröße spiegeln sich also weder unzweideutig noch erschöpfend wider ... in der Größe des relativen Werts. Der relative Wert einer Ware kann wechseln, obgleich ihr Wert konstant bleibt. Ihr relativer Wert kann konstant bleiben, obgleich ihr Wert wechselt, und endlich brauchen gleichzeitige Wechsel in ihrer Wertgröße und im relativen Ausdruck dieser Wertgröße sich keineswegs zu decken."

Mit dem *Wert* meint *Marx* an dieser Stelle den - nur in theoretischer Fiktion existierenden[53] - absoluten Ausdruck. Da sein Wertbegriff als gesellschaftliche Kategorie gefaßt ist und sich nur über den Austausch mit anderen Mitgliedern der Gesellschaft darstellt, vermeidet er konsequenterweise in diesem Zusammenhang das Attribut 'absolut', um nicht den Eindruck zu erwecken, daß der Wert realiter etwas isoliert Gebildetes, Absolutes sei.

c) Entwickelte Wertformen

Da sich der Wert einer Ware in der einfachen Wertform nur in *einer* anderen, zufällig herangezogenen Ware dartut, kann es sich nicht um die allgemeine Form des Wertes handeln. Diese setzt vielmehr auch die Einbeziehung sämtlicher anderen Waren(gattungen) in die Betrachtung voraus. In bezug auf unsere Schuhe erhalten wir auf diese Weise eine Vielzahl von einfachen Wertrelationen. *Marx* spricht von der *totalen* oder *entfalteten* Form des Werts.

1 Paar Schuhe	=	15 Pfd.	Kaffee
	=	0,8 m	Stoff
	=	80 St.	Bleistifte
	=	20 kg	Obst
	=	0,2 gr.	Gold
	=	5 Ztr.	Kartoffeln
		usw.	

Es handelt sich im Prinzip um eine unendliche Kette von alternativen relativen Wertausdrücken der Schuhe. Daß sie faktisch nicht abschließt, ist ihr Mangel, den die Entwicklung des Begriffs - logisch wie historisch - zu überwinden drängt, in-

[53] Siehe dazu Fußnote 51.

dem sie zur *allgemeinen Wertform* strebt. Jede der Gleichungen impliziert die inverse Beziehung, so daß man das Ganze auch umgedreht schreiben kann:

15 Pfd.	Kaffee	=		
0,8 m	Stoff	=		
80 St.	Bleistifte	=	→	1 Paar Schuhe
20 kg	Obst	=		
0,2 gr.	Gold	=		
5 Ztr.	Kartoffeln	=		
usw.				

Die bloße Umkehrung der Schreibweise mag auf den ersten Blick trivial oder gar sinnlos erscheinen. Nach wie vor handelt es sich um eine unendliche Vielzahl von relativen Wertausdrücken. Die Besonderheit besteht allerdings darin, daß sich alle Waren jetzt auf ein einheitliches Äquivalent beziehen, ihren (relativen) Wert also in einer gemeinsamen dritten Ware ausdrücken, und damit mittelbar auch untereinander. *Marx* nennt diese Wertform *allgemein*, da die Werte sich hier einfach und einheitlich, weil in derselben Ware darstellen (vgl. MEW 23, S. 79).

d) Geldform

Von dieser Stufe aus ist es nur noch ein kleiner Schritt zur *Geldform*. Grundsätzlich gilt, daß jede Ware in die Rolle der allgemeinen Wertform schlüpfen kann. Allerdings würde der Vorteil des einheitlichen Äquivalents nicht unerheblich beeinträchtigt, wenn diese Funktion laufend durch eine andere Ware übernommen würde. Die relativen Wertausdrücke müßten jedesmal neu dargestellt werden. Es liegt auf der Hand, daß sich allmählich nur einige wenige Waren als allgemeines Äquivalent herauskristallisieren, wobei vor allem solche in Betracht kommen, die diese Rolle auf Grund bestimmter Eigenschaften besonders gut zu übernehmen in der Lage sind. Vornehmlich müssen sie von großer Dauerhaftigkeit, leichter Teilbarkeit und wegen des Erfordernisses bequemer Transportabilität von relativ hoher Wertigkeit sein, d.h. eine geringe Materialmasse muß einen relativ hohen Wertgehalt aufweisen. In Kategorien der Marxschen Arbeitswertlehre gesprochen bedeutet dies, daß sie in gegebener stofflicher Menge möglichst viel (gesellschaftlich notwendige) Arbeitszeit verkörpern müssen. Prädestiniert dafür waren bzw. sind vor allem Edelmetalle wie Silber, Kupfer und/oder Gold. Es lassen sich aber auch andere historische Beispiele für Geldwaren anführen wie Rinder [‘pecunia’ (lat.) = Geld], Muscheln oder Zigaretten.

Geht die Funktion des allgemeinen Äquivalents schließlich auf (nur noch) eine bestimmte Ware *dauerhaft* über, erfährt sie in dieser Rolle also allgemeine gesellschaftliche Anerkennung, so kommt ihr *Geld*eigenschaft zu. Historisch hat diesen Platz - zumindest zu Marx’ Zeiten - das Gold erobert. Unsere obige Wertgleichung nimmt folgende Gestalt an:

15 Pfd.	Kaffee	=		
0,8 m	Stoff	=		
80 St.	Bleistifte	=	→	0,2 gr. Gold
20 kg	Obst	=		
1 Paar	Schuhe	=		
5 Ztr.	Kartoffeln	=		
usw.				

In diesem Gleichungssystem haben die Schuhe und das Gold lediglich die Seiten gewechselt. Das macht deutlich, daß das allgemeine Äquivalent ursprünglich Ware wie jede andere war und bleibt.

Gold konnte nur dadurch zu Geld werden, weil es, bevor es seinen Stammplatz auf der rechten Seite der Gleichung einnahm, den übrigen Waren selbst als Ware wie jede andere gegenüberstand[54]. Hat eine Ware dieses Äquivalentmonopol einmal erobert, kommt ihr eine besondere Stellung in der Warenwelt zu. Sie wird 'König der Waren' mit besonderen Rechten und Pflichten: Zum einen drücken alle Waren ihren Wert jetzt in Einheiten der Geldware aus, da diese den Wertspiegel für die (übrige) Warenwelt bildet. Zum anderen zeichnet sie sich dadurch aus, daß ihr neben dem gewöhnlichen Gebrauchswert als allgemein nützliches Ding (z.B. als Schmuck oder Zahnersatz) jetzt noch ein zusätzlicher, *formaler* Gebrauchswert zukommt, manifestiert in ihren spezifischen Geldfunktionen[55].

Marx spricht - 'dialektisch-kokettierend'[56] - von der "Verdopplung der Ware in Ware und Geld" und meint damit diese über das Geld stattfindende Verselbständigung des Warenwertes. Sie stellt das notwendige äußerliche Produkt des sich entwickelnden "in der Warennatur schlummernden Gegensatzes von Gebrauchswert und Wert" dar (MEW 23, S. 102). Die einzelne Ware als nützliches Ding einerseits und (Tausch-)Wertding andererseits hat nicht nur ideell, d.h. im Kopfe des Theoretikers, doppelte Existenz, sondern auch materiell - in Form des Geldausdrucks. Im realen Austausch zeigt sich diese ihre verdoppelte Natur.

Da das Geld in entwickelten Tauschwirtschaften immer schon fertige Wertgestalt besitzt, finden die Waren es als einen ihnen äußerlichen Gegensatz vor. Ihr Tauschwert hat sich als ein bestimmtes Quantum Geldware in ihm verselbständigt und führt gewissermaßen ein eigenständiges Dasein. Die in Einheiten der Geldwa-

[54] Diese Erkenntnis stellt ein wichtiges Ergebnis der Wertformanalyse dar. Durch sie wird der Auffassung der Boden entzogen, daß dem Golde (oder auch anderen potentiellen Geldwaren) die Geldeigenschaft auf 'natürliche' oder andere (geheimnisvolle) Weise zugefallen sei, etwa durch ein bloßes Regierungsdekret. Ohne auf seine ursprüngliche Warenfunktion zu rekurrieren, kommt man - arbeitswerttheoretisch - nicht zur Geldware. Die heutigen Existenzformen des Geldes als - im Grunde wertlose - Papierzettel oder bloßes Buchgeld erschweren das Verständnis der Genesis des Geldes. Ob der Marxsche Ansatz - er stammt wie gesagt aus Goldwährungszeiten - hier überhaupt noch seine Dienste leistet, steht an dieser Stelle nicht zur Diskussion.

[55] Vgl. MEW 23, S. 104. Wir werden auf diese Funktionen gleich näher zu sprechen kommen.

[56] Siehe dazu unten S. 78.

re ausgedrückte Größe des Werts stellt seine *Preisform* dar. Der *Preis* einer Ware ist nichts anderes als die quantitativ bestimmte Geldform. Man sagt einfach, daß ein Paar Schuhe soundsoviel Geldeinheiten wert sind bzw. kosten, in unserem Beispiel 0,2 gr. Gold. Tritt wie in den meisten nationalen Geldwirtschaften an die Stelle des Goldes eine mit diesem paritätisch verankerte Währungseinheit (DM-Mark, Dollar, Pfund, Franken o.ä.[57]), so heißt es nur noch: der Preis der Schuhe sei 100 Mark (wenn die Goldparität einer Mark auf 0,002 gr. Gold festgesetzt worden ist).

Allerdings muß beachtet werden, daß der Preis keineswegs immer mit dem Wert der Ware zusammenfallen muß. Die potentielle Differenz zwischen beiden liegt vielmehr in der Kategorie des Preises als 'blendende Erscheinungsform des Werts' selbst begründet. Nur im fiktiven, rein theoretischen Gleichgewichtsfall, wenn sich die Dinge, wie *Marx* zu sagen pflegt, 'im Reinen entwickeln', wenn Markttransparenz, unendlich schnelle Anpassungsgeschwindigkeit gegeben sind, keine Präferenzen (persönlicher, räumlicher oder sonstiger Art) bestehen usw., die Konkurrenz somit voll zum Tragen käme, würden sich Preis und Wert der Waren genau decken. Da diese Bedingungen in der Realität faktisch niemals gegeben sind, wird der (Markt-)Preis regelmäßig vom Wert abweichen[58]. Der Wert bildet aber, diese Kernaussage des Marxschen Wertgesetzes kennen wir schon, stets das Gravitations- und Oszillationszentrum für die Preise[59]. Auf Dauer können sie sich nicht von ihrer Wertbasis lösen, ohne daß sie sich jemals mit dieser zu decken brauchen. Dieser Sachverhalt tritt z.B. regelmäßig zutage, wenn von einer Ware, obwohl zu gesellschaftlich durchschnittlichen Bedingungen produziert, insgesamt mehr hergestellt worden ist als dem gesamtgesellschaftlichen Bedürfnis entspricht. Die Nachfrager sind nicht bereit, die angebotene Menge zu ihrem eigentlichen

---

[57] Ob dabei, wie z.B. beim Pfund, noch die Verbindung zur einstigen Gewichtseinheit der Geldware erhalten bzw. erkennbar bleibt oder nicht, ist unerheblich.

[58] Neben dieser durch die konkrete Marktsituation bedingten Differenz zwischen Preis und Wert wird *Marx* noch an späterer Stelle, wenn er die Kategorie der Durchschnittsprofitrate in die Analyse einführt, auf eine zusätzliche systematische Abweichung des Preises vom Wert der Waren stoßen, die unter dem Stichwort 'Transformationsproblem' in der Literatur höchst kontrovers diskutiert worden ist (s. dazu unten S. 155 ff.).

[59] *Marx* erkennt allerdings auch, daß der Preis sich verselbständigen und sich lange Zeit, u.U. auch dauerhaft, von seiner Wertbasis lösen kann. Dies ist z.B. bei seltenen Gemälden, Antiquitäten, sonstigen begehrten Unikaten, also grundsätzlich nicht-reproduzierbaren Dingen der Fall. Im Extrem können sogar Dinge, in die überhaupt keine menschliche Arbeit eingeflossen ist, einen (imaginären) Preis haben wie z.B. Gewissen oder Ehre (vgl. MEW 23, S. 117). Wie schon *Ricardo* will er seine Werttheorie allerdings auf die (alltäglichen) reproduzierbaren Waren beschränkt wissen. Die anderen unterliegen keinem unmittelbaren Gesetz des Werts. Vielmehr bildet die absolute Regellosigkeit ihr Erklärungsprinzip.
Die in diesem Zusammenhang auftauchende Frage, weshalb denn unbearbeiteter Boden einen Preis haben kann, da in ihn doch (zunächst) keine menschliche Arbeit eingeflossen ist, beantwortet Marx mit dem Hinweis, daß der Preis des Bodens "ein wirkliches Wertverhältnis oder [eine] von ihm abgeleitete Beziehung" verbirgt (MEW 23, S. 117). Im 3. Band des 'Kapital' zeigt er dann, daß der Boden nichts anderes ist als 'kapitalisierte Rente', also die eskomptierte Summe der künftigen Erträge, die mittels Einsatzes menschlicher Arbeitskraft auf ihm zu erzielen ist: "Es ist in der Tat nicht der Kaufpreis des Bodens, sondern der Grundrente" (MEW 25, S. 636).

Wert abzunehmen. Der Preis der Ware sinkt in diesem Fall unter ihren Wert[60]. Dies wird wiederum die Anbieter dazu veranlassen, weniger davon zu produzieren, da sie ja mehr Zeit aufwenden als ihnen im Austausch rückvergütet wird. Fällt die - ja lediglich auf Basis individueller Entscheidungen und nicht im Rahmen einer gesamtwirtschaftlichen Planung erfolgende - Produktionseinschränkung allerdings derart stark aus, daß das Angebot unter den gesellschaftlichen Bedarf absinkt, so wird der Preis wieder steigen und möglicherweise sogar über den Wert der Ware hinausschießen usw. Das Ende dieses sich 'hinter dem Rücken der Produzenten' vollziehenden Prozesses läßt sich theoretisch fassen: Werte und Preise fallen zusammen. Es herrscht Gleichgewicht. Der Einfachheit halber geht *Marx* im 'Kapital' lange Zeit (genauer gesagt: die ersten beiden Bände über) davon aus, daß Werte und Preise sich decken. Das bedeutet lediglich, daß er von der Betrachtung täglicher Zufallsschwankungen der Marktpreise absieht und sich auf die *wesentlichen* Wertbewegungen konzentriert.

[60] *Marx* konstruiert dafür einen zusätzlichen, eher verwirrenden als klärenden Begriff: den *'Marktwert'*, welcher in diesem Falle niedriger wäre als der eigentliche, 'technisch bedingte', d.h. allein auf Basis der zu seiner Produktion gesellschaftlich notwendigen Arbeitszeit berechnete Wert der Ware (s. dazu MEW 25, S. 187 u. 192 ff.). Wir wollen auf diese Komplikation hier nicht weiter eingehen.

ÜBERSICHT:
Die Entwicklung von der einfachen Wertform zur Preisform

1) *Einfache, zufällige Wertform:* Der Wert einer (in *Relativform* stehenden) Ware wird durch eine beliebige andere (in *Äquivalentform* stehende) Ware ausgedrückt:

1 Paar Schuhe = 15 Pfund Kaffee.

2) *Entfaltete (totale) Wertform:* Der Wert einer Ware wird durch eine (unendliche) Reihe von (Äquivalent-) Waren ausgedrückt:

1 Paar Schuhe	=	15 Pfd.	Kaffee
	=	0,8 m	Stoff
	=	0,2 gr.	Gold
	=	5 Ztr.	Kartoffeln
		usw.	

3) *Allgemeine Wertform:* Alle Waren drücken ihren Wert in nur *einer* Äquivalentware aus:

15 Pfd. Kaffee	=	→ 1 Paar Schuhe
0,8 m Stoff	=	
0,2 gr. Gold	=	
5 Ztr. Kartoffeln	=	

4) *Geldform:* Wertausdruck aller Waren in einer Ware, die als allgemeines Äquivalent dauerhaft gesellschaftliche Anerkennung gefunden hat (so z.B. in den frühen Stadien des Kapitalismus das Gold):

1 Paar Schuhe	=	→ 0,2 gr. Gold
15 Pfd. Kaffee	=	
0,8 m Stoff	=	
5 Ztr. Kartoffeln	=	

5) *Preisform:* Quantitativ bestimmte Geldform, ausgedrückt in jeweiligen Währungseinheiten (umrechenbar über die ‘Währungsparität’).

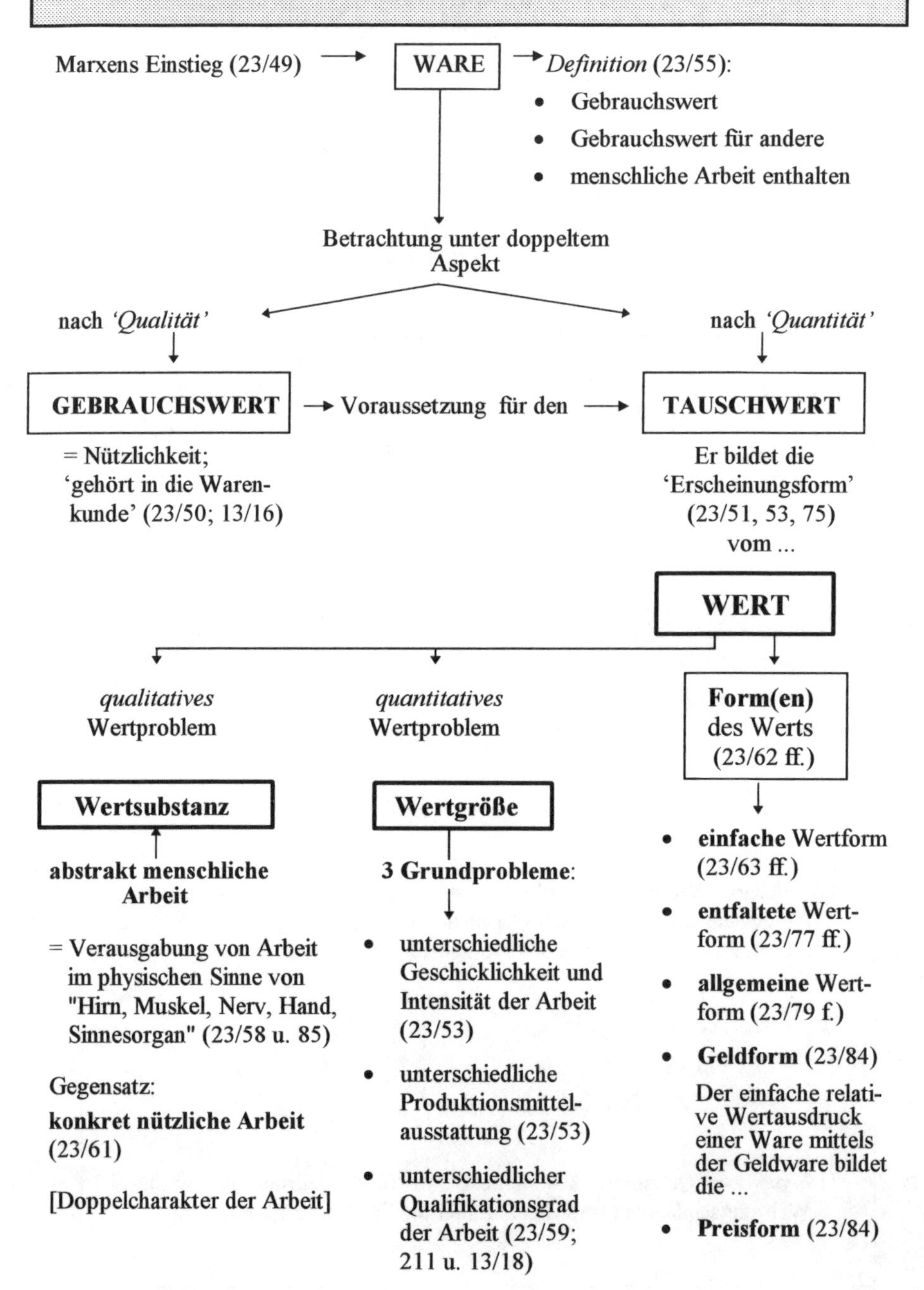

[61] *Legende*: Die in Klammern gesetzten Ziffern geben die jeweilige Nr. des MEW-Bandes sowie - durch einen Schrägstrich getrennt - die betreffende(n) Seite(n) an. Beispiel: 23/75,82 bedeutet: Bd. 23, S. 75 und 85. (Beim Bd. 23 handelt es sich im übrigen um den ersten Bd. des 'Kapital'; s. dazu auch Anm. 21).

ZUSAMMENFASSUNG

1) Die Unterscheidung zwischen *Gebrauchswert* und *Tauschwert* einer Ware bildet die Grundlage für die 'Objektivierung' der Wertbestimmung über die verausgabte Arbeitsmenge. Die nähere Untersuchung der Gebrauchswerteigenschaften eines Gegenstandes fällt nach *Marx* nicht in den Aufgabenbereich der ökonomischen Analyse.

2) Die gedankliche Reduktion der konkreten Arbeiten auf ihr gemeinsames Abstraktum, der Aufbringung von Mühe, Anstrengung bzw. Verausgabung von Muskelkraft und Nerven usw., bildet die *Substanz* des Wertes (sog. abstrakt menschliche Arbeit).

3) Die quantitativ bestimmte Menge an verausgabter (abstrakter) Arbeit (gemessen in Zeiteinheiten) ergibt die *Wertgröße*.

4) Für die Wertbildung zählt nicht die individuell geleistete, sondern ausschließlich die *gesellschaftlich notwendige Arbeitszeit,* die bei "den vorhandenen gesellschaftlich-normalen Produktionsbedingungen und dem Durchschnittsgrad von Geschick und Intensität der Arbeit" (*Marx*) erforderlich ist.

5) *Produktionsmittel* lassen sich vollständig als vorgetane Arbeit interpretieren. Sie übertragen ihren akkumulierten Wert sukzessiv auf die damit erstellten Produkte, schöpfen allein aber keinen Neuwert.

6) Maßeinheit der Arbeit ist die *einfache Durchschnittsarbeit.* Sie ist definiert als "Verausgabung einfacher Arbeitskraft, die jeder gewöhnliche Mensch, ohne besondere Entwicklung, in seinem leiblichen Organismus besitzt" (*Marx*).

7) *Qualifizierte* oder *komplizierte Arbeit* stellt ein Multiplum einfacher Arbeit dar und läßt sich auf solche reduzieren. Der *Reduktionsschlüssel* errechnet sich aus der in der qualifizierten Person akkumulierten vorgetanen Ausbildungsarbeit. Sie setzt sich zusammen aus der eigenen Lernarbeitszeit und anteilig auch aus fremder, am Lernprozeß beteiligter Arbeitsleistungen von Lehrpersonen bzw. Herstellern von Lehr- und Lernmitteln usw.

8) Die *Form des Werts* einer Ware zeigt sich im Austausch über eine andere, zu ihr in Beziehung gesetzte Ware. In entwickelten Gesellschaften ist dies regelmäßig die Geldware. Die Quantität des Wertes in Einheiten der Geldware ist die *Preisform.* Der einfache, zufällige Wertausdruck zweier Waren stellt analytisch die Keimform der 'blendenden Geldform' dar, in der manch' grundlegende Eigenschaft der Wertform nur noch unterschwellig zutage treten.

9) Der Wertausdruck ist also immer *relativer Wert.* Er mag gleichbleiben, obwohl sich der ('absolute') Wert der Ware ändert. Zahlreiche Varianten sind möglich.

10) Preis und Wert einer Ware brauchen keineswegs zusammenzufallen. Der Wert bildet lediglich das *Gravitationszentrum* der täglichen Marktpreise, die durch Angebot und Nachfrageschwankungen bedingt um diesen oszillieren.

ÜBUNGSFRAGEN/ -AUFGABEN

1) Welche Eigenschaften machen nach Marx ein Ding zur Ware?

2) Erläutern Sie die Beziehungen zwischen Wertsubstanz und Wertgröße!

3) Was meint Marx, wenn er von der Gesellschaftlichkeit des Wertbegriffs spricht?

4) Weshalb schafft ein fleißiger Arbeiter in gegebener Zeit nicht mehr Wert als ein fauler?

5) Kann der Wert einer Ware variieren, ohne daß sich ihr Preis ändert?

6) Skizzieren Sie den Lösungsansatz des sog. Reduktionsproblems!

7) Was ist der Unterschied zwischen der Wertform und dem Wert selbst?

8) Unterscheiden Sie mit Marx zwischen der Relativ- und der Äquivalentware!

9) "Die einfache Wertform ist der Keim der Geldform!" Erläutern Sie diese Aussage von Marx!

10) Hat die Geldware selbst einen Preis?

11) Stimmen Preis und Wert einer Ware (immer) überein?

12) Wie sind Produktionsmittel arbeitswerttheoretisch zu fassen?

13) Welche Auswirkungen hat ein Produktivitätswechsel bei der Herstellung der in Relativform stehenden Ware auf seinen Wertausdruck in Geld?

14) Könnte auch Butter als Geldware fungieren?

15) Welche Wirkungen hat eine Erhöhung der Goldproduktivität auf die Warenpreise?

16) Erläutern Sie die folgende Passage aus dem 1. Band des 'Kapital' (MEW 23, S. 69):

    "Wirkliche Wechsel der Wertgröße spiegeln sich ... weder unzweideutig noch erschöpfend wider ... in der Größe des relativen Werts. Der relative Wert einer Ware kann wechseln, obgleich ihr Wert konstant bleibt. Ihr relativer Wert kann konstant bleiben, obgleich ihr Wert wechselt, und endlich brauchen gleichzeitig Wechsel in ihrer Wertgröße und im relativen Ausdruck dieser Wertgröße sich keineswegs zu decken".

17) Bildet die gesellschaftlich notwendige Arbeitszeit eine feste Größe?

3. Erste kritische Würdigung der Arbeitswertlehre

a) Vorbemerkung

Bevor wir mit der Darstellung des Marxschen Lehrgebäudes fortfahren, seien einige kritische Anmerkungen bzw. Einwände, die gegen die Arbeitswertlehre vorgebracht worden sind oder beim Leser selbst aufgekommen sein mögen, kurz erörtert, um potentielle Skepsis nicht zum Hemmschuh einer weiteren Auseinandersetzung mit dem Ansatz gedeihen zu lassen.

Die Diskussion um Angemessenheit, Plausibilität und theoretischen Stellenwert des Arbeitswertansatzes als Grundlage einer Werttheorie ist seit *Böhm-Bawerks* klassischem Angriff auf das Marxschen System[62] bis heute nicht verstummt. Im folgenden sollen nur die wichtigsten Einwände benannt werden, wobei die Kritik auf der Argumentationsebene des ersten Bandes des 'Kapital'[63] angesiedelt bleibt. Es geht - vorerst - lediglich um Fragen der grundsätzlichen Berechtigung des arbeitswerttheoretischen Ansatzes überhaupt, einschließlich seiner methodischen Implikationen und Schwierigkeiten.

b) Der verborgene Wertbegriff

Der erste klassische Angriffspunkt gegen das Marxsche System richtet sich gegen seinen verborgenen Wertbegriff. Wie erläutert, ist der Wert bei *Marx* eine abstrakte, sinnlich nicht faßbare Kategorie. Er wird ausgedrückt in abstrakten Arbeitseinheiten als Resultat theoretischer Denkoperationen, was ihm den Vorwurf unzureichender Realitätsnähe bzw. fehlenden Empiriebezuges eingetragen hat. Manche wollen darin sogar einen - bewußten oder unbewußten - Immunisierungsversuch für das gesamte Lehrgebäude erkennen. Schon *Böhm* monierte, daß Marx es unterlassen hätte, seine Arbeitswerthypothese, die im Prinzip einem empirischen Beweis zugänglich sei, entsprechend zu belegen, wobei er zugesteht, daß bei empirischer Ermittlung der Tauschmotive eine Bestätigung der Arbeitswerthypothese, zumindest als theoretische Möglichkeit, a priori nicht ausgeschlossen werden könne[64].

---

[62] Vgl. *Böhm-Bawerk, Eugen von* [1896], Zum Abschluß des Marxschen Systems, in: Staatswissenschaftliche Arbeiten, Festgaben für K. Knies, hrsg. von O.v. Boenigk, Berlin; u.a. wieder abgedruckt in: Eberle, Fr. (Hrsg.), Aspekte der Marxschen Theorie 1. Zur methodischen Bedeutung des 3. Bandes des 'Kapital', Frankfurt/M. 1973, S. 25-129; sowie die Antwort darauf von *Hilferding, Rudolf* [1904], Böhm-Bawerks Marx-Kritik, ebenfalls wieder abgedruckt in: Eberle (Hrsg.), a.a.O., S. 130-192.

[63] Während Band 1 auf der abstrakten Wertebene argumentiert und überwiegend von der gleichgewichtigen Identifizierung von Preis und Wert ausgeht, "nähern sich ... die Gestaltungen des Kapitals ... [im 3. Band, MB] ... schrittweise der Form, worin sie auf der Oberfläche der Gesellschaft, in der Aktion der verschiedenen Kapitale aufeinander, der Konkurrenz ... auftreten" (MEW 25, S. 33).

[64] So will *Böhm* nicht im vorhinein ausschließen, daß bei der Erforschung der Motive, "welche die Leute einerseits bei dem Vollzuge von Tauschgeschäften und der Feststellung der Tauschpreise, andererseits bei ihrer Mitwirkung an der Produktion leiten, ... u.a. denkbarerweise auch ein Zusammenhang der regelmäßig geforderten ... Preise mit der zur Hervorbringung der Waren ... benötigten Arbeitsmenge sich ergeben könnte." (*Böhm* [1896], S.79 f.)

Marx hat seinen Ansatz der sog. Naturrechtsphilosophie entnommen, einer Lehre, die davon ausgeht, daß der Mensch zur Sicherung seiner Existenz bzw. seines Lebensunterhalts anderer Lebewesen und Pflanzen bedarf, die aus eben diesem Grunde von der Natur gemacht seien. Ihre Inbesitznahme sei 'natürlich' und vollziehe sich mittels arbeitender Tätigkeit. Letztere erweise sich damit als Quelle der natürlichen Lebensgrundlage der Menschen und aller Wertschöpfung. Die Tauschakte, die die Menschen zwecks arbeitsteiliger Versorgung mit Subsistenzmitteln miteinander tätigen, würden sich an den Werten der Waren orientieren. Die Werte werden ihrerseits, wie in den ersten beiden Kapiteln dieses Abschnitts gezeigt, mittels logischer Argumentationsfolge qualitativ wie quantitativ hergeleitet. Hinter den Tauschakten der Produzenten verberge sich ein gemeinsames Drittes, auf das sie ihre Handlungen bzw. ihre jeweiligen Waren(mengen) beziehen, um sie kommensurabel zu machen. Das einzige, was allen Waren im Austausch gemeinsam sei und damit ihren Gradmesser abgebe, sei die Tatsache, daß sie sämtlichst Produkte menschlicher Arbeit sind[65]. Die Waren werden kommensurabel mittels bloßer "Gallerte unterschiedsloser menschlicher Arbeit" (*Marx*). Die Menschen tauschen im Prinzip gleiche Arbeitsquanta. Diese logische Argumentation stellt natürlich noch keinen Beweis dar, sondern nimmt lediglich den Rang einer Hypothese ein, die allerdings zum grundlegenden Axiom des gesamten Marxschen Lehrgebäudes avanciert. Axiome sind 'letzte' Annahmen, die weder als denknotwendig hergeleitet noch begründet zu werden brauchen bzw. auf deren Begründung es nicht ankommt. Theoretiker können sie nach Belieben setzen. Erlaubt ist, was kognitiven Erfolg verspricht, und nur daran wird ihre Sinnhaftigkeit - a posteriori - gemessen und beurteilt. Da der Arbeitswerthypothese ein gewisses Maß an Plausibilität nicht abzusprechen ist, erscheint ihre Einführung durchaus gerechtfertigt. Mehr bedarf es dazu nicht. Ihr kognitiver Wert wird sich erst im nachhinein, nämlich an ihrem Erfolg zu erweisen haben.

Was den Vorwurf der mangelnden Realitätsnähe der Arbeitswerthypothese anbetrifft, gibt *Marx* die treffende Antwort selbst: Indem die Menschen "ihre verschiedenartigen Produkte im Austausch als Werte gleichsetzen, setzen sie ihre verschiedenen Arbeiten einander als menschliche Arbeit gleich. *Sie wissen das nicht, aber sie tun es.*"[66] Mit dem letzten Satz macht er klar, daß es ihm keineswegs um die empirische Bestätigung der Arbeitswerthypothese geht - zu Recht, denn dies ist für ihre Funktion als Baustein der Theorie nicht unbedingt erforderlich. Ob sich die Leute ihrer Tauschmotive, seien sie moralischer, ethischer, ökonomischer oder sonstiger Art, überhaupt bewußt sind oder nicht, darauf kommt es nicht an. Motive kann man nicht unmittelbar sehen oder gar beweisen, gleichwohl liegen sie al-

[65] *Böhm-Bawerk* hat diese Vorgehensweise von *Marx* als Kunstgriff abgestempelt, da bei der (vermeintlichen) Suche nach dem gemeinsamen Dritten nur das in den Korb hineingetan worden sei, was später auch herauskommen sollte. Sein Ergebnis vermag daher nur demjenigen folgerichtig erscheinen, der ihm solch' unlauteres Manöver nicht ankreidet. Lt. *Böhm* ließe sich auf diese Weise jedes beliebige 'Gesetz' konstruieren bzw. verifizieren, z.B. "daß sich die Güter nach dem Maßstabe ihres *spezifischen* Gewichts vertauschen." (Vgl. *Böhm* [1896], in: Eberle (Hrsg.), S. 51 f.)

[66] MEW 23, S. 52 u. 88 (Hervorh. MB).

lem ökonomischen Handeln zugrunde. Auch Annahmen oder Konstrukte, die einer empirischen Überprüfung nicht zugänglich sind, können sich in kognitiv-heuristischer Hinsicht gleichwohl als fruchtbar erweisen. So können sie z.B. dazu verhelfen, komplizierte Zusammenhänge anschaulicher zu machen. Oder sie dienen als Referenzmodelle mit dem Ziel, der realitätsbezogenen Hypothesenbildung auf den Weg zu verhelfen. Beim Marxschen Wertbegriff bzw. seinem zentralen Wertgesetz handelt es sich um ein *idealtypisches* Konstrukt, dessen fehlende empirische Belegbarkeit demnach keinen Mangel, sondern kennzeichnendes Merkmal darstellt.

So argumentiert auch *Sombart*, wenn er mit Blick auf die Marxsche Arbeitswertkonstruktion ausführt, daß der "gescheuchte Wert ... nur eine Zufluchtsstätte: das Denken des ökonomischen Theoretikers" habe und "der Wertbegriff ein Hilfsmittel unseres Denkens ist, dessen wir uns bedienen, um die Phänomene des Wirtschaftslebens uns verständlich zu machen."[67] *Böhm* hat diese Passage allerdings mißverstanden, wenn er glaubt, daß *Sombart* damit *Marx* unterstellen würde, daß er mit seinem Wert(gesetz) lediglich eine "gedankliche und nicht eine tatsächliche Geltung hätte vindizieren wollen."[68] Zwar spreche nichts dagegen, "für bestimmte wissenschaftliche Zwecke von allerlei Verschiedenheiten zu abstrahieren", dies dürfe allerdings "nicht jede beliebige Abstraktion" rechtfertigen, sondern nur solche, die "*wirklich, tatsächlich* irrelevant sind." Es sei evident, "daß in der Wissenschaft auch die 'Gedanken' und die 'Logik' sich nicht ganz ungebunden von den Tatsachen entfernen dürfen."[69]

Dem ist grundsätzlich zuzustimmen. Allerdings hat schon *Max Weber* betont, daß die Entscheidung darüber, ob es sich bei idealtypischen Konstrukten um wissenschaftlich fruchtbare Begriffsbildungen handelt oder nicht, niemals im vorhinein getroffen werden kann, sondern immer nur nachträglich, wenn der tatsächliche kognitive Gehalt für die Erklärung der Wirklichkeit feststeht. Er wird anhand des Beitrags beurteilt, den der Idealtypus zur Erkenntnis der Zusammenhänge, ursächlichen Bedingtheit und Bedeutung konkreter Phänomene der Realität zu liefern in der Lage ist[70]. Auch wenn *Böhm* den Marxschen (Arbeits-)Wertbegriff als eine 'irrelevante Kategorie des Denkens' abtut, mag sich sein kognitiver Gehalt über die daraus abgeleiteten, realitätsbezogenen Hypothesen und/oder Theoreme rückblickend als durchaus ergiebig herausstellen.

[67] *Sombart, Werner* [1894], Zur Kritik des ökonomischen Systems von Karl Marx, in: Archiv für soziale Gesetzgebung und Statistik, Bd. VII, Heft 4, S. 574.

[68] Vgl. *Böhm* [1896], S. 116.

[69] Vgl. ebenda, S. 117 ff.

[70] Vgl. *Weber, Max* [1904], Die 'Objektivität' sozialwissenschaftlicher und sozialpolitischer Erkenntnis, in: Archiv für Sozialwissenschaft und Sozialpolitik, Band 19, hier zitiert nach dem Wiederabdruck in: Max Weber, Gesammelte Aufsätze zur Wissenschaftslehre, hrsg. von J. Winckelmann, 3. Aufl., Tübingen 1968, S. 146-214, dort S. 193. Siehe dazu auch die Diskussion um die Berechtigung idealtypischer Vereinfachungen in bezug auf Marxens Gleichsetzung von Wert und Preis weiter unten S. 135 ff.

Auf Basis idealtypischer Modelle und nicht unmittelbar der Beobachtung entnommener Hypothesen Aussagen abzuleiten, kennzeichnet das methodische Verfahren der *Deduktion*. Demgegenüber schließt die *Induktion* von (beobachteten) Einzelerscheinungen auf eine allgemein gültige Regel oder Gesetzmäßigkeit[71]. Je nach Fragestellung, Forschungsgegenstand und -bereich kommt ein wechselseitiges Vorgehen aus Induktion und Deduktion in Betracht. Würde man die unmittelbare Empiriebezogenheit bzw. Beobachtbarkeit zur unabdingbaren Voraussetzung jeder Theoriebildung erheben und Idealtypen bzw. realitätsferne Modelle als unfruchtbare oder gar methodisch unzulässige Verfahren aus der Wirtschaftswissenschaft verbannen, bliebe von ihr nicht viel übrig[72]. Nicht 'entweder-oder', sondern 'sowohl-als auch' heißt die methodische Regel.

Nun sind die Begriffe von Induktion und Deduktion auf das Marxsche Vorgehen nicht ohne weiteres übertragbar. *Marx* umschreibt seine Forschungsmethode vielmehr durch das Nacheinander zweier auf den ersten Blick davon abweichender Analyse- bzw. Schlußrichtungen: einmal vom Konkreten zum Abstrakten und von dort aus wieder zurück zur Konkretheit[73]. Allerdings sind die abstrakten, aprioristisch erscheinenden Ausgangskategorien seiner Analyse, die Ware und ihr Wert, keineswegs rein fiktiv zustande gekommen, sondern durchaus der Beobachtung der Wirklichkeit selbst, also der Ebene der konkreten Erscheinungen entsprungen. Diese bildet den Ausgangspunkt des Denkens und die entscheidenden Abstraktionsbegriffe sind *vor* dem systematischen Abstraktionsprozeß schon latent im Hinterkopf. Cum grano salis könnte man das methodische Vorgehen von *Marx* folgendermaßen in die Kategorien von Induktion und Deduktion übertragen: Den Anfang der wissenschaftlichen Überlegungen bildet die Induktion. Über die erste Wahrnehmung und Beobachtung der - zunächst unbegriffenen - realen Phänomene und durch gezielte Abstraktion derselben wird zu allgemeinen, einfachen Begriffen und Zusammenhängen fortgeschritten. Nachdem diese gefunden sind, wird mit ihrer Hilfe und auf Basis des deduktiven Weges wieder von den Abstrakta zur Realität zurückgeschritten. Erst auf diesem doppelten Wege vermag man die komplexe Konkretheit zu erfassen und in angemessene Begriffe zu kleiden, im wahrsten Sinne des Wortes zu 'begreifen'. Auch bei *Marx* sind beide Verfahren unverzichtbar und haben ihren methodischen Stellenwert.

---

[71] Die Streitfrage nach dem Primat der beiden Verfahren in den Wirtschafts- und Sozialwissenschaften wurde ausgelöst durch einen Beitrag von *Carl Menger* ('Untersuchungen über die Methode der Socialwissenschaften und der Politischen Ökonomie insbesondere', Leipzig 1883), in dem er die (neoklassische) 'exakte', überwiegend deduktiv vorgehende Methode verteidigte. Kontrahent in dieser klassischen Debatte (sog. 1. Methodenstreit) war *Gustav Schmoller*, der für die historisch-induktive Vorgehensweise plädierte (vgl. ders. [1883], Die Schriften von C. Menger und W. Dilthey zur Methodologie der Staats- und Sozialwissenschaften, in: *Schmoller, G.* (Hrsg.), Jahrbuch für Gesetzgebung, Verwaltung und Volkswirtschaft im Deutschen Reich, 7. Jg., abgedruckt in: *Schmoller, G.* [1888], Zur Literaturgeschichte der Staats- und Sozialwissenschaften, Leipzig, dort insbesondere S. 279-294.

[72] Z.B. sei daran erinnert, daß auch das homo-oeconomicus-Modell, auf dem die Neoklassik u.a. ihr Denkgebäude errichtet, ein fiktives Gebilde ist. Als heuristisches Prinzip bzw. Referenzmodell für die Realität erscheint es gleichwohl durchaus fruchtbar.

[73] Siehe dazu noch einmal das obige Zitat (S. 21) zur Methode aus der Einleitung der *Grundrisse*.

Fassen wir zusammen: Der Einwand, die grundlegende Arbeitswerthypothese sei empirisch nicht fundiert und damit unzureichend, ist nicht stichhaltig. Fehlende Realitätsnähe vermag ein Theoriegebäude allein nicht zum Einsturz zu bringen. Es kann gleichwohl von wissenschaftlichem, vor allem kognitivem Wert sein. Dies muß sich dann auch in fruchtbaren, realitätsbezogenen Erkenntnissen niederschlagen oder festmachen lassen. Insofern trifft die 'A-priori-Kritik' an Marxens verborgenem bzw. abstraktem Wertbegriff als Immunisierungsstrategie ins Leere[74]. Die Einlösung ihres kognitiven Anspruchs steht allerdings noch aus.

c) Äquivalententausch?

Ein anderer Kritikpunkt richtet sich gegen das Äquivalenzprinzip des Tausches, also der Behauptung von *Marx*, die Warenbesitzer würden am Markt gleiche Werte gegeneinander austauschen. Würde dies tatsächlich zutreffen, so kritisierte schon *Böhm*, käme es gar nicht zum Tausch:

> "Wo Gleichheit und genaues Gleichgewicht herrscht, pflegt ja keine Veränderung der bisherigen Ruhelage einzutreten. Wenn daher im Falle des Tauschs die Sache damit endet, daß die Waren ihren Besitzer wechseln, so ist das viel eher ein Zeichen dafür, daß irgendeine Ungleichheit oder ein Übergewicht im Spiel war."[75]

Dieser Einwand läßt allerdings den Unterschied zwischen dem Tauschwert auf der einen und dem Gebrauchswert auf der anderen Seite außer acht bzw. verwechselt beide Aspekte. Wenn lt. *Marx* der Tausch auf gleicher Wertbasis erfolgt, so bedeutet das nicht, daß er sich hinsichtlich des Gebrauchsnutzens für die Kontrahenten auch gleich darstellt. Beide werden vielmehr wechselseitig darin Vorteile sehen, die sich aus den unterschiedlichen Gebrauchswerten der - arbeitswertmäßig gleichen - Waren für sie ergeben. Derjenige, der die Ware hergibt, wird ihn regelmäßig kleiner einschätzen, als derjenige, der die Ware erwirbt. Macht man den Wert an der Nutzenseite fest, so stellt er sich für die Tauschpartner durchaus unterschiedlich dar. Für den Arbeitswerttheoretiker *Marx* ist der Wertbegriff allerdings allein auf die Tauschwertseite der Ware abgestellt und wird am Quantum der verausgabten Arbeitszeit gemessen. Von dieser Seite her besteht für ihn durchaus Gleichheit. Auch dieser Einwand zieht somit nicht.

Davon zu unterscheiden ist *Poppers* Frage nach der *Begründung* für das Wertgesetz. Das Postulat, daß gleiche Arbeitsquanta getauscht werden, sagt ja noch nicht, *warum* das so sein soll oder muß. Vielmehr sei es doch so, daß ...

> "weder der Käufer noch der Verkäufer der Ware auf einen Blick sehen [kann], wie viele Stunden zu ihrer Herstellung nötig sind; und selbst wenn dies möglich wäre, so wäre damit das Wertgesetz noch *nicht erklärt*. Denn es ist klar, daß der Käufer einfach möglichst billig kauft und der Verkäufer möglichst teuer verkauft ... Eine Er-

---

[74] Es entbehrt nicht einer gewissen Ironie, wenn gerade Marxisten die Neoklassik mit dem Hinweis auf die fehlende Realitätsnähe ihrer Modelle und mangelnde Empiriebezogenheit ihrer Ergebnisse anzuprangern versuchen.

[75] *Böhm* [1896], in: Eberle (Hrsg.), S. 81.

klärung des Wertgesetzes müßte also zeigen, warum es unwahrscheinlich ist, daß der Käufer billiger kaufen und der Verkäufer teurer verkaufen wird, als dem 'Wert' einer Ware entspricht."[76]

Marx wäre solchen Einwänden vermutlich mit dem Hinweis begegnet, daß es die unsichtbare, 'hinter dem Rücken der Produzenten' wirkende Konkurrenz der Anbieter untereinander sei, die ihn dazu bringe bzw. letztlich zwinge, vom Versuch, über dem Wert zu verkaufen, Abstand zu nehmen. Andernfalls würde er nämlich, weitgehende Markttransparenz vorausgesetzt, bald nichts mehr absetzen können. Auf der anderen Seite braucht er aber auch nicht unter Wert zu verkaufen, z.B. wenn er günstiger als der Durchschnitt gearbeitet hat. Den sich hierbei ergebenden individuellen Zeitvorteil kann er voll einstreichen, indem er mehr Wertquanta im Tausch (zurück-)erhält, als er individuell aufgewendet hat bzw. eine gegebene Wertsumme mit weniger als der gesellschaftlich durchschnittlichen Arbeitszeit ertauschen kann (s. dazu noch einmal oben S. 28 f.). Das Ganze lediglich als den Versuch der Kontrahenten hinzustellen, sich gegenseitig 'übers Ohr' hauen und für sich jeweils den größten Vorteil herausholen zu wollen, reicht für die Erklärung der Preise nicht hin. Die Marxsche These, daß sich die täglichen Marktpreisschwankungen bzw. die Tauschpartner - bewußt oder unbewußt - an einem Oszillationszentrum orientieren, erscheint keineswegs unplausibel.

d) Die Quantifizierbarkeit des 'objektiven' Arbeitswertes

Weitere kritische Fragen zielen auf die mangelnde Quantifizierbarkeit des Arbeitswertes sowie darauf, welche Rolle die Faktoren Seltenheit und Knappheit spielen. Sie tauchen in der Marxschen Werterklärung explizit überhaupt nicht auf.

In bezug auf den ersten Punkt ist zunächst einzuräumen, daß sich die Einzelwerte der Waren aus verschiedenen Gründen nicht 'auf die Sekunde genau' quantifizieren lassen. So ist das gesellschaftliche Durchschnittsmaß an Geschick und Intensität der Arbeit ebensowenig exakt bestimmbar wie die durchschnittlichen Produktionsbedingungen. Sie werden nicht von außen vorgegeben, sondern setzen sich über den Konkurrenzmechanismus hinter dem Rücken der Agierenden und unabhängig von ihrem Willen und der Möglichkeit, sie zu beeinflussen, durch. Diese Größen ändern sich beständig. Erschwerend für ihre Ermittlung kommt hinzu, daß sich die in den Produktionsmitteln steckenden vorgetanen Arbeitszeiten, die anteilig dem Wert der Endprodukte zuzuschlagen sind, nur theoretisch auf Basis der Formel für die unendliche Reihe berechnen lassen. Praktisch ist ihre Berechnung wegen der unterschiedlichen Beteiligung von 'lebendiger' und 'toter' Arbeit von Stufe zu Stufe sowie wegen der faktisch nicht möglichen Rückverfolgung des Entstehungsprozesses der Einzelwaren nicht durchführbar. Solche Probleme sind aber von untergeordneter Bedeutung, da die Marxsche Arbeitswertlehre an einer Einzelwert- oder gar -preisermittlung der Waren nicht interessiert ist. Zu Recht

[76] *Popper, Karl* [1980], Die offene Gesellschaft und ihre Feinde, Bd. 2, Hegel, Marx und die Folgen, 6. Aufl., München, S. 213.

begnügte sich Marx damit, das hinter den Aktionen stehende 'blind wirkende Durchschnittsgesetz' ausfindig zu machen und mit seiner Hilfe Erkenntnisse über den Austauschprozeß und die Wert- bzw. Preisbildung zu gewinnen. Auf eine exakte Einzelwertberechnung kommt es ihm insofern nicht an. Ein entsprechender Einwand vermag den Arbeitswertansatz nicht ins Herz zu treffen bzw. verkennt die Möglichkeiten der Theoriebildung.

Was die Berücksichtigung von Seltenheit und Knappheit der Güter betrifft, scheint der Arbeitswertansatz tatsächlich zu versagen. Das sog. Wertparadoxon, nach dem wertvolle und lebensnotwendige Dinge wie Luft oder Wasser einen geringen oder selbst gar keinen Preis haben und umgekehrt relativ wertlose oder zumindest lebensentbehrliche Sachen wie Kunstwerke, seltene Diamanten usw., die allgemein knapp sind, exorbitant hohe Preise erzielen (können), scheint in diametralem Gegensatz zu ihm zu stehen. Bei näherer Betrachtung zeigt sich allerdings, daß dabei von einem anderen Wertbegriff ausgegangen wird, der Marxens Ansatz überhaupt nicht berührt und das Argument insofern nicht zieht. Wenn sich Dinge wie Luft einfach konsumieren lassen, ohne etwas 'zu tun', handelt es sich aus dem Blickwinkel der Arbeitswertlehre nicht um eine Ware. Ihre Definition erfordert, daß menschliche Arbeit eingeflossen sein muß. Luft hat danach gar keinen Wert und ihr Preis von Null widerspricht der Lehre nicht, im Gegenteil: Wasser, das nur einen verhältnismäßig geringen Preis hat, ist arbeitstechnisch relativ einfach 'herzustellen' bzw. zu fördern, woraus sich sein geringer Wert bzw. Preis erklärt. Anders liegt der Fall beim Verdurstenden in der Wüste, aber hier würde die individuelle Versorgung mit dem Gut eben auch ein relativ hohes Maß an Arbeitsaufwand (Transportzeiten usw.) erforderlich machen, was den Wert solcher 'Sondergüter' in die Höhe triebe[77]. Die Kongruenz zwischen Preis und Wert bleibt so tendenziell erhalten.

Analog ist hinsichtlich des Seltenheitsaspektes zu argumentieren. Handelt es sich nicht um ein sog. freies Gut wie Luft oder Wasser am Strand, so verursacht es Anstrengung und Aufwand, dasselbe herzustellen. Seltene Güter sind in aller Regel schwerer, d.h. mit höherem Arbeitsaufwand zu fertigen als Massengüter. Wenn sich Gold eben arbeits- bzw. kostenaufwendiger schürfen läßt als etwa Kupfer oder Zinn, so gilt es als seltener und hat einen höheren Preis bzw. Wert. Insofern befindet sich der Arbeitswertansatz durchaus in Übereinstimmung mit bzw. in Abhängigkeit von der Seltenheit. Einzig solche Güter, deren Arbeitswerte zu ihrem Preis in keiner Relation stehen, wie etwa bei nicht repoduzierbaren Kunstwerken, Antiquitäten, lange gelagerten Weinen oder seltenen Diamanten, sind nur schwer mit dieser Lehre zu erfassen[78]; aber im Grunde benötigt man für

[77] Die neoklassische Theorie mit ihrem Marginalansatz hat hier eine befriedigendere Antwort parat: Der Preis eines Gutes orientiert sich nach dieser Lehre grundsätzlich an dem Nutzen (marxistisch also dem Gebrauchswert einer Ware), insbesondere an dem *Grenznutzen*, also dem Nutzen*zuwachs*, den eine weitere - theoretisch unendlich kleine - Einheit davon stiftet. Und der ist für den Verdurstenden in der Wüste eben ungleich größer als für den Normalsterblichen.

[78] Wiederum vermag die Grenznutzentheorie diesen Fall plausibler zu erklären: Der Grenznutzen eines Original-Rembrandts mag für jemanden nicht mehr in der Betrachtung des Bildes, sondern

solche 'exotischen' Dinge auch keine - mit den für reproduzierbare Waren vergleichbare konsistente - Werterklärung. Schon *Ricardo* hat sie aus seiner Betrachtung mit der Bemerkung ausgeschlossen, sie würden nur einen verschwindenden Teil der volkswirtschaftlich relevanten Waren ausmachen, die täglich auf dem Markte ausgetauscht werden, so daß es hinreiche, die Analyse auf Güter zu beschränken, "deren Menge durch menschliche Arbeitsleistungen beliebig vermehrt werden kann."[79] Dieser Antwort ist auch heute nichts hinzuzufügen.

e) Der Arbeitswert in Abhängigkeit von der Produktmenge

Schließlich setzt die Kritik noch an einem Punkt an, den Marx vollends übersehen zu haben scheint, nämlich an der Tatsache, daß der Umfang der Produktionsmenge selbst nicht ohne Einfluß auf den Wert der Waren bleibt. Je nach geplanter Stückzahl werden unterschiedliche Auslastungsgrade der Kapazität oder alternierende Produktionsverfahren zum Zuge kommen, was sich auf die Wertgröße der Waren insofern auswirkt, als dadurch die Herstellungszeiten je Stück variieren. *Marx* geht, das Modell der einfachen warenproduzierenden Gesellschaft vor Augen habend, offenbar stillschweigend von konstanten Stückkosten der Produktion aus, unabhängig davon, wieviele Produkte insgesamt erstellt werden, eine Annahme, die der kapitalistischen Realität nicht gerecht wird.

Die Betrachtung solcher produktions- bzw. kostentheoretischen Überlegungen hat seinerzeit mit der neoklassischen (Mikro-)Theorie ihren systematischen Einzug in die Fachdisziplin gefunden, einer Lehre, die sich überwiegend in der Zeit zu etablieren begann, als *Marx* seine Arbeiten am 'Kapital' im wesentlichen abgeschlossen hatte[80]. Um die Zusammenhänge besser verstehen zu können, erscheint ein kurzer Exkurs in die Begriffs- und Vorstellungswelt der neoklassischen Theo-

---

im Kalkül eines (Zusatz-)Gewinns und damit (Zusatz-)Nutzens der in entsprechender Größenordnung liegenden Geldanlage bedeuten, so daß er zur Zahlung selbst schwindelerregender Preise bereit ist. Aus seiner Sicht mag das Geschäft durchaus lohnend erscheinen. Daß man dabei auch reinfallen kann, ist evident, gilt im Grunde aber für jeden Kauf bzw. Tauschakt.

[79] Vgl. *Ricardo, David* [1972], Grundsätze der Politischen Ökonomie und der Besteuerung, neu hrsg. von F. Neumark, Frankfurt/M., S. 35 f. Es heißt dort u.a.: "Es gibt einige Güter, deren Wert ausschließlich durch ihre Knappheit bestimmt wird. Keine Arbeit kann die Quantität solcher Güter vermehren, und dadurch kann ihr Wert nicht durch eine vermehrte Zufuhr herabgesetzt werden. Einige auserlesene Bildsäulen und Gemälde, seltene Bücher und Münzen ... gehören zu dieser Gattung. Ihr Wert ist von der ursprünglich zu ihrer Erzeugung erforderlichen Arbeitsmenge völlig unabhängig und wechselt mit der Veränderlichkeit des Wohlstandes und der Neigungen derjenigen, welche sie zu besitzen begehren." (Ebd.)

[80] Dabei ist zu bemerken, daß die grundlegenden Beiträge von *Menger*, *Walras* und *Jevons* bereits in den Jahren 1971-1974 (also rd. 10 Jahre vor Marxens Tod und lange vor dem Erscheinen der Bände 2 und 3 des 'Kapital') publiziert worden sind. Wenn *Marx* auf die psychologisch argumentierende Grenznutzenschule gleichwohl keinerlei Reaktion zeigte, wird dies von manchen marxistischen Epigonen (vgl. z.B. *Walter, E.J.* [1930], Der Kapitalismus. Einführung in die marxistische Wirtschaftstheorie, Zürich) mit dem Hinweis zu rechtfertigen versucht, daß "damit die Bewegungsgesetze der Wirtschaft doch nicht verständlich gemacht werden könn[t]en" (ebd., S. 174). Ob *Marx* sie überhaupt zur Kenntnis genommen hat bzw. nehmen wollte, sei dahingestellt.

rie angebracht[81]. Dabei sei angemerkt, daß ein Vergleich der neoklassischen Mikrotheorie mit der Marxschen Wertlehre nur bedingt möglich bzw. sinnvoll erscheint, da erstere den Wertbegriff im Sinne der Arbeitswertlehre gar nicht kennt. Aus neoklassischer Perspektive sind es die drei gleichberechtigten Produktionsfaktoren Arbeit, Boden und Kapital, die an der Wertschöpfung gemeinsam beteiligt sind. Gleichwohl lassen sich viele ihrer Überlegungen zur Produktions- und Kostentheorie in eine Kalkulation übertragen, wie sie auf Marxscher Arbeitszeitbasis angestellt werden müßte.

Die *Produktionsfunktion* ist eine technische Relation zwischen Faktoreinsatz und Produktionsergebnis. Die Kosten sind abhängig von den Einsatzmengen an Produktionsfaktoren und deren Preisen. Nimmt man die Preise als gegeben und - mit *Marx* - ihren Werten entsprechend an, so sind verschiedene Kostenverläufe für steigende Produktionsmengen möglich. Die *totalen Kosten* können proportional, unter- oder überproportional zur Ausstoßmenge steigen. Unterstellt man die Existenz *fixer Kosten*, wie etwa Kosten für Gebäude, Maschinenpark[82] o.ä., so beginnt die Kostenfunktion oberhalb des Ursprungs. Selbst bei einer Ausstoßmenge von Null fallen solche Kosten an. Sie sind *mengenunabgängig*. Mengenabhängig sind dagegen die sog. *variablen Kosten*. Sie bestimmen die Höhe der sog. *Grenzkosten*, das sind die Zusatzkosten bei Erhöhung der Produktionsmenge um eine - theoretisch unendlich - kleine Einheit[83]. Ein proportionaler (Gesamt-)Kostenanstieg bedeutet konstante Grenzkosten, während bei überproportional wachsenden (Gesamt-)Kosten die Grenzkosten steigend verlaufen und vice versa. Die folgende Abbildung verdeutlicht die Zusammenhänge:

[81] Vgl. hierzu im einzelnen *Burchardt, Michael* [1986], Mikrotheorie. Eine Einführung mit einem Kompendium mikrotheoretischer Fachbegriffe, Köln, S. 181 ff.

[82] Natürlich ist letztlich alles eine Frage der Periodenlänge. Bei - theoretisch - unendlicher Periodenbetrachtung sind *alle* Kosten variabel.

[83] Von den Grenzkosten zu unterscheiden sind die *Durchschnitts- oder Stückkosten*. Sie sind definiert als (totale) Kosten, dividiert durch die produzierte Stückzahl. Die Durchschnittskosten enthalten sowohl fixe als auch variable Kostenanteile, so daß sie zusätzlich in *durchschnittliche Fixkosten* und *durchschnittliche variable Kosten* zerlegbar sind.

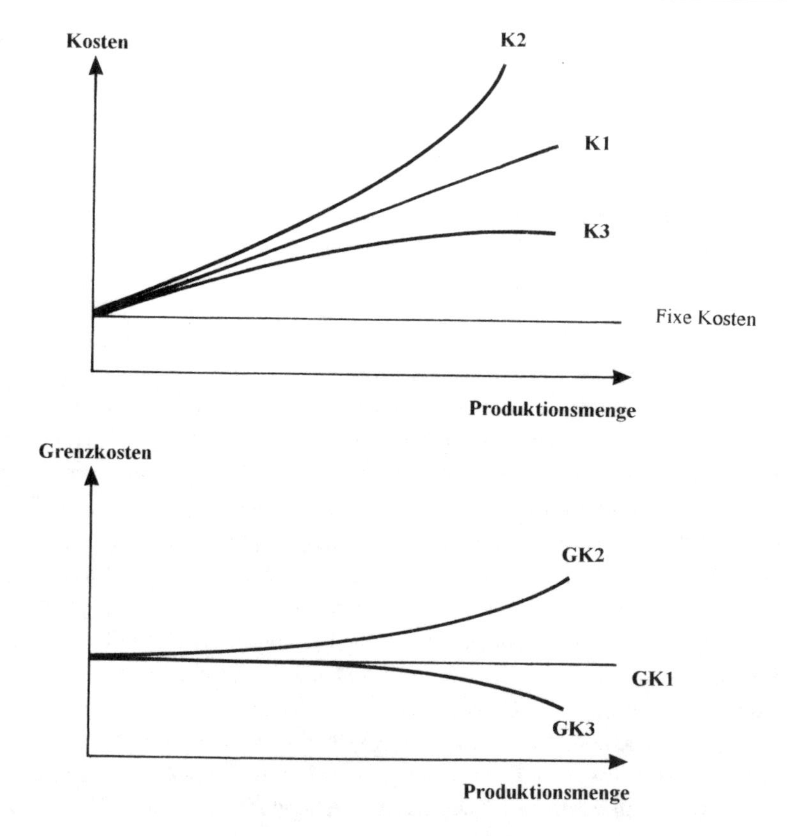

Symbole: GK = dTK / dq; Grenzkosten sind gleich der Veränderung [Symbol: d] der totalen oder Gesamtkosten, dividiert durch die marginale Veränderung der Ausstoßmenge.

In der Realität dürften vor allem kombinierte Verläufe aus proportional, über- und/oder unterproportional steigenden Kosten die Regel sein. Die Neoklassik unterstellt als typische Kostenfunktion den sog. *ertragsgesetzlichen* Verlauf: Die Kosten steigen zunächst unter- und ab einem bestimmten Punkt überproportional an[84]. Der ab dem Wendepunkt der Gesamtkostenkurve steigende Ast der Grenz-

[84] Sie wird aus dem sog. *Ertragsgesetz* abgeleitet. Dieses schon zu Marx' Zeiten bekannte, aber erst von einem der neoklassischen Begründer, *W. St. Jevons*, Anfang der 70er Jahre (des vorigen Jahrhunderts) für die Wirtschaftstheorie entdeckte Theorem besagt folgendes: Erhöht man - Substitutionalität der Einsatzfaktoren vorausgesetzt - einen Inputfaktor kontinuierlich und hält den/die übrigen konstant, so steigt der (physische) Ertrag zunächst überproportional, ab einem bestimmten Punkt nur noch unterproportional an. Unter Umständen nimmt er schließlich sogar ab. Anfangs ist der variierte Faktor in Relation zum konstant gehaltenen in zu geringer Menge vorhanden, so daß seine Erhöhung steigende Ertragszuwächse hervorbringt. Bei einer bestimmten Kombination wird das Einsatzverhältnis optimal und danach ist der variable Faktor in zunehmend überschüssiger Menge vorhanden, so daß die Grenzerträge (= Ertragszuwächse) sinken. Übersetzt man diese Verhältnisse in eine Kostenhypothese, ergibt sich ein spiegelverkehrtes Bild: Den zunächst steigenden Ertragszuwächsen je Inputeinheit entsprechen - bei gegebenen Preisen der Produktionsfaktoren - abnehmende Kostenzuwächse bzw. Grenzkosten je Outputein-

kostenkurve resultiert aus den abnehmenden Ertragszuwächsen der Faktorvermehrung[85]. Die Grenzkosten der kapitalistischen Produktion steigen somit ab einer bestimmten Produktionsmenge immer an.

Die Marxsche Wertlehre zeigt sich von solchen Überlegungen völlig unbeeindruckt. Sie unterstellt ein den durchschnittlichen Produktionsbedingungen entsprechendes Stückkostenniveau, ausgedrückt durch ein bestimmtes Quantum an Arbeitszeiteinheiten, und betrachtet dies für alle denkbaren Outputmengen als unverändert. Mit anderen Worten: Es wird davon ausgegangen, daß eine Ware in gegebener Qualität (einschließlich des konstanten Kapitalanteils) im gesellschaftlichen Durchschnitt von z.B. 3 Std. gefertigt wird, gleichgültig, ob davon 10 oder 1000 Stück produziert werden. Setzt man jedoch voraus, daß die Werte von der jeweils produzierten Menge abhängig sind, so kann man den Wert der einzelnen Waren nicht ohne die Kenntnis der erwarteten oder geplanten Absatzmenge bestimmen. Insofern erscheint der Einwand gegen Marxens Vorgehen berechtigt. Zumindest engt er den Gültigkeitsbereich seines Ansatzes auf den - wenig realistischen - Sonderfall konstanter Grenz- bzw. Stückkosten ein.

f) Zwischenfazit

Soweit unsere erste kritische Würdigung der Arbeitswertlehre, deren Ziel es war, einige Bedenken und Einwände grundsätzlicher Art gegen diesen Ansatz etwas näher zu betrachten bzw. auf ihre Berechtigung hin zu überprüfen. Das Ergebnis bleibt ambivalent: Konnte der eine Einwand entkräftet werden, scheint ein anderer nicht von der Hand zu weisen. Für eine abschließende Würdigung der Marxschen Theorie ist es an dieser Stelle allerdings noch zu früh. Hierfür sind erst weitere Bausteine des Lehrgebäudes zusammenzutragen, womit wir im folgenden fortfahren wollen.

---

heit und umgekehrt. D.h. die Kostenkurve steigt zunächst unterproportional, dann überproportional.
Von der Möglichkeit, daß bei kontinuierlicher Ausdehnung der Produktion auch Schwierigkeiten bei der zusätzlichen Aquirierung von qualitativ hinreichend tauglichen Produktionsfaktoren auftreten könnten bzw. werden, die einen Anstieg der Faktorpreise bewirken, sei hier ganz abgesehen. *Marx* wäre solchen Bedenken sicherlich mit dem Verweis entgegengetreten, daß die Möglichkeit der Diskrepanz zwischen - täglich schwankenden - Marktpreisen und dem Wert der Waren, so auch bei denjenigen der Produktionsmittel oder der Arbeitskraft, ja keineswegs geleugnet würde, sondern in der Preisform selbst begründet läge.

[85] Dabei unterstellt die Neoklassik durchgängig auch eine preisliche Reaktion des Systems: Der wegen der Annahme der Vollbeschäftigungstendenz des marktwirtschaftlichen Systems unterstellte ausgeglichene Arbeitsmarkt hat zur Folge, daß die vermehrte Faktornachfrage nur durch ein Überbieten der Konkurrenz, also durch steigende Faktorpreise zu erreichen ist. Mit anderen Worten: Zunehmender Faktoreinsatz ist der doppelten Schere abnehmender (Output-)Grenzerträge und steigender (Input-)Faktorpreise ausgesetzt.

4. Der Fetischcharakter der Ware und des Geldes

Bei der qualitativen Wertanalyse wurde betont, daß Marxens Wertbegriff nicht isoliert zu sehen ist, sondern als 'gesellschaftliche' Kategorie gedacht werden muß. Dies findet seinen Ausdruck u.a. darin, daß der Wert der Ware sich erst im Austauschprozeß herausbildet und immer nur relativ, d.h. mit Bezug auf eine andere Ware, darstellbar ist. Die Annahme eines absoluten Wertes, der durch die Menge der in die Ware eingeflossenen Arbeitszeit bestimmt ist, dient lediglich als theoretisch-heuristische Hilfskonstruktion.

Der gesellschaftliche Aspekt der Wertbeziehungen geht auf der Erscheinungsebene allerdings meist verloren. Hier treten die Tauschbeziehungen der Warenproduzenten oftmals verkehrt bzw. mystifiziert zutage, indem die persönlichen Verhältnisse als Beziehungen zwischen Dingen interpretiert werden. *Marx* spricht vom Fetischcharakter der Ware (s. MEW 23, S. 85 ff.). Die verausgabte abstrakt-menschliche Arbeit, die sich in der Warenvielfalt als ihr materialisiertes Ergebnis verkörpert, ist stets Teil des gesamtgesellschaftlichen Arbeitskräftepotentials und insofern grundsätzlich gesellschaftlicher Natur. Die arbeitsteilig erstellten Produkte erscheinen zwar als Ergebnisse isolierter, mehr oder weniger unabhängig voneinander geleisteter, sozusagen privater Arbeiten, *als Werte* sind sie jedoch, wie gezeigt, von gesellschaftlicher Qualität und bedingen sich gegenseitig. Dieser Aspekt der Produktion tritt im Tauschakt zutage, unabhängig davon, ob dies den jeweiligen Kontrahenten bewußt ist oder nicht. Dem Marktbeobachter könnte es allerdings so scheinen, als handle es sich um sachliche Beziehungen zwischen Waren und nicht um welche zwischen Personen, den Produzenten nämlich. Die wirklichen Verhältnisse würden in diesem Falle spiegelverkehrt wahrgenommen, als "sachliche Verhältnisse der Personen und gesellschaftliche Verhältnisse der Sachen" (MEW 23, S. 87). Der Blick für den Ursprung des Warenwertes bliebe versperrt. Wert scheint den Waren als natürliche Eigenschaft sozusagen a priori zuzukommen. Als Parallele zum Zauberglauben einfacher Naturvölker, die bestimmte Gegenstände, denen sie übernatürliche Kräfte zuschrieben, anbeteten oder magisch verehrten, bezeichnet *Marx* diesen Mystizismus der Warenwelt als Warenfetisch, der die Fetischisierung des Geldes nach sich ziehe.

Es gilt, die fertigen Formen der Dinge, wie sie der Betrachter vorfindet, in ihrer meist verkehrten, mystifizierten bzw. auf den Kopf gestellten Weise nicht für bare Münze zu nehmen[86], sondern sie mittels analytischer Abstraktionen, Reflexionen und Deduktionen zu durchdringen und zu verstehen. Das Ziel des theoretischen Geistes ist es, die hinter der Oberfläche sich verbergenden Ursachen der Erschei-

[86] Man kann das Gemeinte auch an einem Beispiel aus dem psychoanalytischen Bereich verdeutlichen: Eine Mutter ohrfeigt ihr Kind, vorgeblich, weil es unartig gewesen ist. Die Züchtigungshandlung ist die *Form*, hinter der sich, so ist zu vermuten, andere als die von der Mutter genannten (und vielleicht auch geglaubten) Gründe verbergen. Die (vermeintliche) Unartigkeit löst lediglich die Reaktion der Mutter aus, stellt aber nicht den wahren Grund der Tätlichkeit dar. Dieser mag vielmehr in allgemeinem Verdruß, Frust, Lebensangst, Eheproblemen o.ä. zu suchen sein.

nungen aufzuspüren oder - hegelsch gesprochen - ihr *Wesen* zu ergründen. Wer den Schein der Dinge nicht von ihrem Wesen unterscheidet, wird nach Marxscher Ansicht dieser Aufgabe der kritischen Wissenschaft nicht gerecht werden können.

Dies trifft besonders für den Waren- und Geldfetisch zu: Wer sich vom Schein der Warenwelt blenden läßt, wird zu der verkehrten Auffassung neigen, daß die Proportionen, in welchen die Waren getauscht werden, ihrer Produktnatur unmittelbar entspringen und unabhängig vom Willen und Zutun der Produzenten zustande kommen. Es entsteht der Eindruck, daß die arbeitenden und tauschenden Menschen durch die Produkte kontrolliert und beherrscht werden, anstatt umgekehrt die Bewegung derselben zu kontrollieren. Um den wahren Relationen auf die Spur zu kommen, muß man - so *Marx* - zunächst die Wertsubstanz der Waren entdecken und die Entstehung des Geldes adäquat herleiten (MEW 23, S. 89):

> "Die Bestimmung der Wertgröße durch die Arbeitszeit ist daher ein unter den erscheinenden Bewegungen der relativen Warenwerte verstecktes Geheimnis. Seine Entdeckung hebt den Schein der bloß zufälligen Bestimmung der Wertgrößen der Arbeitsprodukte auf, aber keineswegs ihre sachliche Form."

Aus Marxens dialektisch-materialistischer Sicht der Dinge erscheint dies durchaus folgerichtig. Da es in diesem Buch vorrangig darum geht, seine Position nachzuzeichnen, wollen wir es bei dieser Darstellung belassen. Gleichwohl sei darauf verwiesen, daß immer Raum für verschiedene Theoriebildungen oder Interpretationen gegeben ist, da sich die Zusammenhänge zwischen Form und Inhalt, Wesen und Erscheinung nicht von selbst zu erkennen geben, sondern vom Theoretiker hergestellt bzw. postuliert werden. Insofern kann man die Dinge durchaus auch anders als *Marx* (und seine Epigonen) sehen[87].

5. Funktionen des Geldes

Die Theorie des Geldes ist bei *Marx*, wie die Wertformanalyse gezeigt hat, untrennbar mit der Arbeitswertlehre verbunden. Sie ist notwendigerweise Warentheorie in dem Sinne, daß eine spezifische, als allgemeines Äquivalent akzeptierte Ware als Geld fungiert. Zu Zeiten der Entstehung des Marxschen 'Kapital' hatte diese Rolle das Gold übernommen. Es herrschte *Gold(umlaufs-)währung*: Gold kursierte effektiv in Form von (offiziell) geprägten Münzen oder Barren. Das umlaufende Papiergeld repräsentierte lediglich eine bestimmte verbürgte Goldmenge, verkehrte also an seiner Stelle. Im folgenden soll es darum gehen, die besonderen Funktionen dieser spezifischen Geldware näher zu analysieren.

---

[87] Diese Binsenweisheit teilten die (überwiegend dogmatischen) Marxisten der einstigen Ostblockstaaten übrigens nicht. Sie waren vielmehr, wie man sich durch einen Blick in ein beliebiges Standardwerk dieser Couleur leicht überzeugen kann, grundsätzlich der Auffassung, daß mit der dialektisch-materialistischen Methode die einzig (sic!) richtige Methode des Denkens und Erkennens gefunden sei. Der Niedergang dieser Staaten und ihrer Apologeten hat, wie *K.P. Liessmann* in seinem Buch (*Karl Marx *1818 † 1989*, Wien 1992, S 8) hervorkehrt, nicht nur die Bevölkerung, sondern vor allem auch Marx selbst vom Marxismus befreit. Man kann ihn wieder frei und unvoreingenommen lesen.

a) Maß der Werte

Herrscht Goldwährung, wird der Preis der Waren entweder unmittelbar in Gold- oder mittelbar in Währungseinheiten ausgedrückt. Das Gold bildet das Wertmaß der Waren. Es hat selbst keinen Preis, da dieser ja ebenfalls durch Goldeinheiten, also durch sich selbst wiedergegeben werden müßte. Man könnte höchstens sagen, daß der Preis des Geldes ex definitione gleich Eins ist, d.h. 10 gr. Gold kosten immer 10 gr. Gold bzw. sind dies wert. Diese Feststellung steht nicht im Widerspruch zu der Tatsache, daß die Herstellzeit des Goldes und damit sein ('absoluter') Wert variieren kann. Ein Anstieg der Produktivität bei der Golderzeugung bedeutet z.B., daß weniger Arbeitsaufwand je Goldeinheit gesellschaftlich erforderlich ist, sich der in Arbeitszeiteinheiten ausgedrückte Wert also entsprechend vermindert. Während der relative Wert des Goldes als Geldware in Einheiten von sich selbst, wie gesagt, davon notwendigerweise unberührt bleibt, gilt dies nicht in bezug auf den umgekehrten Wertausdruck, d.h. auf die relativen Werte aller übrigen Waren. Unveränderte Produktivität in den übrigen Branchen vorausgesetzt, bewirkt der Produktivitätsanstieg bei der Golderzeugung eine proportionale Erhöhung der absoluten Preise *aller* Waren. Die - absolut gesehene - Wertverminderung der Geldware offenbart sich darin, daß mehr Geldeinheiten für die 'Nichtgeldwaren' hergegeben werden müssen, ohne daß deren relativen Preise davon betroffen wären. Allgemein formuliert: Die absoluten Preise der Waren verändern sich - ceteris paribus - direkt proportional zur Produktivitätsentwicklung in der Goldindustrie bzw. umgekehrt proportional zur Entwicklung des 'absoluten' Goldwertes.

Es ist leicht einzusehen, daß die Entwicklung der Preise der einzelnen Waren keineswegs proportional und/oder parallel zu verlaufen braucht. Je nach Richtung und Umfang der Produktivitätsentwicklung in der Goldindustrie auf der einen und bei den Nichtgeldwaren auf der anderen Seite können die Beziehungen zwischen Warenwerten, Warenpreisen und Geldwert auf vielfältige Weise variieren. *Marx* faßt die Möglichkeiten folgendermaßen zusammen (MEW 23, S. 114):

> "Die Warenpreise können nur allgemein steigen, bei gleichbleibendem Geldwert, wenn die Warenwerte steigen; bei gleichbleibenden Warenwerten, wenn der Geldwert fällt. ... Waren ..., deren Wert gleichmäßig und gleichzeitig steigt mit dem Geldwert, behalten dieselben Preise. Steigt ihr Wert langsamer oder rascher als der Geldwert, so wird der Fall oder das Steigen ihrer Preise bestimmt durch die Differenz zwischen ihrer Wertbewegung und der des Geldes usw."

Halten wir fest: Wechsel im ('absoluten') Wert der Geldware stehen seiner Wertmaßfunktion grundsätzlich nicht im Wege, zumindest solange sie nicht allzu stark, unstetig oder sprunghaft auftreten.

b) Maßstab der Preise

Neben seiner Rolle als Wertmaß dient das Geld auch als Recheneinheit (*Numéraire*). *Marx* spricht vom 'Maßstab der Preise'. In dieser Funktion wird der Wert der Waren in Währungseinheiten ausgedrückt, d.h. mittels einer offiziellen Goldparität in solche umgerechnet. Sie besagt nicht mehr und nicht weniger, als daß eine Währungseinheit einer identischen Einheit jederzeit genau gleich ist bzw. zwei Einheiten davon genau das Doppelte ausmachen. Die jeweilige Währungseinheit wird in aliquote Untereinheiten geteilt bzw. bestimmt, wieviele Untereinheiten die nächsthöhere Einheit bilden usw. (historische Beispiele: 1 engl. Pfund gleich 20 Shillinge gleich 12 Pence; 1 Mark = 100 Pfennige usw.)

Ursprünglich waren die Währungsnamen mit den Gewichtseinheiten des als Geldware fungierenden Edelmetalls identisch. So repräsentierte das englische Pfund einst ein entsprechendes Gewichtsquantum des Edelmetalls Silber, das zu Zeiten des Bimetallismus neben dem Golde als Geld umlief. Später, nachdem das Gold das Geldmonopol erobert hatte, verkörperte ein Pfund nur noch einen geringeren nominalen Gewichtsanteil. Er belief sich - je nach dem (schwankenden) Wertverhältnis von Gold zu Silber - nur noch auf etwa auf 1/15tel des Ursprungsgewichts. Dies bedeutete den Beginn der Ablösung des Geld- bzw. Währungsnamens vom Gewichtsnamen des repräsentierten Edelmetalls. Währungseinheiten lauteten fortan auf die verschiedensten Bezeichnungen. Am bekanntesten sind Dollar, Mark, Franken, Gulden usw.

c) Geld als Zirkulationsmittel

Das Geld fungiert außerdem als allgemeines Tausch- oder Zirkulationsmittel. Ein Anbieter bzw. Verkäufer einer Ware tauscht sie in aller Regel nicht unmittelbar in Waren seines Bedarfs ein, sondern verkauft sie zunächst gegen Geld, um damit die gewünschten Waren zu erwerben. Der Austauschprozeß einer (einfachen warenproduzierenden) Geldwirtschaft vollzieht sich also in der Form 'Ware-Geld-Ware' (kurz: W - G - W). Er zerfällt in zwei voneinander unabhängige Tauschakte, erstens: W - G, d.h. Verwandlung der (Nichtgeld-)Ware in Geld und zweitens: G - W, Rückverwandlung des Geldes in eine (oder mehrere) Nichtgeldware(n)[88]. Was für den einen Kauf, ist für den anderen Verkauf. Der Verkäufer verwandelt Warenwert in Geld(-wert) und der Käufer umgekehrt Geld in Warenwert. Die einzelnen Tauschakte sind auf diese Weise gesamtgesellschaftlich miteinander verknüpft. Am Ausgangspunkt jeder Verwandlungsreihe steht eine Ware, die für den Käufer Gebrauchswert hat. Den Verkäufer interessiert dagegen allein der Tauschwert. Erst über die Metamorphose seines Warenwerts in die Geldform und anschließender Rückverwandlung in die Warenform gelangt er in den Besitz von Waren, die für ihn Gebrauchswert haben. In dem Augenblick, in dem er sie erwirbt, gelten sie volkswirtschaftlich als konsumiert und aus dem Warenkreislauf verschwunden, unabhängig davon, ob bzw. wie lange sie noch physisch existent bzw. nutzbar sind. Da zum anderen als Folge der laufenden Produktionstätigkeit der Gesellschaft beständig neue Waren auf die Märkte strömen, ergibt sich gesamtgesellschaftlich ein Prozeß, den *Marx* im Gegensatz zur Warenproduktion als

[88] Wenn im folgenden von *Ware* die Rede ist, ist damit, sofern nicht anders vermerkt, immer Nichtgeldware gemeint.

Warenzirkulation oder -kreislauf bezeichnet. Er besteht aus unendlich vielen individuellen Verwandlungreihen in der speziellen Form W - G - W bzw. w_1, w_2, w_3 usw.:

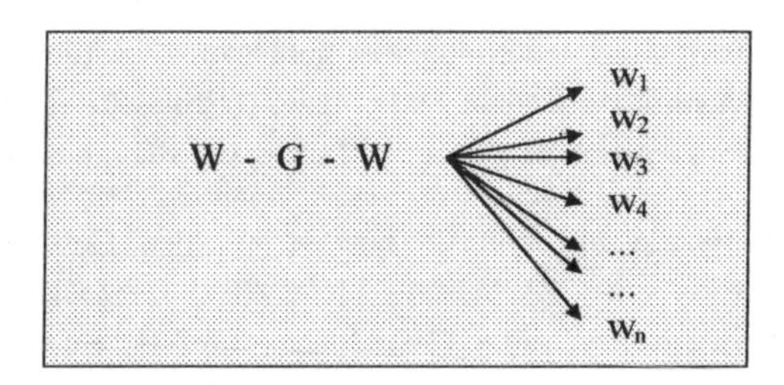

Dem Gelde kommt in diesem Prozeß die Funktion des Schmiermittels zu. Es erleichtert den Austausch der Produkte. Jeder Verkäufer erhält als Gegenwert das allgemeine Tausch- bzw. Zirkulationsmittel, mit dem er dann in beliebiger Menge und Stückelung Waren seines Bedarfs erwerben kann.

Die Verwendung des Kreislaufbegriffs mag in diesem Zusammenhang allerdings problematisch oder irreführend erscheinen, da Ausgangs- und Endpunkt der Bewegung nicht identisch sind. Von der Produktionsseite strömen laufend neue Waren in die Austauschsphäre hinein und fließen durch Käufe bzw. Konsumtion der Verbraucher beständig wieder ab. Es handelt sich eher um einen Durchlauf der Waren in einer bestimmten Richtung: Produkte tauchen auf, werden ausgetauscht und verschwinden. Eine in sich geschlossene Kreisbewegung findet nicht statt.

Das Bild eines Kreislaufes ließe sich gleichwohl auf zweierlei Weise konstruieren: Zum einen läuft dem realen Warenstrom ein monetärer entgegen, aus dem der reale Strom immer wieder neu entspringt. Da Geld auch Ware darstellt, wenngleich, wie erläutert, eine mit besonderen Funktionen, kann man den Kreislauf durchaus als geschlossen betrachten (s. den schattierten Teil der nachfolgenden Darstellung). Zum anderen könnte man ihn sich in einem erweiterten Sinne vorstellen. Faßt man nämlich die Warenkonsumtion als notwendigen Akt der Subsistenzerhaltung der Arbeitskraft auf, so stellt sich der Kauf der Waren nicht als ökonomischer Endpunkt der Bewegung, sondern als bloße Werteverwandlung bzw. -kreislauf dar: Der Warenwert der konsumierten Güter überträgt sich auf die wertbildende Potenz, die Arbeitskraft, und geht mittels ihrer Verausgabung wieder in die Produktion neuer Waren ein. Aus diesem Blickwinkel wäre der Kreislauf geschlossen.

Den Unterschied zwischen beiden Sichtweisen soll das folgende Schema verdeutlichen:

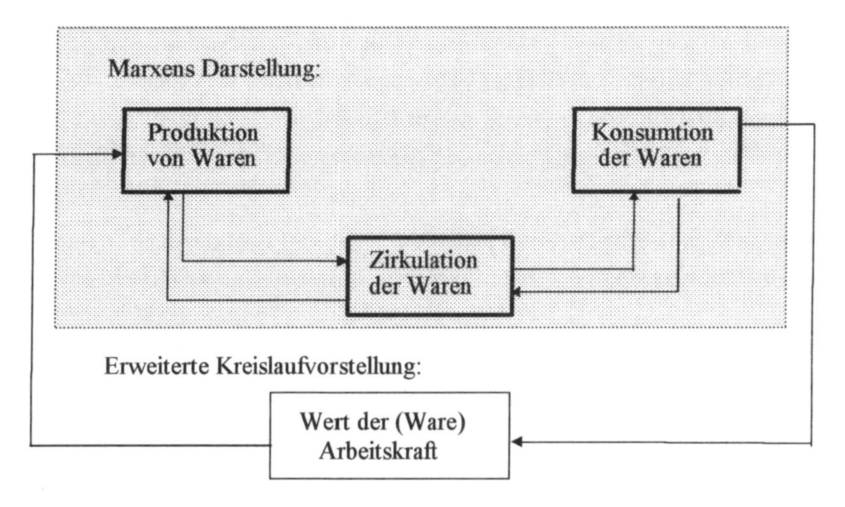

d) Geld als Zahlungsmittel

Von der Zirkulationsmittelfunktion des Geldes grenzt *Marx* die sog. *Zahlungsmittelfunktion* ab. Damit ist die Verwendungsmöglichkeit des Geldes als bloßes Kreditmittel angesprochen, sei es in Form der Stundung eines Warenkaufs (sog. Zielkauf), sei es als reiner Kreditakt, d.h. ohne Bindung an ein bestimmtes Warengeschäft. Während sich beim Zielkauf der Fluß des Geldes als Zirkulationsmittel verzögert bzw. verlängert, bedeutet der zweite Fall eine Verselbständigung der Geldzirkulation, die sich unabhängig vom Warenkreislauf abspielt. Beides beflügelt die Warenzirkulation.

Im *ersten Fall* verändert sich die (einfache) Transaktionsreihe W - G - W in der Weise, daß an die Stelle der unmittelbaren Geldzahlung zunächst nur ein Geldversprechen tritt, das zum Fälligkeitstermin in Geld einzulösen ist. Danach setzt sich die Kette normal fort, d.h. es folgt die Transaktion G - W bzw. w_1, w_2, ...w.

Optisch kann man den Fall wie folgt darstellen:

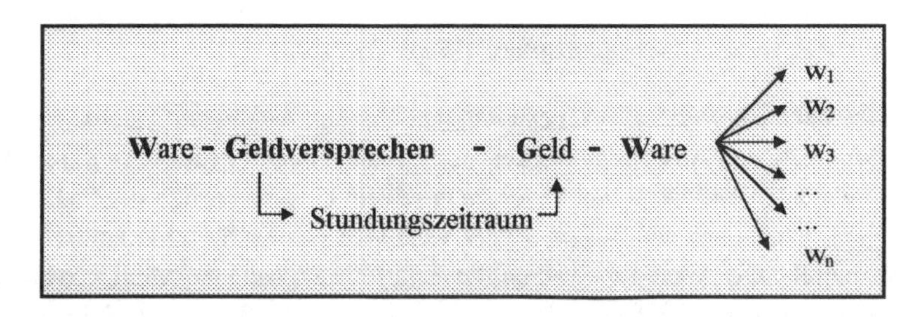

Sobald sich bestimmte Formen von Zahlungsversprechen innerhalb einer Geldwirtschaft verfestigt und allgemeine Anerkennung bzw. rechtliche Absicherung erfahren haben, wie das etwa beim Handelswechsel der Fall ist, werden sie als geldnahe Zahlungsmittel oder Geldsurrogate betrachtet. Die Rückverwandlung des Geldversprechens in Geld und schließlich in Waren kann in diesen Fällen bereits vor der Einlösung des Versprechens erfolgen, indem der Empfänger z.B. des Wechsels diesen weitergeben bzw. verkaufen und so schon vor Fälligkeit zu Geld machen kann.

Der *Kreditfall* stellt sich formal anders dar. Hier wird Geld unmittelbar gegen ein Geld(rückzahlungs)versprechen hingegeben. Eine vorhergehende oder damit im Zusammenhang stehende Warentransaktion braucht nicht vorzuliegen. Die Reihe lautet einfach:

G - Geld(rückzahlungs)versprechen - G'

G' bedeutet dabei, daß am Ende eine größere Geldsumme zurückgezahlt wird, als zuvor hergegeben wurde. Ein Kreditgeber wird das Risiko der Geldverleihung nur dann zu tragen bereit sein, wenn er dafür eine Verzinsung erhält: $G' = G + \Delta G$.

e) Geld als Wertaufbewahrungsmittel

Als letzte wichtige Funktion des Geldes ist noch seine Rolle als Wertaufbewahrungsmittel anzuführen. Die Geldware eignet sich in besonderem Maße dazu, die in ihr repräsentierte Wertsumme über die Zeit zu erhalten. Dies gilt, wie wir bereits wissen, zumindest in gewissen Grenzen, da der Wert des Geldes selbst Schwankungen unterliegen kann und damit ebensowenig dauerhaft ist wie der jeder anderen Ware.

Die Tauschkette W-G-W wird im Falle der Wertaufbewahrungsabsicht nach dem ersten Umwandlungsakt für eine gewisse Zeit unterbrochen. Man spricht vom *Horten.* Als Hauptmotiv für diese auf den ersten Blick wenig rational erscheinende Handlungsweise führt *Marx* die Leidenschaft des Schatzbildners an, der in seiner "maßlosen Natur" versuche, seinen Reichtum in der Geldgestalt festzuhalten. Der Schatzbildner erscheint als Sparsamkeitsapostel oder Geizhals der "dem Geldfetisch seine Fleischeslust opfert" (MEW 23, S. 47).

Die "Schatzreservoirs" aller an einer Volkswirtschaft beteiligten Akteure betrachtet *Marx* als das Absorptionsbecken des zirkulierenden Geldes, das durch Aufstockung oder Auflösung von Reserven in seinem Umfang variiert (vgl. MEW 23, S. 148). Übersteigt der Bedarf an der Geldware (sei es für Zirkulations-, Zahlungsmittel- oder Wertaufbewahrungszwecke) die vorhandene Menge, wird tendenziell versucht, Geldbestände aufzubauen, indem z.B. die Nachfrage nach Nichtgeldwaren eingeschränkt wird. Dadurch verlangsamt sich die Umlaufsgeschwindigkeit des vorhandenen Geldes. Folge der verringerten Nachfrage ist ein allgemeiner Fall der Preise, was uno actu zu einem Anstieg des relativen Wertes der Geldware führt, d.h. die Austauschrelation mit den übrigen Waren ändert sich ihren Gunsten. Dies wiederum wird ein erhöhtes Angebot an Geldware hervorrufen, sei es, daß zusätzliche Geldproduktion stattfindet, sei es, daß die Umlaufsgeschwindigkeit bzw. Ausgabefreudigkeit wegen des gestiegenen relativen Geldwertes wieder zunimmt. Der Prozeß setzt sich so lange fort, bis - theoretisch - Gleichgewicht herrscht: Die Preise der Waren entsprechen ihren Werten und das Geld, dessen Preis ex definitione gleich Eins ist und insofern weder steigen noch fallen kann, sich in genau der Menge im Umlauf befindet, die von den Wirtschaftssubjekten auch nachgefragt, d.h. für die Abwicklung der verschiedenen Geldfunktionen benötigt wird.

6. Von der Goldumlaufswährung zum metallosen Buchgeld

Abschließend seien kurz die historischen Stufen nachgezeichnet, die das Geld von seinen metallistischen Anfängen bis hin zu den metallosen Gegenwartsformen durchlaufen hat. Seine konkrete Ausgestaltung hat sich im Laufe der Zeit den Erfordernissen der immer komplexer und flexibler werdenden Warenzirkulation angepaßt und beständig neue Varianten entwickelt.

Ausgangspunkt bildete das lose, in ungeprägter Form umlaufende Metallgeld. Für einen reibungslosen Geldverkehr mußte die beliebige Teilbarkeit der Metallquanten und die Nachprüfbarkeit ihres Nenngewichtes (mittels einer präzisen Waage) bzw. ihres Edelmetall(fein)gehalts gewährleistet sein. Die Umständlichkeit des Verfahrens sowie die Unzuverlässigkeit solchen *Wägegeldes* verlangten schon bald nach Regelungen, die das Teilen und Wiegen des Geldmetalls entbehrlich machten. So ging man dazu über, das Gold einzuschmelzen und es von offizieller Seite zu Münzen mit garantiertem Gewichts- und Feingehalt ausprägen zu lassen. Dieses System wird allgemein als *Goldumlaufswährung* bezeichnet. Bei den umlaufenden Münzen (z.B. mit dem Aufdruck ‘5 Gramm Gold, 900/1000stel fein’) spricht man vom *Kurantgeld.* Da Münzen von nur geringer Wertigkeit sehr klein hätten ausfallen müssen, griff man auf minderwertige Metalle wie Kupfer und Nickellegierungen zurück und gab unterwertige Stücke (sog. *Scheidemünzen*) aus. Prägung und Ausgabe der Münzen übernahm eine staatliche Stelle. Sie nahm Gold in loser Form entgegen und bezahlte - nach Abzug von Prägekosten - mit baren Münzen.

Die Schwächen der Goldumlaufswährung bestanden vor allem darin, daß jedes Land, Fürsten-, Herzogtum usw. sein eigenes Geld prägte und somit eine Vielzahl verschiedenster Münzen nebeneinander kursierten. Die Umständlichkeit bzw. Kosten des Umtauschs sowie ein gewisses Mißtrauen hinsichtlich des Gewichts- und Feingehalts der Stücke, vor allem wenn es sich um weniger namhafte Hoheitsträger handelte, führte dazu, daß sie oftmals nicht als Zahlungsmittel akzeptiert wurden. Zwar verringerten spezialisierte Geldwechsler die Unübersichtlichkeit der Zahlungsmittelvielfalt und die Risiken des Umtauschs bzw. machten sie kalkulierbar, gleichwohl waren Fälschungen und Beschneidungen der Münzen an der Tagesordnung. Hinzu kam, daß der tägliche Händewechsel der Stücke sie einem natürlichen Verschleiß aussetzte, wodurch das tatsächliche Gewicht im Laufe der Zeit unter das Nenngewicht absank. Nicht zuletzt dürften auch die Prägekosten und - zumindest bei großen Zahlbeträgen - Transport- und Risikoprobleme dazu beigetragen haben, daß das Geldsystem nach flexibleren Formen verlangte.

Die Geldwechsler gingen - ebenso wie andere im Laufe der Zeit entstandene monetäre Institutionen (Vorläufer der Banken) - allmählich dazu über, Münz- oder Barrengold in Verwahrung zu nehmen und darüber sog. Depositenscheine in gewünschter Stückelung auszustellen. Die ausgehändigten Scheine repräsentierten unmittelbar die eingelagerte Geldware. Sie waren Wertzeichen, ohne selbst Wert zu sein, denn ihr Herstellungsaufwand war vernachlässigbar gering. Das System bezeichnet man als *Goldkernwährung*.

Dieses Verfahren erleichterte den allgemeinen Zahlungsverkehr erheblich und fand rasche Verbreitung. Das Hauptproblem bestand allerdings darin, daß es mit der Bekanntheit bzw. der Bonität der Depositen-Emittenten stand und fiel. Das erwies sich vor allem von dem Zeitpunkt an als prekär, als diese zunehmend dazu übergingen, auch Scheine auszustellen bzw. in Umlauf zu bringen, ohne daß sie dafür eine entsprechende Menge Goldes hereingenommen hätten. Aufgrund der Erfahrung, daß die täglichen Einnahmen und Auszahlungen von Gold - über längere Sicht betrachtet - per saldo einen nicht unbeträchtlichen Bodensatz an Edelmetallbeständen beließen, begannen die betreffenden Stellen, auch nicht goldgedeckte Scheine an Kreditsuchende auszugeben, um auf diese Weise zusätzliche (Zins-)Einnahmen zu erzielen. Zur Aufrechterhaltung ihrer Depositeneinlösungsverpflichtung reichte ein Bruchteil der Goldreserven gewöhnlich aus. Die auf Basis solcher 'fiduciary issue' in Umlauf gelangten Schuldscheine (sog. Banknoten) unterschieden sich äußerlich nicht von solchen, die unmittelbar gegen Goldeinlagerung ausgegeben wurden, trugen jedoch einen Unsicherheits- und Risikofaktor in das Geldsystem, was den Ruf nach Vereinheitlichung des Emissionsverfahrens bzw. nach staatlicher Kontrolle des Notenausgaberechts laut werden ließ. Staats- oder Landesbanken mit entsprechendem Notenmonopol wurden ins Leben gerufen. Da deren Banknoten (in aller Regel) nicht auf eine bestimmte Menge eingelagerten Goldes lauteten, sondern auf Währungseinheiten (Mark, Pfund, Dollar o.ä.), bedurfte es der Festlegung des Einlösungsverhältnisses der Währungs- in Goldeinheiten (sog. *Goldparität*). Man spricht vom *Staatspapiergeld mit Zwangskurs*. Um der Gefahr einer unbeschränkten Notenausgabe vorzubeugen, wurde der Prozentsatz der Golddeckung der umlaufenden Noten (meist) gesetzlich vorgegeben.

Auch wenn eine - zumindest mittelbare - Warenbindung des Geldes noch lange Zeit weiter bestand, war mit dem Beginn der Notenausgabe auf kreditärem Wege der erste Schritt der Loslösung des Geldsystems von der Warenbasis getan. Sie wurde nicht zuletzt deshalb erforderlich, weil die Goldproduktion mit dem steigenden Geldbedarf, seinerseits Folge der rasch anwachsenden Warenzirkulation, nicht mehr Schritt hielt. Im Laufe der Zeit wurde der Golddeckungssatz von den meisten zentralen Notenbanken immer weiter gesenkt, bis die Vorschrift schließlich ganz aufgehoben wurde. Gold blieb zwar internationale Währungsreserve, aber die offizielle Einlösungs*pflicht* von Noten in Gold zu einem festgesetzten Kurs entfiel. Das Zeichengeld hatte sich vom Warengeld gelöst und führte ein zunehmend selbständiges Dasein. Dies äußerte sich auch darin, daß es teilweise sogar seine Notenform abstreifte und nur noch durch Buchungsvorgänge (über Zahlungsein- und -ausgänge) bei Banken geschöpft und vernichtet wurde. Es existiert seitdem überwiegend als *Buchgeld*, das sich in Form von bloßen Kontoauszügen präsentiert.

Die Abkoppelung des Geldes von seiner (einstigen) Warenbasis setzte (verstärkt) erst nach Marxens Zeit ein und war rd. 60 Jahre nach der Niederschrift des ersten Bandes des 'Kapital' weitgehend vollzogen. Sie ließ das geldtheoretische Gebäude von *Marx*, das vor dem Hintergrund einer funktionierenden Goldumlaufswährung entwickelt worden ist, im nachhinein ins Wanken geraten. Wie erläutert, ist Geld bei *Marx* als Geld*ware* bestimmt bzw. hergeleitet, d.h. sein Wert ist ebenso wie derjenige der übrigen Waren durch die gesellschaftlich notwendige Arbeitszeit seiner Herstellung determiniert. Sobald Geld nur noch als ein waren- und damit (arbeits-)wertloser Papierschein auftritt, scheint der Warentheorie des Geldes - und darüber hinaus möglicherweise auch der Arbeitswerttheorie selbst - der Boden unter den Füßen entzogen.

Wir wollen uns an dieser Stelle nicht auf eine Grundsatzdiskussion um den kognitiven Gehalt bzw. Aktualitätsgrad der Marxschen Geldtheorie einlassen. Es mag genügen, die beiden gegensätzlichen Positionen in dieser Frage zu skizzieren: Während die orthodox-marxistische Linie die Marxsche Warentheorie des Geldes zu einer modernen Kreditgeldtheorie weiterentwickelt wissen will, gesteht die andere, skeptischere Richtung deren Obsoletheit zwar grundsätzlich zu, sucht aber, wenngleich bislang vergeblich, nach Alternativen auf arbeitswerttheoretischer Basis.

Hoffnungsanker der ersten Position bildet im wesentlichen eine - im Grunde relativ unsystematisch, eher lapidar 'fallen gelassene' - Bemerkung von *Marx* im dritten Band des 'Kapital', daß nämlich im Krisenfall das "Kreditsystems in das Monetarsystem" (MEW 25, S 552) umschlagen würde. Die von der Geldware losgelösten Zeichen- und Buchgeldformen werden lediglich als höhere Stufen einer allgemeinen Verselbständigung der Geldform interpretiert. Sie blieben an ihre monetäre Basis gebunden und würden letztlich immer zu ihr zurückfinden. Auch wenn es zu Marxens Zeit klar war, worin die Basis bestand, nämlich in der Geldware Gold, läßt sich dies für spätere Zeiten nicht mehr so eindeutig ausmachen. Die Befürworter dieses Ansatzes vertreten gleichwohl die Auffassung, daß dem Gold diese Basisfunktion weiterhin zukomme, auch wenn sie einräumen (müssen), daß eine offizielle, paritätisch fixierte Bindung des Goldes an das Zeichen- und Buchgeld nicht mehr besteht. Im Krisenfall, wenn sich die Kreditgeldformen als unsicher und nicht wertstabil erweisen, würden die Akteure, so wird argumentiert, wie eh und je auf das Gold als international anerkanntes, relativ wertstabiles Reservemittel zurückgreifen[89].

Zwischen der Rolle des Goldes zu Goldwährungszeiten und derjenigen seit Ausgabe ungedeckten Papiergeldes besteht allerdings ein wichtiger Unterschied, den die Vertreter dieses Rettungsversuches der Marxschen Warentheorie des Geldes gerne übersehen: Gold ist im Falle des vollends ungedeckten Geldumlaufes nicht mehr Geldware bzw. allgemeines Äquivalent, in dem alle Waren ihren Wert ausdrücken. Es hat sich vielmehr wieder in die Menge der gewöhnlichen Waren eingereiht, wenngleich - zusammen mit anderen wertbeständigen Gütern wie Immobilien, Antiquitäten, berühmten Gemälden usw. - in ganz vorderer Position. Seine einstige Funktion als (allgemeines) Maß der Werte hat es verloren. Gold weist seither selbst einen von Eins verschiedenen Preis auf, der sich einer arbeitswerttheoretischen Fundierung weitgehend entzieht und eher aus zufälligen oder spekulativen Aspekten heraus zu erklären ist[90].

Wenn wir im folgenden mit der Analyse fortfahren, müssen wir uns immer vor Augen halten, daß die Konsistenz der Wert- und Geldtheorie von *Marx* solange gesichert ist, als Geld als Ware umläuft bzw. die umlaufenden Wertzeichen die Geldware repräsentieren oder vertreten. *Marx* konstatiert selbst (MEW 23, S. 141):

> "Nur sofern das Papiergeld Goldquanta repräsentiert, die, wie alle anderen Warenquanta, auch Wertquanta [sind], ist es Wertzeichen."

---

[89] *Marx* zieht in diesem Zusammenhang folgenden hübschen Vergleich (MEW 25, S. 606): "Das Monetarsystem ist wesentlich katholisch, das Kreditsystem wesentlich protestantisch ... So wenig aber der Protestantismus von den Grundlagen des Katholizismus sich emanzipiert, so wenig das Kreditsystem von der Basis des Monetarsystems."

[90] Analog zu den von *Ricardo* ausgeklammerten nicht-repoduzierbaren Gütern wie Kunstwerken, Antiquitäten usw., deren Arbeitswerte zu ihrem Preis in keiner Relation stehen (s. oben S. 59). Gold ist zwar nach wie vor ein reproduzierbares Gut, unterliegt aber als spekulatives Vermögensobjekt anderen Preisgesetzen, vergleichbar denjenigen von Aktienkursen, die im wesentlichen durch Erwartungen der Wirtschaftssubjekte bestimmt werden.

ZUSAMMENFASSUNG

1) Als *Warenfetischismus* bezeichnet Marx den falschen Schein der in Wahrheit gesellschaftlichen Beziehungen der Produzenten als dingliche Verhältnisse von Personen oder gesellschaftliche Verhältnisse von Sachen.

2) Marx unterscheidet verschiedene *Funktionen des Geldes*: als Wertmaß, als Recheneinheit, als Zirkulations- bzw. Zahlungsmittel sowie schließlich als Wertaufbewahrungsmittel ('Schatzbildung').

3) Ein Wertwechsel in der Produktivität der Geldware wirkt sich unmittelbar auf das allgemeine Preisniveau aus: Alle Preise der (Nichtgeld-)Waren ändern sich, wobei ein Anstieg der Produktivität Inflation, ein Absinken derselben Deflation bedeutet.

4) In seiner *Recheneinheitsfunktion*, bei Marx 'Preismaßstabsfunktion' benannt, werden die Währungs(unter)einheiten skaliert.

5) Als *Zirkulationsmittel* erleichtert das Geld den Warenumlauf und vermeidet das umständliche Realtauschverfahren.

6) Als *Zahlungsmittel* übernimmt es Kreditmittelfunktion, sei es mit (Zielkauf), sei es ohne Bindung an ein Warengeschäft (reiner Kreditfall).

7) Bei Unterbrechung der Kette W-G-W, d.h. wenn Geld nicht sogleich wieder zum Kauf von Ware(n) verwendet wird, dient es als *Wertaufbewahrungsmittel*. Wegen der möglichen Wertschwankungen der Geldware bleibt dies allerdings keine absolut sichere Form der Werterhaltung,

8) In früheren Formen des Geldsystems lief das Edelmetall in geprägter (Münzen und Barren) oder ungeprägter Form unmittelbar um (sog. *Goldumlaufswährung)*. Über die *Goldkernwährung*, in der an Stelle von größeren Metallquanta goldgesicherte Depositenscheine (Banknoten o.ä.) kursierten, entwickelte es sich weiter zum *Staatspapiergeld mit Zwangskurs*, bei dem eine zentrale Institution das Notenausgabemonopol erhielt. Die Noten blieben in festgesetzter Parität an das eingelagerte Gold gebunden. Im Laufe der Zeit wurde die Golddeckungsvorschrift zunehmend gelockert und schließlich ganz aufgehoben. Fortan kursierte nur noch ungedecktes Papier- sowie Buch- bzw. Giralgeld.

9) Abschließend stellt sich die Frage, ob mit dem Auftreten dieser Geldform, die sich von der Warenbindung gelöst hat, die Marxsche Warentheorie des Geldes und mit ihr gegebenenfalls auch die gesamte (Arbeitswert-)Theorie nicht hinfällig bzw. obsolet geworden ist.

ÜBUNGSFRAGEN / -AUFGABEN

1) Erläutern und ergänzen Sie die Marxsche Aussage zum Fetischcharakter der Waren, daß es sich bei den Austauschbeziehungen *weder* um "sachliche Verhältnisse von Personen" noch um "gesellschaftliche Verhältnisse der Sachen" handelt, sondern um .... (ergänzen!)

2) Worin sieht Marx den Waren- bzw. Geldfetisch begründet?

3) Benennen Sie die wichtigsten Geldfunktionen!

4) Beeinträchtigt die Tatsache, daß der Wert des Wertmaßes 'Geld' selbst wechseln kann, nicht dessen Funktion als Wertmesser?

5) Unterscheiden Sie mit Marx zwischen der Zirkulations- und der Zahlungsmittelfunktion des Geldes!

6) Was versteht man in der Ökonomie unter *Horten*?

7) Worin besteht der Unterschied zwischen der *Goldumlaufs-* und der *Goldkernwährung*?

8) Was versteht man unter *Staatspapiergeld mit Zwangskurs*?

9) Warum bringt die Ausgabe von (ungedeckten) Banknoten die Marxsche Geldtheorie in Schwierigkeiten?

EXKURS ZUR DIALEKTISCHEN METHODE

Was ist Dialektik?

1) die Philosophie der Arbeiterklasse
2) geschickte Redeweise, die einem das Wort im Munde verdreht
3) Lehre von der Entwicklung der Dinge
4) philosophisches Modewort der Linken
5) eine Lehre in Widersprüchen
6) eine widersprüchliche Lehre

Marx verfällt, wie dem Leser aufgefallen sein wird, vor allem wenn er zeitweilig parallel im Originaltext des 'Kapital' geblättert haben sollte, oftmals in eine eigentümliche Darstellungs- bzw. Formulierungsweise. Mit Vorliebe betrachtet er Begriffe Aspekte oder Theoreme jeweils unter einem 'doppelten Aspekt' oder als 'in sich widersprüchlich', als 'Einheit von Gegensätzen' o.ä.[91]

Nimmt man den Rohentwurf zum 'Kapital', die sog. *Grundrisse* zur Hand, zeigt sich dieser Zug der Marxschen Redeweise noch deutlicher[92]. Solche Formulie-

[91] So ist im ersten Band des 'Kapital' unter anderem die Rede von dem "doppelten Gesichtspunkt von Qualität und Quantität", unter dem jedes nützliche Ding zu sehen sei (S. 49), der doppelten Werteigenschaft der Ware als Gebrauchswert und Tauschwert (S. 50 f.) bzw. als "Einheit von Gebrauchswert und Wert" (S. 201), dem "Doppelcharakter der in den Waren dargestellten Arbeit", der selbst wiederum unter zweifachem Aspekt zu betrachten sei: als Gegensatz von konkret-nützlicher und abstrakt-menschlicher Arbeit einerseits sowie von privatem und gesellschaftlichen Charakter der Arbeit andererseits (S. 58 ff.). Weiterhin spricht er von den "zwei Polen des Wertausdrucks", der relativen Wertform und der Äquivalentform (S. 63), von der doppelten Warenform als Natural- und als Wertform (S. 62), der "Verdopplung der Ware in Ware und Geld" (S. 102 und 119) als Weiterentwicklung des "in der Ware schlummernden Gegensatzes von Gebrauchswert und Wert" (S. 102), von der Verdopplung des Gebrauchswerts der Geldware (S. 104), dem "Widerspruch zwischen der quantitativen Schranke und der qualitativen Schrankenlosigkeit des Geldes" (S. 147), von der Widersprüchlichkeit des Geldes in seiner Zahlungsmittelfunktion (S. 151 f.) oder der Steigerung des Gegensatzes "zwischen der Ware und ihrer Wertgestalt, dem Geld, bis zum absoluten Widerspruch" (S. 152) usw.

[92] Eine kleine Kostprobe daraus (MEW 42, S. 86 f.): "Einerseits bleibt der Tauschwert natürlich zugleich eine inhärente Qualität der Waren, während er zugleich außer ihnen existiert; andererseits wird das Geld, indem es nicht mehr als Eigenschaft der Waren, als ein Allgemeines derselben existiert, sondern neben ihnen individualisiert ist, selbst eine *besondere* Ware neben anderen Waren ... Es wird eine Ware wie die anderen Waren und ist zugleich keine Ware wie die anderen Waren ... Hier neue Quelle von Widersprüchen, die sich in der Praxis geltend machen ... Wir sehn also, wie es dem Gelde immanent ist, seine Zwecke zu erfüllen, indem es sie zugleich negiert; sich zu verselbständigen gegen die Waren; ... den Tauschwert der Waren zu realisieren, indem es sie von ihm lostrennt; den Austausch zu erleichtern, indem es ihn spaltet; die Schwierigkeiten des unmittelbaren Warenaustauschs zu überwinden, indem es sie verallgemeinert ... (Es wird später nötig sein, ... die idealisitische Manier der Darstellung zu korrigieren, die den

rungen entspringen, von mancher Wortspielerei einmal abgesehen, einer Analysemethode, die *Marx* bei Hegel 'entdeckt' hat. So schreibt er im Jan. 1958, zur Zeit der Abfassung der Grundrisse, an Engels (MEW 29, S. 260):

> "In der *Methode* des Bearbeitens hat es mir großen Dienst geleistet, daß ich by mere accident [rein zufällig, MB] ... Hegels 'Logik' wieder durchgeblättert hatte."

Gemeint ist Hegels *dialektische* Logik, deren 'rationellen Kern' man lt. *Marx* jedoch nur entdecken könne, wenn man sie der mystischen Hülle, hinter der sie bei Hegel versteckt sei, entkleiden würde (vgl. MEW 23, S. 27).

Den zeitweilig übertriebenen Rekurs auf hegelianische Formulierungen, vor allem im ersten Kapitel des 1. Bandes des 'Kapital' über die Werttheorie, entschuldigt *Marx* im Nachwort damit, daß er zeitweilig mit der Hegel eigentümlichen Ausdrucksweise "kokettiert" hätte, um sich auf diese Weise zu "jenem großen Denker" zu bekennen, der von offizieller Seite zu dieser Zeit wie ein "toter Hund" behandelt worden sei (vgl. ebd.).

Zur Erläuterung bzw. dem besseren Verständnis dieser dialektischen Betrachtungsweise sei an dieser Stelle ein Exkurs in Form einer Diskussionscollage eingefügt. Teilnehmer der fiktiven Runde sind *Hegel, Marx und Engels*, ein Vertreter der offiziösen Linie des einstigen parteidoktrinären orthodoxen Marxismus-Leninismus in den realsozialistischen Staaten (abgekürzt: *ML*)[93], sowie - mit Verspätung - *Adorno* als Vertreter der dialektisch-tradierten Frankfurter Schule. Als Gegenredner treten die beiden bekannten Methodologen *Karl Popper* und *Hans Albert* auf. Schließlich komplettiert ein anonymer Zuhörer die Runde.

Die Textmontage stützt sich - mit Ausnahme einiger vom Verfasser eingefügter Überleitungs- bzw. Anpassungsformulierungen - auf authentische Quellen, die unten zusammengestellt sind. Beginn und Ende der Originalpassagen werden durch einfache Anführungsstriche kenntlich gemacht[94]. Rd. 95 Prozent der Formulierungen stellen 'Originalton' der beteiligten Autoren dar.

Schein hervorbringt, als handle es sich nur um Begriffsbestimmungen und die Dialektik dieser Begriffe.)"

[93] Zwar ist mit dem Zusammenbruch dieser Gesellschaften solch' unkritische, dogmatisch-sakrosankte Position weitgehend verschwunden. Gleichwohl wird sie in manchen Köpfen noch einige Zeit nachwirken und sei der nachfolgenden Generation als Warnung vor wissenschaftlichen Scharlatanen beigemischt. In ihrer extrem überzogenen Form erscheint sie für die Verdeutlichung bzw. das Verständnis des Problems durchaus lehrreich. Nicht zuletzt aus 'dramaturgischen' Gründen wäre es schade, auf diesen Diskussionsteilnehmer zu verzichten.

[94] Aus sprachlichen oder optischen Gründen wurde manchmal allerdings auf die strenge Einhaltung der üblichen Zitierrichtlinien verzichtet. So wurden teilweise Hervorhebungen nicht übernommen, oder umgekehrt welche gesetzt, die sich nicht im Original finden, ohne dies jedesmal besonders kenntlich gemacht zu haben. Auch wurden einzelne, nicht in den Zusammenhang passende Worte, zeitweilig auch ganze Sätze, fortgelassen oder (unwesentliche) Satzumstellungen vorgenommen u.ä., natürlich ohne den Inhalt dadurch zu verändern. Solche 'Zitatmanipulationen' bilden insgesamt jedoch die Ausnahme.

Im einzelnen wird aus folgenden Werken bzw. Beiträgen zitiert [in eckigen Klammern die im Text jeweils verwendete Kurzform]:

Hegel, G.W.F.:

1) Wissenschaft der Logik I, Werke Bd. 5, Frankfurt/M. 1969 [Logik];
2) Enzyklopädie der philosophischen Wissenschaften im Grundrisse, I. Teil, Werke Bd. 8, Frankfurt/M. 1969 [Enz];
3) Phänomenologie des Geistes, Frankfurt/M. etc., 2. Aufl. 1973 [PhdG];
4) Vorlesungen über die Geschichte der Philosophie, Band II, Leipzig 1971 [GdPh];

Marx, Karl:

1) Vorwort zu 'Das Kapital', Bd. 1 [MEW 23];
2) Briefe [MEW 27, 28, 29, 32];

Engels, Friedrich:

1) Rezension von: Karl Marx, 'Zur Kritik der Politischen Ökonomie, Erstes Heft' [MEW 13];
2) Die Entwicklung des Sozialismus von der Utopie zur Wissenschaft [MEW 19];
3) 'Anti-Dühring' [MEW 20];
4) Dialektik der Natur [MEW 20];
5) Ludwig Feuerbach und der Ausgang der klassischen deutschen Philosophie [MEW 21];

Marxist-Leninist:

1) Autorenkollektiv: Einführung in den dialektischen und historischen Materialismus, Berlin (Ost) 1971 [Einf];
2) Fogarasi, Béla, Dialektische Logik, 1. dt. Ausgabe, Berlin (Ost) 1954 [Fog];

Adorno, Theodor W.:

Negative Dialektik, Frankfurt/M. 1966 [NegDia];

Popper, Karl:

1) Was ist Dialektik (1940), abgedruckt in: Logik der Sozialwissenschaften, hrsg. von E. Topitsch, 8. Aufl., Köln 1972, S. 262-290 [Dia];
2) Falsche Propheten. Die offene Gesellschaft und ihre Feinde, Band II, Bern 1958 [OG];
3) Gegen die großen Worte, in: ders.: Auf der Suche nach einer besseren Welt, 4. Aufl., München 1989, S. 99-113 [Worte];

Albert, Hans:

Traktat über kritische Vernunft, Tübingen 1968.

DISKUSSIONS-COLLAGE
über Sinn und Unsinn der Dialektik

RUNDE 1: Abgrenzung des Gegenstandes

DISKUSSIONSLEITER: Zu Beginn möchte ich, den Teilnehmern der Runde die Gelegenheit geben, kurz zu umreißen, was sie jeweils unter Dialektik verstehen. Vielleicht sollten Sie, Herr Hegel, der Sie ja, wenn auch nicht als ihr Entdecker, so doch wohl als entscheidender Schrittmacher dieser profunden Betrachtungs- bzw. Denkmethode gelten, den Anfang machen. Herr Adorno hat sich übrigens entschuldigen lassen, er stecke im Stau und komme etwas später! Also bitte sehr, Herr Hegel!

HEGEL: Vielen Dank! Die Dialektik ist die 'einzige wahrhafte' wissenschaftliche Methode. 'Es ist klar, daß keine Darstellungen für wissenschaftlich gelten können, welche nicht den Gang dieser Methode gehen'. 'Das Einzige, um den wissenschaftlichen Fortgang zu gewinnen - und um dessen ganz einfache Einsicht sich wesentlich zu bemühen ist - ist die Erkenntnis des logischen Satzes, daß das Negative ebensosehr positiv ist oder daß das sich Widersprechende sich nicht in Null, in das abstrakte Nichts auflöst, sondern wesentlich nur in die Negation seines besonderen Inhalts, ... somit bestimmte Negation ist; daß also im Resultate wesentlich das enthalten ist, woraus es resultiert, - was eigentlich eine Tautologie ist, denn sonst wäre es ein Unmittelbares, nicht ein Resultat.'

ZUHÖRER: [Wie???]

HEGEL: 'Indem das Resultierende, die Negation, bestimmte Negation ist, hat sie einen Inhalt. Sie ist ein neuer Begriff, aber der höhere reichere Begriff als der vorhergehende; denn sie ist um dessen Negation oder Entgegengesetztes reicher geworden, enthält ihn also, aber auch mehr als ihn, und ist die Einheit seiner und seines Entgegengesetzten. - In diesem Wege hat sich das System der Begriffe überhaupt zu bilden - und in unaufhaltsamem, reinem, von außen nichts hereinnehmendem Gange sich zu vollenden.' Daß diese Methode die 'einzige wahrhafte' ist, 'erhellt für sich schon daraus, daß sie von ihrem Gegenstande und Inhalte nichts Unterschiedenes ist; - denn es ist der Inhalt in sich, die Dialektik, die er an ihm selbst hat, welche ihn fortbewegt; ... es ist der Gang der Sache selbst.' (Logik, S. 49 f.)

ZUHÖRER: [Schluck!] Mmh!

DISKUSSIONSLEITER: Kein leichter Tobak, aber darüber wollen wir ja noch reden. Bitte Herr Marx - und wenn Sie sich vielleicht bemühen könnten, etwas konkreter zu sein!

MARX: Gerne! 'Hegels Dialektik ist die Grundform aller Dialektik'. [Hegel zugewandt:] Sie sind zweifellos derjenige, der 'ihre allgemeinen Bewegungsformen zuerst in umfassender und bewußter Weise dargestellt hat.' 'Wenn je wieder Zeit für solche Arbeiten kommt, hätte ich große Lust, in 2 oder 3 Druckbogen[95] das Rationelle an der Methode, die Hegel entdeckt ... hat, dem gemeinen Menschenverstand zugänglich zu machen.' (MEW 32, S. 538; MEW 29, S. 260)

ZUHÖRER: [Das wäre äußerst verdienstvoll!]

MARX: Jedoch darf ich darauf verweisen, daß 'meine Entwicklungsmethode nicht die Hegelsche ist, da ich Materialist, Hegel Idealist'. Die Dialektik 'erleidet in Hegels Händen eine Mystifikation', die es abzustreifen gilt. 'Sie steht bei ihm auf dem Kopf. Man muß sie umstülpen, um den rationellen Kern in der mystischen Hülle zu entdecken.' (MEW 32, S. 538; MEW 23, S. 27)

DISKUSSIONSLEITER: Auf die Unterschiede zwischen Idealismus und Materialismus kommen wir später noch zu sprechen. Bleiben wir vielleicht zunächst bei der näheren Bestimmung der dialektischen Methode als solcher.

MARX: Das kann man doch nicht trennen!

DISKUSSIONSLEITER: Vielleicht haben Sie Recht, aber gehen wir erst einmal weiter - bitte Herr Engels!

ENGELS: 'Wenn wir die Natur- oder Menschengeschichte ... der denkenden Betrachtung unterwerfen, so bietet sich uns zunächst das Bild einer unendlichen Verschlingung von Zusammenhängen und Wechselwirkungen, in der nichts bleibt, was, wo und wie es war, sondern alles sich bewegt, sich verändert, wird und vergeht'.

ZUHÖRER: [Wie wahr!]

ENGELS: 'Solange wir die Dinge als ruhende und leblose, jedes für sich neben- und nacheinander, betrachten, stoßen wir ... auf keine Widersprüche an ihnen ... Aber ganz anders, sobald wir die Dinge von ihrer Bewegung, ihrer Veränderung, ihrem Leben, in ihrer wechselseitigen Einwirkung aufeinander betrachten. Da geraten wir sofort in Widersprüche.' Und 'die Dialektik ist ... weiter nichts als die Wissenschaft von

[95] Das entspricht etwa einem Umfang von rd. 40-50 Seiten.

den allgemeinen Bewegungs- und Entwicklungsgesetzen der Natur, der Menschengesellschaft und des Denkens.' 'Die Dialektik, die sog. objektive, herrscht in der ganzen Natur, und die sog. subjektive Dialektik, das dialektische Denken, ist nur Reflex der in der Natur sich überall geltend machenden Bewegung in Gegensätzen ... Es ist also die Geschichte der Natur wie der menschlichen Gesellschaft, aus der die Gesetze der Dialektik abstrahiert werden.' (MEW 20, S. 20, 112 und 131 f. sowie S. 481 und 348)

DISKUSSIONSLEITER: Vielen Dank! Jetzt sollten wir einmal die Vertreter der jüngeren Vergangenheit bitten, uns ihren Dialektik-Begriff zu erläutern [schaut zum Marxisten-Leninisten].

ML: 'Unter Dialektik verstanden die griechischen Philosophen die Kunst, in Streitgesprächen die Widersprüche und Fehler im eigenen Denken und dem der Diskussionspartner aufzudecken und durch ihre gemeinsame Überwindung der Wahrheit auf die Spur zu kommen.' 'Plato trug seine philosophischen Anschauungen oft in Dialogform vor. Dabei ließ er jeden Gesprächspartner bemüht sein, durch Aufdeckung von Widersprüchen in den Äußerungen des anderen den eigenen Standpunkt durchzusetzen. Als Goethe einmal ... Hegel befragte, was Dialektik eigentlich sei, antwortete dieser, sie sei nichts anderes als der methodisch durchgebildete Widerspruchsgeist, der in jedem Menschen stecke.' (Einf, S. 34 und 180)

HEGEL: [nickt zustimmend]

ZUHÖRER: [Das leuchtet mir ein!]

POPPER: Richtig! Um bei Platon anzusetzen - kann man sie mit ihm als 'die Kunst des argumentativen Gebrauchs der Sprache' bezeichnen. 'Dialektik im modernen Sinne, d.h. besonders in dem Sinne, in dem Hegel den Ausdruck gebrauchte, ist eine Theorie, die behauptet, daß etwas - insbesondere das menschliche Denken - sich in einer Weise entwickelt, die durch die sogenannte *dialektische Triade* charakterisiert ist: *Thesis, Antithesis und Synthesis*. Zunächst gibt es eine Idee, eine Theorie oder eine Bewegung, die man als *Thesis* bezeichnen kann. Eine solche Thesis wird häufig Opposition hervorrufen ...

ML: Nicht 'häufig'! Immer, zwangsläufig, regelmäßig!

POPPER: '... da sie, wie die meisten Dinge dieser Welt' - oder [dem ML-Vertreter zugewandt] meinetwegen auch wie *alle* Dinge dieser Welt - 'von nur begrenztem Wert sein wird oder ihre schwachen Stellen hat. Die Gegenidee oder Gegenbewegung wird als *Antithesis* bezeichnet, da sie gegen die erste, die Thesis, gerichtet ist. Der Kampf zwischen

Thesis und Antithesis dauert nun so lange, bis irgendeine Lösung zustande kommt, die in gewissem Sinne über Thesis und Antithesis hinausgeht, und zwar durch Anerkennung ihrer Vorteile und durch den Versuch, die Stärken beider zu bewahren und ihre Schwächen zu vermeiden. Diese Lösung, die den dritten Schritt darstellt, wird als *Synthesis* bezeichnet. Nachdem nun diese Synthesis einmal erreicht ist, kann sie ihrerseits zum ersten Schritt einer neuen dialektischen Triade werden, was eintreten wird, falls sich die erreichte Synthesis als einseitig oder sonstwie unbefriedigend erweist ...'

ML: Nein! Die Synthesis *kann* nicht nur, sie *muß* vielmehr bzw. *wird* logischerweise zur neuen Thesis werden, eben gemäß der dialektischen Logik ...!

DISKUSSIONSLEITER: Bitte lassen Sie Herrn Popper ausreden!

POPPER: 'Denn in diesem Fall wird wiederum Opposition auf den Platz gerufen werden, was bedeutet, daß die Synthesis nunmehr als eine neue Thesis bezeichnet werden kann, die eine neue Antithesis hervorgebracht hat. Somit wird sich die dialektische Triade auf einem höheren Niveau fortsetzen, und sie kann ein drittes Niveau erreichen, nachdem eine zweite Synthesis zustande gekommen ist.' 'In Hegels Terminologie werden sowohl Thesis als auch Antithesis durch die Synthesis

1) *zu bloßen Komponenten* (der Synthesis) *reduziert,*
2) *beseitigt* (oder negiert), gleichzeitig
3) *bewahrt* (oder aufbewahrt) und
4) *erhoben* (oder auf ein höheres Niveau emporgehoben).

Die kursiv gesetzten Ausdrücke geben die vier Hauptbedeutungen des einen deutschen Wortes *aufheben* wieder, von dessen Vieldeutigkeit Hegel reichhaltigen Gebrauch macht.' (Dia, S. 263 f. u. 289)

ZUHÖRER: [Das habe ich, glaube ich, verstanden!]

ML: Herr Popper verzerrt das Bild der Dialektik im Hegelschen Sinn, wenn er der Triade lediglich fakultativen Charakter zuspricht, d.h. sie als bloße Möglichkeit statt als zwingende Notwendigkeit der Entwicklung betrachtet. Poppers Auffassung fußt auf seinem falschen Methodenverständnis ...

POPPER: [schüttelt den Kopf]

ML: Nach ihm bestehe das Wissenschaftlichkeitskriterium in der, wie er sagt, Falsifizierungsmöglichkeit von aufgestellten Hypothesen. Auf die dialektische Ebene übertragen hieße das, daß man für die jeweilige These permanent nach Antithesen suchen müßte, wobei nicht ausgeschlossen sei, daß sich keine ernsthaften Gegenthesen finden ließen.

Das aber ist nicht mehr Hegelsche Dialektik. Diese ist vielmehr 'an das Entstehen und Lösen von Widersprüchen gebunden: Widersprüche sind die hauptsächliche Triebkraft, durch die der Übergang zu Neuem, Höherem in der Entwicklung vor sich geht.' 'Der Marxismus-Leninismus versteht den Begriff Metaphysik als Gegensatz zur Dialektik. Als Metaphysik bezeichnet der Marxismus-Leninismus das undialektische Herangehen an die Wirklichkeit, die philosophische Theorie und Methode, welche die Dinge als in sich unbeweglich und unveränderlich, als etwas ein für allemal Gegebenes ohne innere Widersprüche auffaßt.' (Einf, S. 35)

DISKUSSIONSLEITER: Das haben wir ja schon gehört. Könnten Sie uns erklären, warum man etwas, das 'ohne innere Widersprüche' betrachtet oder erkannt wird, zwangsläufig als starr, unbeweglich, unveränderlich aufgefaßt würde?

ML: 'Obwohl die gesellschaftliche Entwicklung, der Klassenkampf und die Wissenschaften die Metaphysik längst als unhaltbar widerlegt haben,'

POPPER: Was für ein Unsinn!

ML: 'ist sie [zu Popper und Albert gewendet] keineswegs ausgestorben. In der Ideologie des Imperialismus und der rechten Sozialdemokraten ...'

ZUHÖRER: [Wie ist das denn jetzt zu verstehen?]

DISKUSSIONSLEITER: Jetzt schweifen Sie ab!

ML: 'Alle Verteidiger der imperialistischen Ordnung benutzen die Metaphysik ... als Instrument zur Rechtfertigung und Erhaltung der Ausbeutung, der Eroberungskriege, der Rassendiskrimi ...'

DISKUSSIONSLEITER: Wenn Sie nicht beim Thema bleiben, muß ich Ihnen das Wort entziehen!

ML: 'Die Metaphysik ist die vorherrschende Denkweise der ideologischen Verteidiger der überlebten kapitalistischen Gesellschaft. Und selbst dann, wenn die imperialistischen Ideologen die Veränderung anerkennen, bestreiten sie revolutionäre, grundlegende und qualitative Veränderungen der Gesellschaft. Sie setzen der revolutionären Dialektik eine platte Evolutionslehre entgegen, welche keine Höherentwicklung durch den Kampf der Gegensätze zu qualitativ neuen Stufen anerkennt. Dialektik und Metaphysik sind miteinander unvereinbar. Sie sind zwei einander direkt entgegengesetzte Theorien des Zusammenhangs und der Entwicklung, damit auch entgegengesetzte Methoden der Erkenntnis der Wirklichkeit ... Die Dialektik ist die wissenschaftlich begründete Denkweise der einzig konsequent revolutionären Klasse der Gegenwart, der Arbeiterklasse ...' (Einf, S. 37)

ZUHÖRER: [Was hat denn die Arbeiterklasse mit philosophischen Denkmethoden am Hut?]

ML: 'Die von der marxistisch-leninistischen Partei geführte Arbeiterbewegung kann und muß, im Gegensatz zu den bürgerlichen Ideologen, die Dialektik umfassend zu ihrer eigenen Theorie und Methode machen ... Sie macht ihnen verständlich, wie sie sich verhalten müssen, um den Kapitalismus durch die revolutionäre Lösung der ihm eigenen Widersprüche zu überwinden, um die sozialistische Gesellschaft zu errichten ...' (Einf, S. 182 f.)

ZUHÖRER: [Und dann gibt es keine dialektischen Widersprüche mehr? Löst sich die Dialektik dann von selbst auf? Oder wie?]

RUNDE 2: Begriff und Funktion des Widerspruchs

DISKUSSIONSLEITER: Nachdem nun, wenn auch zum Teil recht kontrovers, die Grundidee der Dialektik dargelegt wurde, sollte nun die Funktion bzw. der Begriff des 'Widerspruchs' im dialektischen Denken näher geklärt werden. Hier schienen mir die Auffassungen besonders auseinanderzugehen. Könnten Sie, Herr Popper, Ihre Bedenken gegen den dialektischen Widerspruchsbegriff noch einmal auf den Punkt bringen?

POPPER: Sicherlich! 'Aus der unklaren Weise, in der die Dialektiker von Widersprüchen sprechen, entstehen die schwerwiegendsten Mißverständnisse und Verwechslungen. Sie stellen völlig richtig fest, daß Widersprüche in der Geistesgeschichte von größter Bedeutung sind - genauso bedeutend wie die Kritik. Denn Kritik besteht stets in der Herausstellung irgendeines Widerspruchs: entweder eines Widerspruchs innerhalb der kritisierten Theorie oder eines Widerspruches zwischen dieser Theorie und einer anderen, die wir aus irgendeinem Grunde akzeptieren wollen, oder eines Widerspruchs zwischen einer Theorie und bestimmten Tatsachen ... Ohne Widerspruch, ohne Kritik gäbe es kein vernünftiges Motiv für die Änderung unserer Theorien: es gäbe keinen geistigen Fortschritt ...'

DISKUSSIONSLEITER: Könnten Sie sich bitte kurz fassen?

POPPER: 'Nachdem die Dialektiker richtig festgestellt haben, daß Widersprüche - besonders natürlich der Widerspruch zwischen einer Thesis und einer Antithesis, der den Fortschritt in Form einer Synthesis hervorbringt - äußerst fruchtbar, ja tatsächlich die Triebkräfte jedweden Fortschritts des Denkens sind, schließen sie fälschlicherweise, daß keine Notwendigkeit zur Vermeidung dieser fruchtbaren Widersprüche besteht. Sie behaupten sogar, daß Widersprüche nicht vermieden werden können, da sie überall in der Welt auftreten.' (Dia, S. 266)

ML: Genau! Das hatte ich vorhin betonen wollen!

POPPER: 'Eine derartige Behauptung läuft (aber) auf einen Angriff gegen das sogenannte 'Gesetz vom ausgeschlossenen Widerspruch' der traditionellen Logik hinaus, gegen ein Gesetz, welches besagt, daß zwei kontradiktorische Aussagen niemals beide zugleich wahr sein können bzw. daß eine Aussage, die aus einer Konjunktion zweier kontradiktorischer Aussagen besteht, aus rein logischen Gründen als falsch verworfen werden muß. Wenn sich die Dialektiker nun auf die Fruchtbarkeit der Widersprüche berufen, so fordern sie die Aufgabe dieses Gesetzes der traditionellen Logik. Sie behaupten, daß die Dialektik auf diese Weise zu einer neuen Logik führt - zu einer dialektischen Logik.' (Ebd.)

ML: Genau! Das *principium contradictionis*, dieser Grundsatz des Aristoteles, von dem Popper spricht, 'beruht auf der Beständigkeit des Seins; er leugnet den Widerspruch im Sein und leugnet damit - dem Wesen nach - die Bewegung, die Entwicklung. Es ist klar, daß das Prinzip des Nicht-Widerspruchs damit einen in jeder Hinsicht völlig überholten Zustand der Erkenntnis, der Wissenschaft zum Ausdruck bringt. Aristoteles schlägt allerdings mehrmals die Richtung der dialektischen Auffassung ein, fällt aber immer wieder auf das Niveau des metaphysischen Denkens zurück.'

POPPER: Unsinn!

ML: Keineswegs! 'Bei so primitiven Beispielen wie den von Aristoteles angeführten genügt die Logik des metaphysischen Denkens. Natürlich ist der Mensch ein Mensch und kein Pferd, kein Vogel, kein Schiff. Handelt es sich aber um kompliziertere Erscheinungen, um Übergänge, Umwandlungen der Natur - von den komplizierteren Erscheinungen der Gesellschaft gar nicht zu reden -, so berühren wir die Schranken der Gültigkeit des Nicht-Widerspruchsprinzips. Dann wird klar, daß das Nicht-Widerspruchsprinzip als logisches Prinzip, als Grundsatz des Denkens in seiner abstrakten, starren unbedingten, absoluten Form gleichfalls veraltet ist!' (Fog, S. 54 f.)

POPPER: Phrasen! Nichts als 'gewaltige Ansprüche; sie entbehren jedweder Grundlage! Tatsächlich gründen sie sich auf nichts anderes als auf eine unklare und verschwommene Ausdrucksweise. Die Dialektiker behaupten, daß Widersprüche fruchtbar sind oder daß sie Fortschritt hervorbringen, und wir haben eingeräumt, daß dies in gewissem Sinne zutrifft. Es trifft jedoch nur solange zu, wie wir entschlossen sind, keine Widersprüche zu dulden und jede Theorie zu ändern, die Widersprüche enthält.' (Dia, S. 266 f.)

DISKUSSIONSLEITER: Herr Popper, ich glaube, Sie wiederholen sich!

POPPER: Ich möchte lediglich deutlich machen, 'daß die Kritik und damit jeder Fortschritt des Denkens zum Stillstand kommen müßte, falls wir bereit wären, Widersprüche zu dulden.' (Ebd., S. 267)

HEGEL: Herr Popper, Sie haben mich mißverstanden. 'Das, wodurch sich der Begriff selbst weiterleitet, ist das vorhin angegebene Negative, das er in sich selbst hat. Die Dialektik als abgesonderter Teil der Logik erhält dadurch eine ganz andere Stellung.' Sie ist das 'Fassen des Entgegengesetzten in seiner Einheit oder des Positiven im Negativen.' (Logik, S. 51 f.)

Das Aufzeigen der Negation, des Widerspruchs, wovon Sie sprechen, ist ja nur eine Seite, ein Teil der dialektischen Bewegung. Sie 'ist nicht mit einem negativen Resultat endigend; sondern sie zeigt die Vereinigung der Gegensätze auf, die sich vernichtet haben.' (GdPh, S. 66 f.) 'Jene Dialektik, die eine Bestimmung aufhebt, indem sie die andere konstatiert, ist eine unrichtige!' (Ebd., S. 74)

ZUHÖRER: [Puh! Popper höre ich lieber!]

POPPER: Das ist doch 'logische Hexenmeisterei'. Für Sie, Herr Hegel, ist es offenbar ein 'Kinderspiel, mit Hilfe Ihrer zauberkräftigen Dialektik wirkliche physische Kaninchen aus rein metaphysischen Zylindern herauszuholen' (OG, S. 36). Sie 'hypnotisieren sich durch Ihren eigenen Jargon' und führen sich damit 'selbst hinters Licht!' (Ebd., S. 38)

DISKUSSIONSLEITER: Herr Albert, Sie haben bislang noch gar nicht in die Debatte eingegriffen. Fühlen Sie sich hier nicht angesprochen?

ALBERT: Danke für das Wort! Ich habe deswegen solange geschwiegen, weil Karl Popper im Grunde alles Notwendige zu Sinn oder besser Unsinn der Dialektik gesagt hat. Ich kritisiere Hegels Dialektik-Vorstellung ebenso scharf wie Popper. Sie entspricht auch keineswegs der philosophischen Tradition, wie vorhin gehört.

Zunächst ist das von Popper formulierte Zugeständnis an die Dialektiker zu unterstreichen, daß nämlich 'die Suche nach Widersprüchen erforderlich ist, wenn man sich der Wahrheit nähern will.' Insofern hat das Aufspüren von Widersprüchen eine durchaus positive Berechtigung. Nur muß man ihre Funktion eben gänzlich anders formulieren, als Hegel das tut. Die methodologische Regel muß lauten: 'Suche stets nach relevanten Widersprüchen, um bisherige Überzeugungen dem Risiko des Scheiterns auszusetzen, so daß sie Gelegenheit haben, sich zu bewähren.'

POPPER: Genau!

ALBERT: 'Die Suche wird also nicht etwa deshalb empfohlen, weil Widersprüche an sich erwünscht wären oder aufrechterhalten werden müßten, oder gar deshalb, weil man so dem widerspruchsvollen Charakter der Wirklichkeit besser gerecht werden könnte, sondern gerade deshalb, weil man beim Auftauchen relevanter Widersprüche auf Grund des Prinzips der Widerspruchsfreiheit Veranlassung hat, seine Überzeugungen zu revidieren. Dieses Prinzip wird also hier in etwas umwegiger Weise methodisch verwendet, nämlich nicht so, daß man sich einfach mit jedem widerspruchsfreien System zufrieden gibt, was eine relativ einfache und bequeme Angelegenheit wäre, sondern so, daß man nach Widersprüchen sucht, um eine Weiterentwicklung des Denkens zu erzwingen. Der Zwang zur Revision ergibt sich dabei daraus, daß man das Widerspruchsfreiheitsprinzip nicht beseitigen kann, ohne die äußerst unangenehme Konsequenz, daß dann beliebige Behauptungen möglich werden ...' (S. 43)

HEGEL: Nein! Es geht doch nicht darum, die Thesis, das Positive durch eine Antithesis ein für allemal zu verbannen. 'Die Einsicht, daß die Natur des Denkens selbst die Dialektik ist, daß es als Verstand in das Negative seiner selbst, in den Widerspruch geraten muß, macht eine Hauptseite der Logik aus.' (Enz, S. 55)

'Das dialektische Moment ist das eigene Sichaufheben solcher Bestimmungen und ihr Übergehen in ihre entgegengesetzten.' (Enz, S. 172)

ALBERT: Darf ich fortfahren? 'Benutzt man das Prinzip in der [eben] angegebenen Weise, so ergibt sich eine Methode, die man mit einigem Recht *dialektisch* nennen kann, und zwar in einem eindeutigen und klaren Sinn, der einer alten philosophischen Tradition entspricht. Die Verwirrungen, die durch die philosophischen Eskapaden des deutschen Idealismus unter Verwendung des Namens *Dialektik* gestiftet worden sind' - und damit meine ich vor allem Ihr philosophisches Werk, Herr Hegel - 'könnten Veranlassung sein, die Übernahme dieser Vokabel zu vermeiden, aber ein Verzicht auf ihren Gebrauch ist unnötig, solange keine Unklarheit entsteht.' (S. 43 f.)

DISKUSSIONSLEITER: Damit können Sie sich natürlich nicht einverstanden erklären, Herr Hegel, nicht wahr?

HEGEL: Ich kann nur wiederholen, was ich Popper entgegnet habe: Ihre Dialektik, meine Herren, ist eine 'unrichtige'. Und, da Sie auf die traditionelle Verwendung des Begriffs solchen Wert legen, darf ich hinzufügen, daß sie selbst der 'Platonischen Dialektik' ins Gesicht schlägt. Die 'höchste Form (der Dialektik) bei Plato ist die Identität des Seins und des Nichtseins. Das Wahrhafte ist das Seiende, aber dies Seiende ist nicht ohne die Negation. Plato spricht es so aus: Das, was das Andere ist, ist das Negative überhaupt - dies ist Dasselbe, das mit sich Identische: das Andere ist das Nichtidentische, und dies Dasselbe ist ebenso das Andere, und zwar in ein und derselben Rücksicht ... '

ZUHÖRER: [Hat Plato wirklich so kompliziert gedacht?]

HEGEL: 'Es sind nicht verschiedene Seiten, nicht im Widerspruch bleibend; sondern sie sind diese Einheit in einer und derselben Rücksicht ...'

DISKUSSIONSLEITER: Bitte kommen Sie auf den Punkt!

HEGEL: '... und nach der einen Seite, daß das eine von ihnen gesetzt ist, sind sie identisch nach derselben Seite, dies ist die Hauptbestimmung der eigentümlichen Dialektik Platos!' (GdPh, S. 77 f.)

ZUHÖRER: [In der Tat: sehr eigentümlich!]

POPPER: Das ist doch nichts als 'Magie hochtönender Worte'! (OG, S. 36 f.)

ALBERT: Richtig! Hegels Denken stellt eine 'Entartung der alten dialektischen Methode' dar. 'Schon die vorsokratische Dialektik, genauer: die der eleatischen Schule[96] operierte mit der Aufstellung von Hypothesen und der sogenannten indirekten Beweismethode, die darauf abzielt, Widersprüche abzuleiten, um daraus auf die Falschheit bestimmter Behauptungen schließen zu können. Die Idee, daß ein gültiges deduktives Argument den Rücktransfer des negativen Wahrheitswertes ermöglicht, läßt sich aber verallgemeinern und muß ... zur Grundidee der wissenschaftlichen und darüber hinaus der kritischen Methode überhaupt erhoben werden. Diese Methode ist also insofern dialektisch, als sie dem Aufsuchen und der Beseitigung von Widersprüchen große Bedeutung beimißt, einem Verfahren, wie es sich aus dem Dialog bzw. der Diskussion zwischen einer Reihe von Gesprächspartnern entwickelt haben mag. Sie ist insofern eine negative Methode, als

[96] *Eleatische Schule*: eine Richtung, die das Denken, die Ratio zum höchsten Richter über Sein bzw. Nichtsein der Welt erhebt. Nur was widerspruchsfrei erklärt werden kann, wird als existent anerkannt.

es ihr nicht auf positive Begründbarkeit ..., sondern auf Widerlegbarkeit und Widerlegungsversuche ankommt ...' (S. 44 f.)

HEGEL: Sehen Sie, genau das, 'wogegen Plato sich (unter anderem) richtet, ist die Dialektik der Eleaten und ihr Satz, der in seiner Art auch der Satz der Sophisten[97] ist; nämlich der: *Es ist nur das Sein, und das Nichtsein ist gar nicht.* Dies heißt nun bei den Sophisten, wie dies Plato angibt: Da das Negative gar nicht ist, sondern nur das Seiende, so gibt es nichts Falsches; Alles ist; was nicht ist, wissen, empfinden wir nicht; alles Seiende ist wahr ... Plato wirft den Sophisten vor, daß sie den Unterschied von wahr und falsch aufgehoben haben ...!' (GdPh, S. 75 f.)

RUNDE 3: Dialektik konkret

DISKUSSIONSLEITER: Jetzt schweifen Sie aber wirklich ab, meine Herren! Daß es sich bei der Dialektik um eine relativ abstrakte Denk- oder Vorgehensweise handelt, ist inzwischen deutlich geworden. Wäre es möglich, sie gleichwohl anhand von einigen kurzen Beispielen etwas konkreter zu fassen? Herr Hegel, darf ich fragen, ob Sie sich hierzu imstande sehen? Ich habe nämlich den Eindruck, daß die bislang recht allgemein gehaltenen Erläuterungen dem Laien kaum verständlich geworden sind.

ZUHÖRER: [Der Mann spricht mir aus der Seele!]

HEGEL: Ich will es versuchen. 'Das Dialektische ist', das sagte ich schon, 'die Seele alles wahrhaft wissenschaftlichen Erkennens', wie es 'überhaupt das Prinzip aller Bewegung, alles Lebens und aller Betätigung in der Wirklichkeit ist' (Enz, S. 173). In der Vorrede zu meiner *Phänomenologie* habe ich versucht, den dialektischen Entwicklungsprozeß am Beispiel der Metamorphose einer Pflanze zu verdeutlichen: 'Die Knospe verschwindet in dem Hervorbrechen der Blüte; und man könnte sagen, daß jene von dieser widerlegt wird, ebenso wird durch die Frucht die Blüte für ein falsches Dasein der Pflanze erklärt, und als ihre Wahrheit tritt jene an die Stelle von dieser. Diese Formen unterscheiden sich nicht nur, sondern verdrängen sich auch als unverträglich miteinander. Aber ihre flüssige Natur macht sie zugleich zu Momenten der organischen Einheit, worin sie sich nicht nur widerstreiten, sondern eins so notwendig als das andere ist, und diese glei-

[97] *Sophisten* = Vorsokratische Strömung innerhalb der griechischen Philosophie, die insbesondere durch ihre Dialogkunst bekannt wurde, die teilweise allerdings in Spitzfindigkeiten und der Formulierung von Scheinweisheiten ausartete.

che Notwendigkeit macht erst das Leben als Ganzes aus.' (PhdG, S. 14)

ZUHÖRER: [So klingt das ja ganz einleuchtend!]

HEGEL: Man sieht, die Dialektik ist 'keineswegs als bloß für das philosophische Bewußtsein vorhanden zu betrachten, sondern findet sich auch schon in allem sonstigen Bewußtsein und in der allgemeinen Erfahrung. Alles was uns umgibt, kann als ein Beispiel des Dialektischen betrachtet werden. Wir wissen, daß alles Endliche, anstatt ein Festes und Letztes zu sein, vielmehr veränderlich und vergänglich ist, ... daß das Leben als solches den Keim des Todes in sich trägt und ... das Endliche sich in sich selbst widerspricht und dadurch sich aufhebt, in sein Entgegengesetztes umschlägt.' (Enz, S. 173 f.)

DISKUSSIONSLEITER: Können Sie noch andere Bereiche anführen, an denen sich das dialektische Prinzip verdeutlichen läßt?

HEGEL: Sicherlich! Sie 'macht sich ... auch in allen besonderen Gebieten und Gestaltungen der natürlichen und der geistigen Welt geltend. So z.B. in der Bewegung der Himmelskörper. Ein Planet steht jetzt an diesem Ort, ist aber an sich, dies auch einem anderen Ort zu sein, und bringt dies sein Anderssein zur Existenz dadurch, daß er sich bewegt. Ebenso erweisen sich die physikalischen Elemente als dialektisch, und der meteorologische Prozeß ist die Erscheinung ihrer Dialektik ... Was das Vorkommen der Dialektik in der geistigen Welt und näher auf dem Gebiet des Rechtlichen und Sittlichen anbetrifft, so braucht hier nur daran erinnert zu werden, wie, allgemeiner Erfahrung zufolge, das Äußerste eines Zustandes oder eines Tuns in sein Entgegengesetztes umzuschlagen pflegt, welche Dialektik dann auch vielfältig in Sprichwörtern ihre Anerkennung findet. So heißt es z.B.: *summum ius summa iniuria*, womit ausgesprochen ist, daß das abstrakte Recht, auf seine Spitze getrieben, in Unrecht umschlägt. Ebenso ist es bekannt, wie im Politischen die Extreme der Anarchie und des Despotismus einander gegenseitig herbeizuführen pflegen. Das Bewußtsein der Dialektik im Gebiet des Sittlichen ... finden wir in jenen allbekannten Sprichwörtern: Hochmut kommt vor dem Fall, Allzuscharf macht schartig usw.'

ZUHÖRER: [Wie ist das jetzt gemeint?]

HEGEL: 'Auch die Empfindung, die leibliche sowohl als die geistige, hat ihre Dialektik. Es ist bekannt, wie die Extreme des Schmerzes und der Freude ineinander übergehen; das von Freude erfüllte Herz erleichtert sich in Tränen, und die innigste Wehmut pflegt u.U. sich durch ein Lächeln anzukündigen.' (Enz, S. 175)

POPPER: Verzeihung, Herr Hegel, aber das ist doch alles bloß 'magisches Gehabe'. Eine solche Philosophieanschauung 'weiß [offenbar] alles über alles. Sie hat auf jede Frage eine Antwort bereit. Und wer kann schon sicher sein, daß diese Antwort nicht wahr ist.' 'Ihr Ruhm wurde' - und damit möchte ich wieder auf die dogmatischen Anwender dieser Methode zurückkommen - ' ... wurde von jenen begründet, die eine schnelle Einführung in die tiefen Mysterien der Welt der mühevollen Kleinarbeit einer Wissenschaft vorziehen, einer Wissenschaft, deren Unfähigkeit, alle Geheimnisse mit einem Schlag zu enthüllen, nur enttäuschen kann. Denn sie hatten es bald heraus, daß es keine Methode gab, die sich mit so spielerischer Leichtigkeit, zugleich aber mit so eindrucksvoller (wenn auch nur scheinbarer) Schwierigkeit auf jedes beliebige Problem anwenden ließ: nichts führte so schnell zu sicherem, aber imponierendem Erfolg, und nichts konnte mit so geringem Aufwand an Denken und mit so wenig wissenschaftlichem Studium und wissenschaftlicher Kenntnis zu einer imponierenden Schaustellung scheinbarer Wissenschaftlichkeit führen als die Hegelsche Dialektik.' (OG, S. 40 u. 37)

DISKUSSIONSLEITER: Herr Popper, bitte ...

HEGEL: Sie *wollen* Sie mich einfach nicht verstehen!

ML: Es ist bedauerlich, daß Popper - in typisch bürgerlicher Manier - als letztes Argument nur die Diffamierung, ja Beleidigung der marxistischen Wissenschaftler einfällt ...

POPPER: Meine Ausführungen bezogen sich nur auf Hegels Dialektik! Ich glaube nicht, daß Hegel jemals Marxist war oder geworden wäre - oder?

HEGEL: [schaut etwas verwirrt drein!]

POPPER: Gegen den Marxismus hätte ich ganz andere Einwände vorzubringen!

ML: [weiter zu Popper gewandt:] Sie reihen sich damit in die Schar von bürgerlichen Wissenschaftlern ein, die Lenin in seinem berühmten Beitrag 'Marxismus und Revisionismus' treffend charakterisiert hat als eine - ich zitiere - „Wissenschaft und Philosophie, die von staatlich ausgehaltenen Professoren in staatserhaltendem Geiste gelehrt werden, um die heranwachsende Jugend der besitzenden Klassen zu verdummen."

DISKUSSIONSLEITER: Ich muß Sie bitten ...

ML: Ich darf doch wohl noch Lenin zitieren! Er hat zu Recht darauf verwiesen, wie „junge Wissenschaftler durch die Widerlegung des Sozialismus Karriere machen und ... mit Eifer über Marx herfallen. Das Wachstum des Marxismus, die Verbreitung und das Erstarken seiner Ideen in der Arbeiterklasse führen unausbleiblich zu immer häufigerer Wiederkehr und zur Verschärfung dieser Ausfälle gegen den Marxismus, der aber aus jeder 'Vernichtung' durch die offizielle Wissenschaft immer stärker, gestählter und lebensfähiger hervorgeht." (Zitiert nach Einf, S. 88)

ZUHÖRER: [Oh je! Jetzt fehlt nur noch der sächsische Dialekt!]

ADORNO: [kommt herein] Oh, welch' reflexiv reduzierte Bewegungsimmanenz durch diesen modernen Autoverkehr!

DISKUSSIONSLEITER: Schön, daß Sie es doch noch geschafft haben, Herr Adorno! Darf ich Sie gleich mit der Bitte überfallen, uns Ihre Vorstellung von der Dialektik zu erläutern? Aber bitte, wenn es geht, mit einfachen Worten! Ihr Ruhm in puncto Sprachakrobatik eilt Ihnen, wie Sie sicherlich wissen, allgemein voraus!

ADORNO: Wenn das so einfach ginge! 'In gewissem Betracht ist die dialektische Logik positivistischer als der Positivismus, der sie ächtet: sie respektiert, als Denken, das zu Denkende, den Gegenstand auch dort, wo er den Denkregeln nicht willfahrt. ... Wäre eine Definition von Dialektik möglich, so wäre [folgende] ... als eine solche vorzuschlagen: Dialektische Logik ... tangiert die Denkregeln. Denken braucht nicht an seiner eigenen Gesetzlichkeit sich genug sein zu lassen; es vermag gegen sich selbst zu denken, ohne sich preiszugeben.' (NegDia, S. 142)

DISKUSSIONSLEITER: Dies klingt anders als Hegels Abgrenzung des Gegenstandes - oder?

ADORNO: Ganz richtig! 'Aus dem dialektischen Immanenzzusammenhang führt nichts hinaus als er selber. Dialektik besinnt kritisch sich auf ihn, reflektiert seine eigene Bewegung; sonst bliebe Kants Rechtsanspruch gegen Hegel unverjährt. Solche Dialektik ist negativ. Ihre Idee nennt die Differenz von Hegel. Bei diesem koinzidierten Identität und Positivität; der Einschluß alles Nichtidentischen und Objektiven in die zum absoluten Geist erweiterte und erhöhte Subjektivität sollte die Versöhnung leisten. Demgegenüber ist die in jeglicher einzelnen Bestimmung wirkende Kraft des Ganzen nicht nur deren Negation, sondern selber auch das Negative, Unwahre.' (NegDia, S. 143)

ZUHÖRER: [Muß man wirklich erst Philosophie studieren, um das verstehen zu können?]

POPPER: Die Arroganz solcher Sprache ist anmaßend. 'Jeder Intellektuelle hat eine ganz spezielle Verantwortung. Er hat das Privileg und die Gelegenheit, zu studieren. Dafür schuldet er seinen Mitmenschen ... die Ergebnisse seines Studiums in der einfachsten und klarsten und bescheidensten Form darzustellen ... *Wer's nicht einfach und klar sagen kann, der soll schweigen und weiterarbeiten, bis er's klar sagen kann.* ... Was wohl Marx und Lenin, die einfach und direkt schrieben, zum Schwulst der Neodialektiker gesagt hätten?' (Worte, S. 100)

DISKUSSIONSLEITER: Auch ich muß gestehen, Herr Adorno, daß mir das Negative an Ihrer Dialektik noch nicht ganz deutlich geworden ist. Wenn Sie es ein letztes Mal - bitte ganz kurz - versuchen könnten?

ADORNO: Dazu muß ich noch einmal bei Hegel ansetzen. 'Das Positive, das ihm zufolge aus der Negation resultieren soll, ... [die] Gleichsetzung der Negation der Negation mit Positivität ist die Quintessenz des Identifizierens, das formale Prinzip auf seine reinste Form gebracht. Mit ihm gewinnt im Innersten von Dialektik das antidialektische Prinzip die Oberhand, jene traditionelle Logik, welche more arithmetico minus mal minus als plus verbucht. Sie ward jener Mathematik abgeborgt, gegen die Hegel sonst so idiosynkratisch[98] reagiert. Ist das Ganze der Bann, das Negative, so bleibt die Negation der Partikularitäten, die ihren Inbegriff an jenem Ganzen hat, negativ.' (NegDia, S. 159)

ZUHÖRER: [Ich geb's auf!]

ADORNO: 'Das Bedürfnis im Denken will ..., daß gedacht werde. Es verlangt seine Negation durchs Denken, muß im Denken verschwinden, wenn es real sich befriedigen soll, und in dieser Negation überdauert es. ... Solches Denken ist solidarisch mit Metaphysik im Augenblick ihres Sturzes.' (Schlußpassage der NegDia, S. 397 f.)

DISKUSSIONSLEITER: Ich weiß nicht, ob uns das sehr viel weiter hilft! Wir müssen aber noch einen anderen wichtigen Punkt ansprechen, die Rolle von Idealismus und Materialismus im dialektischen Denken.

RUNDE 4: Idealismus versus Materialismus

DISKUSSIONSLEITER: Der Unterschied zwischen der Hegelschen und der marxistischen Variante der Dialektik ist im wesentlichen auf ihre konträren philosophischen Grundauffassungen zurückzuführen, die idealistische Position auf der einen und die materialistische auf der anderen Seite. Herr Marx, könnten Sie uns hierzu etwas sagen?

MARX: Natürlich! 'Meine dialektische Methode ist der Grundlage nach von der Hegelschen nicht nur verschieden, sondern ihr direktes Gegenteil!'

[98] D.h.: mit persönlicher Abneigung.

ZUHÖRER: [So? Irgend etwas scheine ich immer noch nicht richtig verstanden zu haben!]

MARX: '... Für Hegel ist der Denkprozeß, den er sogar unter dem Namen Idee in ein selbständiges Subjekt verwandelt, der Demiurg des Wirklichen, das nur seine äußere Erscheinung bildet. Bei mir ist umgekehrt das Ideelle nichts anderes als das im Menschenkopf umgesetzte und übersetzte Materielle.' (MEW 23, S. 27) ... Hegel erkennt nicht, 'daß die Menschen je nach ihren Produktivkräften die *gesellschaftlichen* Beziehungen produzieren, auch die Ideen, die Kategorien, d.h. den abstrakten, ideellen Ausdruck eben dieser gesellschaftlichen Beziehungen produzieren.' (MEW 27, S. 459)

ENGELS: Entschuldige Karl, darf ich ergänzen?

MARX: Natürlich Fred!

ENGELS: 'Die Verkehrung der Dialektik bei Hegel beruht darauf, daß sie *Selbstentwicklung des Gedankens* sein soll und daher die Dialektik der Tatsachen nur als Abglanz, während die Dialektik in unserem Kopf doch nur die Widerspiegelung der sich in der natürlichen und menschengeschichtlichen Welt vollziehenden, dialektischen Formen gehorchenden, tatsächlichen Entwicklung ist ...' (MEW 38, S. 204)

HEGEL: So kann man das nicht sagen! Das ist eine Verdrehung ...

DISKUSSIONSLEITER: Bitte lassen Sie Herrn Engels ausreden!

ENGELS: 'Die Hegelsche Methode war in der vorliegenden Form absolut unbrauchbar. Sie war wesentlich idealistisch ... Sie ging vom reinen Denken aus, und: bei der materialistischen Weltanschauung sollte von den hartnäckigen Tatsachen ausgegangen werden. Eine Methode, die ihrem eigenen Geständnis nach, *von nichts durch nichts zu nichts* kam, war in dieser Gestalt hier keineswegs am Platze.' (MEW 13, S. 473)

'Wir faßten die Begriffe unsres Kopfes wieder materialistisch als die Abbilder der wirklichen Dinge, statt die wirklichen als Abbilder dieser oder jener Stufe des absoluten Begriffs ... Damit aber wurde die Begriffsdialektik selbst nur der bewußte Reflex der dialektischen Bewegung der wirklichen Welt, und damit wurde die Hegelsche Dialektik auf den Kopf oder vielmehr vom Kopf, auf dem sie stand, auf die Füße gestellt ...' (MEW 21, S. 292 f.)

HEGEL: Nein! Der absolute Begriff, der absolute Geist ist das Höchste! Das Werden des Geistes, 'das Geisterreich ... macht eine Aufeinanderfolge aus, worin einer den andern ablöste, und jeder das Reich der Welt von dem vorhergehenden übernahm: Ihr Ziel ist die Offenbarung der Tiefe, und diese ist der absolute Begriff, ... das absolute Wissen, oder der sich als Geist wissende Geist.' (PhdG, S. 446 f.)

DISKUSSIONSLEITER [zu Engels und Marx gewendet]: Wenn ich Sie richtig verstanden habe, bezeichnen Sie als idealistische Position eine Denkrichtung, in welcher der Geist, die Idee, ein ideelles Prinzip o.ä. das Primäre und letztlich Bestimmende allen Seins, der Wirklichkeit, der Materialität ist, während die materialistische Position genau umgekehrt dem Denken nur abgeleitete, die Materie lediglich reflektierende Qualität zuspricht, das Materielle dagegen das Originäre ist. Beides sind doch offenbar Auffassungen, die neben, d.h. unabhängig von der dialektischen Methode existieren (können), oder?

MARX/ENGELS [schauen etwas nachdenklich drein, nicken aber zustimmend.]

ML: Wenn ich darauf antworten darf: Das sehen Sie ganz richtig! Es gibt aber nur *eine* richtige wissenschaftliche Methode: Hegel war dialektischer Idealist, Feuerbach dagegen Materialist, ohne Dialektiker gewesen zu sein; und Marx, Engels sind ebenso wie Lenin wiederum dialektische Materialisten, d.h. sie betonen, 'daß das, was die Prozesse auf verschiedenen Entwicklungsstufen und die Mannigfaltigkeit der uns umgebenden Objekte vereinigt, ihre Existenz außerhalb und unabhängig von unserem Bewußtsein ist. Die(se) objektive Realität ... ist Quelle unseres Wissens, ist Ursache der Empfindungen. Unsere Theorien, Vorstellungen usw. sind Abbilder dieser objektiven Realität. Eben diese materialistischen Grundgedanken werden im Materiebegriff ausgesprochen!' (S. 109)

ENGELS: 'Materie als solche, im Unterschied von den bestimmten, existierenden Materien, ist ... nichts Sinnlich-Existierendes. Wenn die Naturwissenschaft darauf ausgeht, die einheitliche Materie als solche aufzusuchen, ... so tut sie dasselbe, wie wenn sie statt Kirschen, Birnen, Äpfel das Obst als solches, statt Katzen, Hunde, Schafe etc. das Säugetier als solches zu sehen verlangt.' Anders formuliert: Der allgemeine Materiebegriff ist nicht identisch mit der sinnlich wahrnehmbaren Konkretheit der Materie. 'Die Materie als solche ist eine reine Gedankenschöpfung und Abstraktion. Wir sehen von den qualitativen Verschiedenheiten der Dinge ab, indem wir sie als körperlich existierende unter dem Begriff Materie zusammenfassen.' (MEW 20, S. 519)

DISKUSSIONSLEITER: Herr Hegel, möchten Sie sich dazu äußern?

HEGEL: Nein! Die Blüteperiode sog. materialistischer Ideen lag nach meiner Zeit. Mit denjenigen, die heute im wesentlichen als Wegbereiter dieser philosophischen Strömung gelten, also z.B. Leukipp, Demokrit, Epikur, Spinoza, habe ich mich kritisch in meinen *Vorlesungen über die Geschichte der Philosophie* auseinandergesetzt. Da wir hier nicht ins Detail gehen können, kann ich nur darauf verweisen.

DISKUSSIONSLEITER: Ich habe in diesen 'Vorlesungen' geblättert und mir ist Ihr nicht gerade positives Urteil über diese griechischen Philosophen aufgefallen. Da fallen Worte wie: *dürftig, inkonsequent, gewagte Konstruktionen, geistlos, trübe und verworren, unbestimmt, tautologische Leerfomeln, willkürlich, langweilig* usw.

HEGEL: Gewiß! Zugleich stelle ich aber auch manch' positiven Aspekt in den Werken der genannten Autoren heraus!

RUNDE 5: Schlußstatements

DISKUSSIONSLEITER: Kommen wir zum Ende. Ich möchte jeden der Herren bitten, ein abschließendes kurzes Statement zu geben, in dem er seinen Standpunkt zur Dialektik zusammenfaßt, und dann bei einer (oder auch mehreren) Antwort(en) auf die dieser Diskussionsrunde vorangestellten Multiple-Choice-Frage, die er jeweils für die treffendste(n) hält, sein Kreuzchen zu setzen. Wenn Sie bitte beginnen würden, Herr Hegel!

HEGEL: Auf einen Nenner gebracht, besteht 'das dialektische Moment des Logischen' in folgendem: 'Alles Wirkliche enthält in sich entgegengesetzte Bestimmungen und das Erkennen und näher das Begreifen eines Gegenstandes heißt eben nur soviel, sich dessen als einer konkreten Einheit entgegengesetzter Bestimmungen bewußt zu werden. Darin besteht die wahre und positive Bedeutung der Antinomien' (Enz, S. 128).

In bezug auf Ihre Frage würde ich 'Lehre von der Entwicklung der Dinge' und 'Lehre in Widersprüchen' ankreuzen, wenn man dabei den Widerspruchsbegriff so auffaßt, wie ich das versucht habe, deutlich zu machen.

DISKUSSIONSLEITER: Vielen Dank! Herr Adorno, würden Sie vielleicht Ihre Differenz zu Hegel zusammengefaßt auf den Punkt bringen?

ADORNO: 'Dialektik als Verfahren heißt, um des einmal an der Sache erfahrenen Widerspruchs willen und gegen ihn in Widersprüchen zu denken. Widerspruch in der Realität, ist sie Widerspruch gegen diese. Mit Hegel aber läßt solche Dialektik nicht mehr sich vereinen. Ihre Bewegung tendiert nicht auf Identität in der Differenz jeglichen Gegenstandes von seinem Begriff; eher beargwöhnt sie Identisches. Ihre Logik ist eine der Zerfalls.' (NegDia, S. 146)

ZUHÖRER: [Ich werd' ihn nie verstehen!]

DISKUSSIONSLEITER: Ich würde da gerne nachhaken, denke aber, daß wir zum Schluß kommen und keine neuen Feuer entfachen sollten. Wenn Sie uns noch verraten würden, welche der vorgeschlagenen Antworten Sie ankreuzen würden?

ADORNO: Ich habe gerade erst einen Blick darauf geworfen, aber sie sind mir alle zu simpel! 'Wäre eine Definition von Dialektik möglich, so wäre, wie bereits ausgeführt, ... als eine solche vorzuschlagen: Denken, das ... gegen sich selbst zu denken vermag, ohne sich preiszugeben.' (NegDia, S. 142)

POPPER: Nebulöses Gerede! 'Die Verschwommenheit der Behauptung der Dialektiker, daß Widersprüche unvermeidbar sind und daß ihre Vermeidung nicht einmal wünschenswert ist, da sie doch so fruchtbar sind, ist in gefährlicher Weise irreführend. Sie ist irreführend, weil, wie wir gesehen haben, die sogenannte Fruchtbarkeit der Widersprüche lediglich das Resultat unserer Entscheidung ist, keine Widersprüche zu dulden. Und sie ist deshalb gefährlich, weil die Behauptung, daß Widersprüche nicht vermieden zu werden brauchen, oder vielleicht sogar, daß sie nicht vermieden werden können, zum Zusammenbruch der Wissenschaft und der Kritik, d.h. des rationalen Denkens führen muß. Dies führt zu der Forderung, daß es für jeden Wissenschaftler ... eine Notwendigkeit und sogar eine Pflicht sein sollte, sich in der Kunst des klaren und eindeutigen Ausdrucks zu üben.' (Dia, S. 272)

ZUHÖRER: [Das war aber höchste Zeit, daß das einmal jemand betont!]

POPPER: Gerade Hegel, 'so glaube ich, ... ist ein unverdaulicher Schreiber. Sogar seine glühendsten Apologeten müssen zugeben, daß sein Stil zweifellos skandalös ist. Und was den Inhalt seiner Schriften betrifft, so zeichnet er sich einzig durch seinen bemerkenswerten Mangel an Originalität aus. Es gibt nichts in Hegels Schriften, das nicht vor ihm besser gesagt worden wäre ...'

DISKUSSIONSLEITER: Bitte, Herr Popper, schaffen Sie keine neuen Streitpunkte sondern beschränken Sie sich auf ein zusammenfassendes Schlußwort!

POPPER: Sicherlich, aber 'die Affäre Hegel wäre kaum der Rede wert, wenn sie nicht zu jenen unheilvollen Konsequenzen geführt hätte, die zeigen, wie leicht ein Clown zu einem Geschichtsbildner werden kann ...'

DISKUSSIONSLEITER: Herr Popper! Bitte!

POPPER: 'Die Tragikkomödie der Entstehung des Deutschen Idealismus ähnelt trotz der abscheulichen Verbrechen, zu denen sie geführt hat, am ehesten noch einer komischen Oper; und diese Anfänge sind vielleicht die Erklärung dafür, warum man von seinen späteren Helden so schwer sagen kann, ob sie aus Wagners großen teutonischen Opern entsprungen sind oder aus Offenbachs Farcen.' (OG, S. 42)

HEGEL: Mit den Verbrechen, die Sie ansprechen, habe ich nichts zu tun!

POPPER: Natürlich nicht Sie persönlich, aber sie entspringen den Früchten Ihre Philosophie!

DISKUSSIONSLEITER: Herr Popper, bitte nehmen Sie noch zu der Multiple-Choice-Frage Stellung!

POPPER: Ich muß sagen, daß ich keine der vorgeschlagenen Antworten befriedigend oder gar zutreffend finde. Wenn ich mich schon entscheiden soll, würde ich 'philosophisches Modewort der Linken' und gegebenenfalls noch die 'widersprüchliche Lehre' ankreuzen. Denn 'unsere Analyse führt nicht zu dem Schluß, daß der Dialektik irgendeine Ähnlichkeit mit der Logik zukommt. Denn die Logik läßt sich - vielleicht grob, aber gut genug für unsere Zwecke - als eine Theorie der Deduktion bezeichnen. Wir haben jedoch keinen Grund zu der Annahme, daß Dialektik irgend etwas mit Deduktion zu tun hat.' (Dia, S. 273)

ALBERT: Ich kann mich Poppers Schlußwort voll anschließen.

DISKUSSIONSLEITER: Sie werden das sicherlich nicht tun, nicht wahr Herr Marx?

MARX: Natürlich nicht! 'In ihrer mystischen Form ward die Dialektik deutsche Mode, weil sie das Bestehende zu verklären schien. In ihrer rationellen Gestalt ist sie dem Bürgertum und seinen doktrinären Wortführern ein Ärgernis und ein Greuel' - ihre Vertreter Popper und Albert haben uns das hier deutlich vor Augen geführt. Sie ist es ihnen vor allem deshalb, 'weil sie in dem positiven Verständnis des Bestehenden zugleich auch das Verständnis seiner Negation, seines notwendigen Untergangs einschließt, jede gewordne Form im Flusse der Bewegung, also auch nach ihrer vergänglichen Seite auffaßt ..., ihrem Wesen nach kritisch und revolutionär ist.' (MEW 23, S. 27 f.)

ENGELS: 'Die Dialektik ist die Wissenschaft von den allgemeinen Bewegungs- und Entwicklungsgesetzen der Natur, der Menschengesellschaft und des Denkens' (MEW 20, S. 131 f.). Dies ist die allgemeinste Formulierung des positiven Gehalts dieser Methode. Poppers Polemik veranlaßt mich dazu, sie gegenüber solchen metaphysischen, schon zu meiner Zeit überholten Anschauungen, wenn man so will, negativ abzugrenzen, d.h. aufzuzeigen, welche Schwächen sie *nicht* aufweist.

'Für den Metaphysiker sind die Dinge und ihre Gedankenabbilder, die Begriffe, vereinzelte, eins nach dem andern und ohne das andre zu betrachtende, feste, starre, ein für allemal gegebene Gegenstände der Untersuchung. Er denkt in lauter unvermittelten Gegensätzen, seine Rede ist ja, ja, nein, nein, was darüber ist, das ist vom Übel. Für ihn existiert ein Ding entweder, oder es existiert nicht. Ein Ding kann ebensowenig zugleich es selbst und ein andres sein. Positiv und negativ schließen einander absolut aus: Ursache und Wirkung stehen ebenso in starrem Gegensatz zueinander.'

DISKUSSIONSLEITER: Bitte kurz!

ENGELS: Nur noch zwei Sätze! 'Diese Denkweise erscheint uns auf den ersten Blick deswegen äußerst einleuchtend, weil sie diejenige des sogenannten gesunden Menschenverstandes ist. Allein der gesunde Menschenverstand, ein so respektabler Geselle er auch in dem hausbackenen Gebiet seiner vier Wände ist, erlebt ganz wunderbare Abenteuer, sobald er sich in die weite Welt der Forschung wagt; und die metaphysische Anschauungsweise, auf so weiten, ja nach der Natur des Gegenstands ausgedehnten Gebieten sie auch berechtigt und sogar notwendig ist, stößt doch jedesmal früher oder später auf eine Schranke, jenseits welcher sie einseitig, borniert, abstrakt wird und sich in unlösliche Widersprüche verirrt, weil sie über den einzelnen Dingen deren Zusammenhang, über ihrem Sein ihr Werden und Vergehen, über ihrer Ruhe ihre Bewegung vergißt, weil sie vor lauter Bäumen den Wald nicht sieht.' (MEW 19, S. 203 f.)

ZUHÖRER: [In der Tat: Das waren nur zwei Sätze!]

POPPER: Das sind doch nichts als Leerformeln! Firlefanz!

ENGELS: Keineswegs! Aber Sie wollen uns ja gar nicht verstehen!

In bezug auf Ihr Angebot einer Auswahl von Kurzformeln, was Dialektik sei, würde ich, wobei ich gleichzeitig für meinen Freund Marx sprechen darf, ohne Einschränkung 'Lehre von der Entwicklung der Dinge' und 'Lehre in Widersprüchen' ankreuzen, aber auch den Vorschlag Nr. 1 gelten lassen - mit der Präzisierung, daß die Dialektik die Methode und zusammen mit der materialistischen Grundanschauung die Philosophie der revolutionären Klasse, also des Proletariats, ausmacht.

ML: Das ist auch meine Ansicht! Ich stimme auch in der Beantwortung der Multiple-Choice-Frage mit Engels überein: Nr. 3) und 5) sind die einzig richtigen Lösungen! 'Die materialistische Dialektik hat sich die Erkenntnis zu eigen gemacht, daß nichts in der Welt geschieht, was nicht objektiv verursacht ist. Das materialistische Denken untersucht die Ursachen in ihrer ganzen Mannigfaltigkeit und fragt nach den Triebkräften der Veränderung und Entwicklung. Diese erkennt es in den inneren Widersprüchen der Erscheinungen; dialektische Widersprüche bilden die entscheidende Ursache alles Werdens in der Welt.' (Einf, S. 191)

'Der wesentliche Inhalt der materialistischen Dialektik besteht im Nachweis der gesetzmäßigen Veränderung und Entwicklung in der Welt ... Eine wirklich wissenschaftlich begründete Entwicklungsauffassung vertritt allein der Marxismus-Leninismus. Dies ergibt sich aus dem konsequent revolutionären Charakter der organisierten Arbeiterklasse, die der Träger dieser Weltanschauung ist.' (Ebd., S. 198 f.)

ZUHÖRER: [Geht das schon wieder los?]

ML: Somit 'erfüllt die Dialektik eine praktische Funktion: ... sie führt die Werktätigen zu einem richtigen theoretischen und praktischen Verhalten ...'

ZUHÖRER: [Oh bitte nicht!]

ML: '... Die Dialektik als die lebendige Seele des Marxismus erklärt die allgemeine Natur ...'

ZUHÖRER: [... und die Triebkräfte der Veränderung und Entwicklung ...]

ML: '... die Voraussetzungen und Triebkräfte der Entwicklung der Welt. Indem die Arbeiterklasse sich diese Theorie aneignet ...'

DISKUSSIONSLEITER: Bitte kommen Sie zum Schluß!

ML: 'Im Erkennen und Handeln muß man sich stets als Materialist verhalten!' (Einf, S. 217)

DISKUSSIONSLEITER: Meine Herren, ich danke Ihnen für dieses Gespräch.

Fazit

Die Diskussion vermochte uns einige grundlegende methodologische Einsichten zu vermitteln. Zum einen demonstrieren die verschiedenen Antworten, die die Beteiligten auf die Multiple-Choice-Frage nach dem Kern der Dialektik ankreuzen, daß es entscheidend vom wissenschaftlich-philosophischen bzw. *weltanschaulichen Standpunkt* abhängt, welche der vorgeschlagenen Lösungen man für die zutreffende hält. Sehen die einen in der Dialektik eine unwissenschaftliche, die Grundsätze der elementaren bzw. formalen Logik verletzende Methode des Denkens, erkennen die anderen in ihr die einzig wissenschaftliche Vorgehensweise.

Zum anderen kann man festhalten, daß in der Wissenschaft keineswegs - erst recht nicht bei methodologisch-philosophischen Problemen - nach der Maxime 'Auf eine klare Frage eine klare Antwort!' verfahren wird, sondern daß unterschiedliche bzw. differenzierte Erklärungen oder Denkansätze möglich sind. Sie können im Extremfall sogar diametral entgegengesetzt ausfallen. Die Diskussionscollage hat die kontroversen Positionen der Dialektikdebatte immerhin deutlich werden lassen, wobei vor allem zwei Hauptstreitpunkte hervorzuheben sind:

- Der eine liegt in dem Umstand begründet, daß beide Seiten von einem verschiedenen Widerspruchsbegriff ausgehen. Die Vertreter der formalen Logik sehen im dialektischen Widerspruch ein die Grundregeln des logischen Denkens verletzendes Prinzip. Die Dialektiker reklamieren dagegen, daß er eine Erweiterung und Fortentwicklung der 'starren' traditionellen Erkenntnisregeln bedeute und keineswegs im unvereinbaren Gegensatz zur Logik stehe.

- Der andere bleibt innerhalb des dialektischen Lagers angesiedelt, in dem zwei Dialektik-Varianten kursieren: die sog. idealistische Version *Hegels* auf der einen und deren materialistische 'Umstülpung' durch *Marx, Engels* und *Lenin* auf der anderen Seite[99].

Dagegen kam die Frage, ob die Dialektik als eine selbständige, abstrakte Form des Denkens aufzufassen sei, d.h. als reine, inhaltsleere, lediglich nach bestimmten Regeln und Gesetzen funktionierende Denkmethode, die man auf beliebige, der Methode äußerliche Gegenstände wie z.B. auf Natur, Geschichte oder die politische Ökonomie anwenden kann, in der Diskussion nur am Rande zur Sprache. *Hegel* dagegen betonte, daß Gegenstand und (dialektische) Methode untrennbar miteinander verbunden seien und insofern eine Einheit bildeten[100].

---

[99] Am Rande sei angemerkt, daß die Dialektik-Gegner sich in dieser Frage eher auf Hegels Seite schlagen würden, wie sich *Poppers* Bemerkung, daß es "lediglich die Kombination zwischen Dialektik und Materialismus [ist], die mir noch übler erscheint, als der dialektische Idealismus", entnehmen läßt (vgl. *ders.* [1940], S. 283).

[100] Vgl. dessen Eingangsstatement in der obigen Diskussion: "... daß diese Methode ... von ihrem Gegenstande und Inhalte nichts Unterschiedenes ist; denn es ist der Inhalt in sich, die Dialektik, die er an ihm selbst hat, ... es ist der Gang der Sache selbst." (Logik, S. 49 f.)

Anhänger der marxistischen Theorie nehmen diesbezüglich eine gespaltene Position ein. Manche berufen sich auf Passagen der Klassiker *Marx*, *Engels* und *Lenin*, in denen von der Anwendung der dialektischen Methode auf die Ökonomie die Rede ist[101]. Nach ihrer Auffassung sei es notwendig, sich *vor* dem Herangehen an den Erkenntnisgegenstand der Methode, d.h. der von Hegel entwickelten Dialektik, zu vergewissern, um sie dann auf Basis der materialistischen Weltanschauung auf die politische Ökonomie und andere Bereiche wissenschaftlicher Erkenntnis anzuwenden. Dies setze die potentielle Loslösung dieser Methode, d.h. ihres abstrakten Erkenntnisinhalts, ihrer wissenschaftlichen Begründung bzw. inneren Logik usw., von dem konkreten Erkenntnisgegenstand voraus.

Die andere Richtung besteht umgekehrt auf dem Postulat der Untrennbarkeit von Inhalt und Form bzw. der Einheit von (Erkenntnis-)Gegenstand und Methode[102]. Es gebe keine dem Gegenstand äußerliche, eigenständige dialektische Logik, sondern nur *die* (materialistische) Dialektik. Sie sei die Lehre vom Gesamtzusammenhang, von den allgemeinen Gesetzen und Triebkräften der Bewegung der realen Welt, der Natur, der Geschichte usw. ebenso wie des menschlichen Denkens selbst. Die dialektische Logik gehe als integraler Baustein der alles umfassenden 'Dialektik als solcher' in dieser auf. Die Methode könne daher nicht als abstraktes System von Kategorien und Denkregeln, als Voraussetzung oder bloßes Hilfsmittel der Erkenntnis angesehen und auf einen beliebigen Stoff angewendet werden. Der Inhalt der Politischen Ökonomie sei nicht vom dialektischen Denken zu trennen. Eine nicht mystifizierte bzw. entidealisierte Darstellung der Dialektik und ihrer Denkgesetze könne erst als Resultat der kritischen Analyse und Darstellung der Politischen Ökonomie erfolgen. Genau diesen Anspruch habe *Marx* mit seinem 'Kapital' in die wissenschaftliche Tat umgesetzt und damit zugleich die einzig richtige Ableitung der (materialistischen) Dialektik geleistet[103]. Für die Erkenntnis dieser Zusammenhänge von Sein und Bewußtsein habe es erst eines gewissen fortgeschrittenen Entwicklungsstandes des Denkens und des philosophischen Reflektionsniveaus und damit auch der gesellschaftlichen Verhältnisse bedurft, eine Entwicklung, die etwa zur Mitte des 19. Jahrhunderts mit der Ausbreitung der bürgerlichen Gesellschaft herangereift war. Bis dahin sei die dialektischen Methode - ihre Anfänge gehen ja, wie in der Diskussion angesprochen, bis ins frühe Altertum zurück - auch nur in der idealistischen Form, wie sie von Hegel

[101] Vgl. z.B. MEW 23, S. 31; MEW 20, S. 335; MEW 31, S. 379.

[102] Eine detaillierte Darstellung dieses Standpunktes findet man bei *Bischoff, Joachim* [1973], Gesellschaftliche Arbeit als Systembegriff. Über wissenschaftliche Dialektik, Berlin (West), insbesondere S. 49-134.

[103] Eingeworfen sei die Frage, inwieweit solch Wahrheitsanspruch nicht selbst einen logischen Determinismus bedingt. Eine berühmte Passage aus Marxens Streitschrift gegen Proudhon ('Das Elend der Philosophie', 1847, MEW 4, S. 139) abwandelnd könnte man nämlich behaupten: "Die (dialektischen) Materialisten verfahren auf eine sonderbare Art. Es gibt für sie nur zwei Arten von Wissenschaft, künstliche und natürliche. Die Ansichten der Idealisten sind künstliche, die der Materialisten natürliche. Sie gleichen darin den Theologen, die auch zwei Arten von Religionen unterscheiden. Jede Relegion, die nicht die ihre ist, ist eine Erfindung der Menschen, während ihre eigene Religion eine Offenbarung Gottes ist ... Somit hat es eine Geschichte der Erkenntnistheorie gegeben, aber es gibt keine mehr."

als 'weltgeschichtliche Tat'[104] ausgearbeitet worden sei, möglich gewesen. Sie habe in dieser Form zum Fortschritt der Erkenntnis, vor allem auf naturwissenschaftlichem Gebiet beigetragen. Die 'materialistische Revolutionierung des Denkens' (*Engels*) habe dann allerdings dem Werkzeugcharakter der dialektischen Logik dadurch ein Ende gemacht, daß sie sie als integralen Bestandteil ihrer Weltanschauung auffaßte und beanspruchte, eine Lehre vom Gesamtzusammenhang der Welt, des Seins und des Denken als untrennbare Einheit zu sein. Im Marxschen 'Kapital' habe sich, wie gesagt, diese Theorie als Erkenntnismethode, die als gedankliche Reproduktion der Bewegungsformen der Welt mit ihrem Inhalt identisch ist, erstmals manifestiert.

Es kann nicht Aufgabe dieser Einführung sein, die unterschiedlichen philosophischen Standpunkte im einzelnen diskutieren oder gar werten zu wollen. Daher sei es hier bei dieser Skizzierung der Hauptpositionen belassen. Uns ging es lediglich darum zu zeigen, daß es sich bei der Darstellung der Entwicklung der Ware von ihrem Gegensatz als Gebrauchs- und (Tausch-)Wert, über die Ableitung des Doppelcharakters der Arbeit als konkrete und abstrakte, über die Analyse der einfachen Wertform bis hin zur 'blendenden' Geldform, ihrer schließlichen Verwandlung in die Kapitalform usw. um solche dialektische Entwicklung des Gegenstandes bzw. seiner gedanklichen Reflexion (ge)handelt (hat). Auch wenn die Marxsche Begriffsgenese eher als eine theoretische 'Konstruktion a priori' erscheinen mag[105], würde *Marx* darauf pochen, sie eher als - hegelsch formuliert - 'kalt fortschreitende Notwendigkeit der Sache' denn als willkürliche oder freie Entscheidung des Analytikers anzusehen.

---

[104] So *Fr. Engels*, in: MEW 20, S. 353.

[105] *Marx* gesteht in einem Nachwort zum 1. Band des 'Kapital' zu, daß dieser Eindruck entstehen könnte. Man müsse eben zwischen dem Forschungs- und dem Darstellungsprozeß unterscheiden: "Die Forschung hat den Stoff sich im Detail anzueignen, seine ... Entwicklungsformen zu analysieren und deren inneres Band aufzuspüren. Erst wenn diese Arbeit vollbracht [ist], kann die wirkliche Bewegung entsprechend dargestellt werden. Gelingt dies und spiegelt sich nun das Leben des Stoffs ideell wieder, so mag es aussehen, als habe man es mit einer Konstruktion a priori zu tun." (MEW 23, S. 27)

ÜBUNGSFRAGEN

1) Was versteht man im traditionellen Sinne der griechischen Philosophie unter Dialektik?

2) Was besagt die sog. dialektische Triade: Thesis - Antithesis - Synthesis?

3) Welche vier Bedeutungen beinhaltet das Wort 'aufheben', das für die Synthese eine so wichtige Rolle spielt?

4) Erläutern Sie Hegels Aussage, daß das 'Negative ebensosehr positiv ist'!

5) Erläutern Sie Marxens Auffassung, daß Hegel Idealist und seine Dialektik deshalb 'umzustülpen' sei!

6) Erläutern Sie Engels' Unterscheidung zwischen 'objektiver' und 'subjektiver Dialektik'!

7) Erläutern Sie den Unterschied zwischen dem logischen Widerspruch einerseits und dem dialektischen Widerspruchsbegriff andererseits!

8) Stimmen Sie der These zu, daß die Aufhebung des Prinzips der Widerspruchsfreiheit, wie sie die Dialektik impliziert, es im Grunde ermöglicht, beliebige Behauptungen aufzustellen?

II. Die Theorie des Mehrwerts

1. Von der einfachen zur kapitalistischen Warenproduktion

Die Überlegungen zur Werttheorie basierten bisher auf dem Modell der einfachen warenproduzierenden Gesellschaft. Marx verwendet dieses Bild teils aus veranschaulichenden, teils aus heuristischen Gründen. Es soll dazu verhelfen, Zusammenhänge durch ihre Vereinfachung klarer hervortreten zu lassen, mit dem Ziel, die im Verborgenen wirkenden Gesetzmäßigkeiten und Abhängigkeiten besser aufspüren bzw. entdecken zu können. Die so gewonnenen Erkenntnisse sind anschließend auf die Ebene der entwickelteren Gesellschaftsformation zu übertragen. Wie dieser Übergang von der einfachen zur fortgeschritteneren kapitalistischen Gesellschaft auf der Grundlage des erarbeiteten werttheoretischen Fundaments analytisch zu bewerkstelligen ist, soll im folgenden gezeigt werden. Insbesondere gilt es darzulegen, wie sich die Arbeitswerttheorie im kapitalistischen Modell zu einer allgemeinen Preistheorie fortentwickeln läßt, einschließlich der Preise für Arbeit und für Kapital, also dem Lohn und dem Profit bzw. Zins.

Bekanntermaßen ist der Kapitalismus historisch nicht aus der einfachen warenproduzierenden Gesellschaft, sondern aus dem Feudalismus hervorgegangen. Unsere Abfolge überspringt somit zahlreiche Etappen der historischen Entwicklung[106], z.B. auch frühe Formen kapitalistischer Existenzweisen, wie sie etwa beim Leihkapital bereits seit der Antike oder beim Handels- und Kaufmannskapital in der merkantilistischen Epoche auftraten. Der Rekurs auf die einfache warenproduzierende Gesellschaft als Ausgangsmodell erscheint gleichwohl gerechtfertigt, als es allein darauf ankommt, sich die in der entwickelteren Gesellschaft komplizierter darstellenden Zusammenhänge zunächst am vereinfachten Bild klar zu machen.

Worin bestehen die Unterschiede zwischen einer *einfachen* und der auf *kapitalistischer* Basis operierenden Gesellschaft? Das Attribut *einfach* soll zum Ausdruck bringen, daß die gesellschaftlichen Beziehungen noch relativ durchsichtig, unkompliziert, vor allem ohne Dazwischentreten von Kapital gestaltet sind. Es existiert eine Vielzahl kleiner Produzenten, die mit einer mehr oder weniger bescheidenen Produktionsmittelausstattung Waren herstellen. Die Produkte gehören - ebenso wie die Produktionsmittel - ihnen selbst. Das Ziel ihrer Tätigkeit besteht darin, den Lebensunterhalt mittels Verkauf der Arbeit(sprodukte) zu sichern. Es geht den Beteiligten in erster Linie um die Deckung des eigenen Bedarfs, d.h. um die Produktion bzw. den Austausch von Gebrauchswerten. 'Verkaufen, um zu kaufen', lautet das Leitmotiv. Die Akteure sind untereinander grundsätzlich gleichberechtigt. Steigerungen der individuellen Produktivität oder Intensität der Arbeit gehen unmittelbar zu ihren Gunsten. Welche Produkte sie mit welcher Technik und in welcher Menge herstellen, fällt in den Entscheidungsbereich der

[106] Der Frage, ob bzw. wann und wo eine einfache warenproduzierende Gesellschaft in konkreto jemals historisch existent war, sei hier nicht weiter nachgegangen.

jeweiligen Produzenten, wobei sie sich am Marktbedarf ausrichten. Der Prozeß der einfachen Warenproduktion ist durch die Kette W - G - W gekennzeichnet[107].

In der *kapitalistischen Gesellschaft* stellen sich die Dinge anders dar. Zunächst ist sie dadurch charakterisiert, daß es zwei große gesellschaftliche Klassen gibt: Produktionsmittelbesitzer (*Bourgeoisie*) und Lohnarbeiter (*Proletarier*). Diese Dichotomisierung impliziert, daß alle Gesellschaftsmitglieder nach der Form ihres Einkommens der einen oder anderen Klasse zugeordnet werden, d.h. danach, ob sie entweder Lohn- oder Kapitaleinkommen (d.h. Profit bzw. Zins) beziehen. Die Arbeiter sind von den Produktionsmitteln ebenso wie von den Produkten (jetzt) getrennt, da diese ihnen nicht (mehr) gehören. Beide befinden sich vielmehr im Eigentums- und Verfügungsrecht des Kapitalisten. Die Arbeitskraft der Produzenten ist zur bloßen Ware geworden. Sie erhalten den Gegenwert für ihre Arbeit nicht mehr - wie noch in der einfachen warenproduzierenden Gesellschaft - unmittelbar aus dem Verkaufserlös der von ihnen erzeugten Produkte, sondern als Lohn von den Kapitalisten. Die Produktion geschieht nicht um der Bedarfsdeckung oder der Gebrauchswertherstellung willen, sondern allein zum Zwecke der Gewinnerzielung. Tauschwertvermehrung ist das treibende Motiv dieser Gesellschaft. Die charakteristische Wertewandlungsreihe lautet: G - W - G' (wobei $G' = G + \Delta G$ symbolisiert). Die Vermehrung der vorgeschossenen Kapitalsumme macht das Charakteristische dieser Gesellschaftsformation aus. *Kapital* wird allgemein definiert als *Warenvorrat zum Zweck der Gewinnerzielung*[108]. Dieser Vorrat kann in Geld, Produktionsmitteln, Rohstoffen oder Fertigprodukten, nach *Marx* auch in einem Potential an Arbeitskräften bestehen. Entscheidend ist allein, daß sein Bestimmungszweck in der Wertvermehrung liegt. Den Eigentümer oder auch den Besitzer bzw. Verfügungsberechtigten über diesen Warenvorrat bezeichnet man als *Kapitalisten* und Gesellschaften, in welchen die Warenproduktion primär auf Basis von Kapitaleinsatz erfolgt, als *kapitalistisch*.

---

[107] Die Symbolik wurde weiter oben erläutert (s. S. 67).

[108] Als *Kapital* bezeichnete man ursprünglich den *Hauptteil* (*'capita'* [lat.] = Haupt-...) einer geliehenen Geldsumme als Basis für die Zinsberechnung. Die Schuldsumme setzte sich zusammen aus 'capita' plus Zinsen.

Der Unterschied zwischen beiden Gesellschaftsformationen faßt folgende Übersicht zusammen:

***Einfache* Warenproduktion**	***Kapitalistische* Warenproduktion**
• Produktionsmittel im Eigentum der Produzenten	• Produktionsmittel gehören nicht den (unmittelbaren) Produzenten, sondern den Kapitalisten
• Arbeitskraft als eigenes 'Potential'	• Arbeitskraft zur Ware geworden
• Produzenten untereinander gleichberechtigt (keine Klassenteilung der Gesellschaft)	• Gesellschaft in zwei Klassen gespalten: Kapitalisten und Proletarier
• Ziel der Warenherstellung: (wechselseitige) Bedarfsdekkung der Produzenten	• Ziel der Produktion: Gewinnerzielung bzw. Profitmaximierung
• kennzeichnende Zirkulationsreihe: **W - G - W**	• kennzeichnende Zirkulationsreihe: **G - W - G'**
• keine Entfremdung von den Produkten	• Entfremdung der Produzenten von ihren Produkten
• individuelle Produktivitätsfortschritte gehen zugunsten der jeweiligen Produzenten	• Produktivitätsfortschritte zugunsten der Kapitalisten
• kein Kapital (im eigentlichen Sinne) vorhanden	• Produktion überwiegend auf Kapitalbasis

In bezug auf die jeweils kennzeichnenden Zirkulationsketten könnte man vielleicht einwenden, daß der Unterschied zwischen beiden lediglich ein formaler bzw. willkürlicher sei. Im Prinzip bleibe es doch gleichgültig, ob die Reihe mit W oder mit G anfange, denn beides seien doch nur verschiedene Formen einer identischen Wertsumme. Auch bei der einfachen Warenproduktion verfügen die Akteure (irgendwann) über Geld, das sie in Waren eintauschen, dann erneut Waren produzieren, um wieder Geld zu erhalten usw. Andererseits fällt das Geld auch im kapitalistischen System nicht einfach wie Manna vom Himmel und kann nur durch den Verkauf von Waren erworben worden sein. Also könnte auch dort die Reihe mit 'W' beginnen.

Auch wenn dies auf den ersten Blick durchaus so scheinen mag, bestehen zwischen beiden Gesellschaftsformationen hinsichtlich der Funktion des Geldes doch entscheidende Unterschiede. In der Reihe W - G - W bleibt Geld auf seine Zirkulationsmittelfunktion beschränkt. Es vermittelt den Austausch qualitativ verschiedener Gebrauchswerte bei quantitativer Wertgleichheit. In der Folge G - W - G' ist das Geld dagegen zu Kapital geworden. Es dient vornehmlich dem Zweck der quantitativen Vermehrung. Der Prozeß W - G - W ist nach dem Ablauf beendet und beginnt mit der Herstellung neuer Waren von vorne. Auch die kapitalistische Reihe könnte zwar im Prinzip mit W beginnen, jetzt allerdings als Waren*kapital* definiert, das sich dann im Produktionsprozeß in eine wertmäßig größere Summe verwandelt. Sie stellt sich zunächst gleichfalls als Waren- und nach dem Verkauf desselben als Geldkapital dar. Letzteres ermöglicht dann seinerseits wiederum den Kauf von entsprechend vermehrtem Warenkapital usw. Solche Charakterisierung des Kreislaufes würde allerdings das eigentliche *Ziel* des ganzen Prozesses verschleiern, da sie zur Vorstellung verleitet, daß die (stoffliche oder wertmäßige) Vergrößerung des Warenkapitals letzter Zweck der kapitalistischen Produktionsweise wäre. Den Kapitalisten geht es aber vorrangig nicht um die Vermehrung des Waren-, sondern allein ihres Geldkapitals. Nur dies stellt die ubiquitär verwendbare Kapitalform dar. Insofern erscheint die Folge G - W - G' duchaus als die treffendere Charakterisierung.

Hinzu kommt, daß die Kapitalisierung des Geldes nicht bloßer Selbstzweck bleibt. Auch Kapitalisten wollen ihren Konsum bzw. Nutzen mehren und maximieren. Sie tun dies mittels Ausdehnung ihres Einkommens bzw. Profits. Je höher der Gewinn, desto größer die materiellen, vor allem aber auch immateriellen Konsumtionsmöglichkeiten. Neben dem Kauf von Luxusgütern für den persönlichen Bedarf, dessen Befriedigung gewisse Sättigungsgrenzen gesetzt sind, geht es nicht zuletzt um die Zugehörigkeit zur herrschenden Klasse oder den Wunsch, ein hohes Ansehen zu genießen, wozu oftmals die Demonstration eines aufwendigen Lebensstils als notwendig erachtet wird[109]. Auch spielen solche Wünsche eine Rolle wie etwa das Bestreben, wichtige Entscheidungen treffen zu wollen, oder Verantwortung übernehmen bzw. Macht über andere ausüben zu können usw. Schließlich ist für den Kapitalisten auch noch der *produktive* Konsum von Bedeutung: Um langfristig für einen stetigen und steigenden Einkommensstrom zu sorgen, ist es erforderlich, einen (wachsenden) Teil des Einkommens produktiv zu (re)investieren, also nicht privat bzw. unproduktiv zu verkonsumieren, sondern dem Produktionsprozeß wieder zuzuführen. Dies wird für ihn sogar zur Notwendigkeit - "bei Strafe seines Untergangs", wie Marx sagt (MEW 25, S. 255). Die fortwährende Kapitalakkumulation dient also auf lange Sicht der Ausdehnung und Sicherung seines Konsums im weitesten Sinne. Insofern endet die typische Reihe für den Kapitalisten mit 'G' ebenso wie sie damit beginnt.

---

[109] Die Zurschaustellung von Luxuskonsum, seinen demonstrativen Charakter, vor allem in den frühen Jahren des aufkommenden Kapitalismus, hat *Thorstein Veblen* [1899] in dem Buch *The Theory of the Leisure Class* geistreich analysiert, das seit einiger Zeit unter dem Titel *Theorie der feinen Leute* (Frankfurt/M. 1986) auch als deutsche Taschenbuchausgabe vorliegt.

Die Reihe G - W - G' geht, wie man sieht, davon aus, daß ein gewisser Geldvorrat schon existiert bzw. vor ihrem Ablauf angesammelt worden ist. Da sich in der einfachen warenproduzierenden Gesellschaft niemand veranlaßt sah, Geld- oder Warenvorräte zu akkumulieren, stellt sich die Frage, woher dieser Bereicherungstrieb in der kapitalistischen Gesellschaft gekommen ist. Anders gefragt: Wodurch ist Geld zu Kapital geworden?[110]

Wie bereits erwähnt, haben sich in bzw. mit der kapitalistischen Gesellschaft zwei Klassen herausgebildet, die arbeitende, in Lohnabhängigkeit stehende Klasse einerseits und die Klasse der Produktionsmittelbesitzer andererseits. Grundvoraussetzung hierfür war ein Niveau der Produktivkräfte, das die Erzielung eines gesamtgesellschaftlichen Warenüberschusses ermöglichte, aus dem der Lebensunterhalt der nicht-produktiven Klasse bestritten werden konnte. Erst wenn der Umfang des Sozialproduktes es erlaubt, bestimmte Mitglieder der Gesellschaft von der Mitarbeit an der Produktion freizustellen, wenn also nicht jede Arbeitskraft erforderlich ist, um das substanzielle Existenzminimum aller Gesellschaftsmitglieder zu sichern, erst dann kann sich überhaupt eine privilegierte, nicht - im unmittelbaren Sinne - produktiv arbeitende Klasse herausbilden. Sie ist in aller Regel mit dem Herrschaftsmonopol verbunden. Nach welchen Selektionskriterien sich diese Klassenteilung im einzelnen historisch vollzogen hat und wie die 'arbeitslose' Einkommenserzielung jeweils gerechtfertigt wird, mag hier dahingestellt bleiben[111]. Wir gehen im folgenden einfach von der Existenz der Klassenteilung aus, mit Proletariern auf der einen und Kapitalisten auf der anderen Seite.

Da es für eine Geld- oder Warenakkumulation in der einfachen warenproduzierenden Gesellschaft kaum Notwendigkeiten gab, standen einem entsprechenden Bereicherungsstreben auch nur geringe Entfaltungsmöglichkeiten offen. In einer Gesellschaft, in der jeder seine ganze Arbeitskraft dafür einsetzen muß, die Waren seines Lebensbedarfs zu produzieren bzw. gegen selbst erstellte Produkte einzutauschen, bleibt für die Befriedigung eines Akkumulationstriebes, d.h. für die Anhäufung eines größeren Wertquantums als zum Lebensunterhalt erforderlich ist, wenig Raum[112]. Die Möglichkeit, Geld zu akkumulieren und als Kapital einzuset-

---

[110] Bei der Beantwortung dieser Frage ist daran zu erinnern, daß der logische Übergang von der einfachen zur kapitalistischen Warenproduktion ja keineswegs der unmittelbaren historischen Entwicklung entspricht. Zwischen beiden liegen zahlreiche Varianten und Abstufungen anderer Gesellschaftsformationen. Merkmale, die zu den charakteristischen Eigenschaften des Kapitalismus zählen und die in der einfachen Warenproduktion (noch) nicht auftraten, müssen nicht plötzlich oder unvermittelt aufgetaucht sein. Sie können sich vielmehr im Zuge der jahrhundertelangen Wandlungen der Produktions- und Herrschaftsverhältnisse in Richtung auf das kapitalistische System allmählich herausgebildet haben. Dies betrifft z.B. auch den Kapitalwerdungsprozeß des Geldes.

[111] *Marx* erläutert diesen Prozeß im 24. Kapitel des 1. Bandes des 'Kapital' und spricht von 'ursprünglicher Akkumulation'. Er zeigt u.a., wie Erbschaft und Heirat, aber auch gewaltsame Vertreibung und Enteignung, Plünderung, Krieg, Raub usw. die Hauptformen dieser Akkumulation waren.

[112] Da die Tauschraten oder Preise der Waren aber nur der Tendenz nach ihren Wertrelationen entsprechen, konnten - in Grenzen - individuelle Verkaufsvorteile erzielt werden, sofern sich der Marktpreis über dem Wert der Waren bewegte (ebenso wie natürlich auch umgekehrt). Diese

zen, entstand erst im Zuge der sich allmählich herausbildenden Klassenteilung und der Phase der sog. *ursprünglichen Akkumulation*. Die meisten Menschen hatten lediglich ihre Arbeitskraft anzubieten, die sie zwecks Erwerbs ihres Lebensunterhalts in den Dienst der Kapitalisten zu stellen gezwungen waren. Die Arbeitskraft degradierte mehr und mehr zur bloßen Ware[113]. Genau diesem Umstand verdanken diejenigen Akteure am Markt, die bereits über eine gewisse (Geld-)Kapitalsumme verfügten, die Möglichkeit, die Arbeitskraft für sich profitabel zu verwerten. Nicht etwa Plünderung, Prellerei oder bloße Geizhalsmentalität waren die Wege bzw. Mittel zur individuellen Geldakkumulation, sondern die Ausnutzung der Chance, auf Basis des legalen äquivalenten Tauschs eine vorgeschossene Summe wertmäßig zu vergrößern. Kapital definiert *Marx* als 'sich selbst verwertender' bzw. 'Mehrwert heckender Wert'. Wie dieser Prozeß der Wertvermehrung im einzelnen funktioniert, darauf ist nun näher einzugehen.

2. Die Quelle des Mehrwerts

a) Problemstellung

Wo kommt das Quantum 'mehr Wert' her, über das die Kapitalisten am Ende des Produktions- bzw. des sich anschließenden Verwertungsprozesses verfügen? Offenbar gelingt es ihnen, aus dem Prozeß eine größere Wertsumme herauszuziehen als sie einst vorgeschossen haben. Wie ist dies möglich, ohne daß das grundlegende Aquivalenztauschprinzip verletzt wird?

Fragen wir mit *Marx* zunächst, ob sich der Mehrwert nicht daraus erklären läßt, daß Kapitalisten Waren zu ihrem Wert - besser noch: darunter - einkaufen und sie später über demselben verkaufen. Bei näherem Zusehen zeigt sich allerdings, daß diese Vorstellung mit der Kernaussage der Arbeitswertlehre, daß sich 'hinter dem Rücken der Produzenten' das Prinzip des Äquivalententauschs als 'blind wirkendes Durchschnittsgesetz' durchsetze, unvereinbar ist. Auch wenn individuelle Übervorteilungen von Marktkontrahenten möglich sind bzw. vorkommen, kann dies auf gesamtgesellschaftlicher Ebene nicht der Fall sein. Hier gilt vielmehr: Was der eine gewinnt, verliert der andere[114]. Ein zusätzlicher Wert, der Gegenstand

---

konnten entweder durch mehr Muße oder auch durch den Erwerb zusätzlicher Waren(vorräte) genutzt werden. Die Möglichkeit einer Wertvermehrung bestand nicht. Insofern entfiel das Motiv zur Geldakkumulation. Zudem heben sich gesamtgesellschaftlich die Abweichungen auf, da des anderen Nachteil was des einen Vorteil ist.

[113] "Eins ist jedoch klar. Die Natur produziert nicht auf der einen Seite Geld- oder Warenbesitzer und auf der anderen bloße Besitzer der eignen Arbeitskräfte. Dies Verhältnis ist kein naturgeschichtliches ... Es ist offenbar selbst das Resultat einer vorhergegangenen historischen Entwicklung, das Produkt vieler ökonomischer Umwälzungen ..." (MEW 23, S. 183). Die kapitalistische Produktion 'produziert' Menschen wie eine Ware, wie Objekte, geistig und körperlich entfremdete Wesen (vgl. dazu im einzelnen Marxens *Ökonomisch-philosphische Maunskripte* von 1844, MEW 40 [EB I], S. 511 u. 524).

[114] Aus didaktischen Gründen spielt *Marx* den Fall durch, daß den Verkäufern "durch irgendein unerklärliches Privilegium" die Möglichkeit offensteht, ihre Waren über Wert zu verkaufen (vgl. MEW 23, S. 175). Es zeigt sich, daß der Gewinn, den der Einkäufer einer Ware erzielt, die er unter ihrem Wert erwirbt, für den betreffenden Verkäufer einen Wertentgang in gleicher Höhe

der Aneignung werden könnte, kommt auf diese Weise nicht zustande. Als Produzent und Konsument von Waren - auch zu Produktionszwecken - ist jeder Verkäufer zugleich Käufer, mit der Folge, daß er beim Kauf der Waren wieder hergeben muß, was er beim Verkauf anzueignen privilegiert war: "Die Gesamtheit der Kapitalistenklasse ... kann sich nicht selbst übervorteilen."[115]

Im Zirkulationsprozeß, d.h. beim bloßen Austausch von Waren, kann ein 'mehr an Wert' also nicht entstehen. Nach dem Äquivalenzprinzip wechselt die Wertsumme im Austausch lediglich die *Form*, nicht aber ihren Betrag. Ware wird zu Geld, Geld zu Ware, sei es als Konsumgegenstand, sei es als Produktivgut. Die Kapitalisten kaufen die Produktionseinsatzfaktoren grundsätzlich ebenso zu ihrem Wert wie sie die hergestellten Waren zu dem ihrigen verkaufen. Daraus folgt, daß nur *während* des Produktionsprozesses die Raupe zum Schmetterling werden konnte und daher dort das eigentliche Geheimnis des Mehrwerts zu suchen ist.

b) Der Wert der Ware Arbeitskraft

Unter den Inputfaktoren der Produktion muß sich eine Ware befinden, die Quelle der geheimnisvollen Wertvermehrung ist. Genauer gesagt, muß es sich um eine Ware handeln, deren Output-Wert(-beitrag) größer ist als ihr eigener Input-Wert. Es ist nicht schwer, diese Ware zu identifizieren. Da die Arbeitswerttheorie die menschliche Arbeit als einzige Quelle des Werts postuliert, kann logischerweise nur sie selbst als Ursprung einer Wertvermehrung in Betracht kommen. Das Problem reduziert sich lediglich darauf, die Zusammenhänge arbeitswerttheoretisch konsistent zu fassen.

Wie erwähnt, ist Arbeit, genauer die Arbeitskraft der Menschen, im Kapitalismus selbst zur Ware geworden. Das heißt, daß es eine große Zahl von Menschen in der Gesellschaft gibt, die außer ihrer Arbeitskraft nichts besitzen und daher gezwungen sind, diese zwecks Erwerbs ihres Lebensunterhalts am Markte feilzubieten. Als Käufer treten die Besitzer von Produktionsmitteln auf, die ihnen als Gegenwert einen Lohn entrichten. Da es sich dabei um einen Warentausch handelt, unterliegt dieser - der Arbeitswertlehre zufolge - dem Äquivalenzprinzip. Die Kapitalisten zahlen - im Gleichgewichtsfall - den Arbeitern als den Verkäufern der Ware Arbeitskraft einen Lohn, der genau dem Wert ihrer Ware entspricht, nicht mehr und nicht weniger. In praxi weicht dieser Lohn zwar nach oben oder unten von seiner Wertbasis ab, aber letzterer bildet (analog zu den Marktpreisen der übrigen Waren) das Gravitations- bzw. Oszillationszentrum seiner Schwankun-

bedeutet. Was der eine mehr erhält, büßt der andere ein. Bezogen auf die Summe aller Tauschakte müssen sich Wertüberschüsse und -defizite notwendigerweise die Waage halten. Das Ergebnis besteht lediglich in einer Umverteilung von Wertquanta.

[115] Vgl. MEW 23, S. 177. Wohl aber wäre denkbar, daß die privilegierte Gesellschaftsklasse die andere auf Dauer übervorteilen kann. Die Frage, inwieweit diese Möglichkeit als Erklärung der Mehrwertentstehung in Betracht kommt, sei solange zurückgestellt, bis der Mehrwert abgleitet worden ist. Siehe dazu unten S. 115 ff.

gen. Unsere Fragestellung stößt uns also zunächst auf das Problem, *wie* der Wert der Ware Arbeitskraft zu bestimmen ist.

Wenn die Arbeitskraft, wie *Marx* postuliert, Ware wie jede andere ist, erscheint es folgerichtig, ihren Wert analog zu der Wertbestimmung der übrigen Waren abzuleiten. Das heißt: auch er wird durch die zur (Re-)Produktion gesellschaftlich notwendige Arbeitszeit bestimmt. Wie läßt sich diese ihrerseits fassen? Manch einer mag da vielleicht im Stillen an die durchschnittliche 'Arbeitszeit' denken, die zur Erzeugung des (Arbeiter-)Nachwuchses aufzubringen ist. Sie ist natürlich nicht gemeint. Es geht nicht um die 'Produktion' von (späteren) Arbeitskräften, sondern um die *Reproduktion der vorhandenen Arbeitskraft.* Was also benötigt ein Arbeiter (im Durchschnitt), um seine im täglichen Arbeitsprozeß verschlissenen Körper- und Geisteskräfte zu regenerieren? Die Antwort liegt auf der Hand: Nahrung, Kleidung, Wohnraum, Mobiliar usw., kurz: alles, was zum normalen Lebensunterhalt eines Arbeiterhaushalts gehört. Diese sog. Subsistenzbedürfnisse werden durch den Kauf bzw. Erwerb entsprechender Waren gedeckt. Arbeitswerttheoretisch übersetzt, können wir den Wert der Arbeitskraft also durch die Summe aller (gesellschaftlich notwendigen) Arbeitszeiten bestimmen, die in den Gegenständen des Warenkorbes, der zur Deckung des Subsistenzniveaus eines Arbeiterhaushalts benötigt wird, materialisiert sind. In Marxens Worten:

> "Die zur Produktion der Arbeitskraft notwendige Arbeitszeit löst sich also auf in die zur Produktion dieser Lebensmittel notwendige Arbeitszeit." (MEW 23, S. 185)

Bei dieser Bestimmung ergibt sich allerdings ein Problem: Was ist als normales bzw. ausreichendes Niveau der Subsistenz anzusehen? *Marx* definiert es als eine Summe von Lebensmitteln, die hinreichen muß, "das arbeitende Individuum als arbeitendes Individuum in seinem normalen Lebenszustand zu erhalten" (MEW 23, S. 185), und rechnet dazu "natürliche Bedürfnisse" wie Nahrung, Kleidung usw., aber auch sog. "notwendige Bedürfnisse", die er als "historisches Produkt" ansieht. Sie hängen "großenteils von der Kulturstufe eines Landes, unter anderem auch wesentlich davon ab, unter welchen Bedingungen und daher mit welchen Gewohnheiten und Lebensansprüchen die Klasse der freien Arbeiter sich gebildet hat" (ebenda).

Konkret bedeutet das, daß sich der Inhalt des durchschnittlichen Subsistenzmittelkorbes eines Arbeiterhaushalts in bezug auf Menge und Qualität der darin befindlichen Waren nicht allgemein bestimmen läßt. Zum bloßen Überleben reichen Wasser, Brot, engste Behausung und notdürftigste Kleidung hin. Aber dieses physische Existenzminimum ist nicht gemeint, wenn vom Subsistenzminimum die Rede ist. Würde der Preis der Ware Arbeitskraft auf dieses Minimum fallen, "so sinkt er unter ihren Wert, denn sie kann sich so nur in verkümmerter Form erhalten und entwickeln. Der Wert jeder Ware ist aber bestimmt durch die erforderte Arbeitszeit, um sie in normaler Güte zu liefern" (MEW 23, S. 187). Die Antwort auf die Frage, welche Waren in welcher Menge und Qualität zur Subsistenz des 'normalen Lebenszustandes' zu rechnen sind und welche nicht, wird von Land zu

Land und von Kulturstufe zu Kulturstufe verschieden ausfallen. Gehört - aus heutiger bundesrepublikanischer Sicht - z.B. ein Auto, ein Fernsehgerät oder eine Urlaubsreise dazu? Bejaht man dies, ist weiter zu differenzieren: was für ein Auto bzw. TV-Gerät soll es denn sein? Reicht zur Regeneration ein Schwarz-weiß-Gerät oder muß es schon farbig zugehen? Urlaub gehört nach heutigen Maßstäben sicherlich zum Regenerationsbedarf der Arbeitskraft, aber muß es gleich nach Übersee sein? Andererseits: wieviel km Entfernung sind 'erlaubt': Bildet der Schwarzwald die Grenze, der Gardasee oder gar das Mittelmeer?[116] Je nachdem, wie die Antwort auf solche, hier bewußt überpointierten Fragen ausfällt, beläuft sich der Wert der Ware Arbeitskraft höher oder tiefer. Grundsätzlich gilt: Je mehr (weniger) Waren zum Subsistenzniveau gezählt werden, desto größer (geringer) ist die Summe der notwendigen Arbeitszeiten, die im Warenkorb akkumuliert sind.

Ein analoges Problem ergibt sich in bezug auf die qualitativen Unterschiede bzw. Anforderungen an die Güter. Normalerweise wird davon ausgegangen, daß die Herstellung qualitativ höherwertiger Güter mehr Arbeitszeit erfordert als solche einfacher Ausführung. Die Frage läuft also darauf hinaus zu bestimmen, was als normaler bzw. durchschnittlicher Regenerations-Lebensstandard anzusehen ist und ab welchem Versorgungsstadium Überfluß bzw. Luxus beginnt. Es ist evident, daß solche Fragen einer befriedigenden Antwort kaum zugänglich sind[117]. Offenbar gleicht die Wertbestimmung der Ware Arbeitskraft also doch nicht so unmittelbar derjenigen der übrigen Waren. Im Gegensatz zu diesen enthält sie immer "ein *historisches* und *moralisches* Element", wie *Marx* selbst konstatiert (MEW 23, S. 186). Der Einfachheit halber gehen wir im folgenden gleichwohl zunächst davon aus, daß das Subsistenzmittelniveau in einem bestimmten Land, zu einer bestimmten Zeit als gegeben angesehen werden kann.

c) Das Geheimnis wird gelüftet

Die Ware Arbeitskraft wird - wie jede andere Ware auch - zu ihrem Wert eingekauft und bezahlt. Dieser berechnet sich, wie dargestellt, aus der Summe der Arbeitszeiten, die zur Herstellung des Subsistenzmittelkorbes gesellschaftlich erforderlich sind. Nehmen wir an, daß sechs Arbeitsstunden täglich ausreichen, um die Subsistenzwaren in gegebener Menge zu produzieren. Dabei wird vom herrschenden Stand der Arbeitsteilung und gesellschaftlicher Durchschnittsproduktivität ausgegangen, d.h. die 6 Stunden sind nicht etwa so zu verstehen, daß ein einzel-

---

[116] Bei alledem ist unterstellt, daß der Kostenaufwand, genauer: der Wert einer Reise (ausgedrückt in Arbeitszeiteinheiten für die Dienstleistungen bzw. die Waren des 'Urlaubskorbes') mit der Entfernung steigt, was, wie jeder weiß, nicht unbedingt zutreffen muß. Aber die Beispiele sind ja auch nicht allzu ernst gemeint.

[117] Bald wird man sich bei weitergehenden Fragen wiederfinden wie z.B. derjenigen nach dem Unterschied von sog. *echten* und *unechten* bzw. *natürlichen* und *nicht-natürlichen* Bedürfnissen. Welche Konsumwünsche sind wirklich notwendig und welche nicht? Welche sind das Ergebnis manipulativer Beeinflussung (z.B. durch Werbung, Nachahmungstrieb o.ä.) und welche entspringen der freien Willensentscheidung der Individuen? Eine Antwort darauf sei hier gar nicht erst versucht.

ner Arbeiter im Alleinverfahren bzw. in Heimarbeit diese Zeit benötigen würde, um seinen jeweiligen Warenkorb selbst zu erstellen. Alle Arbeiter zusammen brauchen arbeitsteilig diese sechs Stunden täglich, um den Gegenwert ihrer gesamten Subsistenzbedürfnisse zu erzeugen.

Wieviel Wert schöpft ein Arbeiter in sechs Stunden? Die Antwort ist einfach: Da Wert marxistisch immer durch Arbeit entsteht und allgemein in Zeiteinheiten seiner Verausgabung berechnet wird, schafft ein Arbeiter (bei Leistung einfacher Durchschnittsarbeit) in sechs Stunden eben auch einen Wert von genau sechs Stunden. Er manifestiert sich in Form von Produkten, die der Kapitalist als deren Eigentümer verkaufen und in Geld rückverwandeln kann. Würde der gesamte Arbeitstag eine Länge von nur sechs Stunden haben, ergäbe die Anstellung einer Arbeitskraft für den Kapitalisten unter dem Strich keinen Sinn. Er würde genau so viel Wert (in welcher Form auch immer) für die Arbeitskraft hergeben müssen, wie sie ihm an Wert schafft. Die Rechnung geht für ihn nur auf, wenn sich hier eine positive Differenz ergibt. Dies wäre z.B. der Fall, wenn der Arbeiter - ceteris paribus[118] - nicht sechs, sondern zehn Stunden im Betrieb des Kapitalisten tätig wäre, also zehn Stunden an Wert schafft, während er selbst nur sechs Stunden wert ist. Allgemein gesprochen, rentiert sich die Sache für den Kapitalisten nur dann, wenn er auf dem Markt eine Ware - wie eben die Arbeitskraft - vorfindet, die in der Lage ist, *mehr an (neuem) Wert zu schaffen, als sie selbst wert ist.* In dieser Differenz zwischen dem Gebrauchswert der Ware Arbeitskraft für den Kapitalisten, nämlich insgesamt einen höheren Wert schaffen zu können als ihrem eigenen Wert entspricht, einerseits und ihrem (Tausch-)Wert andererseits besteht das Geheimnis der Wertvermehrung, eben des ‘Mehrwerts’, den der Kapitalist für sich einstreicht. Anders formuliert: Die (Output-)Wertsumme der von der Arbeitskraft mit Hilfe der Produktionsmittel hergestellten Produkte muß größer sein als die für die Arbeitskräfte vorgeschossene (Input-)Wertsumme.

Man kann den gesamten Arbeitstag gedanklich in zwei Teile zerlegen: einen, der die Zeitspanne umfaßt, die der Arbeiter im Durchschnitt benötigt, um seine Subsistenz zu reproduzieren, und in einen darüber hinausgehenden Teil, der die Basis für die Mehrwerterzeugung bildet. *Marx* spricht von *notwendiger Arbeitszeit* auf der einen und der *Mehrarbeitszeit* auf der anderen Seite. Mit notwendiger Arbeitszeit ist in diesem Zusammenhang diejenige gemeint, die zur Erzeugung des durchschnittlichen Subsistenzmittelkorbes (ihrerseits) ‘gesellschaftlich notwendig’ ist. Da *Marx* diesen Terminus eingangs allgemein für die Zeit verwendet, die erforderlich ist, um einen Gegenstand mit dem Durchschnittsmaß an Geschick, Intensität und Produktionsmittelausstattung zu (re-)produzieren, tritt er - etwas verwirrend - in zweifacher Bedeutung auf. Wir wollen der besseren Unterscheidung wegen hier deshalb von *Subsistenz(arbeits)zeit* sprechen.

[118] [Lateinisch:] *‘Alles übrige gleich bleibend’.*

Bildhaft lassen sich die Beziehungen in folgender Weise darstellen:

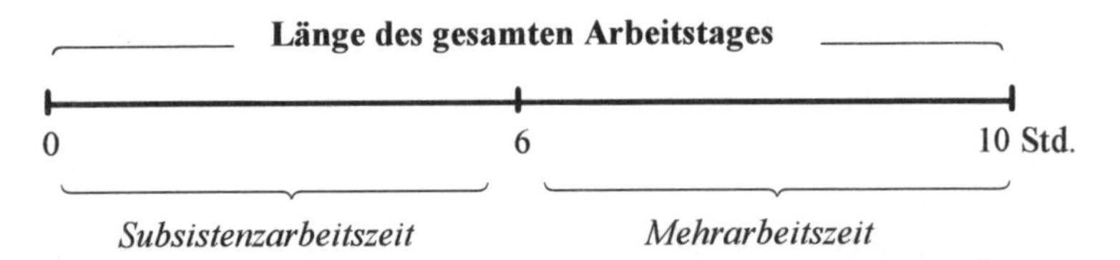

Ausgegangen wird von einem - für Marxsche Zeiten keineswegs unrealistischen - Arbeitstag von insgesamt 10 Stunden. Wenn die Summe der Subsistenzmittelzeit, die dem (täglichen) Wert der Arbeitskraft entspricht, sechs Stunden beträgt, und die Arbeitskraft während dieser Zeit auch einen Wert von genau 6 Stunden produziert, dann schafft sie in der restlichen (Mehrarbeits-)Zeit zusätzlichen Wert, und zwar im Umfang von vier Stunden, die den sog. Mehrwert ausmachen. Das ist gesamtgesellschaftlich zu verstehen und nicht etwa so, als ob die Arbeiter die ersten 6 Stunden für sich bzw. ihre Reproduktion und die verbleibenden Stunden für den Kapitalisten arbeiten würden. Die Zweiteilung des Arbeitstages ist rein theoretischer Natur und dient ausschließlich veranschaulichenden Zwecken. Im konkreten Arbeitsprozeß erfolgen Mehrwertproduktion und Reproduktion der eignen Arbeitskraft immer simultan. Mit dieser Erklärung scheint *Marx* gelungen, was den Klassikern versagt geblieben war, nämlich die Arbeitswertlehre konsequent auf die Einkommens- bzw. ('Faktor-')Preiskategorien Lohn und Profit übertragen zu haben.

Mehrwert manifestiert sich nicht sofort in Form von Geld, sondern steckt zunächst in den jeweils erstellten Arbeitsprodukten, dem wertmäßig vergrößerten Warenkapital W'. Für die gesamte Neuwertschaffung zahlt der Kapitalist den Arbeitern einen Lohn, in Geld (oder auch in Naturalien), der dem Wert ihrer Arbeitskraft entspricht. Damit sind aber nur 6/10-tel der produzierten Wertsumme abgegolten. Die restlichen 4/10-tel behält der Kapitalist für sich ein. Sie bilden den Überschuß über das ausgelegte Lohnkapital und damit seinen Mehrwert. Die erste Zeitspanne des Arbeitstages entspricht also dem bezahlten, die zweite dem unbezahlten Teil der geleisteten Arbeitsstunden. Bei Verkauf der Produkte am Markt (zu ihrem Wert) realisiert der Kapitalist den Mehrwert und erhält ihn in der ursprünglich vorgeschossenen Geldform zurück. Der Prozeß kann auf quantitativ erweitertem Niveau von vorne beginnen.

Mehrwert entsteht also, und das ist der springende Punkt der Marxschen Erklärung, ohne daß das Äquivalenzprinzip verletzt wird: Es werden gleiche Werte, also gleiche Arbeitsquanta ausgetauscht und trotzdem bleibt für die Kapitalisten ein Mehrwert übrig. Die Wertformel für eine Ware erweitert sich um den Mehrwertbestandteil und lautet: $W = c + v + m$, d.h. der Wert einer Ware setzt sich zusammen aus dem Anteil an vorgeschossenem konstanten und variablen Kapital[119] zuzüglich des Mehrwerts.

Es klingt vielleicht überraschend, aber niemand wird übervorteilt. Alle erhalten ihre Waren zu ihrem Wert entgolten. Die Tatsache, daß sich die Produktionsmittelbesitzer einen Wertüberschuß aneignen, welcher der Mehrarbeitszeit der Arbeiter entspringt, ist also insofern kein Unrecht, da die Arbeitskraft genau entsprechend ihrem Wert entlohnt wird. Bedeutet das aber nicht, daß die Marxsche Mehrwerterklärung - sicherlich unbeabsichtigt - eher eine elegante Rechtfertigung als eine Anklage des kapitalistischen Systems liefert, indem sie den Mehrwert (bzw. den Profit) der Kapitalisten als Ergebnis eines wertgerechten Äquivalententausches zwischen Arbeitern und Kapitalisten herleitet? Wieso sollten Kapitalisten ausgerechnet bei der Ware Arbeitskraft von der Regel abweichen und diese *über* Wert bezahlen? Bei allen anderen Waren tut dies doch auch niemand! Deshalb kann auch nicht von einer Übervorteilung einer ganzen Klasse durch eine andere Gesellschaftsklasse gesprochen werden[120]. Der einzige, wenn auch nicht unentscheidende, Vorteil der einen - privilegierten - Klasse besteht in der besseren Anfangsausstattung. Diese gesellschaftliche Minderheit verfügt über produktives Waren- bzw. Geldkapital, während der überwiegende Teil der Bevölkerung allein seine Arbeitskraft, wenn man so will: nur 'menschliches Kapital' anzubieten hat. Da das Wertgesetz auch auf dem Arbeitsmarkt herrscht, müßten eigentlich alle zufrieden sein[121]. Das Äquivalenzprinzip wird nirgends verletzt.

Wenn *Marx* gleichwohl von *Ausbeutung* der Arbeiterschaft seitens der Kapitalisten spricht, so will er herausstellen, daß es trotz oder gerade wegen dieses grundlegenden Wertgesetzes der kapitalistischen Konkurrenzwirtschaft möglich ist, daß den Eignern der Produktionsmittel am Ende ein arbeitsloses Einkommen in Form des Mehrwerts verbleibt. Allerdings gelingt ihm dieser Nachweis nur dadurch, das sei nochmals betont, daß die Arbeitskraft nicht als ein Wertspezifikum, sondern als gewöhnliche Ware betrachtet wird, die wie diese nach ihrem Reproduktionswert und nicht etwa nach ihrem wertschöpfenden Beitrag entlohnt wird. Als Ware wie jede andere unterliegt sie den Gesetzen des Marktes und *Marx* zeigt lediglich, wie diese exekutiert werden. Wer über genügend Anfangskapital verfügt, sieht sich in der (privilegierten) Lage, einen Wertüberschuß zu erzielen, wenn er sich der Ware Arbeitskraft bedient. Daß die Kapitalisten auf einer täglichen Arbeitszeit bestehen können, die über den für die bloße Subsistenzerhaltung ausreichenden Umfang hinausgeht, leitet sich aus ihrem gesellschaftlichen Monopol als Produktionsmittelbesitzer bzw. herrschende Klasse der Gesellschaft ab. Damit können sie die Arbeitsbedingungen, vor allem die täglich zu leistende Gesamtarbeitszeit weitgehend diktieren.

---

[119] Siehe dazu genauer unten S. 120.
[120] Siehe dazu oben Fußnote 115.
[121] Die Kapitalistenklasse natürlich etwas mehr!

Exkurs: *Wo bleiben Gehälter, Zinsen, Grundrente, Handelsgewinne?*

Bei Betrachtung der Wertformel $W = c + v + m$ könnte die Frage auftauchen, wo denn die Einkommen der am Produktions- und Verwertungsprozeß gleichfalls beteiligten Angestellten, Kapitalgeber, Grundbesitzer und Groß- wie Einzelhändler bleiben. Anders gefragt: Wo sind die Einkommenskategorien dieser Akteure, also die Gehälter, Zinszahlungen, Renten[122] und Handelsgewinne in der Formel berücksichtigt?

Wenn *Marx* nur zwei grundsätzliche Einkommenskategorien unterscheidet, Mehrwert der Kapitalisten einerseits und Löhne (in Form des vorgeschossenen variablen Kapitals) andererseits, geschieht dies primär aus methodischen Vereinfachungsgründen, folgt aber auch aus der dialektischen Polarisierung der Gesellschaft in zwei 'antagonistische', d.h. in unversöhnlichem Gegensatz zueinander stehende und sich bekämpfende Klassen: Kapitalisten auf der einen und Proletarier auf der anderen Seite[123]. In bezug auf die genannten ökonomischen Gesellschaftsgruppen (Angestellte, Kreditgeber, Grundbesitzer, Händler und Kaufleute) bedeutet dies, daß sie jeweils entweder der einen oder der anderen Klasse zugerechnet werden müssen.

Angestellte sind unter dem Klassengesichtspunkt den Lohnarbeitern gleichzusetzen, Gehälter somit wie Löhne als Bestandteil des variablen Kapitals zu betrachten. Schwierig ist die Abgrenzung lediglich bei leitenden Angestellten wie Geschäftsführern, Managern oder den im Unternehmen selbst Leitungsfunktionen ausübenden Kapitalisten. Ihre Einkommen müßten idealiter auseinanderdividiert werden in einen (Lohn-)Teil gemäß dem Wert ihrer qualifizierten Arbeitsleistung und den darüber hinausgehenden Teil, sei es in Form von Vorstands- oder Geschäftsführertantiemen, Dividendenanteilen o.ä.m. Während der erstere Teil dem variablen Kapital entspricht und daher den Löhnen zuzurechnen wäre, ist der andere aus dem Mehrwert zu begleichen bzw., soweit es Kapitaleigner, die ihre Arbeit eingebracht haben, selbst betrifft, unmittelbar als solcher zu betrachten. Analog dazu sind auch alle anderen Einkommenskategorien zu behandeln, denen keine unmittelbar produktiven menschlichen Arbeitsleistungen entsprechen: Zinsen für Leihkapital, die Bodenrente für die Überlassung von Grund und Boden sowie die für die Realisierung des Mehrwerts unerläßliche Handelsspanne.

---

[122] Dies ist in der ökonomischen Fachdisziplin der Einkommensbegriff für die Verpächter von Grund und Boden. Er ist nicht zu verwechseln mit dem 'modernen' Begriff für die sog. Transferleistungen des Staates bzw. der Sozialversicherungsträger an die aus Altersgründen aus dem Erwerbsleben ausscheidenden Rentner und Pensionäre.

[123] *Marx, K./Engels, Fr.* [1848], Kommunistisches Manifest, MEW 4, S. 462: "Die Geschichte aller bisherigen Gesellschaft ist die Geschichte von Klassenkämpfen."

3. Produktionsprozeß und Wertbildung

Der Produktionsprozeß wurde bislang lediglich aus dem Blickwinkel der Neuwertbildung durch lebendig zugesetzte Arbeit betrachtet. Zur Herstellung von Waren braucht man allerdings auch Maschinen, Arbeitsgeräte und Werkzeuge sowie Roh und Hilfsstoffe (Holz, Eisen, Plastik bzw. Klebe-, Schmier, Spül- und Kühlmittel). Im folgenden ist der Wertbildungsprozeß unter Berücksichtigung der Verwendung von solchen Produktionsmitteln zu analysieren und der Frage nachzugehen, inwieweit die Mehrwerterklärung dadurch affiziert wird.

Maschinen, Roh- und Hilfsstoffe sind Waren wie andere Gegenstände auch. Ihre Besonderheit gegenüber Konsumgütern besteht darin, daß sie mit dem Kauf- bzw. Verkaufsakt nicht aus dem ökonomischen Kreislaufprozeß verschwinden, sondern bis zu ihrem endgültigen Verschleiß noch eine Weile darin verbleiben. Der Kapitalist kauft die Produktionsmittel am Markt. Der Geldbetrag, den er dafür zahlt, entspricht - annahmegemäß - ihrem Wert und repräsentiert eine bestimmte Summe an Arbeitsquanta. Produktionsmittel können als akkumulierte vorgetane oder geronnene Arbeitszeiten betrachtet werden[124]. Manche sprechen - im Gegensatz zur lebendig zugesetzten- auch von 'toter' Arbeit. Sie wird während des Einsatzes der Produktionsmittel wertmäßig wieder flüssig.

Angenommen die Produktionsmittel, die ein Betrieb während einer bestimmten Periode (z.B. einem Jahr) zur Herstellung bestimmter Waren (z.B. Tische) benötigt, setzen sich wie folgt zusammen:

Rohmaterial	150 Einheiten
Hilfsstoffe	50 Einheiten
Maschinen- u. Werkzeugverschleiß	500 Einheiten
Summe der Produktionsmittel (Pm)	**700 Einheiten**[125]

In bezug auf Material und Rohstoffe (zusammen 200 E) wird vereinfachend unterstellt, daß weder Lagerauf- noch -abbau stattfindet, d.h. alle für die Produktion eingekauften Materialien am Ende der betrachteten Periode vollständig verbraucht sind. Maschinen und Werkzeuge weisen dagegen i.d.R. eine längere Nutzungsdauer auf. Sie wird im Beispiel mit 10 Jahren angesetzt. Bei einer anfänglichen Wertsumme von 5000 E würde der Verschleißanteil unter der Annahme einer gleichmäßigen Abnutzung 500 E pro Jahr betragen. Die zum Betrieb der Maschinen bzw. zur Verarbeitung der Roh- und Hilfsstoffe benötigten Arbeitskräfte

[124] Daß sie ihrerseits wiederum unter Zuhilfenahme von Produktionsmitteln hergestellt worden sind, stellt dabei, wie weiter oben bereits erläutert wurde, kein entscheidendes Problem dar (siehe S. 29 f.).

[125] Ob in Geld- oder Arbeitszeiteinheiten gerechnet wird, ist im Prinzip gleichgültig. Beide stehen in fester Relation zueinander. Der Preis der Waren ist, wie wir wissen, nichts anderes als ihr in Einheiten der Geldware quantitativ gefaßter Wert. Ob wir uns darunter also (Arbeits-)Stunden oder Preise vorstellen, bleibt sich grundsätzlich gleich.

kommen mit einer Lohnsumme in Höhe von 300 E zum Ansatz. Der gesamte Kapitalvorschuß des Kapitalisten beläuft sich demnach auf 1000 E, 700 für Produktionsmittel (Pm) und 300 für Löhne.

Der in den Produktionsmitteln steckende Wert wird durch die lebendig zugesetzte menschliche Arbeit sukzessiv auf die damit erstellten (Fertig-)Produkte übertragen. Sie ist es, die die Roh- und Hilfsstoffe be- und verarbeitet, die Maschinen in Gang setzt und wartet, in der Regel (wiederum) unter Zuhilfenahme von Werkzeugen und anderen Geräten. Im Zuge dieses Prozesses reduziert sich der Wert der Produktionsmittel kontinuierlich, bis sie schließlich vollständig verbraucht und ihr Wert auf Null gesunken bzw., modern ausgedrückt, sie voll abgeschrieben sind[126].

Durch den Einsatz von Produktionsmitteln kommt am Ende ein größerer Wert heraus als ohne denselben, aber nicht etwa deshalb, weil die Produktionsmittel unmittelbar produktiv wären, sondern dadurch, daß ihr Wertanteil dem Wert der Endprodukte zugeschlagen wird. Transmissionsfaktor bildet dabei der Einsatz lebendiger Arbeit. Die vermeintliche Produktivität der Produktionsmittel entpuppt sich - streng arbeitswerttheoretisch gesehen - als Trugschluß. Sie ist vielmehr nur mittelbarer bzw. derivativer Natur.

Mit anderen Worten: Der Wertanteil, der in den Produktionsmitteln akkumuliert ist, verändert seine Größe im Produktionsprozeß nicht. Er wechselt nur seinen Platz oder seine Form: Von den Produktionsmitteln geht er auf die Produkte über. Wertmäßig bleibt er gleich. *Marx* spricht vom '*konstanten* Kapital(teil)'.

Dagegen produziert das in Form von Löhnen vorgeschossene Kapital zusätzlichen neuen Wert, und zwar in dem Umfang, wie die Arbeitszeit selbst andauert. Während eines zehnstündigen Arbeitstages schafft ein Arbeiter einen Wert von 10 Stunden. Wird länger oder kürzer gearbeitet, ändert sich die Wertschöpfungssumme entsprechend. Sie bleibt, was diesen Teil des vorgeschossenen Kapitals anbetrifft, also grundsätzlich variabel. *Marx* bezeichnet ihn daher als '*variables* Kapital'[127]. Die Wertsumme (W), die in den Produkten enthalten ist, setzt sich somit aus drei Bestandteilen zusammen:

---

[126] Die Abhängigkeit der in den Produktionsmitteln steckenden vorgetanen, geronnenen oder 'toten' Arbeit vom Einsatz lebendiger Arbeitskraft zwecks Werterhaltung bzw. -übertragung hat *Marx* zu einem hübschen Vergleich inspiriert (MEW 23, S. 247): Das in Produktionsmitteln verauslagte Kapital ist "verstorbene Arbeit, die sich nur vampyrmäßig belebt durch Einsaugung lebendiger Arbeit und um so mehr lebt, je mehr sie davon einsaugt."

[127] Die Begriffe *konstantes* und *variables* Kapital sind von einer anderen Unterscheidung, die *Marx* trifft, abzugrenzen, nämlich derjenigen zwischen *fixem* und *zirkulierendem* Kapital. *Fixes Kapital* ist dadurch gekennzeichnet, daß ein - beständig abnehmender - Teil seines Wertes während der Nutzungsdauer in ihm 'fixiert' bleibt, während ein anderer Teil sukzessiv auf die hergestellten Produkte übertragen wird (Beispiel: Gebäude, Maschinen u.ä.). Demgegenüber wird das *zirkulierende Kapital* restlos im laufenden Produktionsprozeß verzehrt. Sein Wert wird vollständig der Produktion einverleibt und zirkuliert beständig: über den Verkauf der mit seiner Hilfe hergestellten Produkte setzt es sich in Geld um und wird sodann wieder in neues Produktivkapital rückverwandelt usw. (Beispiel: Roh-, Hilfsstoffe, Arbeitskraft). Es geht bei dieser Differenzie-

- dem *konstanten* Kapital, das dem Verschleiß der Produktionsmittel entspricht (c),
- dem in Form von Löhnen verausgabten *variablen* Kapital (v), das sich wertmäßig selbst reproduziert, und schließlich
- dem in der Mehrarbeitszeit zusätzlich erzeugten *Mehrwert* (m).

Die Wertbestandteile einer jeden Ware lassen sich kurz wiedergeben durch die Formel:

$$\mathbf{W = c + v + m}$$

Anknüpfend an das obige Zahlenbeispiel sei ein Kapitalvorschuß von 1000 E betrachtet, der sich aus 700 c und 300 v zusammensetzt. Das gesamte Wertprodukt, das damit innerhalb einer Periode erzeugt wird, fällt um den Mehrwert größer aus als die einst vorgeschossene Wertsumme. Geht man von einem 10-stündigen Arbeitstag - bei 6 Stunden Subsistenz- und 4 Stunden Mehrarbeitszeit - aus, ergibt sich eine *Mehrwertrate* (m/v) von zwei Dritteln, d.h. die mit der Lohnsumme von 300 E verauslagten Arbeitskräfte produzieren einen Mehrwert in Höhe von 200 E. Das gesamte Wertprodukt beläuft sich auf

$$700\ c + 300\ v + 200\ m = 1200\ W.$$

Aus einem Kapitalvorschuß von 1000 E sind am Ende des Produktionsprozesses 1200 E geworden. 1000 E Produktivkapital haben sich in 1200 E Warenkapital verwandelt. Um den (Mehr-)Wert zu realisieren, muß der Kapitalist die Waren verkaufen und die 1200 Warenkapital wieder in die entsprechende Summe Geld (-kapital) zurückverwandeln[128]. Dann wäre die Reihe:

G(eldkapital) < Pm (c) / Löhne (v) } (Produktion) ... **W' - G'**

geschlossen und kann auf der erhöhten Wertbasis erneut beginnen.

Die Relation von konstantem zu variablem Kapital (c/v) nennt *Marx* die *organische Zusammensetzung des Kapitals*[129] (im folgenden als *OZK* abgekürzt). Sie wird oftmals auch in der Weise definiert, daß das konstante Kapital ins Verhältnis zum gesamten gesetzt wird, also: c/c+v. Der Unterschied zwischen beiden Aus-

rung also um die unterschiedliche Lebens- bzw. Umschlagsdauer der verschiedenen Kapitalteile, was letztlich eine Frage der Periodenlänge ist. Wählt man den Zeitraum lang genug, erweist sich alles Kapital als zirkulierend.
Beachte: In der nichtmarxistischen Wirtschaftstheorie werden die Begriffe 'fixe' und 'variable' Kosten (bzw. Kapital) wiederum anders abgegrenzt und verlaufen - sozusagen - quer durch die beiden marxistischen Begriffspaare.

[128] Diese Rückverwandlung in Geld kann realiter natürlich auf Schwierigkeiten stoßen. Wie schon bisher wird hier allerdings vereinfachend unterstellt, daß die Waren zu ihrem Wert stets auch abgesetzt werden (können).

[129] Vgl. MEW 23, S. 640.

drücken ist lediglich formaler Art[130]: Nach der ersten Version beläuft sich die organische Zusammensetzung des Kapitals im Beispiel auf 2,33 (⇒ 700/300), d.h. das konstante Kapital macht das 2 1/3-fache des variablen aus. Nach der alternativen Berechnungsformel ergibt sich ein Wert von 0,7 oder 70 vH (⇒ 700/1000), d.h. das konstante Kapital nimmt 70 vH des Gesamtkapitals ein.

Die OZK gibt das *wert*mäßige Verhältnis beider Kapitalformen wieder und spiegelt Änderungen in der '*technischen Zusammensetzung* des Kapitals', also dem "Verhältnis zwischen der Masse der angewandten Produktionsmittel einerseits und der zu ihrer Anwendung erforderlichen Arbeitsmenge andererseits" (MEW 23, S. 640), nur bedingt wider[131]. Wenn *zwei* Arbeitskräfte immer *eine* Maschine bedienen und eine *feste* Menge Rohstoff verarbeiten, bleibt die technische Zusammensetzung unverändert. Gleichwohl kann sich die wertmäßige Relation von c zu v ändern. Dies wäre z.B. der Fall, wenn sich die Produktivität der Herstellung von Gegenständen des konstanten oder variablen Kapitals (Subsistenzwaren) - bei Konstanz der jeweils anderen - verändert. Dann verkörpert die gleiche Masse an konstantem bzw. variablem Kapital - je nach Ausmaß und Richtung des Produktivitätswechsels - einen höheren oder niedrigeren Wert. Variiert die Produktivität in beiden Kapitalformen zugleich, und zwar nicht proportional, so ändert sich das Verhältnis ebenfalls.

Umgekehrt kann die wertmäßige Zusammensetzung gleich bleiben, obwohl sich die stoffliche Zusammensetzung geändert hat: Werden z.B. statt bisher 500 kg Rohmaterial 600 kg täglich verarbeitet und ist der Wert des Rohmaterials infolge einer um exakt 20 vH angestiegenen Produktivität insgesamt gleich geblieben, so läßt dies die (wertmäßige) OZK unberührt. Schließlich kann die Einführung eines völlig neuen technischen Verfahrens, das andere Produktionsanlagen und eine veränderte Form der Arbeit bedingt, nur eine geringfügige oder - zufälligerweise - auch gar keine Änderung in der wertmäßigen Zusammensetzung von konstantem und variablem Kapital mit sich bringen. Die neue Anlage *kann* trotz der andersartigen stofflichen oder optischen Form wertmäßig der alten entsprechen und die gleiche Menge an Arbeitskräfteeinsatz erfordern usw.

Der Begriff *konstantes Kapital* darf also nicht dahingehend mißverstanden werden, daß dieser Teil des Produktivkapitals selbst keinen Wertschwankungen unterliegt. Seine Wertsumme ändert sich - wie der jeder anderen Ware auch - bei Einführung eines neuen technischen Verfahrens, soweit dasselbe wertmäßig andere Maschinen bzw. veränderten Rohstoffverbrauch bedingt.

---

[130] Für die Relation c/v ist in der orthodoxen, nichtmarxistischen Terminologie die Bezeichnung *Kapitalintensität* oder *Kapitalausstattung* (je Arbeitseinheit) gebräuchlich, wobei allerdings zu beachten ist, daß Zähler und Nenner nicht in (Arbeits-)Werteinheiten, sondern in (Markt-)Preisen ausgedrückt werden.

[131] An anderer Stelle ist von der Relation zwischen einer "bestimmte[n] Masse Arbeitskraft" und einer "bestimmte[n] Masse Produktionsmittel, Maschinerie, Rohstoffe etc." die Rede (MEW 25, S. 154).

Zu beachten ist, daß bei einer Verringerung des Wertes der Produktionsmittel bzw. damit einhergehender Veränderung der OZK die Mehrwertsumme ebenso wie die Mehrwertrate (m/v) grundsätzlich unberührt bleiben, nicht jedoch die Kapitalrendite: Die in gleicher Mehrarbeitszeit wie zuvor erzeugte unverändert hohe Mehrwertsumme (m) ist nach Einführung der produktiveren Technik auf einen kleineren Kapitalvorschuß zu beziehen, so daß die Profitrate steigt. Hierzu ein Beispiel (wobei t als Zeitsymbol fungiert):

t_0: 700 c + 300 v + 200 m = 1200 W/1000 St.

t_1: 600 c + 300 v + 200 m = 1100 W/1000 St.

Sinkt der Wert der Produktionsmittel um 100 E (von 700 auf 600) und bleiben die Masse (m = 200) ebenso wie die Rate des Mehrwerts (m/v = 66 vH) unverändert, erhöht sich die Kapitalrendite r (= m/c+v) von 20 vH auf 22,2 vH. Wegen des verringerten Werts von c ist die vorgeschossene Kapitalsumme gesunken. Werden weiterhin 1000 St. der Ware hergestellt, sinkt ihr Stückwert von 1,2 auf 1,1 Geldeinheiten. Würde als Folge der neuen, wertmäßig geringeren Produktionsmittel gar ein vermehrter Produktausstoß als zuvor erzielt, würde dies den Wert der einzelnen Ware noch stärker absinken lassen.

4. Mehrwert in Abhängigkeit von Produktivität und Intensität der Arbeit

Fragen wir nun, in welcher Weise ein Wechsel in der Produktivität bzw. Intensität der Arbeit die Rate oder Höhe des Mehrwerts ändert.

Marx unterscheidet zwei Arten der Mehrwerterhöhung:

- bei gegebenem Wert der Ware Arbeitskraft bzw. gegebener Subsistenzarbeitszeit: durch bloße Ausdehnung des Arbeitstages (Fall 1) und
- bei gegebener Länge des Arbeitstages: durch Ausdehnung der Mehrarbeitszeit zu Lasten der Subsistenzarbeitszeit (Fall 2).

Die auf die erste Weise produzierte Mehrwerterhöhung bezeichnet er als '*absolute* Mehrwertproduktion' und den aus der "Verkürzung der notwendigen Arbeitszeit [gemeint: Subsistenzarbeitszeit, MB] und entsprechender Veränderung im Größenverhältnis der beiden Bestandteile des Arbeitstags" entspringenden zweiten Fall als '*relative* Mehrwerterhöhung' (vgl. MEW 23, S. 334). Die Unterscheidung führt inhaltlich allerdings in die Irre, da sie zwei verschiedene Formen der Mehrwerterzeugung suggeriert, die so nicht gegeben sind: Mehrwert ist nämlich immer *zugleich* absolut i.S. einer bestimmten Wertsumme *und* relativ, wenn man diese Summe zu einer anderen Größe in Relation setzt, wie das bei Änderungsbetrachtungen regelmäßig der Fall ist. Bezieht man den Mehrwert auf das variable Kapital (m/v), so erhalten wir die *Mehrwertrate (m')*. Setzt man ihn dagegen zum gesamten vorgeschossenen Kapital in Relation (also: m/c+v), gibt das die (wertmäßige) *Kapitalrendite (r)* wieder[132].

Marx zielt mit seiner Unterscheidung aber nicht auf eine bestimmte Relation des Mehrwerts zu einer anderen Größe ab, sondern auf dessen unterschiedliche Entstehungs*ursache*. Mit der Ausdehnung der täglichen Arbeitszeit erhöht sich auch die täglich geschöpfte Wertsumme und mit ihr der Mehrwert. Er vergrößert sich - in der Tat - *absolut*, zugleich aber auch *relativ*, da sich die Relation m/v ebenfalls verändert. Im anderen Fall, der von einem unveränderten Arbeitstag ausgeht und dafür den Wert der Arbeitskraft sinken läßt, bleibt die gesamte Wertschöpfungssumme unberührt, der Mehrwert steigt gleichwohl, und zwar wiederum *relativ* wie auch *absolut*.

Machen wir uns beide Fälle an einem Beispiel klar. Ausgehend von einem 10-stündigen Arbeitstag, der sich in 6 Std. Subsistenzarbeitszeit (v_o) und 4 Std. Mehrarbeitszeit (m_o) aufteilt, stellt sich Fall 1 folgendermaßen dar:

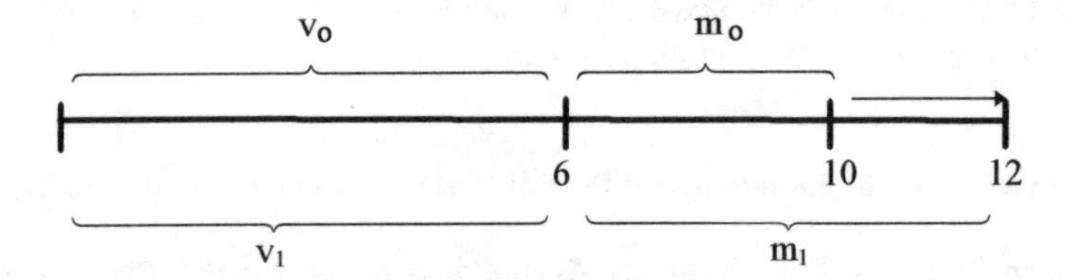

Bei einer Verlängerung des Arbeitstages von 10 auf 12 Stunden macht die Mehrarbeitszeit 6 statt zuvor 4 Stunden aus. Der Mehrwert erhöht sich um 50 vH, die Rate des Mehrwerts steigt von 66 auf 100 vH.

Fall 2 stellt sich dagegen so dar:

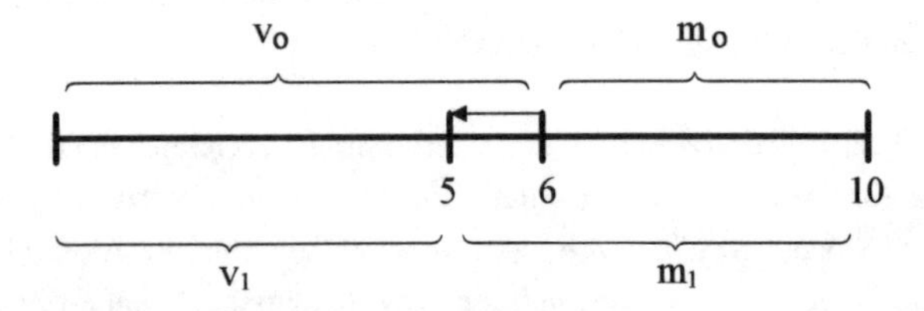

Die gesamte tägliche Arbeitszeit beträgt nach wie vor 10 Stunden. Der Wert der Arbeitskraft ist um eine Stunde von sechs auf fünf gesunken und der Mehrwert

[132] Zwischen der Kapitalrendite (r) und der Mehrwertrate (m') besteht folgende mathematische Beziehung: r = m' (1-q), wobei q die OZK symbolisiert.
Erläuterung: Setzt man in der Profitratengleichung (r = m/c+v) für m das Produkt m'•v ein (das ergibt sich aus der einfachen Umformulierung der Mehrwertrate m'= m/v), so erhält man: r = m'•v/c+v. Für den Ausdruck v/c+v können wir wiederum schreiben: 1-c/c+v (das ergibt sich aus: c/c+v + v/c+v = 1); c/c+v ist nichts anderes als die bereits bekannte organische Zusammensetzung des Kapitals. Setzen wir für diesen Ausdruck das Symbol q, erhalten wir die obige Beziehung.

genau um (diese) eine Stunde gestiegen. Wiederum hat er sich sowohl *absolut* (von 4 auf 5) wie auch *relativ* (von 66 auf 100 vH) erhöht. Marxens Beschreibung des Falles 1 als 'absolute', des Falles 2 als 'relative' Mehrwertproduktion ist demnach unzutreffend bzw. zumindest mißverständlich[133].

Leuchtet Fall 1 als Möglichkeit der Mehrwerterhöhung unmittelbar ein, erhebt sich bei Fall 2 die Frage, wie es zur Verringerung der Subsistenzarbeitszeit zugunsten der Mehrarbeitszeit kommen kann, da sich doch der Umfang des Subsistenzmittelkorbes, der ja den Erhalt der Arbeitskraft sichern soll, nicht vermindern darf. Die Antwort ist im Produktivitätsanstieg der Konsumgüterbranche zu finden, der es erlaubt, den gegebenen Subsistenzmittelkorb in kürzerer Zeit als zuvor zu erstellen. Mit anderen Worten: Die Input-Output-Relation bei der Lohngüterproduktion verbessert sich - mit der Folge, daß der Wert der einzelnen Konsumwaren sinkt und mit ihm ihr Preis. Dies läßt - bei unverändertem Subsistenzniveau - den Wert der Arbeitskraft sinken und nach dem Wertgesetz auch dessen Preis, d.h. der Nominallohn sinkt. Mit dem geringeren Lohn kann man sich den mengenmäßig gleichen, jetzt allerdings billigeren Warenkorb wie zuvor kaufen. Die *Nominal*lohnsenkung läßt den *Real*lohn unverändert.

Auf welche Weise vollziehen sich Produktivitätssteigerungen im Subsistenzwarenbereich? Dies kann z.B. dadurch geschehen, daß *produktivere* Produktionsmittel zum Einsatz kommen oder - bei gegebener Ausstattung - schneller, d.h. *intensiver* gearbeitet wird. Damit solche Verbesserungen der Produktivität sich auf den Wert der Ware Arbeitskraft durchschlagen, müssen sie *allgemein* stattfinden. Der Effekt einer nur bei einem Einzelkapitalisten auftretenden Erhöhung der (individuellen) Produktivität oder Intensität auf den Wert der Arbeitskraft würde vernachlässigbar klein bleiben, da der Subsistenzkorb dadurch in der Regel nur relativ geringfügig affiziert wird. Eine *allgemeine* Intensitätssteigerung wird dagegen nur als langfristiger Prozeß in Betracht kommen, so daß man für eine bestimmte Periode von einer gegebenen mittleren Intensität der Arbeit ausgehen kann.

Fragen wir, wie sich die Dinge aus der Sicht eines *einzelnen* Kapitalisten darstellen[134]. Wenn seine Belegschaft deutlich rascher (langsamer) arbeitet, als es dem Durchschnitt der Gesellschaft bzw. der Branche entspricht, ergibt sich für ihn durchaus ein Vorteil (Nachteil). Die Zusammenhänge lassen sich am analogen Beispiel eines Produktivitätsfortschritts, der auf den Einsatz effizienterer Technik

[133] Auch der umgekehrte Fall einer Mehrwertverringerung ist denkbar, insbesondere, wenn man von der realistischen - und, wie später noch zu zeigen sein wird (s. unten S. 146) kreislaufnotwendigen - Voraussetzung ausgeht, daß die Arbeiterklasse am steigenden Produktivitätsniveau bzw. wachsenden Wohlstand beteiligt wird. Die Höhe des zugestandenen Subsistenzniveaus steigt, was bei gegebener Länge des Arbeitstages zu Lasten der Mehrarbeitszeit gehen würde. Es entsteht Druck auf den Mehrwert, der - analog zu oben wiederum relativ wie absolut - zurückginge.

[134] Für die folgenden Überlegungen ist es entscheidend, immer zwischen dem gesellschaftlichen bzw. branchenspezifischen Gesamtkapital und einem Einzelkapitalisten zu unterscheiden.

zurückgeht, leichter klar machen, so daß zunächst dieser (typischere) Fall durchgespielt sei[135].

Der Einsatz bzw. die Erfindung einer produktiveren Technik geht immer auf innovative geistige wie körperliche Kräfte des arbeitenden Menschen zurück. Sie stellt in der Regel Verausgabung *qualifizierter* Arbeitskraft dar, die, wie wir wissen, ihrer höheren Wertschöpfung gemäß entsprechend höher entlohnt wird[136]. Das Ergebnis des Erfindungsreichtums schlägt sich in einer verbesserten Input-Ouputrelation nieder und steht, wie erwähnt, dem Kapitalisten zu. Angenommen sei folgende **Ausgangssituation (A 1):**

400 c + 200 v + 100 m = 700 W [bei 1000 St.]
OZK = c/c+v = 400/600 = 66 2/3 vH
m' = m/v = 100/200 = 50 vH
r = m/c+v = 100/600 = 16 2/3 vH
Wert bzw. *Preis pro Stück*: 0,7 E

Die erste Zeile zeigt die Zusammensetzung des Wertprodukts bei Erstellung von 1000 Stück eines bestimmten Gutes. Die anderen Zeilen geben die zugehörigen Werte für die OZK, Mehrwertrate (m'), Kapitalrendite (r) sowie den Wert bzw. Preis des Einzelstückes an.

Es werde nun eine neue Technik eingeführt, die mit einem wertmäßig größeren konstanten Kapital (einschließlich eines höheren Verbrauchs an Roh- und Hilfsstoffen) verbunden ist. Der Einsatz an c steige von 400 auf 600 E. Die Verwendung des neuen Verfahrens sei *allgemein*, d.h. es komme in der gesamten Branche zum Zuge[137]. Mit Hilfe der verbesserten Technik werden - bei unverändertem Einsatz von v und gegebener Mehrwertrate von 50 vH - 1500 Stück des Gutes hergestellt, also:

Variante I

600 c + 200 v + 100 m = 900 W [bei 1500 St.]
OZK = 75 vH
m' = 50 vH
r = 12,5 vH
Stückwert: 0,6

[135] Auf den Fall veränderter Intensitität der Arbeit werden wir an späterer Stelle zurückkommen (s. unten S. 132).
[136] Siehe hierzu noch einmal die Ausführungen zum Reduktionsproblem (oben, S. 33).
[137] Der Zweck dieser Annahme wird weiter unten verständlich werden (siehe S. 127).

Die OZK hat sich wegen des gestiegenen konstanten Kapitals erhöht. Der Kapitalinput ist um 200 E (oder um 33 vH) gewachsen. Die Produktivität, also die Input-Output-Relation hat sich gleichfalls um 33 vH verbessert. Der Wert des einzelnen produzierten Stückes ist von 0,7 auf 0,6 gesunken. Es wird insgesamt weniger Arbeitszeit als zuvor benötigt, um ein Stück der betreffenden Ware herzustellen. Überraschend mag manchem die Tatsache erscheinen, daß sich die Kapitalrendite verringert hat. Der Einsatz der produktiveren Maschinerie hat sich aus Sicht der Kapitalisten offenbar nicht ausgezahlt. Trotz des größeren Kapitaleinsatzes ist die gleiche Mehrwertsumme erzielt worden, logische Folge der unterstellten konstanten Mehrwertrate (die Menge des variablen Kapitals ist ja gleichgeblieben) und der Wert- bzw. Preissenkung der Einzelwaren. Der Verkaufserlös beträgt jetzt 900 anstatt zuvor 700 E; auf der anderen Seite hat sich aber auch der Input (wenn man so will: der Kostenfaktor) um 200 Einheiten erhöht, so daß per Saldo wie zuvor nur 100 E an Mehrwert übrig bleiben, die jetzt auf den höheren Kapitalvorschuß von 800 E zu beziehen sind. Das Ergebnis ist werttheoretisch konsequent, gleichwohl erscheint es paradox: Der Einsatz der produktiveren Technik hat nicht etwa zum Anstieg, sondern vielmehr zum Absinken der Kapitalrendite geführt. Was könnte Kapitalisten unter diesen Umständen veranlassen, überhaupt produktivere Maschinerie einzusetzen? Wie sind technischer Fortschritt und kapitalistische Produktionsweise miteinander vereinbar?

Um diese Frage beantworten zu können, ist es (erneut) erforderlich, zwischen (branchenspezifischem) Gesamtkapital und demjenigen eines Einzelkapitalisten zu unterscheiden. Aus gesamtkapitalistischer Perspektive treffen die angestellten Überlegungen durchaus zu: Technischer Fortschritt, der aus einem Anstieg der OZK resultiert, führt auf lange Sicht zu einem Absinken der Kapitalrendite, sofern dies nicht durch entgegenwirkende Kräfte, die in der ceteris-paribus-Bedingung modellhaft eingefroren wurden, aufgehalten oder gar überkompensiert wird, etwa durch einen Anstieg der Mehrwertrate o.ä.[138]

Diese Erkenntnis darf aber nicht dahingehend mißverstanden werden, daß die Einführung neuer Techniken den Kapitalisten generell keinen Vorteil brächten. Im Gegenteil: ihr ständiges Bemühen, mittels Produktivitätsvorsprüngen vor der Konkurrenz ihre Gewinnchancen zu verbessern, bildet gerade den Motor des Systems. Die Widersprüchlichkeit der Ergebnisse rührt vielmehr aus dem Unterschied von gesamt- und einzelwirtschaftlicher Betrachtung her: Was gesamtwirtschaftlich zum Druck auf die Kapitalrendite führt, kann einzelwirtschaftlich durchaus lohnend erscheinen und Innovationsanreize bieten. Die Varianten IV und V erläutern diesen Fall. Zuvor sei allerdings die Frage geprüft, ob sich ein Absinken der Rendite nicht über eine Lohnsenkung der Ware Arbeitskraft abfangen ließe (Variante II). Zahlenmäßig könnte dies etwa so aussehen:

---

[138] *Marx* hat dies als 'Gesetz des tendenziellen Falls der Profitrate' bezeichnet und im dritten Band des 'Kapital' näher analysiert (s. MEW 25, Kap. 13-15). Er sieht hierin im übrigen einen der Hauptgründe für den langfristigen Niedergang des Kapitalismus.

Variante II

600 c + 180 v + 120 m = 900 W [bei 1500 St.]
OZK = 600/720 = 83 1/3 vH
m' = 120/180 = 66 2/3 vH
r = 120/720 = 16 2/3 vH
Stückwert: 0,6

Die Arbeitskräfte mögen 20 E weniger als zuvor erhalten. Unveränderte Länge des Gesamtarbeitstages unterstellt, bedeutet das, daß sich der bezahlte zugunsten des unbezahlten Teils der Arbeitszeit verringert hat, d.h. die Mehrwert- bzw. Ausbeutungsrate gestiegen ist, und zwar auf 66 2/3 vH. Der Stückwert hat sich nicht verändert, wohl aber die Rendite. Sie beläuft sich wie in der Ausgangssituation (A1) - auf 16 2/3 vH. Insofern wäre die Welt für unseren Kapitalisten (wieder) in Ordnung. Die Frage ist allerdings, ob er den Wert der Arbeitskraft individuell einfach drücken und die Mehrwertrate erhöhen kann. Diese Frage ist zu verneinen. Ein Sinken des Werts der Ware Arbeitskraft kann nur *allgemein*, d.h. auf gesamtwirtschaftlicher Ebene erfolgen. Der einzelne Kapitalist hat faktisch keine Möglichkeit, eine solche Senkung zu bewirken. Selbst wenn er Konsumgüter herstellt, die in den Subsistenzwarenkorb der Arbeiter eingehen, würde seine Produktivitätssteigerung nur gemäß dem gewogenen Anteil seiner Waren am gesamten Korbe zu Buche schlagen, was in der Regel eine zu vernachlässigende Größe sein dürfte.

Schließt man die Möglichkeit aus, daß Kapitalisten ihre Arbeitskräfte unter Wert bezahlen, da dies eine Verletzung des Wertgesetzes (und mittelfristig eine Gefährdung der Reproduktion der beschäftigten Arbeitskräfte) bedeuten würde, setzt Variante II demnach voraus, daß in den Subsistenzmittelbranchen eine allgemeine Produktivitätssteigerung stattgefunden hat. Als individueller Weg zur Profiterhöhung kommt sie jedoch nicht in Betracht.

Fragen wir noch, wie die Rechnung aussähe, wenn die neue Maschinerie zwar von gleichem Wert wie die frühere ist, aber entschieden weniger Arbeitskräfteeinsatz erfordert. Der geringere Anteil an v wäre in diesem Fall nicht das Ergebnis einer potentiellen Wertsenkung der Arbeitskraft (wie in Variante II), sondern auf den quantitativ verringerten Einsatz der - in ihrem Wert unverändert gebliebenen - Ware Arbeitskraft zurückzuführen. Variante III zeigt das Ergebnis:

Variante III

600 c + 150 v + 75 m = 825 W [1500 St.]
OZK = 450/600 = 75 vH
m' = 75/150 = 50 vH
r = 75/825 = 9,1 vH
Stückwert: 0,55

Mehrwertrate und OZK sind - im Vergleich zur Variante I - unverändert geblieben, nur die Rendite fällt mit rd. 9 vH nicht unbeträchtlich niedriger aus, und zwar wegen des verringerten absoluten Mehrwerts als Folge der eingesparten Arbeitskräfte - bei unveränderter Mehrwertrate. Das gesamte Wertprodukt des Arbeitstages hat sich gegenüber Variante I und II auf 825 E ermäßigt, der Stückwert ist dementsprechend auf 0,55 gesunken.

Am gesamtwirtschaftlichen Rückgang der Kapitalrendite führt also bei Steigerung der Produktivität durch verbesserte Produktionsmittel trotz bzw. gerade wegen des - absolut oder relativ - verringerten Aufwands an variablem Kapital kein Weg vorbei. Dies ist zwangsläufige Folge des OZK-Anstiegs bei Annahme einer konstanten Mehrwertrate.

Der Unterschied der Ergebnisse bei gesamtwirtschaftlicher und individueller Betrachtung liegt darin begründet, daß unsere Überlegungen auf der methodischen Ebene der Wertrechnung angesiedelt sind, es sich also grundsätzlich um eine Gleichgewichtsbetrachtung auf Basis gesellschaftlicher Durchschnittswerte handelt. Die individuellen Verhältnisse der Einzelkapitalisten weichen von diesen Durchschnittsgrößen mehr oder weniger ab. Dies gilt auch in bezug auf die Produktivität. Benötigt ein überdurchschnittlich produktives Unternehmen weniger Zeit zur Herstellung eines Produkts als der Großteil der Konkurrenten, so verkörpert seine Ware weniger individuell verausgabte Arbeitszeit als ihm am Markt, an dem die Ware zu ihrem (gesellschaftlichen Durchschnitts-)Wert gehandelt wird, dafür (rück)vergütet wird. Er realisiert eine individuell höhere Kapitalrendite als der Durchschnitt, wenn man so will: einen individuellen Sonderbonus oder Extramehrwert. Im umgekehrten Fall gilt das Umgekehrte.

Solch ein Extraüberschuß bleibt solange bestehen, als der individuelle Produktivitätsvorsprung gegenüber dem Branchendurchschnitt erhalten werden kann. Ahmen die Konkurrenten das produktivere Verfahren nach oder wenden selbst andere, u.U. noch produktivere an, so verschwindet der Extramehrwert bzw. schlägt gar ins Negative um.

Wiederum seien die Zusammenhänge an einem Beispiel veranschaulicht (wobei das Symbol bzw. Subskript 'D' den Branchendurchschnitt und 'i' die jeweiligen individuellen Verhältnisse wiedergibt):

Variante IVa

Branchendurchschnitt (D):

$$\mathbf{400\ c_D + 200\ v_D + 100\ m_D = 700\ W_D}\ \text{[bei 1000 St.]}$$

Individueller Kapitalist (i):

$$\mathbf{360\ c_i + 180\ v_i + 90\ m_i = 630\ W_i}\ \text{[bei 1000 St.]}$$

OZK: jeweils 66 vH

m': jeweils 50 vH

Stückwert bzw. *Preis*$_D$: 0,7 E

ind. Wertinput je St$_i$: 0,63 E

r_D = 100/600 = 16,6 vH

r_i = 90+70 / 540 = 29,6 vH

Erläuterung: Als Branchendurchschnitt wird die obige Ausgangssituation (A1) angenommen. Die Mehrwertrate von 50 vH gelte *allgemein*, d.h. die Relation von Subsistenz- zu Mehrarbeitszeit sei für die gesamte Branche die gleiche[139]. Wir betrachten einen individuellen Kapitalisten, der eine bestimmte Menge der betreffenden Warenart mit 10 vH weniger Kapitaleinsatz (auf c und v proportional verteilt) herstellt. Die organische Zusammensetzung des Kapitals entspricht also dem Branchendurchschnitt ($OZK_i = OZK_D$). Der Produktivitätsvorsprung auf Basis des geringeren Kapitaleinsatzes mag auf eine bessere Technik und/oder eine höhere Arbeitsintensität der Beschäftigten zurückzuführen sein. Werden die Arbeiter, wie unterstellt, zu ihrem Wert entlohnt, verringert der reduzierte Einsatz der Arbeitskräfte auch die Masse des 'normalen'[140] Mehrwerts für den individuellen Kapitalisten auf 90 E (im Gegensatz zu 100 beim Durchschnitt). Insoweit ergibt sich für den betreffenden Einzelkapitalisten (noch) kein Vorteil. Zu beachten ist allerdings, daß zwischen dem Stückwert der Waren, der den tatsächlichen Verkaufspreis bestimmt (0,7 E), und dem individuellen Wertaufwand unseres Kapitalisten von 0,63 E/Stück[141] eine Differenz besteht. Beim Verkauf seiner Waren erhält er somit ein Plus von 0,07 E pro Stück, was sich insgesamt zu einem Extragewinn bzw. -mehrwert von 70 E addiert. Rechnet man den 'normalen' Mehrwert

[139] Diese Annahme erscheint für die Realität nicht einmal unzutreffend. Warum sollten Subsistenz- und Mehrarbeitszeit innerhalb einer Volkswirtschaft, zumal innerhalb einer Branche, entscheidend differieren? Das Subsistenzniveau kann ebenso wie die Länge des Arbeitstages für einen bestimmten Zeitraum durchaus als gegeben angenommen werden.

[140] Nebenbei sei darauf hingewiesen, daß die marxistische Theorie hier analog zur neoklassischen verfährt, die den durchschnittlichen, 'normalen' Gewinn als 'Kosten' für die Eigentätigkeit des Unternehmers (sog. *kalkulatorischer Unternehmerlohn*) bzw. die Zurverfügungstellung von Eigenkapital (sog. *kalkulatorische Eigenkapitalzinsen*) betrachtet. Der 'normale', nach den Durchschnittsverhältnissen errechnete Mehrwertanteil könnte analog dazu als '*kalkulatorischer Eigenmehrwert*' bezeichnet werden.

[141] Sein produktiveres Verfahren ist im Branchendurchschnitt berücksichtig und hat den (gesellschaftlichen) Wert der Waren entsprechend seiner individuellen Gewichtung gedrückt.

von 90 E hinzu, so hat er letztlich eine fast doppelt so hohe Rendite wie der Branchendurchschnitt erzielt.

Man kann das Beispiel auch dahingehend abwandeln, daß der produktivere Kapitalist bei gleichem Kapitaleinsatz eine um 11,1 vH größere Outputmenge produziert. Da dieser Outputzuwachs der Veränderung der Inputwerte (im Hundert gerechnet) in Variante IVa entspricht, muß grundsätzlich das gleiche Ergebnis herauskommen:

Variante IVb

Branchendurchschnitt (D):

$$\mathbf{400\ c_D + 200\ v_D + 100\ m_D = 700\ W_D}\ \text{[bei 1000 St.]}$$

Individueller Kapitalist (i)

$$\mathbf{400\ c_i + 200\ v_i + 100\ m_i = 700\ W_i}\ \text{[bei 1111 St.]}$$

$$OZK = 66{,}6\ \text{vH}$$

$$m' = 50\ \text{vH}$$

Stückwert bzw. $Preis_D$: 0,7 E

ind. Wertinput je St_i : 0,63 E

$$r_D = 100/600 = 16{,}6\ \text{vH}$$

$$r_i = 100{+}77{,}7 / 600 = 29{,}6\ \text{vH}$$

Der Verkaufserlös beläuft sich auf 777,7 E (1111 St. zu 0,7) und liegt um 77,7 E über dem Durchschnitt (700 E = 1000 • 0,7). Die Stückwertdifferenz (0,7 - 0,63 = 0,07 E/Stück) multipliziert mit der zusätzlich produzierten bzw. verkauften Stückzahl von 111 ergibt gleichfalls den Zusatzgewinn von 77,7 E. Addiert man diesen dem normalen Mehrwert (100 E) hinzu und bezieht die Summe auf den gesamten Kapitalvorschuß, kommt im Ergebnis die gleiche Rendite wie in Variante IVa heraus: 177,7 / 600 = 29,6 vH. Die Investition hat sich damit für unseren Kapitalisten - zunächst[142] - gelohnt.

Als Ergebnis bleibt festzuhalten: Die Aussicht auf individuelle Extragewinne treibt die Kapitalisten dazu, mittels innovativer Produktionstechnik oder -organisation einen Produktivitätsvorsprung vor der Konkurrenz zu erzielen. Kurz- bzw. mittelfristig zahlt sich dies für sie auch aus. Erst wenn die bessere Technik (zahlreiche) Nachahmer findet oder die Konkurrenz gar mit noch effektiveren Verfahren zurückschlägt, verschwindet der Produktivitätsvorsprung wieder bzw. kehrt sich ins Gegenteil um. Was individuell als erfolgreicher Versuch zur Renditenerhöhung beginnt, führt auf branchenmäßiger bzw. gesamtgesellschaftlicher Ebene über den Konkurrenzprozeß zu einem allgemeinen Rückgang der Rendite.

[142] S. dazu gleich!

Wir hatten oben nach den Wirkungen eines Wechsels der *Intensität* auf Produktion und Rendite gefragt (s. S. 125), uns dann aber zunächst den Folgen einer verbesserten Technik als Ursache des Produktivitätsanstiegs zugewandt. Nun wollen wir die Ergebnisse auf einen möglichen Wechsel der Arbeitsintensität übertragen.

Die Wertrechnung geht in bezug auf die Arbeitsintensität gleichfalls vom gesellschaftlichen Durchschnitt als Basis für das Wertmaß aus. Steigt dieser, wird ein höherer Output je Stunde erzielt als zuvor. In gleicher Zeit wird im gesellschaftlichen Durchschnitt zwar ein unveränderter Neuwert geschöpft, dieser manifestiert sich jedoch in Form einer stofflich größeren Outputmenge[143]. Anders liegen die Dinge allerdings, wenn man auf die individuelle Ebene wechselt.

Betrachten wir ein Unternehmen, in dem überdurchschnittlich intensiv gearbeitet wird. Zu beachten ist, daß überdurchschnittliche Arbeitsintensität wegen des größeren Outputs auch einen höheren Input (Mehrverbrauch an Roh- und Hilfsstoffen sowie höheren Verschleiß bei den Produktionsmitteln) bedingt. Der in c gebundene Kapitalanteil ist daher höher als im normalen Durchschnitt.

Variante V

Branchendurchschnitt (D):

$$\mathbf{400\ c_D + 200\ v_D + 100\ m_D = 700\ W_D}\ \text{[bei 1000 St.]}$$

Individueller Kapitalist (i)

$$\mathbf{440\ c_i + 200\ v_i + 100\ m_i = 740\ W_i}\ \text{[bei 1100 St.]}$$

$$OZK_D = 66\ 2/3\ \text{vH}$$

$$OZK_i = 68\ 3/4\ \text{vH}$$

$$m'_D = 50\ \text{vH}$$

$$m'_i = 68{,}85\ \text{vH}$$

Stückwert bzw. *Preis$_D$* : 0,7 E

ind. Wertinput je St$_i$: 0,673 E

$$r_D = 100/600 = 16{,}6\ \text{vH}$$

$$r_i = 130/640 = 20{,}3\ \text{vH}$$

---

[143] Wenn *Marx* versucht, die Steigerung der Intensität der Arbeit - vielleicht in Analogie zur qualifizierten Arbeit - als ‘dichtere’, d.h. in gleicher Zeit mehr Wert produzierende als die weniger intensive Arbeit hinzustellen (vgl. MEW 23, S. 432 f.), ist das unzutreffend. Der ‘Verdichtungsgrad’ läßt sich nicht, wie das beim Qualifikationsgrad möglich ist, in (vorgetanen) Arbeitszeiteinheiten ausdrücken und über einen Multiplikations- oder Reduktionsmaßstab umrechnen. Auch wenn Kapitalisten - der geschilderten kurz- bzw. mittelfristigen individuellen Verwertungsvorteile wegen - daran interessiert sind, den Intensitätsgrad der Arbeit zu erhöhen, gehen diese gesamtwirtschaftlich im Durchschnittsgrad der Intensität auf und lassen diesen latent ansteigen. Dann werden zwar in gegebener Zeit mehr Produkte hergestellt als zuvor, aber die Wertschöpfungssumme insgesamt bleibt unverändert, während der Wert der einzelnen Produkte sinkt. Wir wollen auf diesen Punkt nicht näher eingehen und auf die analogen Ausführungen über den Zusammenhang von Produktivitätssteigerung und Mehrwertveränderung verweisen, wie sie weiter oben in diesem Kapitel vorgetragen wurden.

Der Kapitalist verkauft 1100 Stück zum Preis von 0,7 E, der durch den Branchendurchschnitt gegeben ist. Sein Verkaufserlös von 770 liegt somit um 30 E über dem individuellen gesamten Wert ($c_i + v_i + m_i$) von 740, der den normalen (kalkulatorischen) Mehrwertanteil (100) einschließt. Die individuelle effektive Mehrwertrate beträgt: 130m/200v = 65 vH. Die individuelle OZK liegt über dem Branchendurchschnitt (440/640 = 68 3/4 vH) und die Kapitalrendite des Kapitalisten, dessen Beschäftigte intensiver arbeiten, beläuft sich auf 20,3 vH.

Man sieht, daß der auf diesem Weg erzielte Anstieg der Produktivität dem individuellen Kapitalisten (wiederum) zugute kommt. Allerdings ist dabei unterstellt, daß die gezahlten Löhne dem Wert der Arbeitskraft entsprechen und nicht, der gestiegenen bzw. überdurchschnittlichen Arbeitsleistung (tendenziell) angepaßt werden. Der Wert der Arbeitskraft ist nach Marxscher Arbeitswertlehre von ihrer individuellen Produktivität bzw. ihrem Intensitätsgrad unabhängig und bestimmt sich allein nach der durchschnittlich erforderlichen Subsistenzarbeitszeit. Mit anderen Worten: Der Tauschwert der Ware Arbeitskraft ist durch diese Subsistenzzeit determiniert, während ihr Gebrauchswert für den Kapitalisten je nach individueller Intensität der Arbeit höher oder niedriger (als im Branchendurchschnitt) sein kann. Wenn wir das Ergebnis mit denjenigen der Varianten IV vergleichen, wird die Ähnlichkeit beider Fälle deutlich. Da die Varianten IVa und b allerdings von einem größeren Produktivitätsfortschritt (Input-Output-Relationsänderung) als dem hier unterstellten Intensitätsanstieg ausgehen, ergibt sich dort insgesamt ein höherer Renditenanstieg.

5. Zwischenfazit

In diesem Kapitel galt es, den zentralen Begriff der Marxschen Kapitalismusanalyse, den *Mehrwert,* arbeitswerttheoretisch herzuleiten. Dabei zeigte sich, daß er durch Verausgabung gesamtgesellschaftlicher Arbeitszeit während der sog. Mehrarbeitszeit von den Lohnabhängigen geschaffen und sein Gegenwert von den Kapitalisten in Form des erzeugten Mehrprodukts vereinnahmt wird. Marx' Kritik richtet sich nicht gegen die Existenz eines Mehrwertes als solchen - er muß grundsätzlich vorhanden sein, wenn eine Wirtschaft wachsen will[144] -, sondern vielmehr gegen die gesellschaftliche Form seiner Entstehung auf der einen und dessen private Aneignung durch die Produktionsmittelbesitzer auf der anderen Seite. Es ist lediglich die kapitalistische Form seiner Aneignung, der sich die Menschen lt. Marx entledigen müssen, wenn sie frei sein wollen.

Die Besonderheit der Marxschen Erklärung des Mehrwerts besteht, wie gesehen darin, daß sich der Überschuß nicht etwa aufgrund einer 'falschen' bzw. nicht wertgerechten Entlohnung der Arbeitskraft, sondern vielmehr ganz legal gemäß den Regeln der allgemeinen Tauschgesetze des Kapitalismus einstellt: Die Marktparteien tauschen ihre Waren auf Basis des sog. Wertgesetzes entsprechend dem

---

[144] So müssen z.B. die Nettoinvestitionen aus ihm getätigt bzw. finanziert werden.

Äquivalenzprinzip. Die Marktpreise können - ebenso wie die Arbeitslöhne - zwar im einzelnen von den Werten der Waren abweichen, sich auf Dauer aber nicht von ihnen lösen. Sie schwanken um den Wert. Er bildet ihr Oszillations- bzw. Gravitationszentrum. Aus dieser grundlegenden Erkenntnis leiten sich Mehrwert und Profit ebenso wie die Werte und Preise aller übrigen Waren ab.

***Exkurs:* Gleichsetzung von Wert und Preis als idealtypisches Modell**

Marx setzt im überwiegenden Teil seiner Analyse vereinfachend voraus, daß die Preise den Werten entsprechen. Im folgenden soll die methodische Berechtigung dieser Annahme geprüft bzw. untersucht werden, inwieweit diese Abweichung von den Verhältnissen der Realität die Ergebnisse in Frage stellen könnte.

Marx' Vorgehen läßt sich grundsätzlich als Gleichgewichtsanalyse[145] kennzeichnen. Von einer gleichgewichtigen Situation spricht man, wenn die Wirtschaftssubjekte ihre Pläne realisieren, ohne Überraschungen zu erfahren, d.h. sie sich nicht dazu veranlaßt sehen, ihr (geplantes) Verhalten zu revidieren. Die Gleichsetzung von Wert und Preis bedeutet - gleichgewichtsanalytisch - nichts anderes, als daß sich die Schwerkraft des Wertes als Gravitationszentrum der Preise durchgesetzt hat, der Anpassungsprozeß (theoretisch: innerhalb kürzester Zeit) also bereits vollzogen ist. Alle Variablen haben sich auf ihr Gleichgewichtsniveau eingependelt. Potentielle Ungleichgewichte sind bzw. werden unmittelbar - theoretisch: unendlich schnell - abgebaut.

Das Gleichgewichtsdenken unterstellt demnach, eine Entwicklung der Dinge im Reinen oder in ihrem 'idealen Durchschnitt'[146]. Es handelt sich um idealtypische Begriffskonstruktionen, deren kognitiver Wert nicht a priori feststeht, sondern sich erst erweisen muß. Da solche Konstrukte den realen Verhältnissen niemals exakt entsprechen (können), vielmehr regelmäßig von ihnen abweichen, stellt sich

[145] Als solche konnte sie allerdings erst im Zuge der - etwa gleichzeitig aufkommenden - neoklassischen Terminologie bezeichnet werden.

[146] Den Hinweis, daß *Marx* sich dieser Analysemethode bedient, ohne den Begriff explizit zu benutzen, gibt er im Kapital an zahlreichen Stellen selbst. So spricht er z.B. davon,

- daß "in der Theorie vorausgesetzt wird, daß die Gesetze der kapitalistischen Produktionsweise sich rein entwicklen", während "in der Wirklichkeit ... immer nur Annäherung" besteht (MEW 25, S. 184),
- von "allgemeinen notwendigen Tendenzen des Kapitals" oder "immanenten Gesetzen der kapitalistischen" Produktion, die von ihren Erscheinungsformen zu unterscheiden sind" (MEW 23, S. 335),
- von "Zwangsgesetzen der Konkurrenz" (ebd., S. 337),
- von Fäden, die "hinter dem Rücken der Warenproduzenten gewebt werden" (MEW 23, S. 121),
- vom "allgemeinen Typus", dem in der Theorie die Wirklichkeit als ensprechend vorausgesetzt wird (MEW 25, S. 152),
- von der "allgemeinen Analyse des Kapitals" (MEW 25, S. 245) oder
- "des Kapitals in seiner Kernstruktur" (ebd., S. 278) oder auch
- von der "kapitalistischen Produktionsweise ... in ihrem idealen Durchschnitt" (ebd., S. 839) usw.

die Frage, welche Funktion(en) sie in bezug auf die Erklärung der Realität überhaupt ausüben können. Die Auswahl bzw. Festlegung der Elemente solcher Idealtypen erfolgt, wie es in einem klassischen Beitrag von *C. Menger* hierzu heißt, nur z.T. auf empirisch-realistischer Basis, "d.i. ohne Rücksicht darauf, ob dieselben in der Wirklichkeit als selbständige vorhanden, ja selbst ..., ob sie in ihrer vollen Reinheit überhaupt selbständig darstellbar sind."[147] Es kann sich um eine freie Abstraktion, eine 'Erfindung' oder einen fiktiven Einfall des Wissenschaftlers handeln[148]. Welchen Sinn kann es haben, Überlegungen auf Basis von Annahmen anzustellen, die der Realität augenscheinlich nicht entsprechen? Muß dies nicht zwangsläufig zu Modellplatonismus bzw. intellektueller Glasperlenspielerei führen?

Die klassische Antwort auf diese Frage stammt von dem Soziologen *Max Weber*. Sie sei hier, bezogen auf den Idealtypus der vollkommenen Konkurrenz, im Wortlaut wiedergegeben[149]:

"Wir haben in der abstrakten Wirtschaftstheorie ... ein Idealbild der Vorgänge auf dem Gütermarkt bei tauschwirtschaftlicher Gesellschaftsorganisation, freier Konkurrenz und streng rationalem Handeln [vor uns]. Dieses Gedankenbild vereinigt bestimmte Beziehungen und Vorgänge des historischen Lebens zu einem in sich widerspruchslosen Kosmos gedachter Zusammenhänge. Inhaltlich trägt diese Konstruktion den Charakter einer *Utopie* an sich, die durch gedankliche Steigerung bestimmter Elemente der Wirklichkeit gewonnen ist. Ihr Verhältnis zu den empirisch gegebenen Tatsachen des Lebens besteht lediglich darin, daß da, wo Zusammenhänge der in jener Konstruktion abstrakt dargestellten Art, also vom 'Markt' abhängige Vorgänge, in der Wirklichkeit als in irgend einem Grade wirksam festgestellt sind oder vermutet werden, wir uns die Eigenart dieses Zusammenhangs an einem Idealtypus pragmatisch veranschaulichen und verständlich machen können. Diese Möglichkeit kann sowohl ***heuristisch*** wie für die ***Darstellung*** von Wert, ja unentbehrlich sein. Für die Forschung will der idealtypische Begriff das Zurechnungsurteil schulen; ***er ist keine 'Hypothese', aber will der Hypothesenbildung die Richtung weisen***. Er ist nicht eine Darstellung des Wirklichen, aber er will ***der Darstellung eindeutige Ausdrucksmittel verleihen*** ..."

Und *Weber* resümiert hinsichtlich unserer konkreten Fragestellung nach dem Sinn solcher Konstrukte weiter:

Ob es sich um reines Gedankenspiel oder um eine wissenschaftlich fruchtbare Begriffsbildung handelt, kann a priori niemals entschieden werden; es gibt auch hier

[147] *Menger, Carl* [1883], Untersuchungen über die Methode der Socialwissenschaften und der Politischen Oekonomie insbesondere, Leipzig, S. 41.

[148] Ein Beispiel bildet das Modell der sog. vollkommenen Konkurrenz, das u.a. von einer unendlichen Anzahl von Marktteilnehmern, Homogenität der Güter, vollständiger Markttransparenz, unendlicher Anpassungsgeschwindigkeit, Abwesenheit jeglicher Form von Präferenzen und ähnlichen 'herorischen' Prämissen ausgeht, die so extrem gewählt sind, daß die Konkurrenz derart 'vollkommen' gedacht wird, daß sie faktisch zur Inkonkurrenz erstarrt. Siehe dazu genauer: *Burchardt, Michael* [1986], Mikrotheorie, Köln, S. 168 f.

[149] *Weber, M.* [1904], Die 'Objektivität', S. 189 f. Die (allzu vielen) Hervorhebungen im Original wurden vom Verf. fortgelassen und dafür einige selbst gesetzt.

> nur einen *Maßstab: den des Erfolges für die Erkenntnis* konkreter Kulturerscheinungen in ihrem Zusammenhang, ihrer ursächlichen Bedingtheit und ihrer Bedeutung. Nicht als Ziel, sondern als Mittel kommt mithin die Bildung abstrakter Idealtypen in Betracht."[150]

Die Heranziehung von Idealtypen bedeutet somit weder, einen Freibrief für modellplatonistische Überziehungen beanspruchen, noch mit dem bloßen Hinweis auf den (vermeintlichen) heuristischen Zweck bzw. den kognitiven Erfolg derselben jede Kritik am fehlenden Realitätsbezug des zugrundeliegenden Modells vom Tisch fegen zu wollen. Der Bezug zur Wirklichkeit, die nicht nur Ausgangs-, sondern auch Zielpunkt aller modelltheoretischen Überlegungen sein muß, darf keineswegs unverbindlich bleiben. Auch wenn eine unmittelbare empirische Kontrollmöglichkeit idealtypischer Modelle oder Begriffe weder möglich noch beabsichtigt ist[151], muß zumindest ein *mittelbarer* Empiriebezug intendiert bzw. erkennbar sein. Dieser kann z.B. darin bestehen, daß die Überlegungen als Referenzergebnisse für empirisch relevante Sachverhalte herangezogen werden oder eine *empirie-bezogene* Hypothesenbildung initiieren. Auch fördert die abstrakte Veranschaulichung isomorpher Phänomene der Wirklichkeit oft Erkenntnisse zutage, die andernfalls nicht gewonnen worden wären. Was in der Wirklichkeit komplex, unübersichtlich und wenig geordnet erscheint, tritt nach Abstraktion aller für unwesentlich erachteten Details klarer zutage.

Abstrakte Modelle bzw. Idealtypen sind zusammengefaßt also

> "rationale Schemata. ... Sie sind immer konstruiert, d.h. sie sind reine Denkgebilde, die zwar auf Erklärung der Wirklichkeit gerichtet sein müssen, soweit sie überhaupt sinnvoll sein sollen, deren Ausgangspunkt aber nicht die aus der Erfahrung abzulesenden Regelmäßigkeiten und Beziehungen sind ... Modelle lassen sich nie verifizieren ..., sie können mit der Wirklichkeit verglichen werden, sie liefern Gesetzmäßigkeiten, die bedingt auch für die Wirklichkeit zutreffen, sie können in ihrem Aufbau und in ihren Voraussetzungen auch mehr oder weniger wirklichkeitsnah sein, zur Übereinstimmung mit der Wirklichkeit können sie jedoch nie gebracht werden, weil die Strukturen der Modelle nicht den realen Erscheinungen entnommen werden, sondern Strukturen unseres Denkens sind. ... Modelle führen ... zur einzelwissenschaftlichen Theoriebildung ... Die gedankliche Rekonstruktion der Wirklichkeit aus einigen wesentlichen Elementen schafft in den Modellen jene Einfachheit und 'Anschaulichkeit', die dazu führen kann, den komplexen Tatbeständen neue Gesichtspunkte abzugewinnen und neue Beziehungen in ihnen aufzudecken."[152]

Wissenschaftliche Erklärungen der Realität können nur auf Basis von Modellüberlegungen gefunden werden. Modelle sind die Werkzeuge theoretischer Reflexionen. Der Modellrahmen wird durch eine Vielzahl von Axiomen und Prämissen gebildet. Manche von ihnen vereinfachen die Verhältnisse der Wirklichkeit nur

---

150 Ebenda, S. 193.

151 Eine Prüfung der idealtypischen Konstrukte an der vollen Empirie wäre sogar ein 'methodischer Widersinn' (vgl. *C. Menger* [1883], S. 54).

152 *Kade, Gerhard* [1958], Die logischen Grundlagen der mathematischen Wirtschaftstheorie als Methodenproblem der theoretischen Ökonomik, Diss. Berlin, S. 53 f.

geringfügig, andere dagegen stark. Der Grad der Realitätsnähe des Modellrahmens entscheidet jedoch nicht über den Wert der daraus abgeleiteten Überlegungen. Sie können selbst dann zur Erklärung bestimmter Phänomene der Realität beitragen, wenn kein unmittelbarer Wirklichkeitsbezug besteht. Nicht die Realitätsferne der Prämissen oder daraus abgeleiteter Hypothesen disqualifiziert ein Modell, sondern die fehlende oder unzureichende kognitive Relevanz der Ergebnisse, insbesondere im Vergleich mit konkurrierenden Ansätzen oder Modellen.

Idealtypische Konstruktionen[153] sind Bestandteile solcher Modellbildungen. Fehlende Übereinstimmung mit der Wirklichkeit ist also kein Mangel, sondern kennzeichnendes Merkmal. Ihr kognitiver Gehalt kann nicht isoliert, sondern nur im Zusammenhang mit den daraus abgeleiteten Hypothesen oder Theorien gewürdigt werden.

Bei der Gleichgewichtsanalyse, die *Marx* in seiner Untersuchung mittels Gleichsetzung von Wert und Preis anwendet, handelt es sich um eine solche idealtypische Konstruktion. In der Realität wird sich kaum jemals eine gleichgewichtige Konstellation auffinden lassen - es sei denn als reine Zufälligkeit. Ungleichgewichte sind allgemeine Faktizität. Ihre Abweichung von der theoretisch fixierten Gleichgewichtslage ist lediglich graduell verschieden.

Fazit: Die theoretische Gleichgewichtskonstellation dient auch bei *Marx* Referenzzwecken im Weberschen Sinne: Die Untersuchung bzw. der Vergleich ihrer Eigenschaften mit denen der realen Gegebenheiten sollen der theoretischen ebenso wie der unmittelbar realitätsbezogenen Hypothesenbildung die Richtung weisen. Allerdings bleibt dieser Anspruch im folgenden noch einzulösen.

[153] Weder der Idealtyp im allgemeinen noch der Gleichgewichtsbegriff sind dabei normative Kategorien. Gleichgewicht bedeutet lediglich Ruhelage. Alles verläuft im 'ideellen Durchschnitt'. Sofern Idealtypen Wertungen enthalten oder empirische Geltung beanspruchen, ragen sie "in die Region der wertenden Deutung hinein." Der Idealtypus vermischt sich mit einem persönlichen Bekenntnis. "Der Boden der Erfahrungswissenschaft ist verlassen" (*Weber, M.* [1904], S. 199).

ZUSAMMENFASSUNG

1) Der *Hauptunterschied zwischen einfacher und kapitalistischer Warenproduktion* besteht darin, daß bei letzterer die Gesellschaft in zwei Klassen geteilt ist: freie mittellose Arbeiter auf der einen und Kapital- bzw. Produktionsmittelbesitzer auf der anderen Seite. Im Kapitalismus ist die Arbeitskraft zur Ware geworden.

2) Die typische *Zirkulationskette* der einfachen Warenproduktion, bei der die Bedarfsdeckung der Individuen das Ziel ist, lautet: *W - G - W*. In der die kapitalistische Produktionsweise charakterisierenden Reihe steht dagegen das Verwertungsstreben im Vordergrund: *G - W - G'*, wobei $G' = G + \Delta G$.

3) *Kapital* ist definiert als Warenvorrat (i.w.S.) zum Zwecke der Gewinnerzielung, also als 'Mehrwert heckender Wert'.

4) Der *Mehrwert* kann nicht der Warenzirkulation entspringen, da das Äquivalenzprinzip gilt, d.h. Austausch auf Basis gleicher (Arbeits-)Werte stattfindet. Mehrwert kann nach Marx nur innerhalb des Produktionsprozesses selbst entstehen.

5) Da Arbeit die einzige Quelle des Wertes ist, kommt auch nur sie als Urspung des Mehrwerts in Betracht. Dadurch, daß die Arbeitskraft einen über ihren eigenen Tauschwert hinausgehenden Wertüberschuß erzeugen kann, ist die Entstehung von Mehrwert ohne Verletzung des Äquivalentprinzips möglich.

6) Der *Wert der Ware Arbeitskraft* bestimmt sich wie der jeder anderen Ware durch die zu ihrer Reproduktion gesellschaftlich notwendige Arbeitszeit. Sie besteht in diesem Falle aus der Summe der Arbeitszeiten, die erforderlich sind, um die für die Regeneration der täglichen Arbeitskraft notwendigen Lebensmittel (Subsistenzmittel) herzustellen.

7) Die Höhe des Subsistenzniveaus (und damit des Werts der Arbeitskraft) fällt je nach regionalen, nationalen oder temporären Gegebenheiten unterschiedlich aus. Seine Bestimmung enthält ein *'historisches und moralisches Element'*.

8) Den Arbeitstag kann man gedanklich zerlegen in einen Teil, der die durchschnittliche Reproduktion der Subsistenzmittel repräsentiert, und einen darüber hinausgehenden Teil, der die Basis für die Mehrwertproduktion darstellt.

9) Die Relation von Subsistenzarbeitszeit zu Mehrarbeitszeit ergibt die *Mehrwertrate*.

10) Mehrwert entsteht im Einklang mit dem sog. Wertgesetz, d.h. ohne jemanden zu übervorteilen: Jede Ware, auch die Arbeitskraft, wird zu ihrem Wert bezahlt bzw. entlohnt. Der kapitalistische Marktprozeß exekutiert lediglich das 'Gesetz, nach dem er angetreten'.

11) Marx spricht gleichwohl von *Ausbeutung*, weil das von den arbeitenden Menschen gesellschaftlich geschaffene Mehrprodukt von den Kapitalisten individuell angeeignet wird.

12) Die Produktion geschieht mit Hilfe von Produktionsmitteln (neben Maschinen und Werkzeugen auch Roh- und Hilfsstoffe). Sie sind nicht von selbst aktiv, sondern bedürfen der lebendigen menschlichen Arbeit, um in Gang gesetzt und gewartet zu werden.

13) In den Produktionsmitteln steckt Wert in Form von vorgetaner, 'geronnener' Arbeitszeit, die mittels der lebendigen Arbeit anteilig auf die damit hergestellten Produkte übertragen und auf diese Weise für die Gesellschaft wieder 'flüssig' wird. Da seine Größe im Wertbildungsprozeß konstant bleibt, nennt man diesen Teil des Kapitalvorschusses 'konstantes Kapital'.

14) Der in Form von Löhnen verauslagte Teil wird dagegen als 'variables Kapital' bezeichnet, da sein Wert(schöpfungs-)beitrag je nach Dauer der Arbeitszeit unterschiedlich hoch ausfällt.

15) Der Wert der Waren setzt sich aus folgenden Bestandteilen zusammen: (anteiliges) *konstantes* und *variables* Kapital plus *Mehrwert,* kurz: $c + v + m$.

16) Die Relation von konstantem zu variablem Kapital nennt Marx *'organische Zusammensetzung des Kapitals'* (c/c+v). Die Relation m/c+v gibt dagegen die wertmäßige 'Kapitalrendite' wieder.

17) Die Erhöhung des Mehrwerts kann grundsätzlich auf zweierlei Weise erfolgen: Verlängerung des gesamten Arbeitstages einerseits und/oder Ausdehnung der Mehrarbeitszeit zu Lasten der Subsistenzarbeitszeit andererseits.

18) Verkürzung der Subsistenzarbeitszeit findet statt, wenn sich der Wert des Subsistenzmittelkorbes verringert. Dies geschieht, wenn die Produktivität in den betreffenden Branchen steigt. Der Wert und damit der Preis der Waren sinkt und mit ihm der Wert der Arbeitskraft bzw. die Löhne. (Bei alledem ist vereinfachend vorausgesetzt, daß die Preise den Werten entsprechen.)

19) Produktivitätssteigerungen bescheren dem Einzelkapitalisten solange *Extragewinne* bzw. -mehrwert, als der Produktivitätsvorsprung nicht durch Nachahmung oder andere Innovationen wegkonkurriert wird.

20) Da es bei erfolgreicher Produktivitätskonkurrenz am Ende zu einer Wert- bzw. Preissenkung der betreffenden Waren kommt, schlagen sich Produktivitätssteigerungen, sofern sie mit einem Anstieg der organischen Zusammensetzung des Kapitals verbunden sind, letztlich in einer allgemein verringerten Rendite nieder. Nur individuelle Vorteile lassen sich kurz- oder mittelfristig erzielen.

ÜBUNGSFRAGEN / -AUFGABEN

1) Skizzieren Sie die Hauptunterschiede zwischen der einfachen und der kapitalistischen Warenproduktion!

2) Erläutern Sie den Kapitalbegriff!

3) Was besagt die Zirkulationsreihe: G - W - G' und warum stellt sie die typische Reihe kapitalistischer Produktionsweise dar?

4) Wo kommt der anfängliche Geldvorrat für die kapitalistische Investition her ('ursprüngliche Akkumulation')?

5) Wie bzw. wodurch wird Geld zu Kapital?

6) Wie ist der Wert der Ware Arbeitskraft zu bestimmen?

7) Was ist mit dem Begriff *Subsistenzarbeitszeit* gemeint? Ist er mit dem Existenzminimum identisch?

8) Inwiefern enthält die Wertbestimmung der Arbeitskraft ein historisches und moralisches Element?

9) Wie kann trotz Einhaltung des äquivalenten Tauschprinzips, also ohne daß jemand übervorteilt wird, Mehrwert entstehen?

10) Erläutern Sie die zentrale Aussage von Marx, daß die Arbeitskraft als einzige Ware in der Lage sei, mehr an Wert zu erzeugen, als sie selbst wert ist!

11) Unterscheiden Sie die Begriffe *konstantes* und *variables* Kapital!

12) Erläutern Sie die allgemeine Wertformel $W = c + v + m$!

13) Was versteht man unter der *organischen Zusammensetzung des Kapitals*? Handelt es sich dabei um eine technische oder um eine wertmäßige Relation?

14) Wie schlägt sich eine veränderte Technik wertmäßig bei den Produkten nieder?

15) Welche grundsätzlichen Möglichkeiten bestehen für die Kapitalisten, den Mehrwert zu steigern?

16) Warum ist die Marxsche Unterscheidung zwischen *absoluter* und *relativer* Mehrwertproduktion problematisch?

17) Unterscheiden Sie zwischen der *Mehrwertrate* und der (wertmäßigen) *Kapitalrendite*!

18) Zeigen Sie anhand eines Beispiels, daß die Einführung einer neuen, produktiveren Technik zur Absenkung der Kapitalrendite führen kann!

19) Warum ist es wichtig, zwischen der Produktivitätssteigerung eines Einzelkapitalisten und derjenigen, die branchenweit auftritt, zu unterscheiden?

20) Erläutern Sie den Prozeß der Entstehung des sog. Extramehrwerts und die Chancen seiner längerfristigen Existenz!

III. Kritische Würdigung der Mehrwerttheorie

1. Kritische Fragen an die Marxsche Mehrwerterklärung

Nachdem die Mehrwertlehre dargestellt worden ist, soll nun die Tragfähigkeit dieses zentralen Pfeilers des Marxschen Lehrgebäudes geprüft werden. Ist Marx' 'große Entdeckung', die Erklärung des Mehrwerts auf Basis der Arbeitswertlehre, in sich konsistent hergeleitet und stichhaltig begründet? Folgende kritische Fragen sind an seinen Erklärungsansatz zu richten[154]:

- Ist es grundsätzlich berechtigt, die menschliche Arbeitskraft als Ware aufzufassen? Muß man nicht konzedieren, daß die Arbeitskraft aufgrund ihrer Eigenschaft, selbst Quelle von Wert zu sein, wenn überhaupt, so höchstens als besondere Ware anzusehen ist und nicht, wie *Marx* postuliert, als 'Ware wie jede andere'? Ist die Arbeitskraft des Menschen mit einem kapitalistisch reproduzierbaren Gegenstand wie z.B. einem Tisch hinsichtlich der Wareneigenschaft tatsächlich gleichzusetzen?

- Kann man die Arbeitswertlehre auf die *Quelle* des Wertes selbst anwenden? Muß sich ihr Wert nicht vielmehr nach dem unmittelbar geleisteten Wertschöpfungsbeitrag - anstatt nach ihren Reproduktionskosten - richten?

- Will man den Reproduktionskostenansatz aufrechterhalten, ist zu fragen, ob dabei die Wertbestimmung der Arbeitskraft nicht einem willkürlichen Element insofern unterliegt, als sich das jeweilige Subsistenzniveau wegen der einfließenden 'historischen und moralischen Komponenten' nicht exakt quantifizieren läßt? Würde dieser Mangel nicht zur Folge haben, daß auch der Mehrwert indeterminiert bliebe und mit ihm die grundlegende Wertformel (c+v+m)?

Vermag das arbeitswerttheoretische Fundament der Marxschen Lehre diesen Fragen bzw. Einwänden gegenüber standzuhalten oder wird es unter der Last solcher Geschütze derart brüchig, daß das gesamte auf ihm errichtete Gebäude zusammenzustürzen droht? Wir wollen die Fragen im folgenden der Reihe nach abhandeln.

2. Arbeitskraft als Ware?

Daß die menschliche Arbeitskraft Ware wie jede andere sei und ihr Wert sich damit analog gemäß der zur Reproduktion erforderlichen gesellschaftlich notwendigen Arbeitszeit regelt, stellt für Marxens Mehrwerterklärung *conditio sine*

[154] Um Mißverständnissen vorzubeugen, sei betont, daß es an dieser Stelle (noch) nicht um eine Kritik der Marxschen *Wertlehre im allgemeinen*, insbesondere nicht um das damit im Zusammenhang stehende Problem der Transformation von Werten in Preise (s. dazu unten S. 165 ff.) geht. Unsere Kritik setzt vielmehr am Fundament, d.h. auf der Ebene des 1. Bandes des 'Kapital' an und verbleibt (zunächt) auch dort. Auch weitere Probleme oder Bedenken, die sich im Zusammenhang mit der Marxschen Wertlehre ergeben, wie z.B. gegen seine (Waren-)Theorie des Geldes oder die Schwierigkeiten einer konsistenten Monopolpreisableitung u.a.m. werden hier nicht thematisiert.

qua non dar. Da sich alle vorgetragenen Einwände an diesem Postulat mehr oder weniger festmachen, geht es zunächst darum, seine grundsätzliche Berechtigung zu prüfen.

Der Übergang vom Feudalismus zum Kapitalismus ist für *Marx* dadurch gekennzeichnet, daß die Arbeiter in einem doppelten Sinne *frei* geworden sind: Zum einen sehen sie sich nicht mehr wie Leibeigene 'an die Scholle' gebunden. Sie können über ihre Arbeitskraft frei bestimmen, d.h. vor allem sie am Markte feilbieten[155]. Zum anderen sind sie auch insofern 'frei', daß sie nicht, wie noch der selbstwirtschaftende Bauer, über die Produktionsmittel verfügen, die zur Verrichtung ihrer Arbeitsleistungen im allgemeinen erforderlich sind (vgl. ebd., S. 742 f.). In diesem "Prozeß der Scheidung des Arbeiters vom Eigentum an seinen Arbeitsbedingungen" liegt für *Marx* das konstituierende Moment der Entstehung der kapitalistischen Produktionsweise, des Kapitalverhältnisses überhaupt. Es ist die Phase der sog. *ursprünglichen Akkumulation*[156]. Akkumulation des Kapitals setzt Mehrwert voraus und dieser wiederum die kapitalistische Produktionsweise. Ausgangspunkt dieses auf den ersten Blick zirkulär erscheinenden Prozesses bildet eben jene historische Phase[157], die sich im Zuge des Niedergangs der feudalen Gesellschaft vollzog. An die Stelle der feudalen Form der Ausbeutung ist die kapitalistische getreten (MEW 23, S. 744):

> "Die Expropriation des ländlichen Produzenten, des Bauern, von Grund und Boden bildet die Grundlage des ganzen Prozesses ... Große Menschenmassen [werden] plötzlich und gewaltsam losgerissen und als vogelfreie Proletarier auf den Arbeitsmarkt geschleudert."

Im Kapitalismus sind also zweierlei Arten von Warenbesitzern entstanden: solche, die über Waren wie Produktions- und Lebensmittelvorräte bzw. Geld verfügen, und solche, die lediglich im Besitz ihrer eigenen Arbeitskraft sind. Auf dem Arbeitsmarkt - als spezifischer Warenmarkt - treten sich beide Spezies gegenüber. Es kommt zum Tausch von Arbeitsleistungen gegen Geld (bzw. Lebensmittel). Erst durch diesen Akt kann Geld bzw. Ware überhaupt zu Kapital werden[158]. Kapital als 'Mehrwert heckender Wert' kann nur durch den Einsatz der spezifischen Wertschöpfungsware: der menschlichen Arbeitskraft entstehen.

---

[155] Hinzu kommt (MEW 23, S. 743): "Um freier Verkäufer von Arbeitskraft zu werden, der seine Ware überall hinträgt, wo sie einen Markt findet, mußte er ferner der Herrschaft der Zünfte, ihren Lehrlings- und Gesellenordnungen und hemmenden Arbeitsvorschriften entronnen sein."

[156] *Marx* bezeichnet diesen Prozeß "'ursprünglich', weil er die Vorgeschichte des Kapitals und der ihm entsprechenden Produktionsweise bildet." (Ebd.)

[157] *Marx* ironisiert die Rolle, welche die Phase der ursprünglichen Akkumulation in der Politischen Ökonomie spielt, indem er sie mit dem Sündenfall in der Theologie vergleicht. Auch ihr Ursprung wird wie Adams Biß in den Apfel als Anekdote der Vergangenheit erzählt (ebd., S. 741): "In einer längst verflossenen Zeit gab es auf der einen Seite eine fleißige, intelligente und vor allem sparsame Elite und auf der andren faulenzende, ihr alles und mehr verjubelnde Lumpen. Die Legende vom theologischen Sündenfall erzählt uns allerdings, wie der Mensch dazu verdammt worden sei, sein Brot im Schweiße seines Angesichts zu essen; die Historie vom ökonomischen Sündenfall aber enthüllt uns, wieso es Leute gibt, die das keineswegs nötig haben."

[158] "Geld und Ware sind nicht von vornherein Kapital, sowenig wie Produktions- und Lebensmittel. Sie bedürfen der Verwandlung in Kapital." (Ebd.)

Soweit Marxens Skizzierung dieses Prozesses. Sie klingt nicht unplausibel und reflektiert lediglich, was sich im Frühstadium des Kapitalismus vollzogen hat: die Reduzierung oder 'Erniedrigung' der menschlichen Arbeitskraft auf seine bloße Wareneigenschaft. Die Tatsache, daß seither ein Arbeitsmarkt existiert, belegt dies anschaulich. Auf ihm werden menschliche Arbeitsleistungen bzw. die Verfügbarkeit über menschliches Arbeitsvermögen gehandelt.

Ist die 'Ware Arbeitskraft' damit aber wirklich den übrigen Waren gleichzusetzen? Dies erscheint aus zweierlei Gründen problematisch: Zum einen ist sie doch selbst Quelle des Werts. Ohne Verausgabung von Arbeitskraft gibt es weder Werte noch Waren. Alle Waren leiten ihren Wert aus ihr ab. Zum anderen ist sie nicht kapitalistisch reproduzierbar wie die übrigen Waren. Man kann Arbeiter nicht herstellen wie einen Tisch oder gar züchten wie Rinder o.ä. Zwar heißt es bei *Marx* (MEW 23, S. 596):

> "Der Arbeiter selbst produziert ... beständig den objektiven Reichtum als Kapital ... und der Kapitalist produziert ebenso beständig die Arbeitskraft als subjektive ... Reichtumsquelle, kurz den Arbeiter als Lohnarbeiter".

Damit wird jedoch lediglich der periodische bzw. alltägliche Reproduktionskreislauf des Kapitals und seines variablen Bestandteils, der menschlichen Arbeitskraft, beschrieben. *Als Ware*, d.h. als kontrolliert herstellbares und beliebig vermehrbares Ding, und das ist entscheidend, kann der Kapitalist den Arbeiter nicht reproduzieren, will man sich nicht in finstere merkantilistische Praktiken oder mittelalterliche Ethikvorstellungen zurückversetzen. Im Kapitalismus gibt es weder Sklavenhaltertum noch Leibeigenschaft. Die Arbeiter sind im obigen Sinne *frei*. Ihre Reproduktionsquote kann der Kapitalist nicht unter Einsatz kapitalistischer Produktionsmethoden (einschließlich einer Mehrwerterzielung) nach Belieben bestimmen. Er kann höchstens versuchen, durch Lohnanreize, Kinderprämien oder ähnliche Mechanismen der indirekten Einflußnahme das Arbeitskräftereservoir - für eine relativ ferne Zukunft - im vorhinein zu steuern. Wenn *Marx* den Wert der Arbeitskraft explizit mit dem eines Pferdes vergleicht, so verkennt er den Sachverhalt, denn bei der Tierzucht ist dies anders. Diese vermeintliche Analogie hat ihn offenbar selbst in die Irre geführt bzw. Glauben gemacht, daß zwischen der Arbeitskraft eines Menschen und derjenigen eines Pferdes werttheoretisch kein Unterschied besteht[159].

Infolge ihrer Besonderheiten hebt sich die menschliche Arbeitskraft demnach durchaus von den übrigen Waren ab, so daß es - unabhängig von etwaigen moralischen Bedenken, lebendige Arbeitskraft mit 'toten' Gegenständen in einen Warentopf zu werfen - unangebracht erscheint, sie mit diesen auf eine Stufe zu stellen. Wie bereits betont, ist diese Gleichsetzung für *Marx* unabdingbare Voraussetzung seiner Mehrwerterklärung: Einmal in die Warenwelt eingereiht, ist die

---

[159] Vgl. ebd., S. 200. Vielleicht hatte *Marx* auch ein gewisses Interesse daran, sich hier zu irren, denn nur 'über diese Schiene' bleibt sein Ansatz, wie gleich zu erläutern sein wird, in sich konsistent.

Wertbestimmung der Arbeitskraft analog zu diesen vorzunehmen. Es bleibt dann nur noch ein geeignetes Maß für die gesellschaftlich notwendige Reproduktionszeit zu finden.

Zu einem anderen Ergebnis gelangt man, wenn man solche Gleichrangigkeit bestreitet und den Wert der Arbeitskraft danach bemißt, wieviel sie in gegebener Zeit direkt an Wert schöpft[160]. Die von *Marx* konstruierte Differenz zwischen dem, 'was sie an Wert schafft' und dem, 'was sie wert ist', verschwindet nach dieser Sichtweise, da hier beides zusammenfällt. Der Reproduktionskostenansatz bliebe bei dieser Alternative auf Waren beschränkt, die (kapitalistisch) reproduzierbar sind, mit der Folge, daß damit eine Dichotomisierung der Wertbestimmung - für die Arbeitskraft als Wertquelle auf der einen und für die (übrigen) Waren auf der anderen Seite - verbunden wäre. Bevor wir diesen Gedanken weiter verfolgen, wollen wir zunächst noch auf dem Boden des Marxschen Ansatzes verbleiben und der Frage nachgehen, ob bzw. inwieweit der Rekurs auf die Reproduktionskosten in bezug auf die 'Sonderware' Arbeitskraft überhaupt zulässig bzw. in sich stimmig ist.

3. Der variable Wert der Arbeitskraft

Den entscheidenden Unterschied zwischen der Arbeitskraft und den (übrigen) Waren hinsichtlich ihrer Wertbestimmung hat *Marx* selbst betont. Nachdem er den Wert der Arbeitskraft als den "Wert der zur Erhaltung ihres Besitzers notwendigen Lebensmittel" näher bestimmt hat, fährt er fort (ebenda, S. 185):

> "Die Summe der Lebensmittel muß ... hinreichen, das arbeitende Individuum als arbeitendes Individuum in seinem normalen Lebenszustand zu erhalten. Die natürlichen Bedürfnisse selbst, wie Nahrung, Heizung, Kleidung, Wohnung usw., sind verschieden je nach den klimatischen und andren natürlichen Eigentümlichkeiten eines Landes. Andererseits ist der Umfang sog. notwendiger Bedürfnisse, wie die Art ihrer Befriedigung, selbst ein historisches Produkt und hängt daher großenteils von der Kulturstufe eines Landes, unter anderem auch wesentlich davon ab, unter welchen Bedingungen, und daher mit welchen Gewohnheiten und Lebensansprüchen die Klasse der freien Arbeiter sich gebildet hat. Im Gegensatz zu den andren Waren enthält also die Wertbestimmung der Arbeitskraft ein historisches und moralisches Element. Für ein bestimmtes Land, zu einer bestimmten Periode jedoch, ist der Durchschnitts-Umkreis der notwendigen Lebensmittel gegeben."

Mit dem lapidaren Hinweis auf das für eine bestimmte Periode regional gegebene Durchschnittsniveau der Subsistenz wird das zuvor klar formulierte Problem faktisch wieder vom Tisch gewischt[161]. Sicherlich kann man das Subsistenzniveau für einen bestimmten Zeitraum in einem bestimmten Land als gegeben annehmen, das

---

[160] Analog zum Problem des 'Preises der Geldware' könnte man hier davon sprechen, daß der Wert der Ware Arbeitskraft ex definitione gleich Eins ist.

[161] Man fühlt sich an Marxens Behandlung des Reduktionsproblems erinnert, das er mit dem bloßen Hinweis auf die 'Erfahrung', daß eine Reduktion komplizierter auf einfache Arbeit beständig vor sich gehe, ganz analog als gelöst zu betrachten schien (vgl. ebenda, S. 59).

enthebt aber noch nicht der Frage, wie es sich denn - praktisch oder theoretisch - bestimmen läßt. Soll die jeweils existierende Reallohnhöhe als Indiz oder sogar als Maß dafür genommen werden? Woran liest man ab, ob das Lohnniveau den jeweiligen Subsistenzbedarf widerspiegelt und ob es nicht darüber oder darunter liegt[162]? *Marx'* bloßer Rekurs auf ein gegebenes Durchschnittsniveau der Subsistenz, das den Wert der Ware Arbeitskraft bestimmt, bedeutet faktisch nichts anderes, als das jeweils herrschende, um marktbedingte Zufallsschwankungen bereinigte Reallohnniveau als dasjenige zu interpretieren, das dem - historisch wie moralisch gerechtfertigten - Subsistenzbedarf entspricht. Ein Maß für die Quantifizierung dieses Niveaus wird nicht gegeben. Hierfür müßte der Subsistenzbedarf entweder unabhängig von historischen und moralischen Elementen bestimmbar oder diese Elemente selbst einem quantitativen Maßstab zugänglich sein.

Der Gedanke, hier analog zur allgemeinen Bestimmung der gesellschaftlich notwendigen Arbeitszeit einfach von einem Durchschnitt, in diesem Falle etwa von einem mittleren internationalen Subsistenzniveau auszugehen[163], hilft nicht weiter. Ein Konkurrenzmechnismus, der das Reallohnniveau tendenziell auf diesen Durchschnitt einpendeln ließe, setzt sich auf internationaler Ebene nur sehr begrenzt durch. Zum einen führen zahlreiche nationale Hürden und Barrieren dazu, daß eine Niveauangleichung, zumindest in interkontinentaler Betrachtung, auf absehbare Zeit nicht stattfindet und Unterschiede in den Lebensstandards langfristig Bestand haben[164]. Zum anderen - entscheidender noch - fehlt das objektive gemeinsame Maß, auf das sich die Unterschiede hin ausgleichen bzw. zubewegen könnten. Ein arbeitswerttheoretisch quantifizierbares, allgemeines moralisches oder ethisches Standardmaß läßt sich weder auf nationaler noch auf internationaler Ebene herleiten.

Auf welche Weise schlagen sich beim Reproduktionskostenansatz bzw. bei der Bestimmung des Subsistenzniveaus historische und moralische Elemente nieder? Das jeweils herrschende Reallohnniveau bildet das Ergebnis von Verhandlungen der Arbeitsmarktparteien und ist dasjenige, das von den Nachfragern am Arbeitsmarkt, also den Kapitalisten, (gerade noch) zugestanden bzw. von den Anbietern

---

[162] Man mag sich das einem Beispiel klar machen. Daß die Subsistenzniveaus in Deutschland und Indien eine unterschiedliche Höhe aufweisen, ist evident. So gehört z.B. ein Auto und eine Waschmaschine sicherlich nicht in den Subsistenzmittelkorb des indischen Durchschnittshaushalts, wohl aber in den eines deutschen. Allerdings läßt sich nicht genau bestimmen, welche Waren und Dienstleistungen im einzelnen diesem repräsentativen Korb - hier wie dort - zuzurechnen sind und welche nicht. Es gibt keinen operationalen historischen und/oder moralischen 'Reduktionsmaßstab'. Nur daß die unterschiedliche Höhe der Niveaus beider Länder als gegeben angesehen werden kann, ließe sich - mit *Marx* - feststellen. Was aber ist damit gewonnen?

[163] Darüber liegende nationale Subsistenzniveaus wären dann - analog zum fleißigeren, überdurchschnittlich produktiven Hersteller - lediglich als individueller Vorteil zu interpretieren und vice versa.

[164] Daß es Wirtschaftsräume gibt, die über den Weg der Integration versuchen, solche Differenzen abzubauen, sei hier nicht bestritten. Sie bleiben aber regional begrenzt und benötigen für die Erreichung des Zieles relativ lange Zeit, so daß man von einem kurz- oder selbst mittelfristig wirksamen, allgemeinen internationalen Angleichungsprozeß kaum sprechen kann.

der Arbeit (gerade noch) akzeptiert wird[165]. Der Preis für die Arbeitskraft schwankt wie derjenige anderer Waren mit den wechselnden Marktbedingungen. Sind Arbeitskräfte knapp und die 'industrielle Reservearmee', wie *Marx* das Arbeitskräftereservoir bezeichnet, aufgezehrt, werden tendenziell höhere Löhne bewilligt, als es dem Wert der Arbeitskraft (eigentlich) entspricht und umgekehrt. Unterschiede der nationalen Subsistenzniveaus sind in erster Linie durch Ungleichheiten der quantitativen wie qualitativen Kapitalausstattung bedingt, die in verschieden hohen Arbeitsproduktivitäten ihren Ausdruck finden. Höhere Produktivität bedeutet niedrigere Arbeitswerte und unter der vereinfachenden Annahme, daß die Preise den Werten entsprechen, niedrigere Preise der Produkte. Sind von der Erhöhung der Arbeitsproduktivität auch Subsistenzwaren betroffen, und davon kann man in aller Regel ausgehen, muß sich dies - bei konstant angenommenem Subsistenzmittelkorb - in entsprechend niedrigeren (Nominal-)Löhnen niederschlagen. Die Annahme eines konstanten Subsistenzmittelkorbes bedeutet allerdings, daß die Arbeiterschaft an Produktivitätsfortschritten nicht teilhat, sondern diese allein den Kapitalisten in Form eines ansteigenden Mehrprodukts zugute kommen.

Eine - auf eine geschlossene Wirtschaft ohne staatliche Aktivität beschränkte - einfache kreislauftheoretische Überlegung verdeutlicht, daß solche Einseitigkeit der Verteilung den gleichgewichtigen Ablauf des Reproduktionsprozesses tendenziell gefährden bzw. auf Dauer unmöglich machen würde: Wenn der im Mehrprodukt steckende Mehrwert auch realisiert, d.h. der mittels Produktivitätsfortschritt gestiegene Output auch abgesetzt werden soll, könnte bzw. müßte das Mehrprodukt in diesem Falle von der Kapitalistenklasse selbst nachgefragt bzw. gekauft werden. Es müßte sich also ausschließlich aus Gütern des gehobenen bzw. Luxusbedarfs zusammensetzen. Einer Ausdehnung der Produktion auf breiter Massenbasis wären auf diese Weise Grenzen gesetzt. Wer, wenn nicht die Arbeiterschaft, sollte die Güter der Massenproduktion kaufen?

Aus dieser kreislauftheoretischen Notwendigkeit und nicht etwa aus moralischen Skrupeln oder besonderer Generosität heraus müssen die Kapitalisten Interesse daran haben, die Arbeiter an den Produktivitätserfolgen teilhaben zu lassen, ihnen also ein höheres Subsistenzniveau zuzugestehen. Dies ist gleichbedeutend mit der Erhöhung des Wertes ihrer Arbeitskraft. Arbeitswerttheoretisch ausgedrückt geschieht dies dadurch, daß die Nominallöhne nicht entsprechend der Wertverringerung der Subsistenzwaren, sondern nur in einem Ausmaß (nach unten) angepaßt werden, das geringer ausfällt als die allgemeine Produktivitätssteigerung. Dies kommt einer Erhöhung des Reallohnniveaus gleich. Bliebe der Nominallohn unverändert, würde das Reallohnniveau im Ausmaß des Produktivitätsanstiegs wachsen. Dieser Zusammenhang ließe sich möglicherweise operationalisieren, indem man daraus eine (normative) *Regel* für die Quantifizierung des historischen und moralischen Faktors dahingehend ableitet, den Umfang des Subsistenzkorbes

---

[165] Die neoklassische Grenzproduktivitätstheorie der Verteilung bietet hier, vom Zurechnungsproblem einmal abgesehen, eine in sich konsistente und hinreichende Erklärung an.

im Gleichschritt mit der allgemeinen Produktivitätsentwicklung ansteigen zu lassen. Konkret bedeutet das, daß der Wert der Ware Arbeitskraft kontinuierlich steigen würde, *obwohl* sich der Aufwand zur Reproduktion derselben im Grunde nicht erhöht hat[166].

Die Aufstellung einer solchen Regel würde allerdings, wie leicht einzusehen ist, mit der Marxschen Fassung der Werttheorie nicht im Einklang stehen, da sie den Wert der Waren nicht mehr einheitlich aus dem gesellschaftlich notwendigen Reproduktionsaufwand ableitet. Während der Wert bei allen 'nicht-menschlichen', kapitalistisch reproduzierbaren Waren umgekehrt proportional zur gestiegenen Produktivität sinkt, würde dies für die 'Ware' Arbeitskraft nicht mehr in gleicher Weise gelten. Zwar wird auch hier auf den Reproduktionsaufwand rekurriert, allerdings mit der entscheidenden Modifikation, daß dieser im Zuge des allgemeinen Produktivitätsfortschritts als kontinuierlich steigend unterstellt wird. Daß eine solche Dichotomisierung der Werttheorie nicht in Marxens Absicht lag, als er auf das historische Erklärungsmoment in der Wertbestimmung der Ware Arbeitskraft verwies, liegt auf der Hand. Man findet bei ihm daher auch keinen konkreten Hinweis auf einen quasi-automatischen Anstieg des Lebensstandards bzw. des Werts der Ware Arbeitskraft - aus der Perspektive des Kapitalismus der damaligen Zeit auch gar nicht überraschend.

Gegen die werttheoretische Kopplung des Subsistenzniveaus an den Produktivitätsindex könnte eingewendet werden, daß mögliche Ungerechtigkeiten einer bestimmten Ausgangsverteilung damit nicht nur nicht beseitigt, sondern vielmehr fortgeschrieben würden. Ein Gleichschritt des Reallohns mit der Produktivitätsentwicklung bedeute doch, die herkömmliche Einkommensverteilung zwischen Lohnarbeit und Kapital unverändert zu lassen.

Sicherlich kann man davon ausgehen, daß die aus dem Frühstadium des Kapitalismus überkommene Ausgangsverteilung nicht gerade zugunsten der Arbeiter-

[166] Ob man z.B. farbig oder schwarz-weiß (wie zuvor) fernsieht, ob man sich fünf oder (wie zuvor) nur zwei Pullover jährlich leisten kann, mit dem eigenen Auto oder (wie zuvor) mit dem Autobus zur Arbeit fährt, mit oder - wie bislang - ohne Tiefkühltruhe lebt, ob man hochwertige Textilien oder (wie zuvor) solche einfacher Qualität erwirbt, in Mallorca oder wie früher im nahe gelegenen Erholungsgebiet seinen Urlaub verbringt usw., dürfte für den effektiven Regenerationserfolg der Arbeitskraft von vernachlässigbarer Bedeutung sein.
Wollte man gleichwohl eine solche Verbindung zwischen steigendem Umfang bzw. Qualität des Subsistenzkorbes und dem Regenerationserfolg herstellen, könnte man arbeitswerttheoretisch höchstens in der Weise argumentieren, daß zwischen der Produktivitätssteigerung bzw. -entwicklung der Arbeit auf der einen und dem notwendigen Subsistenzbedarf auf der anderen Seite ein fester (paralleler bzw. proportionaler) Zusammenhang bestünde, z.B. wegen allgemein erhöhter körperlicher Anstrengungen oder gesellschaftlicher Anforderungen. Ein solcher Konnex ließe sich allerdings nur schwer begründen oder gar nachweisen. (Einen relativ naiven Versuch in dieser Richtung findet man bei *Zinn, K.G.* [1972], Arbeitswerttheorie, Herne u. Berlin, S. 38). Er würde im Ergebnis, wenn wir an den obigen Vergleich anknüpfen, auf die absurde Behauptung hinauslaufen, daß die Arbeit der deutschen Arbeitskraft wegen der 'zig-fach' höheren Produktivität auch um das 'zig-fache' schwerer (i.S. von anstrengender, energieaufwendiger) ist als diejenige des indischen Durchschnittsarbeiters, so daß ersterem auch einen 'zig-mal' größerer Bedarf an Subsistenzmitteln zukomme(n müsse), um sich täglich zu regenerieren.

schaft ausgefallen sein wird. Zu Beginn der kapitalistischen Ära, als die Arbeiter nicht organisiert waren und die Massenproduktion von Gütern noch eine untergeordnete Rolle spielte, bewegte sich ihr Reallohnniveau in der Tat in der Nähe des bloßen Existenzminimums. Für eine Beteiligung der Lohnbezieher am Produktivitätsfortschritt bestand für die Kapitalisten kaum Veranlassung. Daß sich im Laufe der Zeit ein höheres Reallohnniveau hat durchsetzen können, hängt neben der erwähnten kreislauftheoretischen Notwendigkeit nicht zuletzt mit dem zunehmenden Grad des Zusammenschlusses der Arbeiter in Gewerkschaften und Gewerkschaftsverbänden zusammen. Der unorganisierte, seinen Arbeitsvertrag auf individueller Basis abschließende Lohnarbeiter konnte leichter auf das Existenzminimum zurückgedrängt werden als die assoziierte Arbeiterschaft im entwickelten Kapitalismus. Der erreichte Lebensstandard der Arbeiter, wie er sich im heute aktuellen Subsistenzniveau ausdrückt, ist weder durch externe Maßstäbe vorgegeben noch der Freizügigkeit von Kapitalisten zu verdanken, sondern in zähen Verhandlungen und harten Tarifauseinandersetzungen von der Arbeiterschaft selbst erkämpft worden. Dabei hat es Perioden gegeben, in denen der reale Lohnanstieg hinter der Produktivitätsentwicklung zurückblieb, wie auch solche, in denen er diesen übertraf und eine Umverteilung zu Lasten des Kapitals stattfand.

Wer sich heute dafür ausspricht, die aktuelle Verteilung zugunsten der Arbeiterschaft zu verändern, da sie nach wie vor Spuren der ehemals ungleichen Ausgangssituation trage bzw. bis dato nicht überwunden habe, fordert faktisch eine, gemessen am Produktivitätsanstieg, überdurchschnittliche Erhöhung des Reallohnniveaus. Dabei stellt sich allerdings die Frage, wie sich die - vermeintliche - Ungerechtigkeit der Ausgangs- bzw. aktuellen Verteilung objektiv begründen ließe bzw. wie hoch die Rate des Lohnanstiegs gegebenenfalls ausfallen sollte oder müßte. Antworten darauf können nicht auf Basis von wissenschaftlich abgeleiteten Sachurteilen gefunden werden, sondern implizieren Werturteile, die einer wissenschaftlichen Begründung nicht zugänglich sind. Sie werden realiter entschieden und in diesem Falle durch Verhandlungen der beteiligten Gruppen gelöst. Rein (arbeitswert-)theoretisch läßt sich eine bestimmte Verteilung ebensowenig als objektiv (un)gerecht 'beweisen' wie ein bestimmtes Subsistenzniveau als (un)angemessen.

4. Die Konsequenzen des Reproduktionskostenansatzes

Damit sind wir am entscheidenden Punkt unserer Kritik angelangt. Unabhängig von den grundsätzlichen Bedenken gegen die Übertragung des Reproduktionskostenansatzes auf die Arbeitskraft (als Ware) erweist er sich auch insofern als problematisch, als er einen Unbestimmtheitsfaktor in die Wertlehre hineinträgt, der für die Marxsche Mehrwerterklärung nicht ohne Folgen bleibt. Die Besonderheit, daß die Wertbestimmung der Arbeitskraft auch von historischen und moralischen Faktoren abhängig ist, die ihrerseits nicht ohne - subjektive - Werturteile auskommen, läßt die Marxsche Verteilungstheorie in gewissem Maße willkürlich werden: Wenn das 'notwendige' Subsistenzniveau und damit die tägliche Subsistenzarbeitszeit nicht exakt quantifizierbar ist, gilt dies (bei gegebener Länge des Arbeitstages) auch für die Residualgröße: den Mehrwert. Auch er muß indeterminiert bleiben.

Die Logik des Reproduktionskostenansatzes erlaubt lediglich die *qualitative* Aussage, daß die Arbeiter ein über ihren Wert hinausgehendes Wertprodukt erarbeiten. Diese 'conditio sine qua non' der kapitalistischen Reproduktion bleibt in bezug auf das *quantitative* Ausmaß allerdings nicht fixierbar. Mit anderen Worten: Ausbeutung findet zwar statt, aber in unbestimmter Höhe.

Die Frage liegt nahe, ob sich das Problem nicht verflüchtigt, wenn man eine Analogie zur Wertbestimmung der übrigen Waren herstellt. Auch dort, so könnte man vielleicht einwenden, ist eine quantitativ exakte Ableitung des Warenwerts - für den empirischen Einzelfall - kaum bzw. nicht möglich, ohne daß dies den qualitativen Gehalt der Werterklärung in Frage stellen würde. Indes wäre ein solcher Analogieschluß verfehlt: Bei der Wertbestimmung handelt es sich grundsätzlich um ein theoretisches Problem, dessen Lösung bzw. Lösbarkeit von den Möglichkeiten einer empirisch-exakten Quantifizierung unabhängig zu sehen ist. Für die 'normalen' Waren kann man - vom rein logischen Standpunkt aus - das quantitative Wertproblem als solches durchaus als gelöst bzw. lösbar betrachten, wenngleich die Frage seiner Operationalisierbarkeit auf empirischer Ebene offen bleiben mag. Bei der Bestimmung des Werts der Arbeitskraft hingegen werden die einfließenden moralischen und historischen Elemente bereits auf der logischen bzw. rein theoretischen Ebene zum Problem.

Auch ein Rettungsversuch über den Hinweis, daß der Wert der (übrigen) Waren ja gleichfalls nur approximativ quantifizierbar sei, da er sich lediglich durch ein blind wirkendes Durchschnittsgesetz hinter dem Rücken der Produzenten herausbilde, hilft nicht weiter. Für den einzelnen Warenproduzenten gilt zwar, daß ihn die - auf *bestimmtem technischen Niveau* agierende - Konkurrenz auf die gesellschaftlich notwendige Arbeitszeit als Wertmaß stößt. Seine Ware wird zu diesem Wert am Markt gehandelt, gleichgültig, ob er schneller oder langsamer, produktiver oder unproduktiver als der Durchschnitt arbeitet. Diesem Durchschnitt muß er sich nolens volens anpassen bzw. stellen, wenn er nicht vom Markt verdrängt werden will. Der Wert der Arbeitskraft bzw. der Umfang des ihren Wert bestimmenden Subsistenzniveaus ist demgegenüber nicht durch eine technisch bestimmte (objektive) Arbeitsaufwandsmenge bestimmt, die sich über einen allgemeinen Konkurrenzmechanismus durchsetzen würde. Er stellt vielmehr das Ergebnis der zwischen den Arbeitsmarktparteien stattfindenden Tarifvertragsverhandlungen dar und entspricht im Gleichgewicht dem historisch-moralisch gewachsenen, jedoch nicht objektiv quantifizierbaren Subsistenzniveau. Der jeweils ausgehandelte Lohn liegt einmal über, ein anderes Mal unter diesem Gleichgewichtsniveau, je nach Verhandlungsposition bzw. -geschick und -stärke der Tarifkontrahenten. Er schwankt jedoch nicht um eine als *technische* Relation vorgegebene Höhe. Ein auf objektiver Basis ableitbares Oszillations- oder Gravitationszentrum, auf das er sich langfristig einpendeln würde bzw. an dem die Tarifparteien sich (mittelbar) ausrichten müßten, existiert nicht.

Man kann es drehen und wenden wie man will, die Bestimmung des Werts der Ware Arbeitskraft über den Reproduktionskostenansatz - und mit ihr die Ableitung des Mehrwerts - bleibt indeterminiert.

In Anbetracht dieses Ergebnisses erhebt sich die Frage, ob bzw. inwieweit damit nicht auch der allgemeinen Wertformel $W = c + v + m$ der Boden entzogen ist. Schließlich lassen sich doch ihre beiden letzteren Bestandteile theoretisch nicht exakt quantifizieren. Gegen solchen Rückschluß mag man vielleicht einwenden, daß es sich hierbei lediglich um ein Verteilungsproblem *zwischen* den Klassen handelt und die Aussage über die Zusammensetzung des *Gesamt*werts einer Ware davon nicht berührt würde: Lediglich der jeweilige Anteil der beiden Klassen am Wertschöpfungsbeitrag bleibe umkämpft. Wie hoch der 'wertgerechte' Lohn und als sein Residuum der 'gerechte' Mehrwertanteil im einzelnen zu sein habe, sei für die allgemeine Wertbestimmung der Waren doch unerheblich. Anders ausgedrückt: Der Gesamtwert der Waren, bestehend aus dem in c steckenden Teil vorgetaner Arbeit einerseits und der in $v + m$ erfaßten lebendig verausgabten andererseits, ändere sich trotz variabler Anteile von v und m nicht.

Folgt man dieser Argumentation, muß man sich der damit verbundenen nicht unbeträchtlichen Einschränkung des kognitiven Gehalts der Marxschen Theorie bewußt sein, denn dann bliebe - zumindest ein, wenn nicht - *das* zentrale Anliegen der Marxschen Bemühungen uneingelöst, nämlich den Mehrwert *qualitativ wie quantitativ* herleiten und damit Art *und* Ausmaß der Ausbeutung der Arbeiterschaft seitens der Kapitalisten begründen oder gar 'beweisen' zu können.

5. Reproduktionskosten- oder Wertschöpfungsansatz?

Die Analyse der Marxschen Mehrwertlehre führt demnach zu folgendem Dilemma:

- Entweder akzeptiert man den *Reproduktionskostenansatz* auch für die Wertbestimmung der 'Ware Arbeitskraft' und leitet darüber den Mehrwert ab. Dann hätte man eine quantitative Unbestimmtheit des Werts der Arbeitskraft als auch des Mehrwerts in Kauf zu nehmen.

- Oder man verwirft diesen Ansatz für die Arbeitskraft und sieht ihren Wert durch die Zeit bestimmt an, die sie selbst wertschöpfend tätig ist (*Wertschöpfungsansatz*). Das würde allerdings eine *duale* Werterklärung bedeuten.

Die duale Wertbestimmung beim letzteren Ansatz rührt daher, daß 'Mehrwert' in diesem Falle - anders als beim Austausch der übrigen Waren - durch Verletzung des Äquivalenzprinzips zustande kommt, da die Arbeitskraft ja nicht *zu*, sondern *unter* ihrem Wert bezahlt würde. Daß sie das hinnehmen muß, hängt - unabhängig von dem Mehrwerterklärungsansatz - mit dem Monopol der Kapitalisten an den Produktionsmitteln zusammen, das sie in die Lage versetzt, die Arbeiter zu solchen Lohnabschlüssen zu zwingen. Im Gegensatz zu den Nachfragern am Arbeitsmarkt sind die Anbieter, also die Arbeiter, mangels entsprechender Vermögensreserven auf den laufenden Lohnerwerb angewiesen und müssen letztlich jede von den Kapitalisten geforderte Länge des Arbeitstages bzw. zugestandene Lohnhöhe akzeptieren, zumindest soweit ihr physisches Existenzminimum gesichert bleibt.

Wie bei der Reproduktionskostenthese bildet auch beim Wertschöpfungsansatz der unbezahlte Teil der Arbeitszeit die Basis für den 'Mehrwert'[167]. Allerdings ist dieser Begriff in bezug auf die letztere Erklärung in Anführungsstriche zu setzen, da er dem zugrunde liegenden Sachverhalt nicht länger gerecht wird: Die Kapitalisten eignen sich in diesem Falle nämlich kein über den Wert der Ware Arbeitskraft hinaus geschöpftes 'Mehr an Wert' an[168], sondern der eigentlich wertgerechte Lohn wird lediglich vorenthalten. Wenn man so will, kann man den Unterschied zwischen beiden Ansätzen so interpretieren, daß das eine Mal der geschöpfte Wert*überschuß* (über den eigenen Wert der Ware Arbeitskraft hinaus) von den Kapitalisten angeeignet wird, während das andere Mal ein Wert*abzug* (vom Wert der Arbeitskraft) stattfindet, der einbehalten wird. Im Ergebnis läuft beides auf dasselbe hinaus, mit der Besonderheit im zweiten Fall, daß der Wertanteil der Kapitalisten am 'Verteilungskuchen' nicht wie im ersten Fall (und von *Marx* immer hervorgehoben) als Resultat des Produktions-, sondern des Zirkulationsprozesses zu sehen ist. In dem Augenblick, in dem die Kapitalisten die Arbeitskraft - unter ihrem Wert - einkaufen bzw. gegen Geld tauschen, eignen sie sich ein größeres Wertpotential an, als sie dafür hergeben. Daß sich dieses Potential erst im Zuge des Produktionsprozesses realisiert und - unter Beteiligung von konstantem Kapital - in konkreten Produkten bzw. Warenwerten niederschlägt, die ihrerseits in Geld rückverwandelt werden, spielt in diesem Zusammenhang keine Rolle.

[167] Wenn *Marx* an einigen Stellen im 'Kapital' den Mehrwert z.B. als "ohne Äquivalent angeeigneten Wert" (MEW 23, S. 595) oder "unbezahlte Arbeit" (ebd., S. 556, 589) umschreibt, scheint ihm, zumindest auf den ersten Blick, diese Interpretationsvariante zeitweilig selbst vor Augen geschwebt zu haben. Was anderes als die Auffassung, daß die Arbeitskraft eigentlich entsprechend ihrem geleisteten Äquivalent, d.h. nach ihrem wirklichen Wert(schöpfungs)beitrag entlohnt werden müßte, könnte damit gemeint sein. Bei ihm kann dies gleichwohl nur so zu verstehen sein, daß dieser 'unbezahlte' bzw. 'ohne Äquivalent angeeignete Wert' das Quantum an Arbeitszeit ist, das eben über den Wert der Ware Arbeitskraft hinaus geleistet wird.

[168] Das Erfordernis, (Netto-)Investitionen aus diesem in modifizierter Form hergeleiteten 'Mehrwert' zu tätigen, bleibt unberührt. Sie werden wie zuvor aus der gesamten Wertschöpfung bestritten, jetzt eben aus dem Teil, den sich die Kapitalisten unter Verletzung des Wertgesetzes aneignen. Die für das Kapitalwachstum erforderlichen Investitionen werden also nicht aus einem während der Produktionsperiode geschaffenen Wert*überschuß* finanziert, sondern aus dem von den Kapitalisten kraft ihres Arbeitsplatzmonopols angeeigneten Teil einer *gegebenen* Wertsumme, die durch das insgesamt eingesetzte Produktionspotential geschaffen worden ist. Potentielle Befürchtungen, daß die alternative Mehrwerterklärung den Motor des kapitalistischen Systems zum Stillstand bringen bzw. wegdefinieren könnte, erweisen sich insofern als unbegründet.

Anzumerken bleibt, daß man auch auf Basis des Wertschöpfungsansatzes durchaus vom Tatbestand der Ausbeutung sprechen kann. Auch hier wird gesellschaftlich geschaffener Wert von der Klasse der Kapitalisten kraft ihres Produktionsmittel- bzw. Arbeitsplatzmonopols angeeignet. Man kann sogar die Auffassung vertreten, daß das Moment der Ausbeutung eher noch deutlicher zutage tritt als bei der Marxschen Version, da den Arbeitskräften ein Teil ihres Wertes unmittelbar vorenthalten wird, sie von den Käufern ihrer Arbeitskraft also beständig darum betrogen werden. Bei *Marx* sieht es dagegen so aus, als ob alles mit rechten, d.h. in diesem Falle: der kapitalistischen Logik gemäßen Dingen zuginge. Jede Ware, einschließlich der Arbeitskraft, wird zu ihrem Wert bezahlt. Von Betrug bzw. Ausbeutung kann - zumindest vom kapitalistischen Funktionsmechanismus aus betrachtet - eigentlich nicht die Rede sein. (Daß *Marx* daraus gleichwohl eine andere Schlußfolgerung zog, wurde oben bereits erläutert.)

6. Fazit

Grundvoraussetzung der Marxschen Mehrwerttheorie bildet das Postulat, daß Arbeitskraft Ware, insbesondere Ware wie jede andere sei. Hält man sich die realen Verhältnisse im Frühstadium des Kapitalismus des 19. Jhdts. vor Augen, in der die menschliche Arbeitskraft in der Tat *wie* eine Ware be- bzw. gehandelt wurde, kann man seine Sichtweise (in diesem Punkt) durchaus teilen. Die Betonung liegt dabei allerdings auf '*wie* eine Ware', was ja nicht unbedingt bedeuten muß, daß die Arbeitskraft auch tatsächlich Ware - noch dazu 'wie jede andere' - gewesen sein muß bzw. es heute noch wäre.

Hier wird davon ausgegangen, daß die Besonderheiten der Arbeitskraft, zum einen unmittelbare Quelle des Werts und zum anderen als einzige Ware nicht kapitalistisch reproduzierbar zu sein, zu einer anderen werttheoretischen Konsequenz führen muß: Der Wert der Arbeitskraft wird nicht durch die - wie im einzelnen auch immer zu bestimmende - Zeit für ihre Reproduktion determiniert, sondern durch ihre wertschöpfende Potenz selbst, also die Zeit, während welcher sie insgesamt tätig ist. Ein solcher dualer Werterklärungsansatz für die Arbeitskraft auf der einen und die Waren auf der anderen Seite steht im Gegensatz zur Marxschen Lehre und läßt auch die Kategorie des Mehrwerts (im Marxschen Sinne) auf der Strecke bleiben: Es entsteht kein 'Mehr an Wert', das sich die Kapitalisten aneignen könnten. Ausbeutung findet unter Verletzung des Wertgesetzes auf dem Arbeitsmarkt statt, an dem sich Lohnarbeiter aus Existenzgründen gezwungen sehen, ihre Arbeitskraft (letztlich) zu jedem überlebensfähigen Lohn zu verkaufen.

Marxisten werden diese Interpretation nicht teilen wollen, obwohl sie zugestehen müßten, daß dieser Ansatz den Ausbeutungseffekt offenkundiger zutage treten läßt als dies aus dem Marxschen Blickwinkel der Fall ist. Wer allerdings den Reproduktionskostenansatz für die 'Ware Arbeitskraft' als authentisch verteidigen will, sieht sich dem gewichtigen Einwand ausgesetzt, daß ihre Wertbestimmung wegen des Einfließens von historischen und moralischen Komponenten indeterminiert bleibt - mit der gleichen Folge auch für die quantitative Herleitung des Mehrwerts. Mehr als die Aussage, daß sich die Kapitalisten einen in der Höhe unbestimmten Teil des von den Arbeitern produzierten Wertüberschusses aneignen, erlaubt die Marxsche Erklärung nicht. Das bedeutet m.a.W., daß sich der Verteilungsstreit zwischen den gesellschaftlichen Klassen nicht gemäß der von *Marx* entwickelten Lohn- bzw. Mehrwerttheorie löst: Die Höhe des Lohnes oszilliert nicht um ein arbeitswerttheoretisch irgendwie quantifizierbares Niveau, weder kurz- noch langfristig. Die Aufteilung des in einer Periode durch Verausgabung von lebendig zugesetzter Arbeit geschöpften Wertteils in Löhne auf der einen und Profite auf der anderen Seite ist vielmehr das Ergebnis von Verhandlungen zwischen den Arbeitsmarktparteien (bzw. den beiden gesellschaftlichen Klassen).

Alles, was die Marxsche Mehrwertlehre für sich in Anspruch nehmen kann, ist, eine (zumindest) qualitative Mehrwerterklärung bei quantitativer Indeterminiertheit geliefert zu haben. Das bedeutet eine erhebliche Reduzierung ihres kognitiven Werts sowie des arbeitswerttheoretischen Fundaments der Marxschen Lehre überhaupt. Die 'große Entdeckung' von *Marx* stellt sich bei näherem Zusehen als leidlich konstruiertes Theorem mit nur begrenztem Aussagegehalt heraus.

ZUSAMMENFASSUNG

1) Die Hauptkritikpunkte an der Mehrwerttheorie machen sich fest: a) an der Setzung der menschlichen Arbeitskraft als Ware, vor allem als Ware 'wie jede andere', b) an der Frage, ob sich die Arbeitswertlehre auf die Arbeitskraft als Quelle des Werts selbst anwenden läßt und c) an der Indeterminiertheit des Werts der Arbeitskraft wegen des Einfließens von historischen und moralischen Komponenten.

2) Die Herausbildung der Arbeitskraft als Ware im Zuge der 'ursprünglichen Akkumulation' wird von Marx überzeugend dargestellt. Allein die Existenz eines Arbeitsmarktes belegt den (zumindest Quasi-)Warencharakter der menschlichen Arbeitskraft.

3) Die Gleichsetzung der Arbeitskraft mit den übrigen Waren stellt für die Marxsche Mehrwertableitung zwar eine *conditio sine qua non* dar, erscheint gleichwohl problematisch: zum einen ist die Arbeitskraft alleinige Quelle des Wertes und zum anderen als Ware nicht kapitalistisch reproduzierbar. Auf ihre Wertbestimmung paßt der Reproduktionkostensansatz insofern nicht.

4) Aber selbst unter Zugrundelegung des Reproduktionskostenansatzes ergeben sich Unstimmigkeiten bzw. führt die Wertbestimmung zu keinem befriedigendem Ergebnis, da sie wegen der historischen und moralischen Komponenten indeterminiert bleibt. Weder die historischen noch die moralischen Faktoren lassen sich operationalisieren.

5) Historisch ist vor allem der Stand der jeweils gewachsenen gesellschaftlichen Produktivität von Bedeutung, der über den (stofflichen) Umfang des sog. Subsistenzmittelniveaus entscheidet und der von Land zu Land sowie von Epoche zu Epoche verschieden ausfällt.

6) In bezug auf das 'moralische' Element bleibt festzuhalten, daß die jeweilige Höhe des Subsistenzlohnes Verhandlungssache zwischen den Tarifparteien ist. Allerdings ist zu beachten, daß die Kapitalistenklasse aus Kapitalverwertungsgründen darauf angewiesen ist, daß die Lohnarbeiter an der steigenden Produktivität monetär wie real teilhaben. Faktisch bedeutet das, daß der Wert der Ware Arbeitskraft beständig anwächst.

7) Die Bestimmung des Wertes der Arbeitskraft ist somit keiner festen Gesetzmäßigkeit unterworfen und bleibt indeterminiert - mit entsprechenden Folgen für die gedankliche Zweiteilung des Arbeitstages in Subsistenz- und Mehrarbeitszeit sowie für den Mehrwert selbst.

C. Der schwierige Übergang von den Werten zu den Preisen (Transformationsproblem)

I. Einführung in die Fragestellung

Ein letztes Mal wollen wir uns - trotz der bisher vorgetragenen, teilweise massiven Bedenken gegenüber dem werttheoretischen Fundament - auf den Boden des Marxschen Ansatzes stellen und uns der Frage zuwenden, wie der Schritt von der abstrakten Wertebene zu den konkreten Preisen zu vollziehen ist und sich aus der Werttheorie, die ja nicht Selbstzweck bleiben will, eine konsistente Erklärung der Preise ableiten läßt. Die Arbeitswertlehre zielt darauf ab, ein objektives Maß zur Erklärung der Marktpreise zu liefern, indem sie die quantitativ bestimmten (Arbeits-)Werte der Waren zum Gravitations- bzw. Oszillationszentrum für die täglichen Preisschwankungen erklärt. Von der Wertbasis, so wird postuliert, könnten sich die Preise auf Dauer nicht lösen, vielmehr würden sie beständig darauf hingezogen. Anders ausgedrückt: Die Marktpreise werden beherrscht von den Warenwerten und ihren Bewegungen. Um diese schwanken sie zufallsbedingt.

Unsere bisherige Analyse bezog sich - mit *Marx* - allein auf die abstrakte Wertebene und setzte der Einfachheit halber die quantitative Gleichheit von Werten und Preisen voraus. Von dieser Ebene, die von den Verhältnissen 'an der Oberfläche' der Gesellschaft relativ weit entfernt ist, gilt es nun, zur konkreten Preisebene[169] voranzuschreiten. Zunächst eingeführte vereinfachende Prämissen müssen dabei schrittweise fallengelassen werden und die Abweichung der Preise von den Werten, die, wie wir noch sehen werden, nicht allein durch Marktschwankungen bedingt sind (s. unten S. 159 ff.), eine systematische Erklärung finden. Dieser Schritt wurde in der Fachdiskussion ausgiebig unter dem Terminus *'Transformationsproblem'* diskutiert. Vom logisch-methodischen Stellenwert her handelt es sich um eine Fragestellung von derart zentraler Bedeutung, daß für den Fall, daß sich darauf keine befriedigende Antwort oder Lösung finden läßt, dem Marxschen Arbeitswertansatz vollends der Boden entzogen würde.

II. Das Verhältnis von Mehrwert und Profit

Die Beziehungen bzw. Unterscheidung zwischen Werten und Preisen findet bei den Einkommenskategorien ihre Entsprechung: Der Lohn der Arbeiter oszilliert um den Wert der 'Ware Arbeitskraft' und der Mehrwert bildet für den Kapitalisten die Basis für den Profit als der zugehörigen Preiskategorie. Er ist ebensowenig wie die Warenpreise mit den Warenwerten unmittelbar mit dem Mehrwert identisch, sondern bildet seine 'sekundäre' bzw. 'transformierte Form'[170]. Beide

[169] Im 3. Band des 'Kapital', in welchem *Marx* diesen Schritt vollziehen will, heißt es (MEW 25, S. 33): "Die Gestaltungen des Kapitals, wie wir sie in diesem Buch entwickeln, nähern sich also schrittweise der Form, worin sie auf der Oberfläche der Gesellschaft, in der Aktion der verschiedenen Kapitale aufeinander, der Konkurrenz ... auftreten."

[170] Vgl. MEW 42, S. 497. An anderer Stelle spricht *Marx* auch vom Profit als der 'mystifizierten Form' des Mehrwerts (vgl. MEW 25, S. 46).

sind miteinander verwandt, aber in begrifflicher Hinsicht anderen analytischen Ebenen zuzuordnen. Der Profit ist die der Oberfläche der Gesellschaft nähere Kategorie. Man kann ihn als den 'preislich gefaßten Mehrwert' bezeichnen. Als sekundäre Form, das impliziert die Unterscheidung, die ansonsten hinfällig wäre, muß der Profit in quantitativer Hinsicht keineswegs mit seiner Originärform zusammenfallen. Dies könnte höchstens zufällig, d.h. im theoretischen Gleichgewichtsfall eintreten.

Betrachten wir die Zusammenhänge genauer. Zunächst sind die Erkenntnisse, die wir oben in Kapitel II.2 und 3 hergeleitet bzw. gewonnen haben, noch einmal kurz zu rekapitulieren. Der Profit ist der Überschuß an Geldeinheiten über die verauslagte Summe, den der Kapitalist am Ende des Verwertungsprozesses erhält. Die Basis für diesen Überschuß bildet der Mehrwert. Da der Mehrwert seinerseits das Ergebnis des Einsatzes an lebendig zugesetzter Arbeit ist, sich also in Abhängigkeit von der Menge des vorgeschossenen variablen Kapitals ergibt, mißt *Marx* die *Rate des Mehrwerts* an der Höhe des variablen Kapitaleinsatzes (m' = m/v).

Die Produktion von Waren setzt die Bereitstellung von Produktionsmitteln und damit immer auch einen Anteil an konstantem Kapital voraus. Die Ausbeutung der Arbeitskraft gelingt nur, wenn beide Kapitalteile zugleich vorgeschossen werden, so daß die Höhe der Mehrwertrate für den Kapitalisten nicht die entscheidende Größe darstellt, da sie ja nur den Verwertungsgrad bezogen auf das variable Kapital angibt. Was diesen letztlich interessiert, ist der Mehrwert berechnet auf das gesamte vorgeschossene Kapital, allgemein als *Profitrate* bezeichnet. Sie ist bei *Marx* definiert als: p' (Profitrate) = m/c+v[171]. Die Profitrate ist logischerweise kleiner als die Mehrwertrate, da sie - bei identischem Zähler - einen größeren Nenner aufweist. Der Unterschied zwischen beiden ist von der Höhe des Mehrwert schöpfenden variablen Kapitalteils in Relation zum insgesamt eingesetzten Kapital abhängig. Diese Relation, wir kennen sie bereits, wird als *organische Zusammensetzung des Kapitals* (c/c+v) bezeichnet. Je relativ mehr variables Kapital zum Einsatz kommt, desto kleiner bei gegebener Mehrwertrate die Differenz zur Profitrate. Im theoretischen Extremfall, in dem *ausschließlich* variables Kapital eingesetzt würde, fielen beide zusammen. Setzt man für die OZK das Symbol q, dann gilt[172]: p' = m' (1 - q). Je höher die OZK, desto mehr strebt der Klammerwert gegen Null und desto kleiner die Profitrate.

Bilden wir ein Beispiel (Mehrwertrate: 100 vH):

---

[171] Wie man erkennt, wird die Profitrate hier allein aus Wertbestandteilen ermittelt. Richtiger wäre daher die Bezeichnung 'Wertrentabilität'. Von einer Profitrate könnte man eigentlich erst auf der Preisebene sprechen.

[172] Für Mathematikmuffel eine kleine Rechenhilfe: 1. Schritt: Verlängere die Formel für die Profitrate mit v, also p' = m•v/v (c+v); da m/v die Mehrwertrate m' darstellt, kann man auch schreiben: p' = m'• v/c+v. 2. Schritt: Es gilt: (c/c+v) + (v/c+v) = 1, wobei c/c+v die OZK (Symbol q) darstellt. Ersetzt man in der ersten Gleichungsreihe v/c+v durch 1 - (c/c+v) bzw. 1-q, erhält man das obige Ergebnis. (Für die alternative Abgrenzung [s. oben S. 121] der OZK als c/v [Symbol: w] würde die Beziehung lauten: p' = m'/w+1.)

Abt.	c	v	m'	m	W	p'	OZK
I	80	20	100 vH	20	120	20 vH	0,8
II	60	40	100 vH	40	140	40 vH	0,6
III	40	60	100 vH	60	160	60 vH	0,4

Man sieht, daß die Profitrate um so höher ausfällt, je kleiner der Anteil des konstanten bzw. je größer der des variablen Kapitals ist. Mit anderen Worten: Die Profitrate steigt - bei gegebener Mehrwertrate - mit fallender OZK und umgekehrt.

Wie man an der Rechnung ersieht, ist nicht nur die Mehrwertrate, sondern auch die Profitrate als Wertrelation bestimmt. Dies erscheint in bezug auf die letztere insofern problematisch, als sie grundsätzlich der Preisebene zuzurechnen ist und das Transformationsverfahren, d.h. die Umrechnungsmethode von den Wert- in Preiskategorien benannt werden müßte. Wenn wir versuchen, beide Rentabilitätsgrößen ihren jeweiligen Zurechnungsebenen entsprechend zu fassen, treten Schwierigkeiten auf. Die vorgeschossene Geld- bzw. Kapitalsumme und diejenige, die nach Verkauf der damit produzierten Waren schließlich herauskommt, und nur diese Differenz interessiert den Kapitalisten, errechnet sich allein auf Basis von Preisen. Der Kapitalist *kauft* die Arbeitskräfte und Produktionsmittel zu Marktpreisen, die - wie bekannt - nur zufällig, d.h. im Gleichgewichtsfalle, mit ihren Werten zusammenfallen. Den Vorschuß für das variable und konstante Kapital nennt *Marx* - aus der Sicht des Kapitalisten - den *Kostpreis (k)* der Ware. Es ist der Preis, den der Kapitalist für die eingesetzte bzw. angewandte Arbeitskraft sowie für die erforderlichen Produktionsmittel am Markt tatsächlich zu zahlen hat[173]. Auf der anderen Seite *verkauft* er seine Waren gleichfalls zu Marktpreisen. Der Profit errechnet sich aus der Differenz zwischen dem Gesamtkostpreis der Waren und ihren Verkaufserlösen, sprich: produzierte bzw. abgesetzte Warenmenge multipliziert mit ihrem Marktpreis[174]. Beides sind Preissummen.

Der individuell produzierte Mehrwert eines Kapitalisten bildet somit nicht die Grenze für seinen Profit, da die erlösten Preise über den Warenwerten liegen können (u.U. natürlich auch darunter). Dem Kapitalisten zeigt sich sein Überschuß, der Profit, ausschließlich in Preiskategorien und ihn interessiert das Geheimnis seiner wertmäßigen Entstehung nicht. Die Verteilung des insgesamt produzierten Mehrwerts unter den Kapitalisten selbst regelt sich am Markt. Ein bestimmter

173 Vgl. MEW 25, S. 34 und passim. Wenn *Marx* meint, daß sich die Wertformel W = c + v + m dann einfach in W = k + m verwandele (vgl. ebd.), so vermengt er bereits die Wert- mit der Preisebene. Diese Unzulänglichkeit wird Folgen haben, wie wir gleich sehen werden.

174 *Marx, K.*, MEW 42, S. 652: "Da der Profit des Kapitals sich nur realisiert im Preise, der ... für den von ihm geschaffenen Gebrauchswert gezahlt wird, so ist der Profit also bestimmt durch den *Überschuß des erhaltnen Preises über den Preis, der die Auslagen deckt.*"

Gesamtmehrwert kann via Konkurrenz in anderen Proportionen angeeignet werden als er anteilig produziert worden ist. Laut *Marx* gilt allerdings die Gleichung: Gesamtmehrwert = Gesamtprofit.

III. Durchschnittsprofitrate

Ungleiche organische Zusammensetzungen der eingesetzten Kapitale führen bei gleicher Mehrwertrate, wie gesehen, zu verschiedenen Profitraten: je höher der (relative) Anteil an variablem Kapital, desto höher die Profitrate. Nur für Kapitale von gleicher OZK käme die gleiche Profitrate heraus. In der Realität findet allerdings weder branchenbezogen noch branchenübergreifend eine Angleichung der OZK's statt, so daß abweichende Profitraten die Regel sein müßten, die ihrerseits jedoch auf Dauer keinen Bestand haben könnten, wenn der Konkurrenzmechanismus als wirksam unterstellt ist. Auch für *Marx* (MEW 25, S. 162) unterliegt es

> "... keinem Zweifel, daß in der Wirklichkeit ... die Verschiedenheit der durchschnittlichen Profitraten für die verschiedenen Industriezweige nicht existiert und nicht existieren könnte, ohne das ganze System der kapitalistischen Produktion aufzuheben."

Insofern tut sich hier ein Widerspruch zu den bisherigen Ausführungen auf, den *Marx* gleich im Anschluß an die obige Passage selbst auf den Punkt bringt:

> "Es scheint also, daß die Werttheorie hier unvereinbar mit der wirklichen Bewegung, unvereinbar mit den tatsächlichen Erscheinungen der Produktion und daß daher überhaupt verzichtet werden muß, die letzteren zu begreifen."

Kapital als 'Mehrwert heckender Wert' strebt danach, sich möglichst rasch und nachhaltig auszudehnen. Es strömt daher - Abwesenheit von Mobilitätsbeschränkungen vorausgesetzt - immer in die profitträchtigsten Produktionszweige. Herrscht in einer Branche eine überdurchschnittliche Profitrate, so lockt dies zusätzliches Kapital aus anderen, weniger rentierlichen Branchen an. Da als Folge davon das Warenangebot der betreffenden Branche ansteigt, übt dies seinerseits - bei gegebener Nachfrage - einen Druck auf die Preise aus, der die Profitrate dort tendenziell absinken läßt. Für den umgekehrten Fall gilt das Umgekehrte.

Setzt sich dieser Prozeß rein[175] durch, d.h. werden vollständige Markttransparenz, unendliche Anpassungsgeschwindigkeit der Akteure, Nichtexistenz von Präferenzen oder Hemmnisfaktoren für die Kapitalmobilität usw. unterstellt, so

---

[175] *Marx, K.*, MEW 25, S. 184: "In der Theorie wird vorausgesetzt, daß die Gesetze der kapitalistischen Produktionsweise sich rein entwickeln. In der Wirklichkeit besteht immer nur Annäherung; aber diese Annäherung ist umso größer, je mehr die kapitalistische Produktionsweise entwickelt und je mehr ihre Verunreinigung und Verquickung mit Resten früherer ökonomischer Zustände beseitigt ist." Und an anderer Stelle (MEW 25, S. 152) heißt es: "In solcher allgemeinen Untersuchung wird überhaupt immer vorausgesetzt, daß die wirklichen Verhältnisse ihrem Begriff entsprechen, oder was dasselbe, werden die wirklichen Verhältnisse nur dargestellt, soweit sie ihren eignen allgemeinen Typus ausdrücken."

verwertet sich in diesem Falle entsprechend seiner Größe, unabhängig davon, in welche Branche es fließt bzw. gesteckt wird.

In Symbolen ausgedrückt, ergibt sich lt. *Marx* eine zweifache Modifikation der Wertformel W = c + v + m: Das eine Mal verwandelt sie sich in "W = k + m, oder: Waren*wert* = Kost*preis* + Mehr*wert*" und das andere Mal in "W = k + p oder Waren*wert* = Kost*preis* + *Profit*" (MEW 25, S. 34 u. 46, Hervorh.: MB), wobei es für p eigentlich genauer Durchschnittsprofit heißen müßte. Man sieht, daß die Ausdrücke sich jeweils aus einer Wert- und einer Preisgröße zusammensetzen. Diese Ungereimtheit scheint *Marx* (an dieser Stelle jedenfalls) nicht aufgefallen zu sein. Statt dessen versucht er - gleichsam unter der Hand - die Transformation von Werten in Preise dadurch zu vollziehen, daß er der Summe aus Kostpreis plus Durchschnittsprofit einfach einen neuen (Preis-)Namen gibt und sie im folgenden als *'Produktionspreis'* der Waren bezeichnet (vgl. MEW 25, S. 167), einer Kategorie, der wir uns nun zuwenden wollen.

IV. Produktionspreise

Als Ergebnis der bisherigen Überlegungen ist festzuhalten, daß die Preise, zu denen die Waren bei kapitalistischer Konkurrenz verkauft werden, sich offenbar nicht unmittelbar nach ihren Werten richten, sondern vielmehr durch die Summe von Kostpreis plus Durchschnittsprofit (= *Produktionspreis*) bestimmt werden.

Verdeutlichen wir das Problem anhand eines tabellarischen Beispiels, in dem exemplarisch von drei Branchen mit unterschiedlicher OZK ausgegangen wird, in die jeweils 100 Einheiten Kapital vorgeschossen wurden[176] (unterstellte Mehrwertrate: wiederum 100 vH)[177].

Abt.	c	v	OZK	m'	m	W	p'
I	80	20	0,8	100 vH	20	120	20 vH
II	70	30	0,7	100 vH	30	130	30 vH
III	60	40	0,6	100 vH	40	140	40 vH
Σ bzw. Ø	210	90	0,7	100 vH	90	390	30 vH

Branche I weist den größten Anteil an konstantem und den kleinsten an variablem Kapital auf. In Branche III liegen die Verhältnisse umgekehrt. Branche II reprä-

[176] Der Kapitalumschlag pro Periode wird dabei der Einfachheit halber mit Eins angenommen.

[177] Das Zahlenbeispiel stimmt mit der von *Marx* angeführten Tabelle (vgl. MEW 25, S. 165) insofern überein, als es dessen erste drei Zeilen übernimmt, die Branchen IV und V dagegen fortläßt, da sie weder zum Verständnis notwendig noch hinsichtlich der präsentierten Reihenfolge logisch erscheinen.

sentiert den gesamtgesellschaftlichen Durchschnitt. Demzufolge wäre - vor gedanklicher Zulassung von freier kapitalistischer Konkurrenz - die Profitrate in Abteilung I am niedrigsten, in III am höchsten.

Läßt man dem Konkurrenzmechanismus freien Lauf, so wird ein Kapitalwanderungsprozeß einsetzen, der solange anhält, bis sich in allen Branchen eine *einheitliche Durchschnittsprofitrate* herausgebildet hat. Sie würde derjenigen in Branche II entsprechen, sich also auf 30 vH belaufen (Gesamtmehrwert 90 dividiert durch den Gesamtkapitalvorschuß in Höhe von 300).

Um die Produktionspreise zu ermitteln, rechnet *Marx* folgendermaßen: $c + v$ (d.h. *Kostpreis* der Waren bzw. des Kapitalinputs) *plus anteiligen Durchschnittsprofit.* Wir verlängern obige Tabelle um die folgenden Spalten (5) - (7):

Abt.	c + v (1)	OZK (2)	W (3)	p' (4)	øp (5)	Ppr (6)	Ppr ·/· W (7) = (6)-(3)
I	100	0,8	120	20 vH	30 vH	130	+ 10
II	100	0,7	130	30 vH	30 vH	130	± 0
III	100	0,6	140	40 vH	30 vH	130	- 10
Σ bzw. Ø	300	0,7	390	30 vH	30 vH	130	± 0

Schlägt man den jeweiligen Kapitalvorschüssen den anteiligen Durchschnittsprofit zu, so erhält man - wegen der identischen Vorschußsumme - überall die gleichen Produktionspreise in Höhe von 130 (Spalte 6). Sie liegen zum Teil über, zum Teil unter der produzierten Wertsumme (Spalte 7) bzw. fallen (wie in Abt. II) mit dieser zusammen, wenn die OZK der Branche genau der gesellschaftlich durchschnittlichen (0,7) entspricht.

Liegt die OZK wie im Fall der Branche I über der gesellschaftlich durchschnittlichen, übersteigt der Produktionspreis den Wert der Waren, in unserer Rechnung um 10 Einheiten. Liegt sie darunter (Branche III), unterschreitet der Produktionspreis die geschöpfte Wertsumme, in unserer Rechnung ebenfalls um 10 Einheiten. Die Abweichungen kompensieren sich in Marxens Rechnung, so daß per saldo gilt: Mehrwertsumme gleich Summe der Durchschnittsprofite (jeweils 90) bzw. Wertsumme gleich Summe der Produktionspreise (jeweils 390).

Die höhere branchenspezifische OZK bedeutet, daß bei gegebener (einheitlicher) Mehrwertrate der in dieser Branche produzierte Mehrwert wegen des geringeren Anteils an allein (mehr-)wertschöpfendem variablen Kapital niedriger ausfällt als in Branchen mit unterdurchschnittlicher OZK bzw. relativ höherem Anteil an variablem Kapital. Um auf die (einheitliche) Durchschnittsprofitrate zu kommen, müssen Branchen mit überdurchschnittlicher OZK ihre Produkte am Markt zu einem höheren Preis verkaufen als dem Wert der Waren entspricht und umgekehrt. Je größer die Differenz zwischen branchenindividueller und gesamtgesellschaftlicher OZK, desto größer fällt die Abweichung der Produktionspreise von den Werten aus. Da das Kapital bei freier Mobilität immer dorthin strebt, wo sich die höchste Profitrate bietet, stellt sich - zumindest theoretisch - am Ende eine allgemeine gleiche Durchschnittsrate für alle Branchen ein.

Mit anderen Worten: Produzierter Mehrwert und angeeigneter Mehrwert (sprich: Profit) fallen auseinander, und zwar nicht zufällig, etwa durch Angebot und Nachfrage o.ä., sondern *systematisch*. Einen Sonderfall stellen lediglich Branchen dar, deren OZK zufällig der gesamtgesellschaftlichen genau entspricht[178].

Dieses Ergebnis, so betont *Marx* nicht zu Unrecht (MEW 25, S. 177 f.),

> " ... versteckt nun völlig die wahre Natur und den Ursprung des Profits, nicht nur für den Kapitalisten, der hier ein besonderes Interesse hat, sich zu täuschen, sondern auch für den Arbeiter. Mit der Verwandlung der Werte in Produktionspreise wird die Grundlage der Wertbestimmung selbst dem Auge entrückt."

Die kapitalistische Konkurrenz kennt nur Preiskategorien. Sie interessiert sich nicht für deren Wertbasis. Begriff und Erscheinung fallen auseinander (MEW 25, S. 219):

> *"Es erscheint ... in der Konkurrenz alles verkehrt.* Die fertige Gestalt der ökonomischen Verhältnisse, wie sie sich auf der Oberfläche zeigt, in ihrer realen Existenz, und daher auch in den Vorstellungen, worin die Träger und Agenten dieser Verhältnisse sich über dieselben klarzuwerden suchen, sind sehr verschieden von, und in der Tat verkehrt, gegensätzlich zu ihrer innern, wesentlichen, aber verhüllten Kerngestalt und dem ihr entsprechenden Begriff."

Es ist *Marx* wichtig zu betonen, daß diese Diskrepanz zwischen produziertem und angeeignetem Mehrwert nicht etwa eine Loslösung der Preise von der Wertbasis bedeutet. Vielmehr seien die Produktionspreise *systematisch* aus den Werten hergeleitet (MEW 25, S. 167):

> "Die besondren Profitraten sind in jeder Produktionssphäre ... aus dem Wert der Ware zu entwickeln. Ohne diese Entwicklung bleibt die allgemeine Profitrate (und daher auch der Produktionspreis der Ware) eine sinn- und begriffslose Vorstellung."

Produktionspreise seien nichts anderes als 'modifizierte Werte' (ebd., S. 188):

> "Was hier vom [Markt-]Wert[179] gesagt, gilt vom Produktionspreis, sobald er an die Stelle des [Markt-]Werts getreten. Der Produktionspreis ... ist wieder das Zentrum, worum sich die täglichen Marktpreise drehen."

---

[178] In Marxens Originaltabelle mit 5 Branchen gilt dies im übrigen nicht, da die OZK der Branche II dort nicht dem Durchschnitt entpricht.

[179] Den verwirrenden zusätzlichen Begriff 'Marktwert' erläutert *Marx* erst an anderer, späterer Stelle (s. MEW 25, S. S. 187 u. 192 ff.). Um das Problems nicht unnötig zusätzlich zu komplizieren bzw. das Verständnis zu erschweren, belassen wir es der Einfachheit halber beim bisher

Sie würden insofern auch keinen Widerspruch zum früher entwickelten Wertgesetz darstellen (MEW 25, S. 189):

> "Wie immer die Preise geregelt seien, es ergibt sich: 1. Das Wertgesetz beherrscht ihre Bewegung, indem Verminderung oder Vermehrung der zur Produktion erheischten Arbeitszeit die Produktionspreise steigen oder fallen macht ... 2. Der Durchschnittsprofit, der die Produktionspreise bestimmt, muß immer annähernd gleich sein dem Quantum Mehrwert, das auf ein gegebenes Kapital ... fällt. ... Da ... der Gesamtwert der Waren den Gesamtmehrwert, dieser aber die Höhe des Durchschnittsprofits und daher der allgemeinen Profitrate regelt ... , so reguliert das Wertgesetz die Produktionspreise."

Daß beim Übergang von der Wert- in die Preisrechnung ein logisches 'Transformationsproblem' auftritt, scheint *Marx*, mißt man ihn an seinen Formulierungen, nicht aufzufallen. Entweder sind nämlich *alle* Relationen in Werten auszudrücken oder man faßt sie *alle* als Preise. Erste Bedenken kommen ihm allerdings ein paar Seiten später nach der Ableitung von Kost- und Produktionspreisen. Sie werden jedoch gleich wieder unter den Teppich gekehrt. Nach der Feststellung, daß "die Summe der Produktionspreise der produzierten Waren gleich der Summe ihrer Werte" sei, heißt es (MEW 25, S. 169):

> "Diesem Satz scheint die Tatsache zu widersprechen, daß in der kapitalistischen Produktion die Elemente des produktiven Kapitals in der Regel auf dem Markt gekauft sind, ihre Preise also einen bereits realisierten Profit enthalten ..., daß also der Profit des einen Industriezweiges in den Kostpreis des andern eingeht. Aber wenn wir die Summe der Kostpreise der Waren des ganzen Landes auf die eine Seite und die Summe seiner Profite oder Mehrwerte auf die andre stellen, so ist klar, daß die Rechnung sich richtig stellen muß."[180]

Und eine Seite weiter faßt er das Problem sogar noch deutlicher (ebd., S. 170 f.):

> "Außer daß der Preis des Produkts z.B. von Kapital B abweicht von seinem Wert, weil der in B realisierte Mehrwert größer oder kleiner sein mag als der im Preis der Produkte von B zugeschlagne Profit, so gilt auch derselbe Umstand wieder für die Waren, die den konstanten Teil des Kapitals B, und indirekt, als Lebensmittel der Arbeiter, auch seinen variablen Teil bilden. Was den konstanten Teil betrifft, so ist er selbst gleich Kostpreis plus Mehrwert, also jetzt gleich Kostpreis plus Profit, und dieser Profit kann wieder größer oder kleiner sein als der Mehrwert, an dessen Stelle er steht. Was das variable Kapital angeht, so ist der durchschnittliche tägliche Arbeitslohn zwar stets gleich dem Wertprodukt der Stundenzahl, die der Arbeiter arbeiten muß, um die notwendigen Lebensmittel zu produzieren; aber diese Stundenzahl ist selbst wieder verfälscht durch die Abweichung der Produktionspreise der notwendigen Lebensmittel von ihren Werten. Indes löst sich dies immer dahin auf, daß, was in der einen Ware zuviel, in der andren zuwenig für Mehrwert eingeht,

---

vertrauten Wertbegriff und haben den Zusatz 'Markt-' daher in eckige Klammern gesetzt (s. dazu auch Fußnote 60).

[180] *Böhm-Bawerk* hält diese Aussage für gleichbedeutend mit der wenig sinnvollen Bekanntgabe der Summe aller Laufzeiten der Teilnehmer eines Rennens (vgl. *ders.* [1896], in: Eberle [Hrsg.], S. 50 f.).

und daß daher auch die Abweichungen vom Wert, die in den Produktionspreisen der Waren stecken, sich gegeneinander aufheben. Es ist überhaupt bei der ganzen kapitalistischen Produktion immer nur in einer sehr verwickelten und annähernden Weise, als nie festzustellender Durchschnitt ewiger Schwankungen, daß sich das allgemeine Gesetz als die beherrschende Tendenz durchsetzt."

Marx versucht sich hier über die Flucht in eine allgemeine methodische Aussage vor dem eigentlichen Problem zu retten, das er ein paar Seiten später selbst auf den Punkt bringt (ebd., S. 174):

"Es ist durch die jetzt gegebene Entwicklung allerdings eine Modifikation eingetreten bezüglich der Bestimmung des Kostpreises der Waren. Ursprünglich wurde angenommen, daß der Kostpreis einer Ware gleich sei dem *Wert* der in ihrer Produktion konsumierten Waren. Der Produktionspreis einer Ware ist aber für den Käufer derselben ihr Kostpreis und kann somit als Kostpreis in die Preisbildung einer andren Ware eingehen. Da der Produktionspreis abweichen kann vom Wert der Ware, so kann auch der Kostpreis einer Ware, worin dieser Produktionspreis andrer Ware eingeschlossen, über oder unter dem Teil ihres Gesamtwerts stehn, der durch den Wert der in sie eingehenden Produktionsmittel gebildet wird. Es ist nötig, sich an diese modifizierte Bedeutung des Kostpreises zu erinnern und sich daher zu erinnern, daß, wenn in einer besondren Produktionssphäre der Kostpreis der Ware dem Wert der in ihrer Produktion verbrauchten Produktionsmittel gleichgesetzt wird, stets ein Irrtum möglich ist. Für unsre gegenwärtige Untersuchung ist nicht nötig, näher auf diesen Punkt einzugehn."

Diese Passagen, in denen *Marx* die grundsätzliche Schwierigkeit der Lösung des Problems klar ausspricht, erschienen uns wegen ihrer zentralen Bedeutung ausnahmsweise wert, ausführlich zitiert zu werden. Hätte *Marx* diesen Punkt näher analysiert, wäre ihm die - sicherlich unliebsame - Erkenntnis nicht erspart geblieben, daß der Anspruch, auf dem arbeitswerttheoretischen Ansatz eine Preistheorie zu begründen, zum Scheitern verurteilt ist[181]. Dies genauer zu zeigen, wird Aufgabe des folgenden abschließenden V. Kapitels sein[182].

---

[181] Daß *Marx* diese Konsequenz vermutlich zumindest geahnt hat und er es nicht zuletzt aus diesem Grunde in den letzten beiden Jahrzehnten seines Lebens tunlichst unterlassen hat, 'näher auf diesen Punkt einzugehen' bzw. das Interesse an der Fertigstellung des dritten 'Kapital'-Bandes darüber offenbar sogar ganz verloren zu haben scheint, darauf wurde im einleitenden Selbstinterview (s. oben S. 6 f.) hingewiesen.

[182] *Friedrich Engels* war sich der Brisanz dieser Frage durchaus bewußt, wenn er im Jahre 1885 im Vorwort zum 2. Band des 'Kapital' das Problem in Form einer Preisfrage an die Öffentlichkeit weitergibt, obwohl er vorgibt, daß *Marx* den vermeintlichen Widerspruch zur Werttheorie bereits in einer früheren Arbeit gelöst habe und die Präsentation dieser Lösung für den 3. Band des 'Kapital' ankündigt. Erbost über den Vorwurf, *Marx'* Entdeckung des Mehrwerts sei ein Plagiat - vor allem von *Rodbertus* -, fordert er die Ökonomen, "die in *Rodbertus* die geheime Quelle und einen überlegenen Vorgänger von *Marx* entdecken wollen", auf, zu zeigen, was sie leisten könnten, indem sie den Nachweis erbrächten, "wie nicht nur ohne Verletzung des Wertgesetzes, sondern vielmehr auf Grundlage desselben eine gleiche Durchschnittsprofitrate sich bilden kann und muß" (MEW 24, S. 26). Man kann dies auch dahingehend interpretieren, daß *Engels* im Stillen darauf hoffte, auf diesem Wege eine befriedigendere als Marxens Antwort auf das brennende Problem zu erhalten, um sie dann gegebenfalls im dritten Band - etwa in Form einer Ergänzung oder Kommentierung - einarbeiten zu können.
Zwar regten sich die angesprochenen 'Rodbertusianer' auf die Preisfrage nicht, dafür gingen von anderen Autoren Lösungsvorschläge ein, die *Engels* insgesamt nicht zufriedenstellten. Er wür-

Um es noch einmal herauszustellen: Das Problem, um das es geht, besteht darin, daß die Ableitung von sog. Produktionspreisen nicht unter Zuhilfenahme von Inputgrößen erfolgen darf, die bereits selbst (Produktions-)Preise darstellen, vor ihrer Herleitung demnach bereits als bekannt vorausgesetzt werden müßten. Die Inputgrößen in Marxens Rechnung tauchen unzutreffenderweise als Werte auf, müßten aber als Produktionspreise gefaßt werden. Also müßte man die Produktionspreise und damit die Durchschnittsprofitrate, die als Ergebnis der Rechnung eigentlich erst herauskommen sollen, schon als bekannt voraussetzen.

Bei der Gewichtung dieser Schwierigkeit darf nicht vergessen werden, daß die Methoden der linearen Algebra zu Marxens Zeiten keineswegs weit entwickelt waren, so daß es für ihn nicht etwa ein Leichtes hätte sein müssen, das Problem logisch bzw. mathematisch in den Griff zu bekommen oder zu lösen[183]. Von dieser Seite her kann man *Marx* weder unzureichende mathematisch-logische Qualifikation noch, wie gesehen, mangelndes Problembewußtsein vorwerfen. Das Transformationsproblem bleibt davon als solches jedoch unberührt. Die Frage, die sich stellt, geht vielmehr dahin, ob sich die Marxsche 'Lösung' korrigieren oder modifizieren läßt bzw. ob es überhaupt eine korrekte Lösung des Problems gibt oder sich dieses nicht vielmehr als von vornherein falsch gestellt erweist.

Diese Ungereimtheiten in der Wert-Preistheorie von *Marx* veranlaßte *Böhm-Bawerk* zu dem berühmten Vorwurf vom 'unversöhnlichen Widerspruch' zwischen Band 1 und Band 3 des 'Kapital':

> "Im ersten Bande war mit dem größtmöglichen Nachdruck gelehrt worden, daß aller Wert sich auf Arbeit und nur auf Arbeit gründet, daß die Werte der Waren sich zueinander verhalten, wie die zu ihrer Produktion notwendige Arbeitszeit ... Und jetzt, im dritten Bande, wird uns bündig und trocken erklärt, daß das, was nach der Lehre des ersten Bandes sein *muß*, nicht ist und nicht sein kann; daß sich, und zwar nicht zufällig und vorübergehend, sondern notwendig und dauernd, die einzelnen Waren in einem andern Verhältnis als dem der verkörperten Arbeit gegeneinander austauschen und austauschen müssen ... Der dritte Band verleugnet den ersten. Die Theorie der Durchschnittsprofitrate und der Produktionspreise verträgt sich nicht mit der Theorie vom Werte."[184]

Es könne somit keine Rede davon sein, daß *Marx* der Nachweis gelungen sei, "wie nicht nur ohne Verletzung des Wertgesetzes, sondern vielmehr auf Grundlage desselben eine gleiche Durchschnittsprofitrate sich bilden kann und muß", sondern dieser habe im dritten Bande vielmehr selbst vor Augen geführt, "daß die gleiche Durchschnittsprofitrate sich nur bilden kann, wenn und weil das angebliche Wertgesetz nicht gilt." (Ebd.)

---

digte sie - zum Teil mit scharfer Polemik und z.T. auch mit Spott vermischt - relativ ausführlich im Vorwort zum 3. Bande des 'Kapital'.

183 Vermutlich stehen die 'selbständigen mathematischen Arbeiten', denen sich *Marx* zwischen 1970 und 1977 - neben anderen Studiengebieten - widmet (vgl. *Fr. Engels*' Vorwort zu Band 2 des 'Kapital', MEW 24, S. 11), damit in Zusammenhang.

184 *Böhm-Bawerk, E.v.* [1896], in: Fr. Eberle (Hrsg.), S. 45 f.

V. Das Transformationsproblem

1. Bortkiewicz' Lösungsvorschlag

Zu Beginn der Analyse des Transformationsproblems ist zunächst auf den klassischen Beitrag des polnischen Ökonomen *Ladislaus von Bortkiewicz* (1868-1931) einzugehen[185], der viel zur Klärung und kritischen Aufarbeitung der Marxschen Wert- und Preistheorie beigetragen hat. Da der Aufsatz[186] den Grundstein für die sich anschließende Transformationsdiskussion gelegt hat, sei hier etwas ausführlicher auf ihn eingegangen.

Während *Marx* nur zwei Abteilungen unterscheidet, geht *Bortkiewicz* von drei Produktionssektoren aus: Abteilung I stellt Produktionsmittel her, Abteilung II (einfache) Konsumtionswaren für die Arbeiter (Lohngüter) und Abteilung III solche für die Kapitalisten (Luxusgüter). Der Einfachheit ist (weiterhin) unterstellt, daß sich das gesamte Kapital, einschließlich des konstanten, innerhalb einer Periode einmal umschlägt. Grundlage bildet somit das folgende Modell (mit uns vertrauten Symbolen):

Gleichungssystem A

$$\begin{aligned} c_1 + v_1 + m_1 &= c_1 + c_2 + c_3 \\ c_2 + v_2 + m_2 &= v_1 + v_2 + v_3 \\ c_3 + v_3 + m_3 &= m_1 + m_2 + m_3 \end{aligned}$$

Nimmt man - wie *Marx* - eine einheitliche Mehrwertrate (m') in allen drei Branchen an, so kann man schreiben:

---

[185] *Bortkiewicz, Ladislaus von* [1907c], Zur Berichtigung der grundlegenden theoretischen Konstruktionen von Marx im dritten Band des 'Kapital', in: Jahrbücher für Nationalökonomie und Statistik, III. Folge, 34. Band, Jena, S. 319-335.
Anm.: *Bortkiewicz*, seit 1901 Professor an der Berliner Universität, war keineswegs ein glühender Marxist, aber davon überzeugt, daß Marx' Modell klar mache, daß Profite weder 'mark-ups', d.h. bloße Gewinnaufschläge auf die Kosten sind noch einer Produktivitätsleistung des Kapitals entspringen (vgl. *ders.* [1907a], Wertrechnung und Preisrechnung im Marxschen System; Zweiter Artikel, in: Archiv für Sozialwissenschaft und Sozialpolitik, Bd. 25, S. 20). Gleichzeitig kritisiert er Marxens Darstellung in vielen Punkten.

[186] Inwieweit *Bortkiewicz* sich dabei auf (Vor-)Arbeiten anderer Autoren stützen konnte bzw. stützte, insbesondere auf diejenigen der beiden von ihm selbst erwähnten *Michail I. Tugan-Baranowski* und *Vladimir K. Dmitriev* oder auch auf eine - bei ihm unerwähnt bleibende - rd. zehn Jahre zuvor erschienene grundlegende Arbeit eines Autors namens *Mühlpfor(d)t* über die Durchschnittsprofitrate bei Marx, mag hier offen bleiben. Uns interessieren allein die inhaltlichen Aspekte, nicht die theoriegeschichtlichen. Siehe hierzu im einzelnen die ausführliche Würdigung dieser Frage bei *Quaas, Friedrun*, Das Transformationsproblem. Ein theoriehistorischer Beitrag zur Analyse der Quellen und Resultate seiner Diskussion, Marburg 1992, 4. Kap., S. 67-79. (Dort erfährt man u.a., daß es sich bei dem ominösen Dr. Mühlpfort offenbar um einen ansonsten weitgehend unbekannt gebliebenen *Wolfgang Mühlpfordt* (!) handelt; vgl. ebd., S. 77.)

Gleichungssystem B

$$
\begin{aligned}
c_1 + (1 + m')\,v_1 &= c_1 + c_2 + c_3 \\
c_2 + (1 + m')\,v_2 &= v_1 + v_2 + v_3 \\
c_3 + (1 + m')\,v_3 &= m_1 + m_2 + m_3
\end{aligned}
$$

Das Problem besteht darin, diese Wertschemata in Preisschemata zu transformieren.

Bortkiewicz demonstriert zunächst die - falsche - Marxsche Rechnungsweise, der die Summe der konstanten Kapitale ($c_1 + c_2 + c_3$) mit dem Symbol C, die Summe der variablen Kapitale ($v_1 + v_2 + v_3$) mit dem Symbol V und die Summe der Mehrwerte ($m_1 + m_2 + m_3$) mit dem Symbol M versieht und aus der (Wert-)Relation M/C+V (unkorrekterweise) die Durchschnittsprofitrate ($p'^{\varnothing}$) errechnet. Die Produktionspreise (Ppr) seien danach durch folgende Gleichungen zu ermitteln:

$$
\begin{aligned}
c_1 + v_1 + p'^{\varnothing}(c_1 + v_1) &= Ppr_1 \\
c_2 + v_2 + p'^{\varnothing}(c_2 + v_2) &= Ppr_2 \\
c_3 + v_3 + p'^{\varnothing}(c_3 + v_3) &= Ppr_3
\end{aligned}
$$

Die Produktionspreise werden gemäß dieser Rechnung, wie bereits betont, zwar aus Wertgrößen ermittelt, die aber insofern 'falsch' sind, als es sich im Grunde ebenfalls um Produktionspreisgrößen handelt bzw. handeln müßte. *Bortkiewicz* zeigte in einer früheren Arbeit[187], daß dieses Verfahren, unabhängig von dem logischen Fehler, den es enthält, mit den Bedingungen der einfachen Reproduktion[188] nicht in Einklang zu bringen ist. Dies läßt sich anhand eines Beispiels verdeutlichen. Von folgendem - gleichgewichtigen[189] - Reproduktionsschema für (nur) zwei Produktionsabteilungen (Produktionsmittel und Konsumgüter) sei dabei ausgegangen:

---

[187] *Ders.* [1907a], Wertrechnung und Preisrechnung im Marxschen System, Zweiter Artikel, in: Archiv für Sozialwissenschaft und Sozialpolitik, 25. Bd., S. 15 ff.

[188] *Marx* erläutert sie ausführlich im 20. Kapitel des 2. Bandes des 'Kapital' (s. MEW 24, S. 391-484). Ausgehend von einem Zweisektorenmodell der Volkswirtschaft untersucht er, in welcher quantitativen Beziehung die Wertelemente c, v und m in den beiden Produktionsabteilungen jeweils stehen müssen, damit Gleichgewicht auf stationärem Niveau herrscht, sich das System also auf 'gleichbleibender Stufenleiter' (*Marx*) kontinuierlich reproduzieren kann. Bei *einfacher Reproduktion* finden Wachstum bzw. Kapitalakkumulation nicht statt. Die Kapitalisten verkonsumieren ihr Einkommen vollständig, und zwar unproduktiv. (Bei der erweiterten Reproduktion wird diese Annahme fallengelassen und auch produktiv konsumiert, d.h. ein Teil des Mehrwerts in zusätzliches Kapital verwandelt.)

[189] Die Gleichgewichtsbedingung der einfachen Reproduktion lautet: $c_2 = v_1 + m_1$ (s. dazu im einzelnen MEW 24, S. 397-401).

Abt. I:	$2000\,c_1 + 500\,v_1 + 500\,m_1$	$= 3000\,W_1$
Abt. II:	$1000\,c_2 + 1000\,v_2 + 1000\,m_2$	$= 3000\,W_2$
Summe	$3000\,C + 1500\,V + 1500\,M$	$= 6000\,W_{\varnothing}$

Beide Abteilungen weisen verschiedene OZK's auf[190]. Die Gleichgewichtsbedingung der einfachen Reproduktion ($c_2 = v_1+m_1$) ist erfüllt: $1000c_2 = 500v_1+500m_1$.

Die durchschnittliche Profitrate von 33 1/3 vH errechnet *Marx* nach der Formel M/C+V (also: 1500/4500). Schlägt man den in den Branchen jeweils eingesetzten Kapitalen den Durchschnittsprofit (øp) hinzu, so erhält man das aus Wert- *und* Preisgrößen gemischte, daher unzulängliche *Marxsche Schema:*

Abt. I:	$2000\,c_1 + 500\,v_1 + 833$ øp	$= 3333\,Ppr_1$
Abt. II:	$1000\,c_2 + 1000\,v_2 + 666$ øp	$= 2666\,Ppr_2$
Summe	$3000\,C + 1500\,V + 1500\,M$	$= 6000\,Ppr_{\varnothing}$

C, V und M sind unverändert geblieben und die Summe der Produktionspreise stimmt mit derjenigen der Werte überein. Abteilung I verkauft ihre Waren (Produktionsmittel) 333 E über dem Wert, da ihre (individuelle) OZK_1 mit 0,8 ($\Rightarrow$ 2000/2500) größer ist als die durchschnittliche Rate von 0,67 ($\Rightarrow$ 3000/4500). Die - fiktive - originäre Profitrate hätte sich auf 20 vH ($\Rightarrow$ 500/2500) belaufen und damit unter der gesellschaftlich durchschnittlichen von 33 1/3 ($\Rightarrow$ 1500/4500) gelegen. Der Profitratenausgleich kommt über einen (entsprechenden) Anstieg der (Produktions-)Preise über die Werte zustande.

Bei der Abteilung II liegen die Dinge genau umgekehrt: Die OZK_2 beträgt unterdurchschnittliche 0,5. Die originäre Profitrate wäre mit 50 vH überdurchschnittlich hoch ausgefallen. Der Verkauf der (Konsumtions-)Waren erfolgt 333 E unter ihrem Wert, wodurch die einheitliche Rate erreicht wird.

Wie man erkennt, ist bei dieser Rechnung das Gleichgewicht der Reproduktion gestört. Wurden im Ausgangsschema 3000 Werteinheiten an Produktionsmitteln ($c_1 + v_1 + m_1$) erstellt und ebenso viele nachgefragt ($c_1 + c_2$), würden jetzt - in Marxschen Produktionspreisen gerechnet - 3333 Einheiten erstellt, aber nur 3000 nachgefragt. In der Konsumgüterbranche sieht es umgekehrt aus: 2666 produzierten bzw. angebotenen Einheiten steht eine Nachfrage von 3000 Einheiten ($v_1 + v_2 + m_1 + m_2$) gegenüber. Es herrscht Ungleichgewicht. Was die eine Branche zuviel produziert, stellt die andere zu wenig her. Die Gleichgewichtsbedingung ($c_2 = v_1 + m_1$) ist nicht erfüllt: $1000\,c_2 \neq 500\,v_1 + 833\,m_1$.

[190] Dies muß notwendigerweise angenommen werden, da bei gleicher OZK in beiden Abteilungen diese zwangsläufig mit der gesamtgesellschaftlich durchschnittlichen identisch wären und das Problem sich verflüchtigen würde. In diesem Falle wären, wie erwähnt, Produktionspreise und Werte gleich.

Bortkiewicz korrigiert die Marxsche Rechnung im dreisektoralen Modell folgendermaßen: Nach Herausbildung der Durchschnittsprofitrate ($p'^{\varnothing}$) sind die (Produktions-)Preise von ihren Werten verschieden[191], und zwar sowohl hinsichtlich der Produktions- als auch der Konsumtionsmittel. Sämtliche Inputwerte sind demnach mit dem betreffenden (Produktions-)Preis-Wert-Verhältnis zu multiplizieren. Unter der vereinfachenden Annahme, daß alle Firmen *einer* Abteilung mit der gleichen OZK produzieren, betrage diese Relation für die Produkte der I. Abteilung x : 1, für die Lohngüter der Abteilung II analog dazu y : 1 und für die Luxusgüter z : 1. Das Gleichungssystem B wandelt sich dann zu:

Gleichungssystem C

$$c_1 x + v_1 y + p'^{\varnothing}(c_1 x + v_1 y) = (c_1 + c_2 + c_3)\,x$$
$$c_2 x + v_2 y + p'^{\varnothing}(c_2 x + v_2 y) = (v_1 + v_2 + v_3)\,y$$
$$c_3 x + v_3 y + p'^{\varnothing}(c_3 x + v_3 y) = (m_1 + m_2 + m_3)\,z$$

Die linke Seite der ersten Gleichung ist folgendermaßen zu lesen: $c_1 \cdot x$ ist der Kostpreis des konstanten Kapitals für Abt. I, d.h. der Wert des eingesetzten Kapitals (c_1), multipliziert mit dem - nach Herausbildung der allgemeinen Durchschnittsprofitrate sich ergebenden - Produktionspreis (x). Der Kostpreis des variablen Kapitals (die Lohnkosten), die am Markt zu zahlen sind, ergibt sich analog dazu als $v_1 \cdot y$. Die Subsistenzmittel gehen dabei ebenfalls zu ihren Produktionspreisen in die Rechnung ein. Der (Durchschnitts-)Gewinn ergibt sich aus der durchschnittlichen Profitrate $p'^{\varnothing}$ multipliziert mit dem insgesamt vorgeschossenen - konstanten plus variablen - Kapital zu Kostpreisen ($c_1 x + v_1 y$).

Die Nachfrage nach den Produkten der Abteilung I, im Beispiel also nach Produktionsmitteln, steht auf der rechten Seite der Gleichung. Sie setzt sich aus $c_1 + c_2 + c_3$, d.h. den Werten der drei konstanten Kapitalteile zusammen, multipliziert mit x, dem (Produktions-)Preis dieser Branche. Analog dazu sind die beiden anderen Gleichungen zu interpretieren. Die Tabelle enthält damit de facto ausschließlich Preisgrößen.

Das System läßt sich auch folgendermaßen schreiben:

Gleichungssystem D

$$(1 + p'^{\varnothing})(c_1 x + v_1 y) = (c_1 + c_2 + c_3)\,x$$
$$(1 + p'^{\varnothing})(c_2 x + v_2 y) = (v_1 + v_2 + v_3)\,y$$
$$(1 + p'^{\varnothing})(c_3 x + v_3 y) = (m_1 + m_2 + m_3)\,z$$

[191] Nur in dem theoretischen Ausnahmefall, daß die individuelle OZK_i der gesellschaftlich durchschnittlichen $OZK_{\varnothing}$ entspricht, fallen Preise und Werte zusammen.

Es besteht aus *drei* unabhängigen Gleichungen mit *vier* Unbekannten: x, y, z und p'Ø. Lösbar ist ein solches Gleichungssystem nur, wenn entweder eine zusätzliche - unabhängige - Gleichung eingeführt oder eine der Unbekannten eliminiert bzw. als Einheit gesetzt wird. Als zusätzliche Gleichung könnte man z.B. die Bedingung 'Summe aller Werte gleich Summe aller Preise' setzen, also:

$$C + V + M = Cx + Vy + Mz$$

Bortkiewicz schlägt einen anderen Weg ein. Er betrachtet die Werteinheit der Luxusgüterbranche als 'Numéraire' und setzt ihren Preis z gleich Eins. Man kann dazu annehmen, daß es sich entweder um den Durchschnittspreis aller in dieser Abteilung produzierten Güterarten handelt oder daß nur ein Gut in dieser Branche hergestellt wird, z.B. Gold. Letzteres entspricht *Bortkiewicz*' Empfehlung[192]. Im Ergebnis erhält man ein Gleichungssystem, das um eine Unbekannte reduziert ist. Drei Unbekannte stehen drei unabhängigen Gleichungen gegenüber. Bei gegebenen Werten von c, v und m und Setzung von z = 1 läßt es sich nach den Größen x, y und p'Ø auflösen und deren numerische Werte errechnen[193].

Bortkiewicz demonstriert anhand eines Zahlenbeispiels, wie sich das Wert- in ein Preisschema umrechnen läßt[194]. Die OZK wird für die drei Abteilungen als jeweils verschieden angenommen, die Mehrwertrate dagegen einheitlich. Die Wertrelationen sind insgesamt so gewählt, daß die Bedingung der einfachen Reproduktion erfüllt ist, d.h. die in den jeweiligen Abteilungen hergestellten 'Outputs' entsprechen der Summe der jeweiligen 'Inputs' (z.B. $W_I = c_I + c_{II} + c_{III}$ usw.).

Tab. 1: Wertrechnung nach *Bortkiewicz*

Abt.	c	v	OZK	m	m'	W
I	225	90	0,71	60	66 2/3 vH	375
II	100	120	0,45	80	66 2/3 vH	300
III	50	90	0,36	60	66 2/3 vH	200
Σ bzw. Ø	375	300	0,56	200		875

Die Auflösung nach den drei Unbekannten (gemäß den von Bortkiewicz abgeleiteten, hier fortgelassenen Formeln) ergibt für p'Ø = 1/4, x = 32/25, y = 16/15 und

[192] Vereinfacht man das Modell auch in bezug auf die beiden anderen Abteilungen, indem man für die Abt. I Eisen und für die Abt. II Korn als repräsentatives Gut setzt, wird deutlich, daß man anstelle der - willkürlichen, wenngleich naheliegenden - Wahl des Goldes als Numéraire ebenso auch eine Eisenwährung (x = 1) oder eine Kornwährung (y = 1) hätte annehmen können.

[193] Der mathematische Lösungsweg ist im Prinzip nicht schwierig, schaut allerdings recht kompliziert aus, weshalb wir ihn uns hier ersparen wollen. Man kann ihn bei *Bortkiewicz* [1907c], S. 332 f. oder auch bei *Sweezy* [1970], S. 144 f. nachlesen.

[194] Er greift dafür auf eine Tabelle zurück, die er bei *Tugan-Baranowsky* gefunden hat (vgl. *Bortkiewicz* [1907c], S. 323).

durch Einsetzen dieser Werte in das Gleichungssystem C bzw. D erhält man das zugehörige Preisschema:

Tab. 2: Preisrechnung nach *Bortkiewicz*

Abt.	c	v	OZK	p	p'Ø	Ppr
I	288	96	0,75	96	25 vH	480
II	128	128	0,50	64	25 vH	320
III	64	96	0,40	40	25 vH	200
Σ bzw. Ø	480	320	0,60	200		1000

Daß sich die Produktionssumme in Abt. III nicht verändert hat, folgt aus der Annahme, daß das Gut dieser Abteilung als Wert- und Preismaß (Numéraire) fungiert, also z gleich Eins gesetzt worden ist. Preis- und Wertsumme dieser Abteilung *können* nicht auseinanderfallen. Auch Mehrwert- und Profitsumme müssen sich entsprechen, wohlgemerkt aber nur in dieser Abteilung.

Die Tatsache, daß die OZK der Abt. III niedriger ausfällt als der Durchschnitt, führt in der Rechnung von *Bortkiewicz* dazu, daß der Gesamtpreis (1000) den Gesamtwert (875) übertrifft, ein Ergebnis, das im Gegensatz zu den Marxschen Berechnungen bzw. Behauptungen steht. Die Erklärung dafür erscheint etwas kompliziert[195]: Eine unterdurchschnittlich niedrige OZK in der Goldindustrie als Repräsentationsbranche der Abt. III bedeutet, daß nach Herausbildung der Durchschnittsprofitrate der Produktionspreis des Goldes niedriger sein müßte als sein Wert. Da dies wegen der Numéraire-Eigenschaft des Goldes ($z = 1$) aber nicht geht, kommt der gleiche Effekt dadurch zustande, daß der Gesamtpreis aller (übrigen) Waren, der ja in Goldeinheiten ausgedrückt wird, größer ist als ihr Wert. Der numerisch mit Eins fixierte Preis des Goldes sinkt somit relativ, indem die Preise der übrigen Waren, ausgedrückt in der Goldware, sich erhöhen. Genau dies spiegeln die Zahlen der Tabelle 2 wider. Im umgekehrten Fall einer relativ höheren OZK in der Goldindustrie käme das umgekehrte Ergebnis heraus: Die Preissumme aller Waren läge unter der gesamten Wertsumme. Nur für den (höchst zufälligen) Sonderfall, daß die OZK der Abt. III der gesamtgesellschaftlichen entspricht, würden Gesamtpreis und -wert zusammenfallen.

Daß das Preisschema die Gleichgewichtsbedingungen der einfachen Reproduktion erfüllt, ist an den Spalten- und Zeilensummen unmittelbar ablesbar bzw. läßt sich mit Hilfe der Formel für das Gleichgewicht der Abt. I (und analog für die beiden anderen Abteilungen) überprüfen: $c_2 + c_3 = v_1 + p_1$ (also: $128 + 64 = 96 + 96$).

---

[195] Vgl. zum folgenden z.B. auch die Erläuterung von *Sweezy* [1970], S. 148.

Bortkiewicz zeigt anschließend, welche Folgen die fehlerhafte Marxsche Berechnung der Profitrate für die Beziehung zwischen Profitrate und OZK[196] (bei gegebener Mehrwertrate) hat. Lt. *Marx* beläuft sich erstere umso höher, je niedriger die OZK ist und umgekehrt[197]. Während im 'Kapital' davon die Rede ist, daß die Profitrate auf zwei Faktoren zurückzuführen sei, auf die individuelle OZK der einzelnen Branchen einerseits und auf die *Verteilung* des gesellschaftlichen Gesamtkapitals zwischen den verschiedenen Sphären andererseits, weist *Bortkiewicz* nach, daß "die Art, wie *Marx* diese beiden Faktoren in seinem Rechenschema zusammenwirken läßt, ihre Zurückführung auf [lediglich, MB] einen einzigen Faktor gestattet, als welcher die organische Zusammensetzung des Gesamtkapitals erscheint."[198]

Auf der Basis der Bortkiewicz-Lösung, die die Inputs in Form von Kost- bzw. Produktionspreisen einbezieht, ermittelt sich die durchschnittliche Profitrate bei Setzung von $z = 1$ ausschließlich aus den Relationen bzw. Größen der Abteilungen I und II[199] und es lassen sich Fälle konstruieren, "in denen, bei gegebener Mehrwertrate, ein und dieselbe Profitrate sich mit einer verschiedenen organischen Zusammensetzung des gesellschaftlichen Gesamtkapitals verträgt."[200] An einem anderen Beispiel zeigt er, daß umgekehrt auch Fälle möglich sind, wo die Profitrate - wiederum bei gleicher (einheitlicher) Mehrwertrate - trotz unveränderter organischer Zusammensetzung des gesellschaftlichen Gesamtkapitals variiert[201].

Ohne uns auf weitere Einzelheiten oder Rechenbeispiele einzulassen, kann man resümieren, daß die Beiträge von *Bortkiewicz* der Fachwelt deutlich vor Augen geführt haben, daß von den beiden Marxschen Postulaten 'Preissumme gleich Wertsumme' einerseits und 'Summe der Profite gleich Summe der Mehrwerte' andererseits immer nur *eines* Gültigkeit beanspruchen kann, niemals beide zugleich[202]. Sein großer Verdienst besteht darin, Marxens Fehler korrigiert und eine akzeptable Transformation der Wert- in eine Preisrechnung gefunden zu haben. Die Frage, "ob die Arbeitswerttheorie zur simultanen Bestimmung von Produktionspreisen und uniformeller Profitrate tatsächlich so unverzichtbar ist, wie *Marx* das angenommen hatte"[203], ist damit allerdings noch nicht beantwortet. *Sweezys* (frühe) Würdigung[204] der Marxschen Leistung dahingehend, das Transformations-

---

196 S. oben S. 166. Sie wurde dort durch die Gleichung $p' = m' (1 - q)$ ausgedrückt.

197 S. dazu noch einmal oben, S. 156 f.

198 *Bortkiewicz* [1907c], S. 325.

199 Vgl. dazu die Profitratenformel Nr. 25 bei *Bortkiewicz* [1907c], S. 322. Allerdings muß hinzugefügt werden, daß die Richtigkeit dieser Schlußfolgerung bzw. dieses mathematischen Belegversuchs von *Bortkiewicz* in der Literatur nicht unwidersprochen geblieben ist (vgl. z.B. *Morishima, M./Catephores, G.* [1978], Value, Exploitation and Growth - Marx in the Light of Modern Economic Theory, London, S. 153 ff.).

200 *Bortkiewicz* [1907c], S. 326; s. im einzelnen die Tabellen 4 und 5 - im Vergleich mit den Tab. 1 und 2, die *Bortkiewicz* hierzu entwirft.

201 Siehe ebd., S. 327, Tab. 6 und 7.

202 Vgl. hierzu auch *Morishima/Catephores* [1978], S. 156.

203 *Quaas, Friedrun* [1992], Das Transformationsproblem, Marburg, S. 65.

204 Seine *Theory of Capitalist Developement* erschien im Jahre 1942.

problem zwar nicht korrekt gelöst, aber wenigstens richtig gestellt zu haben, wodurch der "Boden für die endgültige Rechtfertigung der Arbeitswerttheorie, die die feste Grundlage seines gesamten theoretischen Systems ist", bereitet worden sei[205], erscheint vorschnell. Allerdings ist dabei zu bedenken, daß die eigentliche Diskussion um die Fragen der Lösbarkeit der Transformationsproblematik bzw. der grundsätzlichen Notwendigkeit einer Arbeitswertbasis für die Preistheorie erst in der Folgezeit, d.h. nach dem II. Weltkrieg eingesetzt bzw. stattgefunden hat.

Warum sich Marxisten so sehr an das (arbeits-)werttheoretische Fundament ihres Lehrgebäudes klammern und dies auf keinen Fall preisgeben wollen, bringt *Sweezy* auf den Punkt:

> "Man könnte ... zugeben, daß es von einem formalen Standpunkt aus möglich ist, sogar in der Analyse des Verhaltens des Systems als ganzem ohne die Wertrechnung auszukommen. Es gibt jedoch einen gewichtigen Grund, dies zu unterlassen. Der gesamte gesellschaftliche Ausstoß ist das Produkt menschlicher Arbeit. Unter kapitalistischen Bedingungen wird ein Teil dieses gesellschaftlichen Ausstoßes von derjenigen Gruppe der Gesellschaft in Besitz genommen, die die Produktionsmittel besitzt. Das ist nicht eine ethische Beurteilung, sondern eine Methode der Beschreibung der fundamentalen ökonomischen Beziehung zwischen sozialen Gruppen. Sie findet ihre klarste theoretische Formulierung in der Theorie des Mehrwerts. Solange wir die Wertrechnung beibehalten, können der Ursprung und die Natur der Profite, nämlich Ableitungen vom Produkt der gesamten gesellschaftlichen Arbeit zu sein, nicht verdunkelt werden. Die Übersetzung geldlicher Kategorien in gesellschaftliche Kategorien ist wesentlich erleichtert. Kurz gesagt, die Wertrechnung macht es möglich, unterhalb der Oberflächenphänomene von Geld und Waren die zugrunde liegenden Beziehungen zwischen Menschen und Klassen zu erkennen.
>
> Die Preisrechnung aber mystifiziert die zugrunde liegenden sozialen Beziehungen der kapitalistischen Produktion."[206]

Nun reicht die bloße *Behauptung*, die Wertrechnung erhelle die Beziehungen der Menschen, namentlich die Ausbeutung der einen Klasse durch die andere, nicht hin, zumal wenn die entscheidende Frage, wie sie sich auf logisch korrekte Weise in die für die 'Oberflächenphänomene' einzig relevanten Preisekategorien überführen läßt, offenbleibt. Gelingt diese Verbindung nicht oder stellt sich gar heraus, daß die Herleitung des Preissystems auch ohne den Rekurs auf die Arbeitswertbasis möglich ist, dann bleiben alle 'Erhellungen', die sich vermeintlich aus ihr ergeben, fragwürdig. "Das Wesen muß erscheinen", sagt *Hegel*. Wenn sich - in eine anschauliche Metapher von ihm übertragen - der Puls der Werte in den Preisen nicht mehr schlagend fühlen läßt, hat man in diesen offenbar nicht den nervus rer-

---

[205] *Ders.* [1970], Theorie der kapitalistischen Entwicklung, dt. Ausgabe, Frankfurt/M., S. 149. *Sweezy* hielt das Transformationsproblem durch *Bortkiewiczs* Beitrag offenbar für gelöst und meint, daß die von *Marx* entdeckten 'Gesetze der kapitalistischen Entwicklung' davon unberührt blieben. Die in der Arbeitswertrechnung 'aufgezeigten Entwicklungsmuster' würden sich bei einer korrekten Preisrechnung "nur in geringfügigen Details unterscheiden" (ebenda, S. 155).

[206] Ebenda, S. 156.

um der Preisbewegungen getroffen. Man würde sie für diesen Fall als Basis auch nicht länger benötigen.

2. Der Fortgang der Diskussion

Die Weiterentwicklung bzw. Verallgemeinerung des Transformationsansatzes von *Bortkiewicz* ist vor allem mit den Namen *Winternitz*[207] und *Seton*[208] verbunden. Um nicht in mathematische Gefilde zu entgleiten, seien hier nur die Ergebnisse ihrer Überlegungen bzw. Beweisgänge referiert, die, den Leser mag es beruhigen, bei der Gruppe der mathematisch ambitionierteren Ökonomen allgemeine Zustimmung bzw. Anerkennung gefunden haben.

Winternitz akzeptiert *Bortkiewicz*' Lösung im Grundsatz zwar, kritisiert jedoch die Beschränkung auf das einfache Reproduktionsgleichgewicht als zu restriktiv und hält das Eliminierungsverfahren der vierten Unbekannten (die Setzung von $z = 1$) für "willkürlich" bzw. "ungerechtfertigt"[209]. Dadurch würde die Abt. III von der Wert-Preis-Transformation ausgeschlossen, mit dem Ergebnis, daß insgesamt die Summe der Preise von der Summe der Werte abweicht. *Winternitz* präsentiert statt dessen ein Modell, das ohne solche spezifischen Annahmen auszukommen beansprucht[210]. Anstatt $z = 1$ zu setzen, greift er auf die andere der oben genannten Möglichkeiten zur Lösung des Systems[211] zurück und führt als zusätzliche Bedingung die notwendige vierte Gleichung 'Summe der Werte gleich Summe der Preise' ein. Da der Preis keiner der drei Abteilungen bei *Winternitz* die Rolle des Numéraire einnimmt, kürt er über diese Gleichung den gewogenen Durchschnitt aller Preise zur Einheit.

Meek hat *Winternitz*' Lösungsansatz gewürdigt und hebt hervor, daß es ihm gelungen sei, "die Trivialität des so gefaßten Problems herausgestellt zu haben - eine Trivialität, die durch Bortkiewicz' überkomplizierte und recht verwirrende Methode tendenziell verdeckt wurde."[212] Er liefert im übrigen selbst eine ergänzende Lösung der Transformation, die ihrerseits auf der Wahl einer anderen Zusatzbedingung aufbaut, nämlich: 'Summe der Mehrwerte gleich Summe der Profite'.

Welcher der Ansätze dem 'spirit of the Marxian system' (*Winternitz*) im einzelnen am nächsten kommt - die Autoren verweisen hierfür jeweils auf bestimmte Passa-

---

[207] *Vgl. Winternitz, J.* [1948], Values and Prices: A Solution of the So-Called Transformation Problem, in: The Economic Journal, Bd. 58, S. 276-280.

[208] Vgl. *Seton, F.* [1956/57], The 'Transformation Problem', in: The Review of Economic Studies, Vol. 24, S. 149-160.

[209] Er meint: "A transformation which was valid only under this assumption would be insufficient. For the normal case is expanded reproduction when there is some 'net investment'" (*Winternitz* [1948], S. 278).

[210] Vgl. ebenda, S. 278 ff.

[211] S. oben S. 169.

[212] *Meek, Ronald* [1956], Some Notes on the 'Transformation Problem', in: The Economic Journal, Vol. 66; abgedruckt in dt. Übersetzung unter dem Titel 'Einige Bemerkungen zum Transformationsproblem', in: Eberle, Fr. (Hrsg.), Aspekte der Marxschen Theorie 1, a.a.O., S. 255-274, dort S. 268.

gen im ‘Kapital’ -, mag dahingestellt bleiben. Wir sind hier nur an der Frage der grundsätzlichen Lösbarkeit des Problems und seiner Konsequenzen interessiert.

Seton weist auf eine andere Schwierigkeit hin, die sich bei der Aggregation der verschiedenen Abteilungen ergibt. Die Beschränkung von *Bortkiewicz* und *Winternitz* auf nur drei Sektoren, stellt für ihn eine ‘unnecessarily restrictive assumption’ dar, die impliziere, daß die jeweils zu einem Sektor zusammengefaßten Branchen dieselbe organische Zusammensetzung des Kapitals aufweisen und "that every physical commodity was not merely unequivocably indentifiable as the product of one or other of these ⟨departments, MB⟩, but its ultimate use in the economy was equally invariable, and predetermined by its department of origin: Capital goods were only ‘consumed’ by factories, wage goods by workers, and luxory goods by capitalists."[213]

Napoleoni präzisiert die ‘völlig unrealistische’ Implikation der Beschränkung auf einige wenige Abteilungen, indem er herausstellt, daß es sich bei den Inputs der Branchen an konstantem und variablem Kapital nicht etwa um einzelne, jeweils einheitliche Waren handelt, sondern diese selbst Aggregate darstellen, die sich aus den verschiedensten Waren zusammensetzen. Wenn man für das konstante Kapital zum Beispiel (nur) einen Koeffizienten als Mengenangabe vorgibt, wie das in den bisherigen Gleichungssystemen der Fall war, so unterstellt die Transformation in die Preisrechnung über die ‘Wert-Preisrelation x’ für dieses Aggregat, "daß sich die Waren, die dieses konstante Kapital bilden, *untereinander* noch immer gemäß ihren Werten austauschen, und nicht gemäß den Preisen"[214], die Transformation insoweit also nur für ein recht unrealistisches Modell gelungen sei. Man müsse statt dessen ein System formulieren, in welchem sich die Koeffizienten nicht länger auf Aggregate, sondern auf einzelne Waren beziehen.

Den formalen Weg zur Lösung dieser Aufgabe hat *Seton*[215] gewiesen und damit zugleich den Grundstein für die Selbstauflösung des Transformationsproblems gelegt. Sein Beitrag wird im allgemeinen als krönender Abschluß der gesamten Transformations-Kontroverse angesehen und akzeptiert.

---

[213] *Seton* [1956/57], S. 150 ["... daß jede physische Ware nicht nur unzweideutig bzw. unwiderruflich als Produkt der einen oder anderen (Abteilung) identifizierbar ist, sondern ihre letztliche Verwendung gleichermaßen invariabel und durch die Ursprungsabteilung vorherbestimmt ist: Kapitalgüter werden ausschließlich von Fabriken ‘konsumiert’, Lohngüter von Arbeitern und Luxusgüter von Kapitalisten." (Übersetzung durch d. Verf.)]

[214] *Napoleoni, Claudio* [1974], Ricardo und Marx, Frankfurt, S. 197 (Hervorh. MB). Er verdeutlicht den Sachverhalt an einem einfachen Beispiel, das hier zum besseren Verständnis dieses wichtigen Punktes zitiert sei. Angenommen in einem Koeffizienten von der "Zahl 8 seien zwei Waren enthalten, wobei 5 den Wert einer bestimmten Ware und 3 den Wert einer anderen Ware darstellt. Um die Preise zu erhalten, multipliziere ich sowohl 5 als auch 3 mit x, weil ich ja auch ihre Summe mit x multipliziert habe. Es ergibt sich nun, daß das Verhältnis zwischen den Preisen, nämlich 5x/3x gleich dem Verhältnis zwischen den Werten, d.h. 5/3 ist. Somit ... unterstellen wir nach wie vor, daß innerhalb der ... Warenaggregate dieses Systems die Tauschverhältnisse noch Verhältnisse zwischen Werten sind." (Ebda.)

[215] *Seton* [1956/57]; s. Fußnote Nr. 208.

3. Selbstauflösung des Transformationsproblems

Seton geht von einer n-fachen Sektorenunterteilung der Volkswirtschaft aus, "in which each product may be distributed among *several* or *all* possible uses"[216]. Seine Lösung sei hier im Anschluß an die didaktisch gelungene Darstellung von *Napoleoni*[217] wiedergegeben. Ausgangspunkt bildet das folgende Gleichungssystem:

Gleichungssystem E

$$(L_{11}p_1 + L_{21}p_2 + \ldots + L_{n1}p_n)(1+r) = L_1 p_1$$
$$(L_{12}p_1 + L_{22}p_2 + \ldots + L_{n2}p_n)(1+r) = L_2 p_2$$
$$\ldots\ldots\ldots\ldots\ldots\ldots\ldots\ldots$$
$$(L_{1n}p_1 + L_{2n}p_2 + \ldots + L_{nn}p_n)(1+r) = L_n p_n$$

Das Symbol L_{ij} bezeichnet die Menge der Ware i (in Arbeitswerteinheiten), die zur Produktion des Produkts j benötigt wird. Eine Unterscheidung der Waren nach Produktions- oder Konsumtionsmitteln bzw. nach variablem und/oder konstantem Kapital ist wegen der n-fachen Sektoreneinteilung nicht länger erforderlich. Der Wert der Ware j wird mit L_j und die Gesamtzahl aller produzierten Waren (wie Sektoren) mit n symbolisiert. Schließlich stellen p_i die Preise der Waren[218] und r die durchschnittliche Profitrate dar.

Das System besteht aus n Gleichungen und enthält n+1 Unbekannte. Es ist, wie die *Bortkiewicz-Winternitz*-Modelle homogen in den Preisen, d.h. es lassen sich über eine frei wählbare Maßeinheit jeweils nur die relativen Preise bestimmen, nicht die absoluten. *Seton* betont, daß die sog. Invarianzpostulate, wie sie *Bortkiewicz/Sweezy* ($p_3 = 1$)[219], *Winternitz* (Gesamtwert = Gesamtpreis) oder *Meek* (Gesamtmehrwert = Gesamtprofit) verwenden,

> "... do not exhausted all possibilities. There may be other aggregates or relationships with perfectly reasonable claims to invariance whose candidacy has not so far been pressed. But the point, which concerns us here is that the principle of equal profitability ... in conjunction with any one invariance postulate will completely determine all prices ($p_1 \ldots p_n$) and thereby solve the transformation problem."[220]

---

216 Ebd., S. 150.

217 Vgl. *Napoleoni* [1974], S. 191 ff.

218 "Es ist klar, daß die allgemeine Unbekannte p_i nichts anderes ist als der Preis des Warenquantums i, in dem eine Arbeitseinheit vergegenständlicht ist; daher können wir diese p ohne weiteres als Preise bezeichnen. ... Es handelt sich um die Einheitspreise einer jeden Ware, vorausgesetzt, daß als Maßeinheit der Ware jenes Quantum genommen wird, das eine Arbeitseinheit (z.B. eine Arbeitsstunde) enthält" (*Napoleoni* [1974], S. 198).

219 Dort lautete das entsprechende Symbol z. Vom mathematischen Standpunkt aus hätte man ebenso, wie erwähnt, auch p_1 (bzw. x) oder p_2 (bzw. y) als Einheit wählen können (vgl. oben, Fußnote 192, S. 169.

220 *Seton* [1956/57], S. 153.

Seton hat zeigen können, daß es faktisch eine unendliche Anzahl von Lösungen für das Transformationsproblem gibt. Damit war der Durchbruch geschafft und der Weg für seine endgültige Auflösung bereitet.

Schlagen wir von dem bisherigen Ergebnis eine Brücke zur oben gestellten Frage nach der Rolle der Werte für die Preistheorie: Ist die gefundene *allgemeine* Lösung mit der von *Marx* (und auch *Sweezy*) postulierten maßgeblichen Bedeutung der Werte für die Ermittlung der (richtigen) Durchschnittsprofitrate und (damit) der Produktionspreise vereinbar?

Greifen wir - mit *Napoleoni*[221] - einen beliebigen Koeffizienten des Gleichungssystems heraus, z.B. 'L_{n1}', und fragen uns, was er genau darstellt. Er drückt exakt das Arbeitsquantum aus, das die Menge der n-ten Ware enthält, die zur Produktion einer bestimmten Menge der Ware 1 erforderlich ist. Der springende Punkt dabei ist allerdings der folgende:

> "Das Arbeitsquantum, das in einem bestimmten Quantum einer bestimmten Ware enthalten ist, kann sehr gut als eine Meßweise dieses physischen Warenquantums gelten. Wenn ich frage, welches Quantum Getreide in diesem System produziert worden ist, so kann ich darauf antworten: soundsoviel Doppelzentner, was bedeutet, daß ich den Doppelzentner als Maßeinheit für das Getreidequantum genommen habe. Wenn ich jedoch weiß, wieviel Arbeit in einem Doppelzentner Getreide enthalten ist, dann kann ich auch antworten, daß das produzierte Getreidequantum soundsoviel Arbeitsstunden ist. *Mit anderen Worten: Das Einheitsquantum jeder Ware kann auch als das Warenquantum definiert werden, das eine Arbeitsstunde enthält.* Und nicht nur das. Wenn man genau hinsieht, dann entdeckt man, daß in dem von uns angeführten System von Gleichungen die Arbeitsquanta, die als Koefffizienten erscheinen, keine andere Funktion erfüllen als die, daß sie die Warenquanta messen. Dafür spricht auch, daß wir anstelle der Arbeitsquanta die entsprechenden physischen Warenquanta setzen *und auf diese Weise die Profitrate und das Preissystem unabhängig von den in den Waren enthaltenen Arbeitsquanta bestimmen könnten."*[222]

Genau diesen Schritt vollzieht im Jahre 1960 *Sraffa*[223], indem er das System der Produktionspreise und die Profitrate mit einem analogen Gleichungssystem wie dem unsrigen bestimmt, wobei alle Koeffizienten als physische Quanta und nicht als Arbeitsquanta interpretiert werden. Als Einheit dient ihm eine ideelle Standardware. Dieses System verdeutlicht, daß sich die Preise ausschließlich auf Basis der vorgegebenen technologischen Produktionsstrukturen der Sektoren bestimmen lassen, also ohne auf irgendwelche Arbeitswerte rekurrieren zu müssen.

---

[221] Vgl. *Napoleoni* [1974], S. 199 f.

[222] Ebenda (Hervorh.: MB).

[223] In seinem 1960 erstmals erschienenen Buch *'Production of Commodities by Means of Commodities'*, dt. Ausgabe unter dem Titel 'Warenproduktion mittels Waren', Frankfurt/M. 1976; wegen Einzelheiten sei auf dieses kurze, aber gehaltvolle Werk verwiesen.

Napoleoni bringt die Konsequenz dieses letzten Schrittes für die Geschichte des Transformationsproblems, die damit einen "besonderen, vielleicht unerwarteten Ausgang genommen hat", auf den Punkt:

> "Wenn das Problem der Transformation auf diese Weise aufgefaßt und streng der Richtung folgend, die Marx selbst angezeigt hatte, weiterentwickelt wird, so zerstört es sich sozusagen selbst, da man nicht bei einer Transformation der Werte in Preise anlangt, sondern bei einer Bestimmung der Preise, die unabhängig ist von den Werten."[224]

Das kam einem Paukenschlag gleich. Der Zusammenhang zwischen Arbeitswerten und Preisen war zerschnitten bzw. stellte sich als überflüssig heraus. Bestanden bis dato lediglich gewisse Zweifel an der Berechtigung bzw. dem kognitiven Gehalt einer (arbeits-)werttheoretischen Fundierung des Marxschen Lehrgebäudes, so erwies es sich jetzt mit einem Schlage als obsolet bzw. war fortan nur noch von dogmenhistorischem Interesse.

Napoleoni hat in der - vorwiegend italienischen, aber nicht unrepräsentativen - Literatur drei Reaktionen auf diese Erkenntnis ausgemacht, wobei er sich auf 'theoretisch einigermaßen gewichtige Positionen' beschränkt[225]. Die *ersten beiden* akzeptieren den Beweis der Unzulänglichkeit der Arbeitswerttheorie. Während die *einen* daraus die Konsequenz ziehen, die Werttheorie und mit ihr auch das gesamte Marxsche Lehrgebäude fallen zu lassen, meinen die *anderen,* daß die Ausbeutungstheorie und auch andere Teile der Marxschen Lehre davon unberührt blieben. Die *dritte* Position eliminiert dagegen das Problem der Transformation einfach, indem sie die Notwendigkeit eines Bandes zwischen Werten und Preisen einfach leugnet.

Die *erstere* Richtung beharrt darauf, daß zwischen (Arbeits-)Wert- und Ausbeutungstheorie ein fester Zusammenhang besteht bzw. bestehen müsse, so daß mit dem Nachweis der Redundanz der einen Theorie auch die andere aufgegeben werden müsse. Da beide zu den essentiellen Bestandteilen des Marxschen Lehrgebäudes zählen, erscheint es nicht länger aufrecht erhaltbar. Gleichwohl könnte man solchen Aussagen von *Marx* weiterhin Gültigkeit zuerkennen, die von dem Problem des Zusammenhangs von Werten und Preisen nicht tangiert würden, wie z.B. zur Entfremdung der Arbeit u.ä.

Die *zweite* Position versucht, vom Marxschen Lehrgebäude zu retten, was noch zu retten ist, und insistiert auf der 'Tatsache', daß trotz der Irrelevanz der Werte für die Preise doch gesichert bleibe,

> "daß wir in dem gesamten ökonomischen System ein bestimmtes Arbeitsquantum haben, das in einer bestimmten Proportion auf die Lebensmittel für die Arbeiter und die Produktion aller anderen Waren, im wesentlichen also des Mehrprodukts, ver-

224 *Napoleoni* [1974], S. 201 f.
225 Vgl. ebenda, S. 206 ff.

> teilt wird; daß diese Aufteilung der Gesamtarbeit bestehen bleibt - gleichgültig, wie die Tauschverhältnisse zwischen den Waren beschaffen sind - und daß das Verhältnis, in dem diese Aufteilung erfolgt, ausreicht, um sagen zu können, daß die Arbeit ausgebeutet wird."[226]

Dieser Standpunkt erscheint allerdings - so auch *Napoleoni* - nicht stichhaltig. Die Arbeitswertlehre bleibt, dies haben unsere Ausführungen in den Kapiteln B II und III deutlich gemacht, vielmehr konstitutiv für die Erklärung des Ausbeutungsverhältnisses. Mit der einen fällt auch die andere.

Die *dritte* Position, ebenso unhaltbar, basiert auf der Vorstellung,

> ... daß die Produkte der kapitalistischen Ökonomie *vor* dem Tausch und *unabhängig* von den Modalitäten, in denen der Tausch erfolgt, Werte sind. Daher gilt unabhängig von der Tatsache, ob der Tausch gemäß den Verhältnissen zwischen den Werten erfolgt oder nicht, daß die Produkte nichts anderes sind als Vergegenständlichungen der Arbeit; es bleibt auch die Möglichkeit, den Mehrwert als Vergegenständlichung der Mehrarbeit zu erkennen. Der Tausch erfolgt erst in einem zweiten Stadium ..., um den Mehrwert auf die verschiedenen Kapitale zu verteilen; doch der Konstitution des Mehrwerts als vergegenständlichter Arbeit nimmt er weder etwas noch fügt er ihr etwas hinzu. ... Weder hat der Wert seine Fortsetzung im Tauschwert noch ist der Tauschwert die unmittelbare Voraussetzung des Produktionspreises ... Wert und ... Produktionspreis stehen jeweils für sich in ihrer eigenen Sphäre."[227]

Im Ergebnis läuft dieser Standpunkt darauf hinaus, die abstrakte Werttheorie um ihrer selbst willen zu erhalten, ohne ihre Bedeutung für die empirische Oberflächenanalyse begründen zu können, ja nicht einmal zu wollen. Der Vorwurf des Modellplatonismus, einst von *H. Albert* - etwas voreilig - der neoklassischen Theorie entgegengeschleudert, könnte hier seine eigentliche Auferstehung erfahren - 'aber das ist eine andere Geschichte!'

3. Fazit

Die Marxsche Arbeitswerttheorie vermag als Basis für eine Preistheorie nicht standzuhalten. Auch in dieser Hinsicht muß ihr Untauglichkeit bzw. Unzulänglichkeit attestiert werden. Die Transformation von Arbeitswerten in (Produktions-)Preise, d.h. der Übergang von der abstrakt-theoretischen, 'wesensmäßigen' Ebene auf die der empirisch-konkreten Erscheinungen der kapitalistischen Konkurrenz, erweist sich bei näherer Betrachtung als nicht vollziehbarer Schritt. Das Transformationsproblem verflüchtigt sich vielmehr von selbst und mit ihm die Notwendigkeit des Arbeitsansatzes als Erklärungsgrundlage für potentielle Werte und/oder Preise. Am Aufgeben der Marxschen Wert- und Mehrwerttheorie führt kein Weg vorbei!

---

[226] Ebenda, S. 208. Den gleichen Standpunkt vertritt im übrigen auch *E. Bernstein* (vgl. *ders.* [1921], Die Voraussetzungen des Sozialismus und die Voraussetzungen der Sozialdemokratie, Nachdruck der 2. Aufl., Hannover 1964, S. 72 ff.).

[227] *Napoleoni* [1974], S. 211.

D. Schluß: Kurzer Ausblick auf weitere Probleme der Wertlehre

Nach den grundsätzlichen Bedenken und Einwänden, die gegen den Marxschen Ansatz im allgemeinen vorgebracht worden sind (s. oben Kap. B I.3) und dem Ergebnis, daß sich auch die Mehrwerterklärung, von Marxens Anhängern als 'große Entdeckung' gefeiert, bei näherem Zusehen als künstliches Konstrukt mit begrenztem kognitiven Gehalt erweist (s. oben Kap. B III), ohnehin schon schwer angeschlagen, läßt der Einsturz des zentralen Pfeilers des Marxschen Lehrgebäudes, nämlich der - nur vermeintlich lösbaren - Wert-Preis-Transformation, dasselbe vollends in sich zusammenbrechen und damit die Marxsche Wertlehre in Trümmern zurück.

Im Grunde müßte die der Wertkonstruktion zugrunde liegende Warentheorie des Geldes ebenfalls noch einer kritischen Analyse unterzogen und vor allem dahingehend geprüft werden, inwieweit sie sich auf die wesentlich weiter entwickelten Formen des moderneren Geldwesens übertragen läßt. *Marx* argumentiert, wie wir wissen, vor dem Hintergrund der Goldumlaufswährung seiner Zeit, die sich mit der arbeitswerttheoretischen Geldableitung durchaus verträgt. Daß die Geldware dabei nicht unmittelbar zu zirkulieren braucht und die umlaufenden Geldscheine nicht einer 100%-igen Deckung unterliegen müssen, um fungibel zu sein, wurde oben (S. 72 f.) betont. Die offizielle Bindung des zirkulierenden Geldmittels an ein bestimmtes Quantum des als Geldware fungierenden Äquivalents genügt. Allerdings ist eine solche Bindung nach Marxens Ära, genauer: seit dem sukzessiven Zusammenbruch der Goldwährung in den 20er Jahren dieses Jahrhunderts, nach und nach gelöst worden. Selbst wenn manche im dem nach dem zweiten Weltkrieg errichteten Währungssystem von Bretton Woods noch eine Goldbindung der (beteiligten) Währungen meinten ausmachen zu können[228], so ist auch diese (vermeintliche) Ankerkette spätestens seit der Suspendierung dieser Einlösungspflicht durch die USA im Jahre 1971 und dem seither frei schwankenden Goldpreis endgültig zerrissen. Das Gold ist aus seiner Führungsrolle wieder in die gewöhnlichen Gefilde des 'Warenpöbels' zurückgekehrt, wenngleich es sich als besonders glänzendes Exemplar in ganz vorderer Reihe präsentiert. Es ist aber nicht mehr 'König der Waren' (*Marx*), wohl aber so etwas wie ihr Zeremonienmeister geworden bzw. geblieben. Nach all den Anfälligkeiten und Mängeln der Wertbasis, wie sie im Laufe unserer Ausführungen in diesem Buche bisher zutage getreten sind, erscheint eine eingehendere Analyse der oben bereits kritisch skizzierten geldtheoretischen Position von *Marx* (s. S. 73 f.) bzw. eine Überprüfung ihres kognitiven Gehalts im Hinblick auf die Entwicklung des modernen Geldwesens wenig vielversprechend. Vielmehr besteht zu befürchten, daß hier ein weiterer Pfeiler des Gebäudes in sich zusammenstürzt.

---

[228] Wegen der seinerzeit nur eingeschränkten Einlösungsverpflichtung des als Leitwährung fungierenden US-Dollars gegen Gold (nur gegenüber Devisenausländern) bzw. der zweifelhaften Einlösungsgarantie (aufgrund des insgesamt unzureichenden Goldbestandes) mag dies durchaus anders gesehen werden.

Nachdem die Arbeitswertlehre sich sowohl für die Preis- als auch für die Verteilungstheorie als inkonsistent bzw. redundant erwiesen hat, erscheint es müßig, sie noch auf ihre Festigkeit in bezug auf ihren Beitrag zur Monopolpreiserklärung hin abzuklopfen. Wenn schon der Versuch, die Durchsetzung des Wertgesetzes auf der Konkurrenzebene nachzuweisen, sich als untauglich herausstellt, muß die Behauptung, eine monopolistische Preissetzung würde sich an potentiellen Arbeitswerten orientieren bzw. gar von diesen beherrscht, vollends abwegig erscheinen. Der Monopolist setzt seine Preise in Abhängigkeit von den Kosten und der vermuteten Preis-Absatzfunktion, ohne sich um eine Arbeitswertkalkulation zu scheren, aber darauf soll an dieser Stelle nicht mehr eingegangen werden. Auf einen Scherbenhaufen schlägt man nicht weiter ein.

Nachwort

Ein kleiner Trost für den nach diesem Fazit womöglich frustrierten Leser sei noch angefügt: Daß der Ritt durch das Marxsche Lehrgebäude trotz seiner Unzulänglichkeiten im Detail keineswegs vergeblich war, sollte das einleitende Selbstinterview deutlich gemacht haben. (Am besten liest man es jetzt noch einmal.) Ohne den Nachvollzug der angestellten Überlegungen, ließe sich solch' kritische Einstellung gegenüber der Marxschen Wertlehre, wie sie hier resümiert worden ist, nicht gewinnen. Gewisse Irrwege müssen erst durchschritten werden, um sie ein für alle Mal aus dem Kreis möglicher Erklärungsalternativen auszuschließen. So vielversprechend der Ansatz von *Marx* erschien, so enttäuschend fällt am Ende sein Output aus.

ANHANG: Biographische und historische Daten zum Leben und Werk von Karl Marx

VORBEMERKUNG

In diesem Anhang sind in tabellarischer Form Daten zu Leben und Schriften von *Karl Marx* (bzw. *Friedrich Engels*) in chronologischer Abfolge zusammengestellt (jeweils auf der linken Seite). Um die Einordnung in den historischen Kontext zu erleichtern, werden sie durch zwei Spalten (auf der rechten Seite) ergänzt: eine, welche die allgemeinen politischen Ereignisse der Zeit festhält[229] und eine, die speziell die Geschehnisse der sich während dieser Zeit formierenden Arbeiterbewegung beleuchtet. Dabei ist der Blickwinkel besonders auf die deutsche Geschichte gerichtet, denn Marx hat sich selbst, auch wenn er den größten Teil seines Lebens im Londoner Exil verbrachte und viele Aktivitäten der Arbeiterbewegung von dort ausgingen, zeitlebens als ein 'deutscher Internationaler' bzw. 'preußischer Rheinländer' gefühlt.

Der anschließende Kommentar behandelt vorrangig die Entwicklungsgeschichte der Marxschen Ideenwelt, insbesondere seiner philosophischen und ökonomischen Anschauungen.

Die Übersicht soll verhelfen, den ökonomisch-philosophischen Standpunkt von Marx (und des Marxismus) aus den biographischen Wurzeln und begleitenden Zeitumständen heraus kennenlernen und verstehen zu können, ohne hierfür auf umfangreiche Biographien und/oder Geschichtsbücher zugreifen zu müssen.

---

[229] Die Darstellung lehnt sich dabei an den kleinen Geschichtsband von *Bernt Engelmann* [1976], Wir Untertanen, Frankfurt/M. an.

Persönliche und familiäre Daten im Leben von Karl Marx

Die wichtigsten Schriften von K. Marx (und Fr. Engels)

In chronologischer Reihenfolge ihrer Niederschrift oder ihres Erscheinens

Legende: Ohne Autorenbenennung angeführte Titel sind ausschließlich von Marx verfaßte Schriften. Soweit nicht anders vermerkt, beziehen sich die Quellenverweise auf die Werkausgabe: *Marx-Engels-Werke* (MEW), erschienen im Dietz Verlag Berlin (Ost). Die erste Zahl bezeichnet den jeweiligen Band, die zweite nach dem Schrägstrich die Seitenangabe. Der Bd. 40, der früher als Ergänzungsband I geführt wurde, ist mit dem Klammerzusatz [EB I] versehen.

5. MAI 1818: in *Trier* geboren als zweites von insgesamt neun Kindern der Eltern *Heinrich* und *Henriette*. Fünf der Geschwister von Marx versterben in sehr jungen Jahren. Die Eltern sind beide jüdischer Abstammung. Der Vater war zunächst Anwalt und nach seinem Wechsel zum Protestantismus (1816/17) Justizrat. Auch die Mutter konvertiert, allerdings erst später nach dem Tode ihres Vaters.

1824 werden Marx und seine Geschwister christlich getauft.

Daten zur (deutschen) Arbeiterbewegung

Wichtige politische Ereignisse zwischen 1815 und 1890

Ca. 1815-1830: Allmählicher Aufstieg des Bürgertums

Die napoleonische Herrschaft über weite Teile Europas hatte die Früchte der bürgerlichen französischen Revolution von 1789/92 auch in die streng absolutistisch regierten deutschen Staaten, d.h. König-, (Kur-)Fürsten-, Großherzogtümer, Grafschaften oder Freien Städte getragen. Der *Code Napoleon*, das von Napoleon reformierte französische Zivilgesetzbuch, wurde in den eroberten Gebieten eingeführt. Es sah u.a. Gewerbefreiheit, d.h. die Abschaffung der Zünfte, Gleichheit jedes Bürgers vor dem Gesetz und öffentliche, mündliche Verhandlung vor. Weiterhin wurde die Abschaffung von Leibeigenschaft, Folter und Prügelstrafe verfügt.

Nach Napoleons Niederlage gewannen fast überall in Deutschland die alten Herrschaftshäuser wieder die politische Überhand. Infolge großer Zerrissenheit und vielfältigster Zoll-, Maß-, Währungs- und Rechtssysteme befanden sich die deutschen Staaten, verglichen mit anderen Nationen, in einer wirtschaftlich desolaten Situation, die für die Masse der Bevölkerung Hunger und Elend bedeutete. Die körperlichen Mühen waren immens - die tägliche Arbeitszeit betrug im Durchschnitt rd. 14 Stunden - und die Entlohnung nach Abzug der hohen Abgaben relativ gering. Viele lebten am Rande des physischen Existenzminimums.

In diesen ersten Jahrzehnten des 19. Jahrhunderts setzt sich in Deutschland allmählich die Manufakturierung bzw. Industrialisierung der Produktion durch. Dem aufstrebende Bürgertum wird von Adel und Militär eine Beteiligung an der politischen Macht allerdings (noch) versagt.

Persönliche Daten	Wichtigste Schriften

Aug. 1835: Abiturexamen am Gymnasium zu *Trier*

Ab Okt. 1835 studiert Marx (gemäß dem Wunsch des Vaters) Rechtswissenschaften in *Bonn.*

Ab Okt. 1836: Fortsetzung des Studiums in *Berlin.* Kurz vor der Abreise nach Berlin verlobt sich der 18-jährige Marx mit der vier Jahre älteren Nachbarstochter *Jenny von Westphalen.* Die Verlobung wird der Familie von Westphalen gegenüber geheim gehalten.

Arbeiterbewegung

1833: In Paris wird von demokratisch gesinnten Kleinbürgern und Intellektuellen der *Deutsche Arbeiterverein* gegründet. Seine Mitglieder erstellen Flugblätter, die über wandernde Handwerksburschen nach Deutschland gelangen.

1834: Der deutsche Verein wird von den französischen Behörden verboten. Als neue lose Gruppierung konstituiert sich daraufhin der *Bund der Geächteten* unter der Leitung von J. Venedy. Man gibt eine Zeitschrift heraus.

Nach Streitigkeiten über Ziele und Führungsstil innerhalb der Geheimorganisation tritt eine Mehrzahl von Mitgliedern aus und gründet im Jahre 1936 den *Bund der Gerechten.*

Politische Ereignisse

1830-1832: Erste Ansätze bürgerlicher Revolutionen

Juli 1830: Die revolutionäre Bewegung nimmt in Frankreich ihren Ausgangspunkt. Im Juli 1830 wird der letzte Bourbonenkönig gestürzt und durch den liberal-bürgerlichen König *Louis Philippe* samt einer freizügigeren Verfassung ersetzt.

Sept. 1830: Der revolutionäre Funke springt auf Deutschland über. Es kommt zu einer Vielzahl dezentraler Erhebungen. Sie werden durch das Militär, auf das sich das Bündnis zwischen Adel und Großbürgertum stützen kann, niedergeschlagen.

Nov. 1830: Aufstand der Polen gegen die zaristische Unterdrückung. Dadurch wird Rußland daran gehindert, seinen Allianzpartnern Österreich und Preußen gegen die Aufständischen militärisch zu Hilfe zu kommen, obwohl dies verabredet war.

Mai 1832: Ca. 30.000 Menschen nehmen am 'Hambacher Fest' teil; es werden radikal-demokratische Forderungen formuliert.

1833-1844: Ruhe in deutschen Landen

April 1833: Gründung des deutschen Zollvereins

Trotz des Aufkeimens liberaler und demokratischer Ideen bleibt es in Anbetracht und unter dem Eindruck der Wunden der zahlreichen Niederlagen, zumindest in deutschen Landen, für einige Zeit ruhig.

Persönliche Daten	Wichtigste Schriften
Ab 1837 gerät Marx in den Bannkreis der Hegelschen Philosophie. Er wird jüngstes Mitglied im sog. *Doktorclub*, einer Gruppe von Hegelanhängern um *Bruno Bauer*, den sog. Junghegelianern.	
10. Mai 1838: Todestag des Vaters	
März 1841: Abschluß des Jurastudiums in Berlin	**1840 - März 1841** Doktordissertation *Differenz der demokritischen und epikureischen Naturphilosophie* MEW 40 [EB I]/257-373
April 1841: Einreichung der Dissertation an der Universität in *Jena*. Am 15. April erhält Marx 'in absentia' den Doktortitel (Dr. phil.) verliehen.	
Herbst 1842: Übersiedlung nach *Köln*. Hier ist Marx zunächst als Mitarbeiter, dann als Redakteur der *Rheinischen Zeitung* tätig; erste, noch relativ kühle Zusammenkunft mit *Friedrich Engels* zur Zeit, als Marx gerade im Begriff ist, mit den einstigen Freunden in Berlin zu brechen (Nov. 1842).	**1842-1843** Diverse tagespolitische Beiträge in der *Rheinischen Zeitung* MEW 1 sowie MEW 40 [EB I]
17. März 1843: Ausscheiden aus der Redaktion der Rheinischen Zeitung.	
12. Juni 1843: Heirat mit *Jenny von Westphalen*, der Tochter aus adligem Haus; ihr Halbbruder wurde später preußischer Innenminister.	
Im Okt. 1843 siedelt Marx nach *Paris* über und wird Mitherausgeber der *Deutsch-Französischen Jahrbücher* mit Ruge.	**Ende 1843 - Jan. 1844** Friedrich Engels *Umrisse zu* einer Kritik *der Nationalökonomie* (zuerst veröffentlicht in den Deutsch-Französischen Jahrbüchern 1844) MEW 1/499-524
Im März 1844 erscheint die erste und einzige (Doppel-)Nummer der Zeitschrift. Sie enthält zwei Beiträge von Marx, einen zur *Judenfrage* und einen zur *Hegelschen Rechtsphilosophie*.	**1844** *Zur Judenfrage* MEW 1/347-377 Zur *Kritik der Hegelschen Philosophie. Einleitung* MEW 1/378-391

Arbeiterbewegung	Politische Ereignisse
1840: In London wird ein *Deutscher Arbeiterbildungsverein* gegründet, und zwar durch Mitglieder des Bundes der Gerechten, die aus Europa bzw. dem Kontinent geflüchtet waren.	**1840**: Tod *Friedrich Wilhelm III.*, König von Preußen; Nachfolger wird sein Sohn *Friedrich Wilhelm IV.*
1842: *Wilhelm Weitling*, ein wandernder Handwerksgeselle aus Deutschland, entwirft in seinem 1842 erscheinenden Buch 'Die Garantien der Harmonie und Freiheit' die Vision einer kommunistischen Gesellschaftsordnung.	

Persönliche Daten	Wichtigste Schriften
1. Mai 1844: Das erste Kind, Tochter *Jenny*, geboren († 1883).	
Im Sommer 1844 verfaßt Marx die sog. *Ökonomisch-Philosophischen Manuskripte* (wie sie später getauft wurden).	**April - Aug. 1844** *Ökonomisch-Philosophische Manuskripte* (erstmals veröffentlicht 1927) MEW 40 [EB I]/465-588
Aug. 1844: Erneuter Besuch von *Friedrich Engels* bei Marx; Beginn ihrer lebenslangen Freundschaft und Zusammenarbeit.	**Sept. - Nov. 1844** zusammen mit Fr. Engels *Die heilige Familie* oder Kritik der kritischen Kritik. Gegen Bruno Bauer und Konsorten MEW 2/3-223
Febr. 1845: Ausweisung aus Paris; Übersiedlung nach *Brüssel.*	**Sept. 1844 - März 1845** Friedrich Engels *Die Lage der arbeitenden Klasse in England* MEW 2/225-506
April 1845: Fr. Engels ist für einige Zeit Nachbar in Brüssel.	**Frühjahr 1845** *Thesen über Feuerbach* Erstmals veröffentlicht im Jahre 1888 von Engels als Anhang zu seinem 'Feuerbach-Buch' [s. unten] MEW 3/5-7
Sept. 1845: Zweites Kind, Tochter *Laura*, geboren († 1911 durch Freitod). Jahreswende **1846/47**: Drittes Kind, Sohn *Edgar*, geboren († 1855).	**1845 - 1847** zusammen mit Fr. Engels *Die deutsche Ideologie.* Kritik der neuesten deutschen Philosophie in ihren Repräsentanten Feuerbach, B. Bauer und Stirner, und des deutschen Sozialismus in seinen verschiedenen Propheten Zu Lebzeiten von Marx und Engels wurde davon nur Kap. IV des II. Bandes in einer Zeitschrift veröffentlicht (1847). Das ganze Werk wird erst 1932, also 86 Jahre nach seiner Fertigstellung publiziert. MEW 3/9-530
Sommer 1847: Mitglied des *Bundes der Kommunisten.*	**Dez. 1846 - April 1847** *Das Elend der Philosophie. Antwort auf Proudhons 'Philosophie des Elends'* MEW 4/63-182

Arbeiterbewegung	Politische Ereignisse
	1844-1849: Erneutes Erwachen des bürgerlichen Revolutionsgeistes
	Juni 1844: Die in elenden Verhältnissen lebenden Weber erheben sich. Der Aufstand wird brutal niedergeschlagen.
	1846/47: Wirtschaftlicher Niedergang in Deutschland infolge von Mißernten und Absatzstockungen.
Sommer 1847: In London wird der *Bund der Kommunisten* gegründet, Nachfolgeorganisation des inzwischen zerstreuten Kreises ehemaliger sog. *Gerechter*. Marx und Engels werden beauftragt, die Plattform zu verfassen.	

Persönliche Daten	Wichtigste Schriften
	Febr. 1848 zusammen mit Fr. Engels *Manifest der kommunistischen Partei* MEW 4/459-493
	März 1848 Forderungen der kommunistischen Partei in Deutschland MEW 5/3-5
April 1848: Übersiedlung nach *Köln.*	

Arbeiterbewegung	Politische Ereignisse
Febr. 1848: Das *Kommunistische Manifest* erscheint in London.	**24. Febr. 1848**: Bürgerkönig *Louis Philippe* wird zur Abdankung gezwungen und die Republik ausgerufen. Eine liberale 'Regierung der Reformen' tritt an seine Stelle.
	März 1848: Auch in Deutschland kommt es - ebenso wie in Wien, Prag und Budapest - zu Volksaufständen und Erhebungen des liberal-demokratisch gesinnten Teil des Bürgertums. Herrscher müssen weichen oder werden zumindest zum Einsetzen liberaler, mit Regierungsgewalt ausgestatteter Bürgerausschüsse gezwungen. Die Aufstände werden niedergeschlagen.
	Im Verlaufe der Ereignisse wurden die unterschiedlichen Interessenlagen des liberalen Bürgertums und der großen Masse des Volkes deutlich. Die Bürgerausschüsse kümmerten sich ebensowenig wie die liberalen Regenten um die Reformierung der Verfassung, d.h. vor allem um ein allgemeines, gleiches, freies Wahlrecht, Gleichheit vor dem Gesetz, Beseitigung der Thronherrschaft und Anstrebung eines einheitlichen deutschen Staates. Ihnen ging es vielmehr um ihre ureigensten Interessen und Privilegien. Für das Volk bestand das Fazit der Revolutionen lediglich darin, dem Bürgertum, v.a. der Großbourgeoisie, in seinem gegen die Feudalaristokratie gerichteten Kampf um die politische Herrschaft im Staat zum Sieg verholfen zu haben. Anstatt sich selbst zu befreien, hat es nur ein großes gegen ein kleineres Übel eingetauscht.
	18. Mai 1848: Große Hoffnungen setzt das Volk auf die sich im Mai 1848 in der Paulskirche zu Frankfurt konstituierende *Deutsche Nationalversammlung*. War das Parlament wegen des indirekten Wahlverfahrens in seiner Zusammensetzung selbst schon alles andere als eine repräsentative *Volks*vertretung, so stellte sich alsbald seine völlige Ohnmacht gegenüber der Thronherrschaft heraus.

Persönliche Daten	Wichtigste Schriften
1. Juni 1848: Die erste Nummer der von Marx und Engels herausgegebenen *Neuen Rheinischen Zeitung* erscheint.	
	Juni 1848 - Mai 1849 Marx und Engels Diverse tagespolitische Artikel in der *Neuen Rheinischen Zeitung* MEW 5 u. 6

Arbeiterbewegung	Politische Ereignisse
	Empörung kam auf, als die Versammlung zwei Erzkonservative in führende Funktionen berief: den Habsburger Erzherzog *Johann von Österreich* als sog. Reichsverweser und den Fürsten *Carl zu Leiningen* als ersten Ministerpräsidenten.
	23. Juni 1848: Erneut wird ein großer Volksaufstand in Paris niedergeschossen. Tausende Opfer sind zu beklagen. Dieser 'Erfolg' gibt den herrschenden Kräften in Deutschland Auftrieb.
Sommer 1848: Marx empfiehlt den Mitgliedern des Kommunistenbundes, sich ihren Wirkungskreis in demokratischen Vereinen zu suchen und dort die bürgerlich-demokratischen Befreiungsbewegungen zu unterstützen.	**Aug./Sept. 1848**: Es kommt zum Krieg zwischen Preußen/Hannover und Dänemark um Schleswig und Holstein. Die Nationalversammlung billigt diesen als der nationalen Einheitsbestrebung dienlich. Ein hinter dem Rücken der Versammlung abgeschlossener Waffenstillstand beendet die Auseinandersetzungen vorzeitig. Hintergrund des Abkommens bildete nicht zuletzt die Absicht, die preußischen Truppen für die Niederwerfung innerer Unruhen zur Verfügung zu halten anstatt sie im Dienste bürgerlich-liberaler Interessen zu verschleißen. Als die Nationalversammlung nach anfänglicher Ablehnung des Vertrages ihn schließlich doch billigt, kommt es tags darauf, am ...
	17. Sept. 1848, in Frankfurt zum Ausbruch von Unruhen. Das Bundesmilitär ist nach dreitägigem Kampf 'Herr der Lage'.
	Okt. 1848: Niederschlagung eines Volksaufstandes in Wien. In geradezu höhnischer Mißachtung der deutschen Nationalversammlung läßt der militärische Anführer der habsburgischen Herrschaft, Fürst *Windisch-Grätz,* den vom linksliberalen Flügel der Versammlung zwecks Vermittlung zwischen den Parteien entsandten *Robert Blum* standrechtlich erschießen **(9. Nov. 1948)**.

Persönliche Daten	Wichtigste Schriften
	April 1849 *Lohnarbeit und Kapital* (Artikel in der *NRhZ* auf Basis von Vorträgen vor dem deutschen Arbeiterverein in Brüssel) MEW 6/397-423
19. Mai 1849: Die letzte Ausgabe der *Neuen Rheinischen Zeitung* erscheint. Marx wird abermals ausgewiesen. Er geht zunächst nach *Paris*, wo man ihn allerdings bald ebenso wieder abschiebt.	

Arbeiterbewegung	Politische Ereignisse
	8. Nov. 1848: In Preußen wird der Ministerpräsident *Camphausen* abgelöst. Nachfolger wird *Friedrich Wilhelm von Brandenburg*, Sohn des früheren Preußenkönigs Friedrich Wilhelm III[230]. Der preußische Landtag wird gegen den Willen der Abgeordneten nach Brandenburg verbannt und nach seinem Versuch, einen Steuerstreikbeschluß auf den Weg zu bringen, auseinandergetrieben.
	28. März 1849: Die Nationalversammlung nimmt die ausgearbeitete Verfassung an und trägt ausgerechnet *Friedrich Wilhelm IV.* von Preußen die deutsche Kaiserkrone an. Da dieser die parlamentarische 'Fehlkonstruktion' zutiefst verachtet, lehnt er ab (28.4.1849).
	April 1849: Enttäuscht über über das Scheitern der Ziele der Nationalversammlung keimen im Lande erneut Unruhen auf. Zwar enthält der Verfassungsentwurf demokratische Ansätze und es werden auch einige liberale Beschlüsse und Resolutionen von der Versammlung verabschiedet, doch konnte sich diese niemals dazu entschließen, den Aufständischen Hilfe zuteil werden zu lassen, sei es in organisatorischer, sei es in militärischer Form. Dabei hatten Teile der badischen und pfälzischen Truppen der Versammlung ihre Unterstützung angeboten. Statt dessen zerstreitet man sich in aktuellen Konflikten. Resigniert reisen viele Vertreter ab, bis nur noch ein überwiegend linksdemokratischer Torso (rd. 130 Vertreter) übrigblieb.
	Mai 1849: Das Restparlament verlegt wegen der preußischen Belagerung von Frankfurt den Versammlungsort nach Stuttgart. Als man sich anschickt, den Reichsverweser abzusetzen, wurde es am ...
	18.6.1849 von Soldaten gesprengt.

[230] Er wird nach dem Tod des Bruders *Friedrich Wilhelm IV.* im Jahre 1861 selbst König von Preußen und ab 1871 erster deutscher Kaiser.

Persönliche Daten	Wichtigste Schriften
24. Aug. 1849: Marx siedelt in sein (endgültiges) Exil nach *London* über. **5. Nov. 1849**: Geburt des vierten Kindes, Sohn *Heinrich Guido* († 19.Nov. 1850).	
1850 erscheinen insgesamt sechs Nummern der neu gegründeten Zeitschrift *Neue Rheinische Zeitung. Politisch-ökonomische Revue*. **Sommer 1850**: Marx beginnt mit dem intensiven und systematischen Studium der Politischen Ökonomie. **März 1851**: Geburt des fünften Kindes, Tochter *Franziska* († Ostern 1852).	**Jan. - Okt. 1850** *Die Klassenkämpfe in Frankreich 1848-1850* Leitartikel der 'Neuen Rheinischen Zeitung. Politisch-ökonomische Revue', 1850 MEW 7/9-107
23. Juni 1851: Die Hausangestellte der Marxens, *Helene Demuth*, bringt Sohn *Frederick* zur Welt. Die Vaterschaft ist umstritten. Manche sprechen sie Marx zu. Offiziell wird sie von Engels übernommen. **ab 1851/1852**: Mitarbeit an der größten amerikanischen Zeitung, der *New-York Daily Tribune*; sie währt - bei zwischenzeitlicher Unterbrechung während der Krisenjahre 1857/58 - bis 1862	**1852** *Der achtzehnte Brumaire des Louis Bonaparte*, in: Die Revolution. Eine Zeitschrift in zwanglosen Heften, hrsg. von J. Weydemeyer, Heft 1, 1850 MEW 8/111-207 **1851 - 1859** Marx und Engels Diverse Artikel zu tagespolitischen Fragen und Themen überwiegend erschienen in der *New-York Daily Tribune* MEW 8 bis 12

Arbeiterbewegung	Politische Ereignisse

Die Kämpfe halten noch einige Zeit an. Die badischen und pfälzischen Volkswehren und Freicorps, die sich zu großen Teilen aus Truppenüberläufern rekrutieren, leisten dabei am längsten Widerstand. In einem dieser Freicorps kämpft auch *Fr. Engels* mit. Nach mehrwöchigen Kämpfen gegen einen zahlenmäßig überlegenen Gegner preußischer und württembergischer Truppen, müssen die Aufständischen am ...

23. Juli 1849 kapitulieren. Die Revolution ist niedergeschlagen und Deutschland fällt in der Folgezeit faktisch auf den Stand vor den Stein-Hardenbergschen Reformen (1807) zurück.

Ende 1849: Versuche der Reorganisation des Bundes der Kommunisten in London, wo sich zahlreiche europäische Emigranten treffen. Man will nicht länger nur Anhängsel der demokratischen Vereine sein, sondern eine eigenständige Partei werden.

1850-1863: Die Monarchie gewinnt die Oberhand zurück

Der Sieg der absolutistisch und feudalaristokratisch gesinnten Kräfte führt bei der Masse der Bevölkerung zu tiefer Resignation. Der Widerstandsgeist war im wahrsten Sinne des Wortes ausgeblutet. Viele Oppositionelle entschließen sich zur Emigration.

1850 - 1852: Im Bund der Kommunisten entstehen Meinungsverschiedenheiten v.a. in bezug auf die Frage der Taktik und den Zeitpunkt des ‘Loslegens’. Während die einen sofort zum Angriff übergehen wollen, halten Marx und seine Anhänger den Zeitpunkt für noch nicht reif. Es kommt zur Spaltung.

Dez. 1851: Staatsstreich in Frankreich durch den Neffen Napoleons, der das Parlament auflöst und im ...

Dez. 1852 sich selbst zum Kaiser ernennt.

Ende 1852 wird der Bund von Marx und Engels offiziell aufgelöst.

Persönliche Daten	Wichtigste Schriften
Jan. 1855: Das sechste Kind, Tochter *Eleanor,* geboren († durch Freitod 1898).	
	Okt. 1857 - März 1858 *Grundrisse der Kritik der Politischen Ökonomie* (Rohentwurf) Umfangreiches Manuskript, das erst in den Jahren 1939/41 unter obigem Titel vom Moskauer Marx-Engels-Lenin-Institut in zwei Teilen veröffentlicht wird; es wird erst relativ spät (in den 80er Jahren) der MEW-Ausgabe angehängt. MEW 42/15-768
Anfang 1859: Fertigstellung des ersten größeren ökonomischen Manuskriptes *Zur Kritik der Politischen Ökonomie*.	**Aug. 1858 - Jan. 1859** *Zur Kritik der Politischen Ökonomie.* Erstes Heft MEW 13/3-160
	1859 - 1864 Marx und Engels Diverse Beiträge zu tagespolitischen und aktuellen Problemen in verschiedenen Zeitungen und Zeitschriften. MEW 13-16

Arbeiterbewegung	Politische Ereignisse
	1853-1856: Sog. Krimkrieg zwischen Rußland und der Türkei (Streit um die Dardanellen)
	1861-1865: Bürgerkrieg in den USA zwischen den Nord- und den Südstaaten, die das Sklaventum verteidigen. Die Beeinträchtigung des Baumwollexports nach Europa bringt die hiesige Textilindustrie in arge Schwierigkeiten, was die allgemein kritische Wirtschaftslage in den Jahren 1861/62 zusätzlich verschärft.
	Jan. 1861: Der bereits seit fast drei Jahren die Regierungsgeschäfte für den erkrankten Bruder (Friedrich Wilhelm IV.) führende *Prinzregent Friedrich Wilhelm von Brandenburg* übernimmt nach dem Tode des Regenten als *Wilhelm I.* den Königsthron von Preußen. Er plant eine Heeresverstärkung, für deren Finanzierung er die Liberalen mit einem Programm bürgerlich-liberaler Reformen und der Ernennung liberal gesinnter Minister zu ködern versucht. Der linke Flügel der Liberalen macht sich als 'Fortschrittspartei' selbständig.
	Dez. 1861: In der preußischen Landtagswahl von 1861 erreicht die Fortschrittspartei auf Anhieb rd. die Hälfte aller Sitze (109), während die Rechtsliberalen auf nur 15 Sitze kommen. Wilhelm I. löst den Landtag jedoch nach wenigen Wochen wieder auf und besetzt das Kabinett durchweg mit konservativen Ministern.

Persönliche Daten	Wichtigste Schriften
	Jan. 1862 - Juli 1863 *Theorien über den Mehrwert* Diese von Marx ursprünglich als 'historische Abschweifung' zum 1. Band des 'Kapital' gedachten Manuskripte wurden erst posthum, in den Jahren 1905-1910 von *Karl Kautsky* zusammengestellt und publiziert. MEW 26, drei Teilbände
Anfang 1863: Kurze Mißstimmung zwischen *Fr. Engels* und dem Ehepaar Marx, als Engels' Lebensgefährtin *Mary Burns* plötzlich verstirbt und die Anteilnahme von Karl und Jenny recht beiläufig ausfällt.	

Arbeiterbewegung	Politische Ereignisse

Mai 1862: In der erneut angesetzten Landtagswahl gewinnt die Opposition - trotz eines gewissen Drucks seitens der Regierung und der Unternehmer auf die Arbeiter - über zwei Drittel der Sitze, während die Konservativen auf unbedeutende zehn Sitze zurückfallen. Das neue Kabinett streicht sofort sämtliche Ausgaben für die Heeresreform.

In dieser für die Krone wenig hoffnungsträchtigen Situation tritt ein Diplomat ins Rampenlicht, der fast 10 Jahre lang (von 1851 bis 1859) als Abgeordneter Preußens im Frankfurter Bundestag[231] , danach als Missionschef am russischen Zarenhof und zu dieser Zeit als Gesandter in Paris tätig war: *Otto von Bismarck*. Am ...

22. Mai 1862 wird *Bismarck* zum Ministerpräsidenten und Außenminister ernannt. Er geht sofort die schwierige Aufgabe an, eine Heeresreform auch ohne zusätzliche Geldbewilligung durchzusetzen.

Febr. 1863: Bismarck schließt mit Rußland ein Abkommen über die gegenseitige Duldung von Truppeneinmärschen. Ziel ist die raschere Niederwerfung potentieller Aufstände. Eine Erhebung der Polen gegen die zaristische Herrschaft wurde auf diese Weise schnell im Keim erstickt.

Auf der anderen Seite beginnen sich die Spannungen zwischen Preußen und Österreich zu verschärfen.

[231] Der Bundestag war das neue Bundesorgan, das nach dem Zusammenbruch der Nationalversammlung und der Neubelebung des *Deutschen Bundes* ins Leben gerufen wurde.

Persönliche Daten	Wichtigste Schriften
30. Nov. 1863: Tod der Mutter von Marx. Zwei Jahre zuvor war es mit ihr zu einer gewissen Aussöhnung gekommen. Marx erhält eine nicht unbeträchtliche Erbschaft von rd. 14.000 Mark.	
Mai 1864: Marx' finanzielle Situation verbessert sich zu dieser Zeit durch eine zusätzliche Erbschaft durch den plötzlichen Tod seines Freundes *W. Wolff*. Er hinterläßt ihm immerhin die beachtliche Summe von fast 1.000 engl. Pfund (das waren seinerzeit stattliche ca. 20.000 Mark).	
Im selben Jahr wird *Engels* - vier Jahre nach dem Tod seines Vaters - zudem Teilhaber an der väterlichen Textilfirma und kann Marx jetzt großzügiger unterstützen.	**Okt. 1864** *Inauguraladresse* der Internationalen Arbeiterassoziation, gegründet am 28. September 1864 in öffentlicher Versammlung in St. Martin's Hall, Long Acre, in London MEW 16/5-13
	Mai/Juni 1865 *Lohn, Preis und Profit* MEW 16/101-152

Arbeiterbewegung

23. Mai 1863: Gründung des *Allgemeinen Deutschen Arbeitervereins* (ADAV) unter der Führung von *Ferdinand Lassalle*; Publikationsorgan ist der *Neue Socialdemokrat.*

31. Aug. 1864: *F. Lassalle* im Duell getötet.

28. Sept. 1864: Gründung der *Internationalen Arbeiter-Assoziation* (später kurz als *1. Internationale* bezeichnet).

25.-29. Sept. 1865: Konferenz der *Internationalen* in London.

Politische Ereignisse

1863-1871: Deutschland entsteht - ohne Österreich

1863: Preußen bleibt einer von Österreich vorgeschlagenen Konferenz zur Reformierung des *Deutschen Bundes* fern, fordert aber zugleich die Einführung eines vom Volk gewählten Bundesparlaments auf Basis des allgemeinen Wahlrechts. Dieser für die konservative österreichische Führung unannehmbare Vorschlag sollte provozieren und die Österreicher als diejenigen hinstellen, die sich der vom Volk inständig gewünschten deutschen Einigung versperren.

1863/64: Dänemark versucht die Situation zu nutzen, um die schleswigholsteinischen Gebiete an sich zu reißen. Die allgemeine Entrüstung darüber führt Preußen und Österreich noch einmal zusammen: In einem gemeinsamen Gegenstoß können sie im Frühjahr 1864 Dänemark in die Schranken verweisen.

1865: Es gelingt Bismarck, den deutschen *Zollverein* entscheidend zu erweitern, so daß ihm im Frühjahr 1865 - mit Ausnahme von Mecklenburg, Lübeck und Hamburg - alle deutschen Staaten angehören. Ein Handelsvertrag, den der Verein im April 1865 abschließt, beinhaltet faktisch den ökonomischen und damit auch den politischen Ausschluß Österreichs. Das deutsche Reich soll nach dem Willen Bismarcks bzw. unter den gegebenen Bedingungen der Zeit ohne die Habsburger zustande kommen.

April 1866: Bismarck erneuert seinen Vorschlag von 1863 und provoziert Österreich abermals, indem ihm eine Mitsprache bei innerdeutschen Angelegenheiten faktisch vorenthalten wird. Schließlich verlangt Österreich, das nach wie vor im Frankfurter Bundestag vertreten war, die Mobilmachung gegen Preußen.

Persönliche Daten	Wichtigste Schriften
14. Sept. 1867: Der erste Band des Hauptwerkes von Marx *Das Kapital* erscheint.	**14. Sept. 1867** *DAS KAPITAL. Kritik der politischen Ökonomie.* Erster Band: Der Produktionsprozeß des Kapitals Otto Meißner Verlag, Hamburg MEW 23
1868: Tochter *Laura* heiratet *Paul Lafargue*. Sie haben zusammen drei Kinder, die alle sehr jung sterben.	

Arbeiterbewegung	Politische Ereignisse
	Am **15. Juni 1866** beginnt der von Bismarck zwecks Lösung der deutschen Einigungsfrage bewußt herausgeforderte Krieg zwischen Preußen und Österreich, der Habsburg als Angreifer dastehen läßt.
	3. Juli 1866: In der Schlacht bei Königgrätz siegen die Preußen und Österreich ist endgültig aus den deutschen Angelegenheiten eliminiert. Am selben Tage finden in Preußen Landtagswahlen statt, die unter dem Eindruck des militärischen Erfolges einen starken Zuwachs für die Konservativen bringen, während die Fortschrittspartei und die (Rechts-)Liberalen hohe Verluste hinnehmen müssen.
3.-8. Sept. 1866: 1. Kongreß der *Internationalen* in Genf	**Herbst 1866**: Unter Führung Preußens und des Hauses Hohenzollern gründet Bismarck zusammen mit zahlreichen deutschen Staaten den *Norddeutschen Bund.* Das Organ der Volksvertretung wird - jetzt schon - *Reichstag* genannt.
Aug. 1867: Bei den Wahlen zum 'Norddeutschen Reichstag' erreicht der *ADAV* zwei und die sog. *Sächsische Volkspartei* vier Mandate. Zwei ihrer Abgeordneten heißen: *August Bebel* und *Wilhelm Liebknecht.*	
2.-8. Sept. 1867: 2. Kongreß der Internationalen in Lausanne.	
6.-13. Sept. 1868: 3. Kongreß der *Internationalen* in Brüssel.	
Aug. 1869: Einige Mitglieder treten aus dem ADAV aus und gründen in Verbindung mit den sog. *Nürnberger Vereinen* in Eisenach eine neue Partei, die *Sozialdemokratische Arbeiterpartei.* Sie tritt sofort der Internationalen bei. Parteiorgan ist *Der Volksstaat*, der bis zum 29.9.1876 erscheint.	**Aug. 1869**: Gründung der *Sozialdemokratischen Arbeiterpartei.*
5.-12. Sept. 1869: 4. Kongreß der *Internationalen* in Basel.	

Persönliche Daten	Wichtigste Schriften
	Mitte Juli 1870 Erste Adresse des Generalrats über den deutsch-französischen Krieg MEW 17/3-8
	Sept. 1870 Zweite Adresse des Generalrats über den deutsch-französischen Krieg MEW 17/271-279

Arbeiterbewegung	Politische Ereignisse
	Sommer 1870: Der französische Kaiser, der für sein lädiertes Image dringend einen außenpolitischen Erfolg benötigt, sucht seine Gebietsansprüche am linken Rheinufer zu erweitern und provoziert damit den Norddeutschen Bund zu einer kriegerischen Auseinandersetzung. Bismarck, der die Führungsrolle Preußens im Bund unterstreichen will, kommt ein militärischer Konflikt durchaus gelegen. Durch ein gefälschtes Telegramm (sog. *Emser Depesche*) wird die Kriegserklärung Napoleons III. herausgefordert, welche auch prompt am **20. Juli 1870** erfolgt.
	Wiederum steht der Gegner als Angreifer da und der Waffengang kann aus deutscher Sicht als Verteidigungskrieg hingestellt werden, was die Bereitstellung der erforderlichen Kreditmittel natürlich erleichterte.
Die beiden sozialdemokratischen Abgeordneten im Norddeutschen Reichstag, *A. Bebel* und *W. Liebknecht*, seinerzeit noch Vertreter der Sächsischen Volkspartei, enthalten sich bei der Bewilligung der geforderten Kriegsanleihe der Stimme. Sie wollen weder Bismarck ihr Vertrauen aussprechen noch Bonapartes Politik durch ihre Neinstimmen gutheißen.	Innerhalb weniger Wochen ist Frankreich in die Enge getrieben und wird am ...
1870 Der Jahreskongreß der *Internationalen* entfällt wegen des deutsch-französischen Krieges.	**2. Sept. 1870** in der *Schlacht bei Sedan* entscheidend geschlagen. *Napoleon III.* wird gefangengesetzt. Am ...
	4. Sept. 1870, wird in Paris die Republik ausgerufen. *Bismarck* denkt allerdings nicht daran, den Krieg für beendet zu erklären. Vielmehr strebt er danach, durch Annexion von Elsaß und Lothringen eine materielle Garantie gegen künftige französische Überfälle zu gewinnen bzw. die Machtfülle Frankreichs weiter zu reduzieren.
	Die Sozialdemokratische Partei ruft demgegenüber zum Frieden und zum Verzicht auf weitere Annexionen auf.

Persönliche Daten	Wichtigste Schriften
	April/Mai 1871 *Der Bürgerkrieg in Frankreich.* Adresse des Generalrats der Internationalen Arbeiter-Assoziation MEW 17/311-365

Arbeiterbewegung	Politische Ereignisse
	Eine Welle von Verfolgungen und Verhaftungen war die Antwort.
	Ende 1870: werden auch *Bebel* und *Liebknecht*, nachdem sie im Reichstag gegen weitere Kriegskredite gestimmt hatten, auf Betreiben Bismarcks von der sächsischen Regierung wegen des Verdachts auf Landesverrat verhaftet.
	Zur gleichen Zeit stoßen Bismarcks Truppen weiter bis Paris vor und belagern die Stadt.
	18. Jan. 1871: Während die Stadt weiter belagert ist, wird im Schloß von Versailles die *Gründung des Deutschen Reiches* proklamiert und der Preußenkönig *Wilhelm I.* als erster deutscher Kaiser inthronisiert.
	Das Reichsgebiet besteht zu rd. zwei Dritteln aus Preußen. Größter nichtpreußischer Staat ist das Königreich Bayern. Preußen behält sich im Bundesrat das gewichtigste Entscheidungsrecht vor. Stärkster Mann im Reich mit weitreichenden Kompetenzen war, wie konnte es anders sein, (jetzt: 'Fürst') *Bismarck*.
	28. Jan. 1871: Paris kapituliert. Im Waffenstillstandsvertrag wird vereinbart, daß die Nationalgarde (vergleichbar etwa einer Volksmiliz) ihre Waffen behalten kann. Dennoch strebt der neue Präsident der französischen Republik, *Thiers*, danach, dem Volk die Waffen abzunehmen.
	18. März 1871: Ein erster Versuch scheitert am Widerstand der Nationalgardisten. Die Regierung muß nach *Versailles* flüchten und Paris wählt sich eine eigene *Kommune*. Sie bildet den Beginn eines 72-tägigen Bürgerkrieges, den *Thiers* letztlich zu seinen Gunsten entscheidet, nicht zuletzt unter Mithilfe *Bismarcks*, der dem Exilregenten vorzeitig 60.000 Kriegsgefangene freistellt. Am ...
	28. Mai 1871 gibt die Pariser Kommune auf.

Persönliche Daten	Wichtigste Schriften
1872: Tochter *Jenny* heiratet *Charles Longuet*; sie haben zusammen sechs Kinder, von denen das erste sehr jung verstirbt.	
	April/Mai 1875 *Kritik des Gothaer Programms.* Randglossen zum Programm der deutschen Arbeiterpartei MEW 19/11-32

Arbeiterbewegung	Politische Ereignisse

1871-1890: Deutschland unter Preußen und Bismarck

Die ersten Jahrzehnte des Deutschen Reiches sind gekennzeichnet durch kriegslüsternes Säbelrasseln. In einem chauvinistischem Rauschzustand werden Militär, Krieg, Vaterland und Kaisertum glorifiziert und potentielle Gegner diffamiert. Die allgemeine imperiale Aufbruchstimmung findet zunächst allerdings kaum Betätigungsfelder. Immerhin kann sie sich Anfang der 80er Jahre mit der Kolonialisierung überseeischer Gebiete eine gewisse Abreaktion verschaffen.

17.-23. Sept. 1871: Konferenz der Internationalen in London.

2.-7. Sept. 1872: 5. Kongreß der Internationalen in Haag.

8. Sept. 1873: 6. Kongreß der Internationalen in Genf.

10. Jan. 1874 Bei den Wahlen zum Deutschen Reichstag erreichen der ADAV drei, die Sozialdemokratische Arbeiterpartei sechs Sitze (350.000 Stimmen). Beide Gruppierungen streben eine Vereinigung an.

Mai 1875: 'Lassalleaner' (ADAV) und 'Eisenacher' (Sozialdemokratische Arbeiterpartei) vereinigen sich in Gotha zur *Sozialistischen Arbeiter-Partei Deutschlands (SAPD)*[232] .

Juli 1876: Die Internationale, deren Hauptsitz wegen der Verfolgungen in Europa inzwischen nach New York verlegt worden war, wird offiziell für aufgelöst erklärt.

Jan. 1877: Bei den Reichstagswahlen erhält die SAPD knapp eine halbe Million Stimmen und zwölf Mandate.

Innenpolitisch war die Zeit durch einen verstärkten Druck gegen die sich weiter ausbreitende und formierende Sozialdemokratie gekennzeichnet. Bei den Reichstagswahlen im ...

Jan. 1877 erreicht die aus zwei Strömungen der deutschen Arbeiterbewegung vereinigte *Sozialistische Arbeiterpartei Deutschlands (SAPD)* fast eine halbe Million Stimmen.

232 Ab 1890/91 wird sich die Partei *Sozialdemokratische Partei Deutschlands (SPD)* nennen.

Persönliche Daten	Wichtigste Schriften
	Sept. 1876 - Juni 1878 Friedrich Engels *Herrn Eugen Dührings Umwälzung der Wissenschaft* (sog. 'Anti-Dühring') MEW 20/1-303
Ab 1878 ist Marx kränkelnd und kaum noch in der Lage, an der Fortsetzung seines Hauptwerkes zu arbeiten.	
	Jan. - März 1880 Friedrich Engels *Die Entwicklung des Sozialismus von der Utopie zur Wissenschaft* (Zusammenstellung wichtiger Kapitel des 'Anti-Dühring' zu theoretischen Problemen nebst geringfügigen textlichen Ergänzungen) MEW 19/177-228
2. Dez. 1881: Marx' *Frau Jenny* verstirbt.	
11. Jan. 1883: Überraschend stirbt auch *Tochter Jenny*. Marxens letzte Lebenskraft ist gebrochen.	
14. März 1883 Marxens Todestag	
	März - Mai 1884 Friedrich Engels *Der Ursprung der Familie, des Privateigentums und des Staates.* Im Anschluß an Lewis H. Morgans Forschungen. MEW 21/25-173

Arbeiterbewegung	Politische Ereignisse
	11. Mai 1878: Attentat auf Kaiser Wilhelm I. Der Herrscher bleibt unverletzt.
	2. Juni 1878: Bei einem kurz darauf folgenden zweiten Attentat wird dieser jedoch ernsthaft verletzt. Beide Attentate werden den Sozialisten in die Schuhe geschoben. Bismarck verfügt die sofortige Auflösung des Reichstages und erhofft sich von den auf den ...
Juli 1878: Bei den 'Attentatswahlen' verliert die SAPD drei Mandate; ihre Stimmenzahl betrug immerhin noch rd. 440.000 Stimmen.	**30. Juli 1878** angesetzten Neuwahlen eine vernichtende Niederlage der Sozialisten. Die SAPD verliert gut 10% ihrer Stimmen.
19. Okt. 1878: Verabschiedung des Bismarckschen sog. *Sozialistengesetzes*.	**19. Okt. 1878**: Der Reichstag verabschiedet mehrheitlich Bismarcks Entwurf des sog. *Sozialistengesetzes*. Es enthält faktisch ein Verbot aller sozialistisch-kommunistischen sowie sozialdemokratischen Aktivitäten außerhalb der parlamentarischen Bühne bzw. räumt den lokalen Behörden die Möglichkeit für entsprechende Verbote ein.
1884: Bei den Reichstagswahlen steigert sich die SAPD auf rd. 550.000 Stimmen und erringt 24 Mandate.	**1884**: Trotz des Sozialistengesetzes erreicht die SAPD bei den Reichstagswahlen im Jahre 1884 rd. 550.000 Stimmen. Der Erfolg ist desto höher einzuschätzen, als Bismarck über einen vorsichtigen Beginn einer Sozialversicherungsgesetzgebung die Arbeiter auf die Seite seines konservativen Kabinetts zu ziehen sucht.

Persönliche Daten	Wichtigste Schriften
	Sommer 1885 *DAS KAPITAL. Kritik der politischen Ökonomie*, Zweiter Band: Der Zirkulationsprozeß des Kapitals. hrsg. von Fr. Engels (von Marx im wesentlichen etwa 1865/67 und 1870 verfaßt) MEW 24
	1873-1883 Friedrich Engels *Dialektik der Natur* (erstmals veröffentlicht 1925) MEW 20/305-570
	1886 Friedrich Engels *Ludwig Feuerbach und der Ausgang der klassischen Philosophie* Als selbständige Schrift erstmals 1888 veröffentlicht. Als Anhang fügt Engels die 'Thesen über Feuerbach' von Marx an (s. oben) MEW 21/259-307
	März 1888 Friedrich Engels *Die Rolle der Gewalt in der Geschichte* MEW 21/405-465
	1894 *DAS KAPITAL. Kritik der politischen Ökonomie*, Dritter Band: Der Gesamtprozeß der kapitalistischen Produktion hrsg von Fr. Engels (von Marx etwa zwischen 1863 und 1867 verfaßt) MEW 25
5. Aug. 1895: Tod von *Friedrich Engels*	

Arbeiterbewegung	Politische Ereignisse
1887: Obwohl die SAPD weiterhin bei den Reichstagswahlen großen Stimmenzuwachs verbuchen kann - diesmal sind es sogar 770.000 Stimmen - büßt sie als Folge einer Wahlkreisreform über die Hälfte ihrer Mandate ein und erhält nur noch elf Sitze.	**1887**: Als Folge einer geschickten Wahlkreisreform verliert die SAPD in der Wahl von 1887 über die Hälfte ihrer bisherigen Reichstagsmandate, obwohl sie um weitere rd. 220.000 Stimmen zulegen kann.
	März 1888: Wilhelm I. stirbt. Nachfolger wird für nur 99 Tage sein Sohn *Friedrich III.* von Preußen. Nach seinem Tod besteigt dessen Sohn im ...
Juni 1889: Großer Bergarbeiterstreik in fast ganz Deutschland.	**Juni 1888** als *Wilhelm II.* den Kaiserthron.
	Okt. 1889: Bismarcks Vorlage einer Neufassung des Sozialistengesetzes wird vom Reichstag verworfen. Das alte Gesetz bleibt damit nur noch bis Ende 1890 in Kraft und wird nicht mehr verlängert.
20. Febr. 1890: Überwältigender Sieg der Sozialdemokratie bei den Reichstagswahlen: sie kommt auf 35 Mandate. Die Konservativen, obwohl sie nur rd. 1 Mio. Stimmen auf sich vereinigen, erhalten im neuen Reichstag gleichwohl 73 Mandate - Folge der Wahlkreisreform von 1887.	**20. Febr. 1890**: Bei den Reichstagswahlen kommen die Sozialdemokraten auf 1,5 Mio. Stimmen.
	März 1890: Einen Monat nach dieser parlamentarischen Niederlage wird Bismarck entlassen
Ende 1890: Die letzte Verlängerung des Sozialistengesetzes läuft aus.	

Anmerkungen zur chronologischen Übersicht zu Leben und Werk von Karl Marx

"Es ist nicht das Bewußtsein der Menschen, das ihr Sein, sondern umgekehrt ihr gesellschaftliches Sein, das ihr Bewußtsein bestimmt."

Marx

1818/1835 Marx' *Vater* war Jurist; zunächst als Anwalt tätig, wurde er nach seinem Übertritt zum Protestantismus - beide Elternteile waren ursprünglich jüdischer Herkunft - Justizrat. Er war belesen und galt als Anhänger der französischen Aufklärungsliteratur (*Voltaire, Rousseau* und *Diderot* u.a.), aber auch der englischen (*John Locke*). Der junge Marx wurde durch ihn früh zum Lesen angehalten. Unter dem Eindruck des aufklärerischen Gedankengutes beschäftigte er sich schon in jungen Jahren mit Fragen der Beziehungen zwischen dem gesellschaftlichen Sein der Menschen und ihrem Denken. Anläßlich des Abituraufsatzes im Fach *Deutsch* schreibt er zum Thema der Berufswahl eines Jünglings (MEW 40 [EB I], S. 592):

> *"Wir können nicht immer den Stand ergreifen, zu dem wir uns berufen glauben; unsere Verhältnisse in der Gesellschaft haben einigermaßen schon begonnen, ehe wir sie zu bestimmen imstande sind."*

In dieser für einen 17-jährigen Schüler beachtlichen Einsicht wollen manche bereits den Keim seiner späteren materialistischen Philosophie erkennen.

Die Mutter scheint in Marxens Leben nur eine Nebenrolle gespielt zu haben. Allerdings blieb die jüdische Abstammung der Eltern nicht ohne Einfluß auf Marxens Denken und Handeln. Unter dem Eindruck der massiven Repressionen gegen die Juden in Deutschland entwickelte er Verständnis und auch Sympathie für deren Emanzipationsbewegung. Auch wenn er selbst 1824 christlich getauft wurde, verfolgte ihn das Stigma der jüdischen Herkunft zeitlebens. Er wurde deswegen oftmals verspottet oder diskriminiert, was in ihm im Laufe der Jahre einen 'jüdischen Selbsthaß' aufkeimen ließ, der sich später nicht selten in cholerischen Reaktionen bzw. wütenden Tiraden und Polemiken gegenüber politischen Gegnern Luft machte[233].

---

[233] Der psychologisch geschulte Blick des ausgezeichneten Biographen *Arnold Künzli* widmet diesem Aspekt im Marxschen Leben und Denken besondere Aufmerksamkeit. Siehe dazu *Künzli, Arnold* [1966], Karl Marx. Eine Psychographie, Wien.

1836 Mit dem Wechsel des Studienortes im Jahre 1836 von Bonn nach Berlin gerät der junge Marx in den Bannkreis der Hegelschen Philosophie. Hegel hatte bis zu seinem Tode im Jahre 1831 in Berlin gelehrt und zahlreiche Anhänger gefunden. Sein Denksystem galt als in sich ausgereift und zu einem gewissen Abschluß gekommen, was es jungen Philosophen mit hegelianischen Ambitionen schwer machte, einen Ansatzpunkt zur Weiterentwicklung der Disziplin zu finden.

1841 Das Thema der Marxschen Dissertation (*Differenz der demokritischen und epikureischen Naturphilosophie*) mag überraschen: Nicht etwa gesellschaftliche oder gar ökonomische Belange stehen im Mittelpunkt der Erörterung, sondern eine philosophische Problemstellung, die für Marx allerdings insofern höchst aktuell erschien, als er die damalige Situation der Junghegelianer mit der nacharistotelischen Zeit der klassischen griechischen Philosophie verglich. Auch *Aristoteles* hatte die hellenistische Philosophie zu einem gewissen Höhe- bzw. Schlußpunkt geführt. Marx nimmt dies zum Anlaß, sich über die Auseinandersetzung mit den ihn besonders faszinierenden nacharistotelischen Denkern der philosophischen Ära nach Hegel zu nähern, indem er Parallelen zwischen beiden Epochen herzustellen sucht. Epikureer begreifen die Welt als ein natürliches, nicht von Göttern geschaffenes oder gelenktes Gebilde und stützen sich dabei auf die atomistische Lehre des *Demokrit*, nach welcher die Welt aus einer Unzahl winzigster, nicht teilbarer Atome besteht. In einem fortwährenden Verbindungs- und Auflösungsprozeß folgen sie immanenten Gesetzmäßigkeiten, ohne dabei einem gestaltenden Subjekt oder Geist zu gehorchen. *Epikur* sieht daher in der Befreiung des Menschen von allem Überirdischen die wichtigste Voraussetzung für die Bewältigung des irdischen Daseins.

Marx' Dissertation präsentiert sich uns heute als fragmentarische, in sprachlicher und gliederungsmäßiger Hinsicht wenig ausgereifte Arbeit. Sie wird nicht - wie seinerzeit eigentlich üblich - am Studienort, sondern in Jena eingereicht. Absichten, sich - zumindest später - zu habilitieren, schlägt er sich aus dem Sinn, nicht zuletzt als er erlebte, daß Personen, die ihm seinerzeit geistig und politisch nahestanden, die Lehrbefugnis entzogen wurde (wie es z.B. *Bruno Bauer* im Jahre 1840 widerfuhr). Ob die Akademikerlaufbahn für den streitlustigen Marx allerdings der rechte Lebenspfad gewesen wäre, darf bezweifelt werden. Er liebte es, sich in den politischen Alltagskampf zu stürzen und dort seine praktischen wie theoretischen Talente zu entfalten.

1842 Marx wird Mitarbeiter und ab Oktober 1842 Redakteur der *Rheinischen Zeitung* und sammelt erste journalistische Erfahrungen. Hinter dem Blatt standen einige radikaldemokratisch eingestellte Industrielle aus dem Rheinland, die der regierungstreuen *Kölnischen Zeitung* ein alternatives

Organ entgegensetzen wollten. Es sollte die ökonomischen Interessen des politisch aufgeschlosseneren Bürgertums gegenüber dem Hofe und der Feudalaristokratie vertreten. Der Ton der Zeitung wird unter Marx' Leitung aggressiver und polemischer, was nicht nur die staatliche Zensur auf den Plan rief, sondern auch bald zum Konflikt mit den Herausgebern bzw. Finanziers des Blattes führte. Die Zeitung wird schließlich verboten.

1842-1843 In diesen Jahren kristallisiert sich bei Marx der künftige philosophische Standpunkt heraus. Von einem demokratisch-revolutionären, hegelianischen Idealismus kommend, nähert er sich mehr und mehr einer Gesellschafts- und Geschichtsauffassung, die man als revolutionären Materialismus bezeichnen kann. Der *Idealismus* interpretiert die Welt als Produkt des Kopfes bzw. des Denkens und entscheidet die Frage nach dem Primat von Geist und Materie zugunsten des ersteren. Die materiellen Dinge und Gegebenheiten sind ihm nichts anderes als umgesetzte Ideen, deren Veränderung und Weiterentwicklung demnach nur über das Denken geschehen kann. Dem Materialismus gilt umgekehrt die Materie, das eigentlich Existierende als das Ursprüngliche, während das Ideelle nur "das im Menschenkopf umgesetzte und übersetzte Materielle" ist (MEW 23, S. 27)[234].

Während Marx die Philosophen *Kant* und *Fichte* von vornherein mit der idealistischen Position identifizierte[235], ist ihm diese Seite in *Hegels* Denken unter der Faszination seiner Dialektik erst relativ spät, d.h. um das Jahr 1842 herum, aufgestoßen. Man muß, schreibt er nun, *Hegel* "vom Kopf auf die Füße stellen", seine Dialektik "umstülpen" (MEW 23, S. 27; s. auch F. Engels, MEW 21, S. 293).

Die meisten aus dem Kreise der sog. Junghegelianer in Berlin wollten diesen Schritt allerdings nicht mitvollziehen. Im November 1842 kommt es zwischen ihnen und Marx zum Bruch. Für die einstigen Freunde hat er bald nur noch Polemik, Spott und Ironie übrig.

Ende 1843 Nach Paris übergesiedelt, bereitet Marx zusammen mit *A. Ruge* die Herausgabe der ersten - und einzigen - Nummer der *Deutsch-Französischen Jahrbücher* vor und verfaßt hierfür zwei Beiträge: *Zur Judenfruge* und *Kritik der Hegelschen Rechtsphilosophie. Einleitung*. Der erste Beitrag ist eine Auseinandersetzung mit *B. Bauers* Schriften zur Emanzipations-

---

234 Siehe dazu auch den Leitsatz, der diesem Kommentar vorangestellt ist.

235 Hierzu ein kleines Jugendgedicht von Marx, das er 'mit Hegels Augen' schreibt:

"Kant und Fichte gern zum Äther schweifen,
Suchten dort ein fernes Land,
Doch ich such nur tüchtig zu begreifen,
Was ich auf der Straße fand!"

(MEW 40 [EB I], S 608)

fähigkeit der Juden und der Christen. In der zweiten Arbeit formuliert er die Konsequenz aus seiner Religionskritik (MEW 1, S. 385):

> *"Die Kritik der Religion endet mit der Lehre, daß der Mensch das höchste Wesen für den Menschen sei, also dem kategorischen Imperativ, alle Verhältnisse umzuwerfen, in denen der Mensch ein erniedrigtes ... Wesen ist."*
>
> *"Die Kritik des Himmels verwandelt sich damit in die Kritik der Erde"* (ebd., S. 379).

Erstmals fällt die These, daß der Vollzug der Religions- bzw. Philosophiekritik dem Proletariat als der unterdrückten Gesellschaftsklasse zukomme (ebd., S. 391):

> *"Der Kopf dieser Emanzipation ist die Philosophie, ihr Herz das Proletariat."*

Aufgrund finanzieller und vertriebstechnischer Schwierigkeiten werden die Jahrbücher nicht fortgeführt. Auch tiefergehende Meinungsverschiedenheiten zwischen Marx und Ruge standen einer Fortsetzung der gemeinsamen Arbeit im Wege.

Mitte 1844 Im Sommer 1844 verfaßt Marx in Paris die - nicht zur Veröffentlichung bestimmten - *Ökonomisch-philosophischen Manuskripte* (oft kurz als *Pariser Manuskripte* tituliert), in denen er erstmals eine auch in ökonomische Kategorien gefaßte Version seiner materialistischen Gesellschaftstheorie formuliert. Neben anhaltender kritischer Auseinandersetzung mit *Hegel* und *Feuerbach* erörtert er relativ ausführlich das Entfremdungsproblem sowie die Rolle des Privateigentums und seine Überwindung durch den Sozialismus bzw. Kommunismus.

Marx zeigt, wie sich die arbeitenden Menschen unter der kapitalistischen Produktionsweise sowohl untereinander als auch in Relation zu ihrer Gattung entfremden und sich damit ihrer Einheit mit der Natur entäußern. Basis des Entfremdungsprozesses bildet das Verhältnis des Arbeiters gegenüber dem Produkt seiner Arbeit. Da sich dieses nicht er selbst, sondern der Produktionsmittelbesitzer aneignet, tritt es ihn

> *"als ein fremdes Wesen, als eine von dem Produzenten unabhängige Macht gegenüber."*

Im Kapitalismus produziert die Arbeit nicht nur Ware, sondern obendrein auch "sich selbst und den Arbeiter als eine Ware". Je mehr dieser produziert und schafft, desto wertloser und unwürdiger wird er selbst (vgl. MEW 40 [EB I], S. 511 ff.). Die Entfremdung erfolgt also auch gegenüber dem Tätigkeitsakt selber. Die Produktion ist dem Arbeiter "tätige Entäußerung" seiner selbst. Da dem Menschen die Arbeit aber Bedürfnis, weil: Mittel zur Selbstverwirklichung ist, bedeutet dies auch Entfremdung von seinem gattungsspezifischen, naturgemäßen Wesen, damit "Entfremdung des Menschen vom Menschen" (vgl. ebd., S. 514 ff.).

Als anderen zentralen Begriff analysiert Marx das Privateigentum und schreitet von hier aus zu den spezifischen ökonomischen Kategorien wie z.B. Konkurrenz, Kapital, Geld usw. fort, die als entwickelte und bestimmte Formen bzw. Ausdrücke der Grundbegriffe Entfremdung und Privateigentum interpretiert werden. Der revolutionäre Übergang zur kommunistischen Gesellschaft bedeutet nach Marx nicht nur Aufhebung der kapitalistischen Produktionsweise und des Privateigentums, sondern zugleich auch Aufhebung der Entfremdung in allen ihren Aspekten.

1844/45 Bei der zweiten Begegnung von Marx mit Engels[236] in Paris kommt es zu einem intensiven Gedankenaustausch, an dessen Ende sich beide der vollen Übereinstimmung in allen philosophischen, politischen und ökonomischen Grundsatzfragen versichern. Ab diesem Zeitpunkt datiert die langjährige Freundschaft und Zusammenarbeit beider. Im Februar 1845 erscheint eine erste gemeinsame Schrift unter dem Titel *Die heilige Familie oder die Kritik der kritischen Kritik. Gegen Bruno Bauer und Konsorten.* In ihr setzt sich Marx, der den weitaus größten Teil beigesteuert hat, mit dem Philosophiekreis um *B. Bauer* auseinander. Das Buch wirkt allerdings umständlich, unsystematisch und fällt vor allem viel zu umfangreich aus, was Engels selbst moniert, insbesondere was das Mißverhältnis zwischen dem Aufwand einerseits und der "souveränen Verachtung" gegenüber Bauer und seinen Freunden andererseits anbetrifft. Darüber hinaus wird das meiste "dem größeren Publikum unverständlich bleiben und auch nicht allgemein interessieren."[237] Man kann ihm nur zustimmen.

1845 In diesem Jahr erhält Marx vom Verleger Leske einen nicht unbeträchtlichen Vorschuß für den Vertrag auf ein Werk zur *Kritik der politischen*

---

[236] Biographischer Abriß zu *Friedrich Engels*: Er war zwei Jahre jünger als Marx. Sein Vater besaß eine Textilfabrik in Barmen/Eberfeld und später auch im englischen Manchester. Engels Beziehungen zum Vater waren nicht ungetrübt. Er verdiente seinen Unterhalt mittels des ihm so 'verhaßten Schachers' oder 'hündischen Kommerzes' überwiegend im väterlichen Geschäft. Seine Bezahlung war nicht übermäßig bemessen. Erst das Erbe seines 1860 verstorbenen Vaters machte ihn recht vermögend. Nach zeitweiliger Teilhaberschaft an der familiären Firma zog er sich 1869 vom Geschäft zurück. Die finanzielle Besserstellung seit 1860 ermöglichte es ihm, Marx und dessen Familie tatkräftiger als bisher zu unterstützen. Seine erste Lebensgefährtin, *Mary Burns*, eine englische Proletarierin, stirbt 1863. Danach liiert er sich mit deren Schwester *Lizzy*, die er kurz vor ihrem Tod im Jahre 1878 heriratet. Nach Marxens Tod nimmt er dessen langjährige Haushälterin *Helene Demuth* bei sich auf (sie stirbt im Jahre 1890). In den letzten Lebensjahren, in denen er über der Herausgabe der beiden Bände zwei und drei des 'Kapital' sein Augenlicht nahezu vollständig verliert, kümmern sich die Nichte von Lizzy Burns, *Mary Ellen* sowie die geschiedene Frau von K. Kautsky, *Louise Freyberger*, die mit ihrem neuem Ehemann in Engels' Haus lebt, um den alten Mann. Friedrich Engels stirbt am 5. Aug. 1895.

[237] Zitiert nach *Blumenberg, W.*, Karl Marx in Selbstzeugnissen und Bilddokumenten, Hamburg 1979, S. 64.

Ökonomie, das allerdings nie abgeliefert wird. Erst 22 Jahre später erscheint diese Kritik in Form des ersten Bandes des 'Kapital' (allerdings bei einem anderen Verlag).

Dem gleichen Jahr 1845 werden die sog. *Feuerbach-Thesen* zugeschrieben, die Engels nach Marxens Tod in einem Notizbuch gefunden und im Jahre 1888 veröffentlicht hat. Da seinerzeit die *Pariser Manuskripte*, in denen sich Marx relativ ausführlich mit Feuerbach auseinandergesetzt hat, noch nicht bekannt waren, fanden sie große Beachtung. Am berühmtesten geworden ist die 11. These (MEW 3, S. 7), die den Besucher noch heute in der Eingangshalle der Humboldt-Universität zu Berlin begrüßt:

> *"Die Philosophen haben die Welt nur verschieden interpretiert, es kommt darauf an, sie zu verändern."*

1845/46 Marx und Engels verfassen eine neuerliche (wiederum allzu) umfangreiche Schrift zur zeitgenössischen deutschen Philosophie. Sie trägt den Titel: *Die deutsche Ideologie. Kritik der neuesten deutschen Philosophie in ihren Repräsentanten Feuerbach, B. Bauer und Stirner, und des deutschen Sozialismus in seinen verschiedenen Propheten* und ist sehr viel lesenswerter als das erste Opus. In ihm erfährt der materialistische Standpunkt der Autoren eine beachtliche Präzisierung (MEW 3, S. 26 f.):

> *"Das Bewußtsein kann nie etwas Anderes sein als das bewußte Sein. ... Ganz im Gegensatz zur deutschen Philosophie, welche vom Himmel auf die Erde herabsteigt, wird hier von der Erde zum Himmel gestiegen. .... Nicht das Bewußtsein bestimmt das Leben, sondern das Leben bestimmt das Bewußtsein."*

Und auf S. 46 heißt es:

> *"Die Gedanken der herrschenden Klasse sind in jeder Epoche die herrschenden Gedanken. ... Die herrschenden Gedanken sind weiter nichts als der ideelle Ausdruck der herrschenden materiellen Verhältnisse, die als Gedanken gefaßten herrschenden materiellen Verhältnisse."*

Die Darstellung der materialistischen Gesellschafts- und Geschichtsphilosophie ist für den Durchschnittsleser verständlich und klar, weshalb es schade war, daß Marx und Engels keinen Verleger für ihr Manuskript fanden und es "der nagenden Kritik der Mäuse" (Marx) überlassen mußten. Es wurde als Gesamtwerk erst mit der Marx-Engels-Gesamtausgabe (MEGA) im Jahre 1932 der Öffentlichkeit zugänglich.

1847 Im Juni 1847 rechnet Marx mit Proudhon, einem Vertreter des, wie er meinte, 'kleinbürgerlichen' bzw. utopischen Sozialismus ab. Er nennt seine Schrift wortspielerisch *Das Elend der Philosophie. Antwort auf*

Proudhons 'Philosophie des Elends'. An diesem Werk interessiert weniger das oft polemisch gehaltene Hauptanliegen als vielmehr die dort vorzufindende erste Ausarbeitung des politökonomischen Standpunktes sowie Marxens Kritik an der zeitgenössischen Ökonomie (MEW 4, S. 139):

> *"... die Ökonomen sagen, daß die gegenwärtigen Verhältnisse - die Verhältnisse der bürgerlichen Produktion - natürlich sind, ... in denen die Erzeugung des Reichtums und die Entwicklung der Produktivkräfte sich gemäß den Naturgesetzen vollziehen. Somit sind diese Verhältnisse selbst von dem Einfluß der Zeit unabhängige Naturgesetze. Es sind ewige Gesetze ... Somit hat es eine Geschichte gegeben, aber es gibt keine mehr."*

Marx setzt dieser Auffassung die historische Gebundenheit und Vergänglichkeit aller ökonomischen Theorien und ihrer Kategorien entgegen. Sie sind "ebensowenig ewig, wie die Verhältnisse, die sie ausdrükken" (ebd., S. 130). Die Arbeitswertlehre wird in dieser Schrift bereits in rudimentärer Form entworfen, wenn auch noch nicht bis zu einer Mehrwerterklärung fortentwickelt.

1848 Das von Marx und Engels gemeinsam verfaßte *Kommunistische Manifest*, Programmplattform für den im Jahre 1847 gegründeten *Bund der Kommunisten*, erscheint im Februar 1848, also unmittelbar am Vorabend der europäischen Revolution. Es faßt in einer allgemein verständlichen Sprache die materialistische Grundauffassung der Autoren in bezug auf die Entwicklung der Geschichte anschaulich zusammen (MEW 4, S. 462):

> *"Die Geschichte aller bisherigen Gesellschaft ist die Geschichte von Klassenkämpfen."*

Jede Gesellschaft zerfalle in zwei antagonistische Klassen: eine herrschende und eine beherrschte. In der Epoche des Kapitalismus herrscht die Klasse der Produktionsmittelbesitzer (Bourgeoisie), über die Proletarier bzw. die Arbeiterklasse. Dabei hat (ebd., S. 464 f.)

> *"... die Bourgeoisie ... die Feudalbande ... unbarmherzig zerrissen und kein anderes Band zwischen Mensch und Mensch übriggelassen , als das nackte Interesse, als die gefühllose 'bare Zahlung' ... Sie hat die persönliche Würde in den Tauschwert aufgelöst und an die Stelle der ... verhüllten Ausbeutung die offene, unverschämte, direkte, dürre Ausbeutung gesetzt."*

Zudem hat die bürgerliche Klasse die bildenden Künste ebenso wie die Kirche und die Wissenschaft unter ihre Herrschaft gestellt und sie in bezahlte Lohnarbeitsverhältnisse verwandelt (S. 480):

> *"Die herrschenden Ideen einer Zeit waren stets nur die Ideen der herrschenden Klasse."*

Die zyklisch krisenhafte kapitalistische Produktionsweise vermag sich dem dialektischen Entwicklungsgesetz der Geschichte nicht zu entziehen: Das Ende der bürgerlichen Herrschaft sei vorherbestimmt und kündige sich bereits an. Die Überwindung der Krisen gelinge jedesmal nur "durch die erzwungene Vernichtung einer Masse von Produktivkräften" bzw. durch "Eroberung neuer Märkte und die gründlichere Ausbeutung der alten Märkte", also durch Mittel, die langfristig gesehen den Grundstein für immer neue, allseitigere und gewaltigere Krisen legen würden (vgl. S. 468).

Das *Manifest* schließt mit der berühmten Parole: *"Proletarier aller Länder, vereinigt euch!"*

1848/49 Marx beteiligt sich an der Finanzierung der *Neuen Rheinischen Zeitung*, die mit kurzen Unterbrechungen vom Sommer 1848 an rd. ein Jahr lang erscheint. Er verfaßt selbst zahlreiche Beiträge ebenso wie Engels, dessen Artikel über den 'demokratischen Panslawismus' in der Ausgabe vom *15./16. Febr. 1949* (MEW 6, S. 270-286) für einige Furore gesorgt hat.

Engels unterscheidet darin kategorisch zwischen 'geschichtlichen', notwendigen, und 'ungeschichtlichen', nicht notwendigen Völkern. Zu den letzteren zählt er vor allem die seinerzeit als Ausgeburt alles Reaktionären tiefgehaßten Russen (sic!), die Dänen wegen ihres notorischen Widerstandes gegen deutsche Territorialansprüche im Norden sowie die (österreichischen) Slawen, denen er nicht zuletzt wegen ihrer Unterstützung der herrschenden Regime bei der Niederwerfung der Aufstände in Wien und Budapest den Anspruch auf eine eigene Nationalität abspricht. Ohne derartige polemische Entgleisungen überbewerten zu wollen, sei hier eine kleine Kostprobe daraus zum besten gegeben (S. 275-278):

> *"Außer den Polen, den Russen und höchstens den Slawen der Türkei hat kein slawisches Volk eine Zukunft, aus dem einfachen Grunde, weil allen übrigen Slawen die ersten historischen, geographischen, politischen und industriellen Bedingungen der Selbständigkeit und Lebensfähigkeit fehlen ... Die Slowenen und Kroaten schließen Deutschland und Ungarn vom Adriatischen Meer ab; und Deutschland und Ungarn können sich nicht vom Adriatischen Meer abschließen lassen, aus 'geographischen und kommerziellen Notwendigkeiten' ..."*

> *"Und das alles zum Dank dafür, daß die Deutschen sich die Mühe gegeben haben, die eigensinnigen Tschechen und Slowenen zu zivilisieren, Handel und Industrie, erträglichen Ackerbau und Bildung bei ihnen einzuführen ... Die Deutschen haben im Norden*

> *das ehemals deutsche, später slawische Gebiet ... wieder erobert. ... Die Sache ist abgemacht und läßt sich nicht redressieren ... Daß diese Eroberung aber im Interesse der Zivilisation lag, ist bisher noch nie bestritten worden."*
>
> *"Freilich, dergleichen läßt sich nicht durchsetzen, ohne manch sanftes Nationenblümlein gewaltsam zu zerknicken. Aber ohne Gewalt und eherne Rücksichtslosigkeit wird nichts durchgesetzt in der Geschichte, und hätten Alexander, Cäsar und Napoleon dieselbe Rührungsfähigkeit besessen, an die jetzt der Panslawismus zugunsten seiner verkommenen Klienten appelliert, was wäre da aus der Geschichte geworden!"*

1850-1855 In den 50er Jahren entstehen neben einer Reihe von tagespolitischen Artikeln vor allem zwei größere Beiträge: *Die Klassenkämpfe in Frankreich 1848-1850* und *Der achtzehnte Brumaire des Louis Bonaparte.* In diesen wendet Marx seine allmählich verfestigte Geschichtskonzeption auf das aktuelle Geschehen in Frankreich an. Er verweist darauf, daß für eine erfolgreiche Revolutionierung der Produktionsverhältnisse der organisatorische Aufbau einer Partei der Arbeiterklasse sowie die Aneignung der Produktionsmittel durch das Proletariat und die Zerschlagung des bürgerlichen Staatsapparates die notwendigen Voraussetzungen sind.

1857/58 In den Wintermonaten 1857/58 macht sich Marx nach rd. 15-jährigem Studium der bürgerlichen Gesellschaft und ihrer ökonomischen Grundlagen daran, seine Kritik der politischen Ökonomie in einem ersten zusammenfassenden Rohentwurf niederzuschreiben.

Es kommt, dem Stand der Dinge entsprechend, ein noch relativ unsystematisches, fragmentarisches Werk heraus, das primär dem Zwecke dient, die Gedanken zu ordnen, inhaltliche Unklarheiten oder Inkonsistenzen sichtbar werden zu lassen und eine verbindliche Systematik für das geplante umfassende Gesamtwerk der Darstellung und Kritik der politischen Ökonomie zu finden.

Das Manuskript ist erst spät aufgetaucht: Es wurde erstmals in den Jahren 1939/41 in zwei Teilen unter dem Titel: *'Grundrisse der Kritik der Politischen Ökonomie'* veröffentlicht[238]. Besondere Beachtung haben die Ausführungen in der *Einleitung* zum methodischen Vorgehen der Politischen Ökonomie gefunden, die wir oben im Text ausführlich zitiert haben (s. S. 21).

1858/59 Auf der Basis dieses Rohentwurfes macht sich Marx im Frühjahr 1858 an die Überarbeitung des Textes und plant die Herausgabe der Arbeit in einer zwanglosen Folge einzelner Hefte, von denen aber nur das erste erscheint, und zwar unter dem Titel: *Zur Kritik der Politischen Ökonomie.*

---

[238] In der MEW-Ausgabe wird es seit 1983 als Band 42 geführt.

Man kann es als die 'Prolegomena' zum späteren Hauptwerk 'Das Kapital' bezeichnen, zu dem sich Marx nun - anstelle der Abfassung weiterer Hefte - entschließt. Im Vorwort findet sich eine Passage, die seine Gesellschafts-, Ökonomie-, Philosophie- und Geschichtskonzeption prägnant zusammenfaßt (MEW 13, S. 8 f.):

> *"Meine Untersuchung mündete in dem Ergebnis, daß Rechtsverhältnisse wie Staatsformen weder aus sich selbst zu begreifen sind noch aus der sogenannten allgemeinen Entwicklung des menschlichen Geistes, sondern vielmehr in den materiellen Lebensverhältnissen wurzeln ... In der gesellschaftlichen Produktion ihres Lebens gehen die Menschen bestimmte, notwendige, von ihrem Willen unabhängige Verhältnisse ein, Produktionsverhältnisse, die einer bestimmten Entwicklungsstufe ihrer materiellen Produktivkräfte entsprechen. Die Gesamtheit dieser Produktionsverhältnisse bildet die ökonomische Struktur der Gesellschaft, die reale Basis, worauf sich ein juristischer und politischer Überbau erhebt und welcher bestimmte gesellschaftliche Bewußtseinsformen entsprechen ... Es ist nicht das Bewußtsein der Menschen, das ihr Sein, sondern umgekehrt ihr gesellschaftliches Sein, das ihr Bewußtsein bestimmt. Auf einer gewissen Stufe ihrer Entwicklung geraten die materiellen Produktivkräfte der Gesellschaft in Widerspruch mit den vorhandenen Produktionsverhältnissen oder, was nur ein juristischer Ausdruck dafür ist, mit den Eigentumsverhältnissen, innerhalb deren sie sich bisher bewegt hatten. Aus Entwicklungsformen der Produktivkräfte schlagen diese Verhältnisse in Fesseln derselben um. Es tritt dann die Epoche sozialer Revolution ein ... Eine Gesellschaftsformation geht nie unter, bevor alle Produktivkräfte entwickelt sind, für die sie weit genug ist, und neue höhere Produktionsverhältnisse treten nie an die Stelle, bevor die materiellen Existenzbedingungen derselben im Schoß der alten Gesellschaft selbst ausgebrütet worden sind."*

1862/63 Die Realisierung des geplanten Hauptwerkes zur politischen Ökonomie wird immer wieder aufgehalten, Zwischen Anfang 1862 und Mitte 1863 entsteht ein umfangreiches Teilmanuskript, in dem sich Marx detailliert mit den Grundlagen der zeitgenössischen politischen Ökonomie, vor allem mit *Ricardo und A. Smith* auseinandersetzt. Im Zuge dieser Auseinandersetzung gewinnt seine eigene Wertlehre und vor allem die bislang nur rudimentär ausformulierte Theorie des Mehrwerts endgültige Gestalt. Engels hatte später die Absicht, das Manuskript als 4. (Anhang-) Band des 'Kapital' - unter zahlreichen Streichungen - herauszugeben, kam aber nicht mehr dazu. Es war schließlich *Karl Kautsky*, der das Manuskript zwischen 1905 und 1910 in vier Teilbänden unter dem Titel *'Theorien über den Mehrwert'* herausgab[239].

---

[239] In der MEW-Reihe wird es als Bd. Nr. 26 (in drei Teilbänden) geführt.

Während der Zeit, in welcher Marx an den Mehrwert-Manuskripten arbeitet, findet ein redebegabter Jurist namens *F. Lassalle* bei den Arbeitern großen Anklang. Seine Kritik an den gesellschaftlichen Verhältnissen sowie an der Staatsmacht und sein Plädoyer für ein allgemeines Wahlrecht, die er in einer Streitschrift mit dem Titel *'Das System der erworbenen Rechte'* (1860) dargelegt hat, werden - im Gegensatz zu Marx' Schriften - von einem breiten Publikum gelesen. Seine These vom 'ehernen Lohngesetz', nach welcher der Arbeitslohn dazu tendiere, das durchschnittliche Existenzminimum nicht zu überschreiten, sowie sein Eintreten für das 'Recht auf den vollen Arbeitsertrag' werden von Marx aufs heftigste attackiert. *Lassalle* sieht in der Bildung von sog. *Produktivassoziationen*, einem System dezentraler, genossenschaftlich organisierter Arbeiterselbstverwaltung, das adäquate Mittel zur Verwirklichung der von ihm propagierten Ziele.

Nicht zuletzt der Agitation Lassalles ist die Gründung des *Allgemeinen Deutschen Arbeitervereins* im Mai 1863 zu verdanken, dem Beginn der organisierten Arbeiterbewegung in Deutschland.

1864 Im Sept. 1864 konstituiert sich die *Erste Internationale Arbeiter-Assoziation.* Marx wird in den leitenden Generalrat berufen und damit beauftragt, Statuten und das Gründungsmanifest zu entwerfen. Die von ihm verfaßte *Inauguraladresse der Internationalen Arbeiterassoziation* wird zeitweilig als 'Zweites Kommunistisches Manifest' bezeichnet, da Marx darin auf zahlreiche Gedanken des 'ersten' Manifests von 1848 zurückgreift. Es soll die Plattform für die verschiedenen sozialistischen Strömungen innerhalb der Internationalen abgeben. Grundstein bildet die Erkenntnis, daß die enorme Entwicklung der Produktivkräfte nicht zur Verringerung des Elends der großen Masse der Bevölkerung geführt hat - im Gegenteil: Die sozialen Kontraste zwischen besitzender und nichtbesitzender Klasse haben sich eher noch verschärft.

1865-1867 Gerade in den Jahren, in denen Marx sich in umfangreiche, zeitraubende Aktivitäten und aufreibende Kontroversen im Generalrat der Internationalen stark eingebunden sieht, gelingt es ihm, den 1. Band seines - vor mehr als 20 Jahren in Angriff genommenen - Hauptwerkes für den Druck fertigzustellen.

14. Sept. 1867: Unter dem Titel *'**Das Kapital**. Kritik der politischen Ökonomie, Erster Band, Buch I: Der Produktionsprozeß des Kapitals'* erscheint der erste Teil des eigentlichen Marxschen Lebenswerkes (beim Otto Meißner Verlag, Hamburg). Ein erster Schritt war vollbracht. Die Manuskripte für die Nachfolgebände liegen zu dieser Zeit in einer ungeordneten Rohfassung ebenfalls bereits vor. Man kann den Grundstein eines Denkgebäudes nicht legen, wenn man sich über Fortgang bzw. Aufbau und Abschluß des Ganzen nicht bereits einigermaßen im Klaren ist[240].

1868-1875 Nach dem Band 1 des 'Kapital' stürzt sich Marx in die politische Alltagsarbeit der Internationalen. Trotz der gemeinsamen Programmplattform treten die Differenzen zwischen den verschiedenen sozialistischen Strömungen zutage. Vor allem zwischen Marx und seinen Anhängern auf der einen und einer Gruppierung um *Bakunin* auf der anderen Seite nehmen die Auseinandersetzungen immer schärfere und polemischere Züge an. Im Jahre 1872 kommt es zum Bruch, der faktisch das Ende der Internationalen bedeutet.

1871/75 Marx verfaßt in den frühen 70er Jahren trotz seines angeschlagenen Gesundheitszustandes noch zwei wichtige Schriften, die Erwähnung verdienen.

1871 Bei der ersten, *'Der Bürgerkrieg in Frankreich'*, handelt es sich um eine im Auftrag und Namen des Generalrats formulierte 'Adresse', in der die 'Pariser Kommune' zwei Tage nach ihrer Niederlage am 28.5.1871 glorifiziert wird. Manch einer rieb sich die Augen, denn während der ganzen Zeit ihres Widerstandes vernahm man vom Generalrat kein Wort, geschweige denn hörte von irgendwelchen Aktivitäten zugunsten der Kommunarden. Dies hing nicht zuletzt mit deren 'bakunistisch-spontaneistischer' Ausrichtung zusammen, die Marx und Engels ein Dorn im

---

[240] Die Tatsache allerdings, daß es *Friedrich Engels* überlassen blieb, diese Folgemanuskripte zusammenzustellen und schließlich als Band 2 und 3 des 'Kapital' herauszugeben, erscheint bemerkenswert. Mit Ausnahme der Zeit zwischen Okt. 1877 und Juli 1878 hat Marx in den letzten 17 Jahren seines Lebens faktisch keine Hand mehr an sein Hauptwerk gelegt, was Engels' Vorworte zu den beiden Bänden belegen. Zwar versucht er dies mit anhaltenden Krankheitszuständen seines Freundes zu entschuldigen, dennoch sind die Hinweise einiger undogmatischer Marx-Biographen auf psychologisch bedingte Arbeitsschwierigkeiten im Hinblick auf die endgültige Ausarbeitung des Gesamtwerkes als glaubhafter einzustufen. Jedenfalls war Marx trotz der sicherlich auch psychosomatisch erklärbaren Krankheitsphasen keineswegs völlig arbeitsunfähig. Er verzettelt sich vielmehr im Verfassen zahlreicher Exzerpte, die häufig allerdings nur Randfragen zum Gegenstand haben. Daneben studiert er unzählige Kommissionsberichte, die alle lediglich das sattsam bekannte 'Elend der arbeitenden Klasse in England' dokumentieren, seine theoretische Konzeption jedoch keinen Schritt voranbringen. Schließlich ist er trotz allem durchaus in der Lage, zwei gehaltvolle Schriften zu aktuellen politischen Themen (s. unten) zu verfassen. Die Anzeichen sprechen demnach eher dafür, daß sich die selbst gestellte anspruchsvolle Lebensaufgabe, eine umfassende Kritik der politischen Ökonomie auszuarbeiten, einst Lebenselixier und Anspom, jetzt - List der Dialektik - als drückende, schwer zu bewältigende Last lebenszerstörend geltend macht. Marx jedenfalls sah sich zur Vollendung dieser Aufgabe nicht mehr imstande.
Es dauerte - nochmals - rd. zwei Jahrzehnte, bis *Fr. Engels* der Öffentlichkeit im Jahre 1885 den 2. Band des 'Kapital' präsentieren konnte. Er trägt den Untertitel *Der Zirkulationsprozeß des Kapitals*. Engels schaffte es auch noch, den Band 3 herauszugeben und damit den mit einiger Spannung erwarteten 'Abschluß des Marxschen Systems' vorzulegen. (Spannung bestand aus wirtschaftstheoretischer Sicht vor allem im Hinblick auf die Modifizierung der Arbeitswerttheorie beim 'Auftauchen' aus der abstrakten Wertebene auf die konkrete Ebene der Konkurrenzpreise, was in der Folgezeit unter dem Stichwort *Transformationsproblem* kontrovers diskutiert worden ist.) Der Band trägt den Untertitel *'Der Gesamtprozeß der kapitalistischen Produktion'* und erscheint im Jahr 1894, also 27 Jahre (sic!) nach dem 1. Band und 11 Jahre nach Marxens Tod.

Auge war. Sie verziehen der Kommune nicht, weder die Enteignung der besitzenden Klasse noch eine Aufhebung der Klassengesellschaft auf ihre Fahnen geschrieben zu haben. Obwohl nur wenige der in den Kommunerat gewählten Volksverteter auch Mitglieder der Internationalen waren, versuchte Marx, die Pariser Kommune als "glorreichste Tat unserer Partei" (Briefe, MEW 33, S. 206) im Sinne seiner Revolutions- und Staatstheorie vereinnahmen. Im *'Bürgerkrieg'* heißt es hierzu (MEW 17, S. 342-344):

> *Die Kommune "war wesentlich eine Regierung der Arbeiterklasse, das Resultat des Kampfes der hervorbringenden gegen die aneignende Klasse, die endlich entdeckte politische Form, unter der die ökonomische Befreiung der Arbeit sich vollziehen konnte ... Die Kommune sollte ... als Hebel dienen, um die ökonomischen Grundlagen umzustürzen, auf denen der Bestand der Klassen und damit der Klassenherrschaft ruht. ... Die Arbeiterklasse verlangt keine Wunder von der Kommune, ... sie hat nur die Elemente der neuen Gesellschaft in Freiheit zu setzen, die sich bereits im Schoße der zusammenbrechenden Bourgeoisgesellschaft entwickelt haben ... Und doch war dies die erste Revolution, in der die Arbeiterklasse offen anerkannt wurde als die einzige Klasse, die noch einer gesellschaftlichen Initiative fähig war."*

Diese geistige Usurpation ist nicht zuletzt im Zusammenhang mit den Enttäuschungen über das Ausbleiben der vielfach prophezeiten ('wirklich') proletarischen Revolution zu sehen sowie aus der Verzweiflung über immer neue Siege der Reaktion.

1875 Bei der zweiten Schrift handelt es sich um die im Frühjahr 1875 verfaßte *'Kritik des Gothaer Programms. Randglossen zum Programm der deutschen Arbeiterpartei'*. Das 'Gothaer Programm' ist die vereinigte Plattform der neuen *Sozialistischen Arbeiterpartei Deutschlands,* hervorgegangen aus dem einst von Lassalle gegründeten *Allgemeinen Deutschen Arbeiterverein* und der *Sozialdemokratischen Arbeiterpartei*, die als Absplitterung vom Arbeiterverein einige Jahre später entstanden war. Das Programm, das unverkennbar lassalleanische Züge trägt, wird von Marx scharf attackiert. Er wiederholt seine frühere Kritik an Lassalle und dessen 'utopischen' Vorstellungen vom Sozialismus. Den Passus zum ehernen Lohngesetz ironisiert er mit den Worten (MEW 19, S. 26):

> *"Es ist, als ob unter Sklaven, die endlich hinter das Geheimnis der Sklaverei gekommen und in Rebellion ausgebrochen, ein in veralteten Vorstellungen befangener Sklave auf das Programm der Rebellion schriebe: Die Sklaverei muß abgeschafft werden, weil die Beköstigung der Sklaven im System der Sklaverei ein gewisses niedriges Maximum nicht überschreiten kann."*

Das Recht auf den unverkürzten Arbeitsertrag weist Marx zurück, indem er die ökonomische Notwendigkeit unterstreicht, vom Arbeitsertrag der Gesellschaft immer gewisse Teile für - modern ausgedrückt - Ersatz- bzw. Nettoinvestitionen sowie als Rücklagen einbehalten zu müssen.

Auf knapp zwei Seiten skizziert er hier u.a. seine Vorstellungen vom Kommunismus und vor allem vom Sozialismus als der Übergangsgesellschaft, die aus dem Kapitalismus hervorgegangen und noch "in jeder Beziehung, ökonomisch, sittlich, geistig ... mit den Muttermalen der alten Gesellschaft" behaftet sei. Diese ende erst (MEW 19, S. 21),

> *"... nachdem die knechtende Unterordnung der Individuen unter die Teilung der Arbeit, damit auch der Gegensatz zwischen geistiger und körperlicher Arbeit verschwunden ist; nachdem die Arbeit nicht nur Mittel zum Leben, sondern das erste Lebensbedürfnis geworden; nachdem mit der allseitigen Entwicklung der Individuen auch ihre Produktivkräfte gewachsen und alle Springquellen des genossenschaftlichen Reichtums voller fließen - erst dann kann die Gesellschaft auf ihre Fahne schreiben: Jeder nach seinen Fähigkeiten, jedem nach seinen Bedürfnissen."*

1876/78 Als Einführung und Überblick über das Marxsche Denken hervorragend geeignet erweist sich das in den Jahren 1876 bis 1878 von Friedrich Engels verfaßte Werk *Herrn Eugen Dührings Umwälzung der Wissenschaft,* kurz: *Anti-Dühring* genannt. Der Titel parodiert eine Schrift Dührings aus dem Jahre 1865.

Dühring, ein Privatdozent, der seinerzeit bei zahlreichen Sozialdemokraten hohes Ansehen genoß, hatte in verschiedenen Beiträgen zu grundlegenden Fragen der Philosophie, Nationalökonomie und des Sozialismus radikale Positionen bezogen und dabei nicht nur gegen Marx, sondern ebenso gegen Denker wie Fichte, Hegel, Darwin, Fourier, Owen, Lassalle usw. polemisiert. Erst nach massivem Drängen einiger Zeitgenossen unterbrach Engels seine intensiven Arbeiten am geplanten größeren Werk zur 'Dialektik der Natur' und ließ sich überreden, den Marxismus gegen Dührings Angriffe zu verteidigen. Obwohl es sich in erster Linie um eine Replik handelt, deren Aufbau sich zwangsläufig an Dührings Systematik orientiert, faßt Engels hier in mehreren kurzen Zwischenkapiteln den marxistischen Standpunkt zu Grundfragen der Philosophie, Ökonomie und des Sozialismus in präzisen und zum Teil brillanten Formulierungen zusammen. Die wichtigsten dieser Passagen des Anti-Dühring wurden zwei Jahre später (1880) in einem ca. 50 Seiten umfassenden Sonderband unter dem Titel *'Die Entwicklung des Sozialismus von der Utopie zur Wissenschaft'* zusammengestellt.

Es ist nicht zuletzt diesem Werk von Engels zu verdanken, wenn der Marxismus seit den 80er Jahren des vorigen Jahrhunderts allmählich auch die Köpfe breiterer Kreise der Arbeiterschaft erreichte. Überhaupt gehört es zu seinen historischen Verdiensten, nicht nur die Last der publikatorischen Vollendung des Marxschen Hauptwerkes erfolgreich auf sich genommen, sondern auch die Hauptarbeit zur Popularisierung des Marxschen Denksystems geleistet zu haben.

Literaturhinweise

Adorno, Theodor W. [1966], Negative Dialektik, Frankfurt/M.

Albert, Hans [1968], Traktat über kritische Vernunft, Tübingen

Altvater, Elmar [1971], Qualifikation der Arbeitskraft und Kompliziertheit der Arbeit - Bemerkungen zum Reduktionsproblem, in: Altvater, E./Huisgen, F. (Hrsg.), Materialien zur Politischen Ökonomie des Ausbildungssektors, Erlangen, S. 253-302

Autorenkollektiv [1971], Einführung in den dialektischen und historischen Materialismus, Berlin (Ost)

Bernstein, Eduard [1921^2], Die Voraussetzungen des Sozialismus und die Voraussetzungen der Sozialdemokratie, Nachdruck der 2. Aufl., Hannover 1964

Blumenberg, W. [1979], Karl Marx in Selbstzeugnissen und Bilddokumenten, Hamburg

Böhm-Bawerk, Eugen v. [1896], Zum Abschluß des Marxschen Systems, in: Staatswissenschaftliche Arbeiten, Festgaben für K. Knies, hrsg. von O.v. Boenigk, Berlin; u.a. wieder abgedruckt in: Fr. Eberle (Hrsg.), Aspekte der Marxschen Theorie 1. Zur methodischen Bedeutung des 3. Bandes des 'Kapital', Frankfurt/M. 1973, S. 25-129

Bortkiewicz, Ladislaus von [1906], Wertrechnung und Preisrechnung im Marxschen System; Erster Artikel, in: Archiv für Sozialwissenschaft und Sozialpolitik, Bd. 24, S. 1-50

ders., [1907a], Wertrechnung und Preisrechnung im Marxschen System; Zweiter Artikel, in: Archiv für Sozialwissenschaften und Sozialpolitik, Bd. 25, S. 10-51

ders., [1907b], Wertrechnung und Preisrechnung im Marxschen System; Dritter Artikel, in: Archiv für Sozialwissenschaft und Sozialpolitik, Bd. 25, S. 445-488

ders., [1907c], Zur Berichtigung der grundlegenden theoretischen Konstruktionen von Marx im dritten Band des 'Kapital', in: Jahrbücher für National ökonomie und Statistik, III. Folge, 34. Band, Jena, S. 319-335

Burchardt, Michael [1986], Mikrotheorie. Eine Einführung mit einem Kompendium mikrotheoretischer Fachbegriffe, Köln

Ehlert W. et.al. (Hrsg.) [1973], Wörterbuch der Okonomie, Sozialismus, 3. Aufl., Berlin (Ost)

Engelmann, Bernt [1976], Wir Untertanen, Frankfurt/M.

Engels, Friedrich [1849], Der demokratische Panslawismus, abgedruckt in: MEW-Ausgabe, Bd. 6, Berlin (Ost) 1973, S. 270-286

ders. [1859], Karl Marx, 'Zur Kritik der Politischen Ökonomie', abgedruckt in: MEW-Ausgabe, Bd. 13, Berlin (Ost) 1972, S. 468-477

ders. [1878], Herrn Eugen Dührings Umwälzung der Wissenschaft, abgedruckt in: MEW-Ausgabe, Bd. 20, Berlin (Ost) 1972, S. 1-303

ders. [1882], Die Entwicklung des Sozialismus von der Utopie zur Wissenschaft, abgedruckt in: MEW-Ausgabe, Bd. 19, Berlin (Ost) 1973, S. 177-228 *ders.* [1886], Ludwig Feuerbach und der Ausgang der klassischen deutschen Philosophie, abgedruckt in: MEW-Ausgabe, Bd. 21, Berlin (Ost) 1973, S. 259-307

ders. [1925], Dialektik der Natur, abgedruckt in: MEW-Ausgabe, Bd. 20, S. 305-570

Fogarasi, Béla [1954], Dialektische Logik, 1. dt. Ausgabe, Berlin (Ost)

Hegel, G.W.F: [1807[1]], Phänomenologie des Geistes, Neuausgabe, 2. Aufl., Frankfurt/M. etc. 1973

ders. [1817[1]], Enzyklopädie der philosophischen Wissenschaften im Grundrisse, I. Teil, Werke Bd. 8, Frankfurt/M. 1969

ders. [1812[1]], Wissenschaft der Logik I, Werke Bd. 5, Frankfurt/M., 1969

ders. [1833/36[1]],Vorlesungen über die Geschichte der Philosophie, Band II, Neuausgabe, Leipzig 1971

Hilferding, Rudolf [1904] Böhm-Bawerks Marx-Kritik, in: Marx-Studien, hrsg. von M. Adler und R. Hilferding, Erster Band, Wien; u.a. wieder abgedruckt in: Eberle, Fr. (Hrsg.), Aspekte der Marxschen Theorie 1., a.a.O., S. 130 ff.

Hinrichsen, D. [1971], Zum Problem der Reduktion komplizierter auf einfache Arbeit, in: Altvater, E./Huisgen, F. (Hrsg.), a.a.O., S. 303-341

Inhetveen/Maier/Rademacher/Stumpf [1971], Zum Reduktionsproblem, in: Altvater, E./Huisgen, F. (Hrsg.), a.a.O., S. 342-348;

Kade, Gerhard [1958], Die logischen Grundlagen der mathematischen Wirtschaftstheorie als Methodenproblem der theoretischen Ökonomik, Diss. Berlin

Künzli, Arnold [1966], Karl Marx. Eine Psychographie, Wien

Kuhn, Th. S. [1973], Zur Struktur wissenschaftlicher Revolutionen, dt. Ausgabe, Franfurt/M.

Liessmann, K. P. [1992], Man stirbt nur zweimal, Wien

Maier, Harry [1967], Die Reduktion der komplizierten auf einfache Arbeit im Lichte der Marxschen Werttheorie, in: Probleme der Politischen Ökonomie 10, Berlin (Ost)

Marx, Karl [1859], Zur Kritik der Politischen Ökonomie, abgedruckt in: MEW-Ausgabe, Bd. 13, Berlin (Ost) 1972, S. 3-160

ders. [1845], Zur Kritik der Hegelschen Philosophie. Einleitung, abgedruckt in: MEW-Ausgabe, Bd. 1, Berlin (Ost) 1972, S. 378-391

ders. [1847], Das Elend der Philosophie.Antwort auf Proudhons 'Philosophie des Elends', abgedruckt in: MEW-Ausgabe, Bd. 4, Berlin (Ost) 1972, S. 63-182

Marx, Karl [1867], Das Kapital. Kritik der politischen Ökonomie, Erster Band: Der Produktionsprozeß des Kapitals, MEW-Ausgabe, Bd. 23, Berlin (Ost) 1969

ders. [1894], Das Kapital. Das Kapital. Kritik der politischen Ökonomie, Dritter Band: Der Gesamtprozeß der kapitalistischen Produktion, Bd. 3, MEW-Ausgabe, Bd. 25, Berlin (Ost) 1971

ders., [1871], *Der Bürgerkrieg in Frankreich*, abgedruckt in: MEW-Ausgabe, Bd. 17, Berlin (Ost) 1971, S. 311-365

ders. [1875], *Kritik des Gothaer Programms.* Randglossen zum Programm der deutschen Arbeiterpartei, abgedruckt in: MEW-Ausgabe, Bd. 19, Berlin (Ost) 1973, S 11-32

ders. [1939/41[1]], Grundrisse der Kritik der Politischen Ökonomie, nach der Moskauer Ausgabe, abgedruckt in: MEW-Ausgabe, Bd. 42, Berlin (Ost) 1983, S. 15-768

ders. [1927[1]], Ökonomisch-Philosophische Manuskripte, abgedruckt in: MEW-Ausgabe, Bd. 40, Berlin (Ost) 1985, S. 465-588

ders., Diverse Briefe, abgedruckt in: MEW-Ausgabe, Bde. 27, 28, 29, 32

Marx, Karl/Engels, Fr. [1845], Die deutsche Ideologie. Kritik der neuesten deutschen Philosophie in ihren Repräsentanten Feuerbach, B. Bauer und Stirner, und des deutschen Sozialismus in seinen verschiedenen Propheten, abgedruckt in: MEW-Ausgabe, Bd. 3, Berlin (Ost) 1973, S. 9-530

dies. [1848], Manifest der kommunistischen Partei, abgedruckt in: MEW-Ausgabe, Bd. 4, Berlin (Ost) 1972, S. 459-493

Mandel, Ernest [1968], Marxistische Wirtschaftstheorie, Frankfurt/M. (frz. Originalausgabe 1962)

Meek, Ronald [1956], Some Notes on the 'Transformation Problem', in: The Economic Journal, Vol. 66; abgedruckt in deutscher Übersetzung unter dem Titel 'Einige Bemerkungen zum Transformationsproblem', in: Eberle, Fr., (Hrsg.), Aspekte der Marxschen Theorie 1, a.a.O., S. 255-274

Menger, Carl [1883], Untersuchungen über die Methode der Socialwissenschaften und der Politischen Oekonomie insbesondere, Leipzig

Morishima, M./Catephores, G. [1978], Value, Exploitation and Growth - Marx in the Light of Modern Economic Theory, London

Mühlpfort, W. [1895], Karl Marx und die Durchschnittsprofitrate, in: Jahrbücher für Nationalökonomie und Statistik, 3. Folge, Band 10, S. 92-97

Napoleoni, Claudio [1974], Ricardo und Marx, Frankfurt/M.

Picard, R. [1975], Zum quantitativen Wertproblem, in: H.G. Backhaus u.a. (Hrsg.), Gesellschaft. Beiträge zur Marxschen Theorie 3, Frankfurt/M., S. 178-197

Pietsch, Anna-Jutta [1979] Das Reduktionsproblem und die Kategorien produktive und unproduktive Arbeit, Frankfurt/M. u. New York

Popper, Karl [1940], What is dialectic? in: Mind, N.S., Bd. 49, wieder abgedruckt in dt. Übersetzung unter dem Titel 'Was ist Dialektik?' in: Topitsch, E. (Hrsg.), Logik der Sozialwissenschaften, 8. Aufl., Köln 1972, S. 262-290

ders. [1969], Logik der Forschung, 3. Aufl., Tübingen

ders. [1980], Die offene Gesellschaft und ihre Feinde, Bd. 2, Hegel, Marx und die Folgen, 6. Aufl., München

ders. [1989], Gegen die großen Worte, in: Popper, K., Auf der Suche nach einer besseren Welt, 4. Aufl., München, S. 99-113

Recktenwald, H.C. (Hrsg.) [1975], Wörterbuch der Wirtschaft, 7. Aufl., Stuttgart

Ricardo, David [1972], Grundsätze der Politischen Ökonomie und der Besteuerung, neu hrsg. von F. Neumark, Frankfurt/M.

Robinson, Joan [1977], *Die Arbeitswerttheorie als analytisches System*, in: Wirtschaft und Gesellschaft, 3. Jg. Heft 4, S. 345-353

Rosdolsky, Roman [1968], Zur Entstehungsgeschichte des Marxschen 'Kapital', Frankfurt/M.

Rowthorn, B. [1973], Komplizierte Arbeit im Marxschen System, abgedruckt in: Nutzinger, H.G./Wolfstetter, E., Die Marxsche Theorie und ihre Kritik II, Frankfurt/M. 1974, S. 129-163

Samuelson, Paul A./Nordhaus, William D. [1987], Volkswirtschaftslehre, Bd. 1, 8. dt. Auflage, Köln

Schmoller, Gustav [1883], Die Schriften von C. Menger und W. Dilthey zur Methodologie der Staats- und Sozialwissenschaften, in: *Schmoller, G.* (Hrsg.), Jahrbuch für Gesetzgebung, Verwaltung und Volkswirtschaft im Deutschen Reich, 7. Jg., abgedruckt in: *Schmoller, G.*, Zur Literaturgeschichte der Staats- und Sozialwissenschaften, Leipzig 1888

Seton, F. [1956/57], The 'Transformation Problem', in: The Review of Economic Studies, Vol. 24, S. 149-160

Smith, Adam [1776], The Wealth of Nations, Reprint Penguin Books-Ausgabe, Suffolk 1976

Sombart, Werner [1894], Zur Kritik des ökonomischen Systems von Karl Marx, in: Archiv für soziale Gesetzgebung und Statistik, Bd. VII, Heft 4, S. 555-594

Sraffa, Piero [1960[1]], Warenproduktion mittels Waren, dt. Ausgabe, Frankfurt/M. 1976

Sweezy, Paul [1942[1]], Theorie der kapitalistischen Entwicklung, dt. Ausgabe, Frankfurt/M. 1973

Veblen, Thorstein [1899[1]], Theorie der feinen Leute, dt. Ausgabe, Frankfurt/M. 1986

Walter, E.J. [1930], Der Kapitalismus. Einführung in die marxistische Wirtschaftstheorie, Zürich

Weber, Max [1904], Die 'Objektivität' sozialwissenschaftlicher und sozialpolitischer Erkenntnis, in: Archiv für Sozialwissenschaft und Sozialpolitik, Band 19; wieder abgedruck in: Max Weber, Gesammelte Aufsätze zur Wissenschaftslehre, hrsg. von J. Winckelmann, 3. Aufl., Tübingen 1968, S. 146-214

Winternitz, J. [1948], Values and Prices: A Solution of the So-Called Transformation Problem, in: The Economic Journal, Bd. 58, S. 276-280

Zech, R. [1978], Die Reduktion komplizierter auf einfache Arbeit, in: H.G. Backhaus u.a. (Hrsg.), Gesellschaft. Beiträge zur Marxschen Theorie 11, Frankfurt/M., S. 248-310

Zinn, K.G. [1972], Arbeitswerttheorie, Herne u. Berlin